湖里年鉴

2022

厦门市湖里区人民政府办公室　编

方志出版社
Publishing House of Local Records

图书在版编目（CIP）数据

湖里年鉴.2022/厦门市湖里区人民政府办公室编.—北京：方志出版社，2022.12

ISBN 978-7-5144-5436-9

Ⅰ.①湖… Ⅱ.①厦… Ⅲ.①区（城市）—厦门—2022—年鉴 Ⅳ.①Z525.74

中国版本图书馆CIP数据核字（2022）第243683号

责任编辑：刘方圆
责任校对：刘玉霞
责任印制：梅中英
出 版 者：方志出版社
地　　址：北京市朝阳区潘家园东里9号（国家方志馆4层）
邮　　编：100021
网　　址：http：//www.zgfzcb.cn
发　　行：方志出版社图书营销中心（010-67110500）
印　　刷：福州力人彩印有限公司
开　　本：889毫米×1194毫米　1/16
印　　张：17.25　插页印张：1.75　地图：1幅
字　　数：654千字
版　　次：2022年12月第1版
印　　次：2022年12月第1次印刷
定　　价：280.00元

《湖里年鉴（2022）》编纂委员会

主　　任　黄　颖
副 主 任　邓小达
委　　员（排名不分先后）
王小帅　方文江　白贤龙　朱　觉　庄　伟　刘梓良
刘新生　许艺艺　李臻卓　杨　盛　肖德良　吴雪慧
张慧勤　陈志勇　陈　枫　林　文　林秀瑜　周泽勇
郑朝东　柯友升　施芗萍　袁乃凤　高志伟　郭晓平
唐　娟　黄木清　黄　涛　彭芳兰　辜琦皇　傅芳槐
蔡碧月　魏　炜
办公室主任　曹荣宝

《湖里年鉴（2022）》主编、副主编、执行主编

主　　编　曹荣宝
副 主 编　李　腾
执行主编　张宪敏

《湖里年鉴（2022）》编辑室成员

总　　纂　张宪敏
编　　辑　张宪敏　缪峻涛

编辑说明

一、《湖里年鉴》是由厦门市湖里区人民政府主办，厦门市湖里区人民政府办公室承编的地方综合性年鉴。自2014年创办并公开出版，一年一卷，2022卷为第9卷。

二、《湖里年鉴》以马克思列宁主义、毛泽东思想、邓小平理论、“三个代表”重要思想、科学发展观、习近平新时代中国特色社会主义思想为指导，坚持辩证唯物主义和历史唯物主义的立场、观点和方法，存真求实，全面、客观、系统地记述区域发展情况。

三、《湖里年鉴（2022）》主要记载2021年1月1日至12月31日湖里区自然、政治、经济、文化、社会发展情况。书中“年内”指2021年。书中涉及其他年份的时间，均标明具体年份。

四、《湖里年鉴（2022）》采用分类编辑法，设置类目、分目、条目3个层次，以条目为记述的基本形式。全书条目标题统一用蓝色黑体加【 】表示，个别包含多方面内容的条目，用楷体加层次性小标题提示，方便查阅。全书类目包括专记、大事记、区情概览、中共厦门市湖里区委员会、厦门市湖里区人民代表大会、厦门市湖里区人民政府、政协厦门市湖里区委员会、纪检监察、民主党派与工商联、群众团体、法治、军事、外事·侨务·台湾事务、应急管理、城市建设与管理、生态环境建设、经济管理、工业、交通·物流·商贸服务业、教育、科学技术、文化·旅游、卫生健康、体育、社会民生、街道、人物·荣誉、附录。

五、《湖里年鉴（2022）》记述的单位和机构名称，首次出现时使用全称，括注其简称，再次出现均使用简称。全书所记“省”“全省”指福建省，“市”“全市”指厦门市，“区”“全区”指湖里区。

六、《湖里年鉴（2022）》附录中收录的湖里区领导干部名录由区委组织部提供。人物·荣誉中收录2021年被授予市级以上表彰的个人和集体名录，由各承编单位提供。其他入鉴资料由各撰稿单位提供并由各单位审核确认。

七、《湖里年鉴（2022）》文字、标点符号、计量单位均依国家现行规范。

八、《湖里年鉴（2022）》配备双重检索系统：书前设有详细目录，书后配有索引，索引按汉语拼音字母顺序排列。

湖里区地图

比例尺 1：40 000

编制单位：福建省地图出版社　审图号：厦S〔2022〕23号　资料截至：2021年12月

数知湖里

- 湖里区下辖 5 个街道、57 个社区，年末户籍总人口 392089 人。
- 地区生产总值 1539.41 亿元，第二产业增加值 621.14 亿元，第三产业产值 918.27 亿元，三次产业的比重为 0：40.3：59.7。
- 全区规模以上工业企业 230 家，现价工业总产值 1910.02 亿元。
- 全区实现区一般公共预算总收入 260.08 亿元，区级一般公共预算收入 55.56 亿元。
- 社会消费品零售总额 526.35 亿元。
- 合同利用外资 60.90 亿元，实际利用外资 21.96 亿元，比上年下降 2.6 %。
- 金融保险业实现增加值 127.84 亿元，比上年增长 7.0 %。
- 城镇居民人均可支配收入 66226 元，人均消费性支出 40821 元。
- 完全中学 1 所，在校学生 3731 人；普通初中 5 所，在校学生 11104 人；九年一贯制学校 13 所，在校学生 16093 人；小学 50 所，在校学生 59511 人；幼儿园 167 所，在园 36450 人。

党史学习教育

2021 年 4 月 22 日，湖里区在徐厝社区举办百场红色电影展映暨百姓宣讲活动启动仪式。图为宣讲活动现场

（区委宣传部　供图）

2021 年 4 月 24 日，湖里区在厦门海堤纪念馆举办第十三届厦门（湖里）城市诵读节启动仪式

（湖里区社区艺术协会　供图）

2021 年 4 月 29 日，湖里区江头街道吕厝社区组织党员学习党史　　　　（江头街道　供图）

群众参观厦门海堤纪念馆，接受海堤精神教育　　　（黄小杭　摄于 2021 年 6 月 15 日）

2021 年 6 月 16 日，湖里区金尚社区举办绣党旗比赛　　　　（区委宣传部　供图）

2021 年 6 月 18 日，湖里区在虎头山公园举办庆祝中国共产党成立 100 周年百场红色文化巡礼沉浸式红色文化友谊挑战赛。图为开幕式
（区委宣传部　供图）

2021 年 6 月，湖里区完成庆祝中国共产党成立 100 周年氛围布置。图为国际邮轮中心
（区委宣传部　供图　摄于 2021 年 6 月 24 日）

2021 年 6 月 27 日，湖里区原创红色舞台剧《神山旗手》在厦门小白鹭金荣剧场公演　　（魏克丰　摄）

2021 年 6 月 28 日，湖里区湖里街道党工委在华美文创园开展庆祝中国共产党成立 100 周年主题党日活动。图为重温入党誓词

（湖里街道　供图）

2021 年 6 月 28 日，湖里区委宣传部在五缘湾举办“再唱山歌给党听”主题党日活动　（区委宣传部　供图）

2021 年 7 月 1 日，湖里区副处级以上干部、区属国有企业主要领导在区委党校收看庆祝中国共产党成立 100 周年大会

（区委党校　供图）

2021 年 7 月 1 日，湖里区在地铁 3 号线五缘湾站内举办庆祝中国共产党成立 100 周年摄影展

（区委宣传部　供图）

2021 年 7 月 2 日，金安社区举办“奋斗幸福里”揭幕仪式，为湖里区再添一个区级党史学习教育基地　（白涵　摄）

2021 年 8 月 27 日，湖里区举办学习贯彻习近平总书记“七一”重要讲话宣讲比赛活动。图为税务局选手在宣讲

（区委宣传部　供图）

2021 年 12 月 18 日，湖里区在惠和石文化园举办“红色”文化报告文学《不能忘却的纪念》首发式

（周永康　摄）

国家生态文明建设示范区创建

2020 年建成的厦门山海健康步道成为市民休闲、健身好去处
（湖里头条微信公众号　供图　摄于 2021 年）

2021 年 4 月 12 日，湖里区生态环境局联合市环境监测站对辖区在用的非道路移动机械开展专项执法检查。图为监测运输车辆尾气排放情况
（黄璐璐　摄）

厦门高崎机场实施绿色空港建设，2015 年成为全国首批民航“油改电”试点机场，机场地面特种车辆使用新能源汽车，油耗下降 13%

（沈伟泉　摄于 2021 年 5 月 19 日）

2021年7月8日，湖里区生态环境局与市生态环境局联合检查五缘大桥北侧入海排放口　（区生态环境局　供图）

2021年11月22日，湖里区城管人员在金枋世家小区垃圾分类投放点检查垃圾分类落实情况　（区城管局　供图）

2021年12月14日，湖里区抑制扬尘现场会在蔡塘片区旧村整村改造项目工地召开　（区城管局　供图）

2003 年，湖里区制定腾巢换凤发展战略，将原联发工业厂房改造为文化创意产业园。图为华美空间文创园

（区生态环境局　供图　摄于 2021 年）

厦门两岸贸易中心核心区始建于 1992 年，占地面积 19.37 平方千米，累计有 30 多家世界 500 强企业入驻，重点发展高新技术研发、信息消费、临空产业、金融服务等绿色产业

（区生态环境局　供图　摄于 2021 年）

经过生态修复后，集水景、植被、湿地、海湾等多种自然资源为一体的五缘湾湿地公园

（区生态环境局　供图　摄于 2021 年）

经过海域综合治理，五缘湾水域的水质提高，白海豚重新现身该海域

（区生态环境局　供图　摄于 2021 年）

五缘湾商务营运中心加速产业转型升级，集中发展金融业及高端商务　（黄嵘　摄于 2021 年）

湖里区于 2011 年在五缘湾湿地公园建成栗喉蜂虎保护区。图为生活其中的栗喉蜂虎
（区生态环境局　供图　摄于 2021 年）

经济社会发展

2021 年 4 月 13 日，欣贺股份有限公司自动送货装配生产线投入使用
（区科技局　供图）

2021 年 5 月 6 日，湖里区殿前街道兴隆社区老年人自娱自乐　（刘星　摄）

2021 年 5 月 21 日，湖里区在厦门国际游艇汇举办滨海狂欢活动。图为参加活动的市民在七淘网红地摊车购买美食 （湖里头条 供图）

2021 年 5 月 28 日，湖里区与广州新一代计算机技术有限公司举行战略合作签约仪式

（区商务局 供图）

2021 年 6 月 4 日，湖里区金山街道金安社区组织老年人开展文娱活动

（杨仲康 摄）

2021 年 8 月 28 日，厦门市梧桐实验学校举行揭牌仪式

（区教育局　供图）

2021 年 10 月 23 日，国家心血管疾病临床医学研究中心分中心授牌仪式暨启动会在厦门大学附属心血管病医院（简称“厦心医院”）举行

（厦心医院　供图）

2021 年 11 月 3 日，湖里区殿前街道完成轨道塘边站 190 套安置房移交工作。图为竣工的安置房　（殿前街道　供图）

2021 年 11 月 30 日，省重点建设项目——亿联网络总部大楼竣工。该项目用地面积 1.45 万平方米，建筑面积 7.74 万平方米，总投资 6.61 亿元

（区建设局　供图）

2021 年 12 月 8 日，厦航新总部投入运营。该项目总建筑面积 17.32 万平方米，总投资 21 亿元　（区建设局　供图）

2021 年 12 月 23 日，湖里区委宣传部在七尚酒店举办第五届厦门国际影视产业论坛。图为厦门自娱自乐文化传媒有限公司创始人闫驰分享微短剧发展情况（区委宣传部　供图）

老年人在金山街道照料服务中心享受食宿、娱乐、医疗、养老和护理一站式服务。至年底，湖里区有这样的街道照料服务中心 7 家。图为中心服务人员与老人沟通，了解其需求（黄苹　摄于 2021 年）

新冠肺炎疫情常态化防控

2021 年 8 月 30 日，湖里区妇联与莫瑞思（厦门）品牌管理有限公司到国宇门诊部慰问抗疫志愿者

（林丹妮　摄）

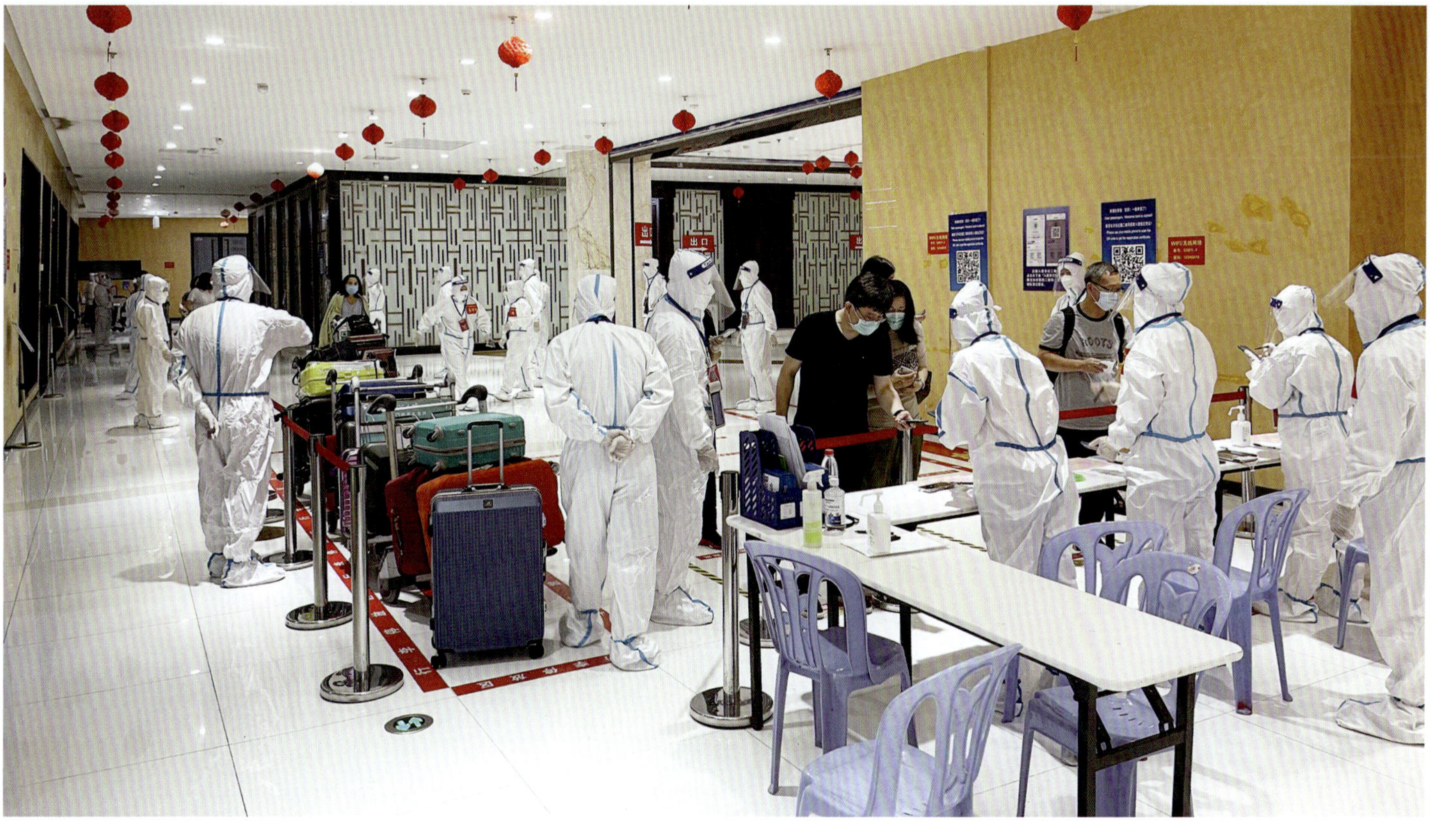

湖里区在高崎国际机场开展防疫工作，图为 2021 年 9 月 6 日，区城管局工作人员组织旅客进行入厦登记

（区城管局　供图）

2021 年 9 月 16 日，厦门市巾帼文明岗国宇门诊部举行抗疫志愿者出征仪式　　（李如蓝　摄）

2021 年 9 月 18 日，湖里区组织第二轮全员核酸检测。图为悦华学校核酸采样点（湖里街道　供图）

2021 年 9 月 22 日，九三学社福建省水产研究所支社和海洋所支社向湖里区捐赠抗疫物资

（九三学社湖里基层委　供图）

2021 年 9 月 30 日，湖里区仁和公寓定点隔离场所专班人员为被隔离群众送食物（区防控办　供图）

2021 年 12 月 23 日，湖里区商务局在沃尔玛山姆会员店检查疫情防控工作　　（区商务局　供图）

目　录

专　记

大事记

区情概览

中共厦门市湖里区委员会

厦门市湖里区人民代表大会

厦门市湖里区人民政府

政协厦门市湖里区委员会

纪检监察

民主党派与工商联

群众团体

法　治

军　事

外事 · 侨务 · 台湾事务

应急管理

城市建设与管理

生态环境建设

经济管理

工　业

交通·物流·商贸服务业

教　育

科学技术

文化 · 旅游

卫生健康

体　　育

社会民生

街　道

人物 · 荣誉

附　　录

索　　引

党史学习教育

2021年是中国共产党成立100周年。湖里区以庆祝中国共产党成立百年为主题主线，深入学习贯彻中共中央总书记习近平在庆祝中国共产党成立100周年大会上的重要讲话精神，策划开展一系列庆祝活动，营造“党的盛典、人民的节日”浓厚氛围，引导全区人民听党话、跟党走。

学好重要讲话

组织全区306名副处级以上领导干部集中收听收看中国共产党成立100周年庆祝大会直播，作为新建区委党校落成后的开班第一课，带动全区1529个基层党组织以及各民主党派、青年团组织、非公企业等就地、就近组织集中观看活动，并开展专题学习研讨1400余次、专题宣讲130余场。推动总书记习近平在庆祝中国共产党成立100周年大会上的重要讲话精神入脑入心。

分层分众宣讲

组建区、街道、社区联动的宣传大队伍，用好新时代文明实践站、新市民讲坛、鹭江讲堂等理论阵地，举办“七一”重要讲话等专题宣讲比赛，组织理论宣讲轻骑兵走进机关、社区、校园、企业、工地，开展分众化宣讲活动1100多场次。通过直播、录播等形式将宣讲活动进行数字化转化，形成精品微课程，做活二次传播，提高宣讲覆盖面。

形成宣传强势

发挥融媒体中心优势，在重要版面、重点时段开设专题专栏，利用《厦门日报》、厦门广播电视等传统主流媒体和“湖里头条”微信公众号、“先锋湖里”App、全区“两微一端”宣传矩阵等新媒体平台，发布庆祝中国共产党成立百年相关报道3155条，点击量3008万人次，全方位宣传、多角度报道、深层次解读，形成强大声势。完成37条主干道、“四桥两隧”衔接处和机场、大型商超、学校等重要点位的氛围布置，打造重要点位绿化景观和夜景工程12处，悬挂国旗等近5000面，利用LED显示屏、宣传栏、建筑围挡等载体刊播中国共产党成立百年相关宣传标语海报，确保随处可见、深入人心。

掀起庆祝热潮

以庆祝中国共产党成立100周年为主题，将“永远跟党走”16类群众性主题实践活动贯穿全年，举办“七一”重要讲话精神专题座谈会，表彰大会、《再唱山歌给党听》主题快闪、红色文化挑战赛、学党史趣味运动会、“红色”电影展映、经济特区书法作品联展等特色活动，营造党的庆典，人民的节日浓厚氛围。

筑牢特色阵地

在金安社区开设“奋斗幸福里”展厅，展示湖里人民贯彻落实习近平总书记“共同努力把家园建设得更加美丽更加富饶更加繁荣”的生动实践，掀起拥护领袖、深悟思想的热潮。修缮提升马垅军民团结大榕树等“红色”文化遗址，在解放厦门岛插上第一面五星红旗的神山遗址打造“军地共建共学神山教育基地”，建设“湖里‘红色’文化陈列室”，印制《湖里“红色”文化记忆》读本，开发湖里“红色”文化小地图，挖掘本土革命烈士事迹创作《不能忘却的纪念》报告文学集，让革命薪火代代相传。

传承“三种”精神

总结提炼与湖里区历史密切关联的神山精神、海堤精神、特区发祥地精神，发表《永葆特区发祥地精神 奋力谱写新时代“春天的故事”》《弘扬厦门特区发祥地精神 湖里区努力走好新时代长征路》等12篇系列通讯报道稿，创作编排《神山旗手》舞台剧、《那年那岛那旗》纪录片等文艺精品，策划开展主题征文、摄影比赛、文艺晚会等活动，凝聚起百年再启航、建功新时代的强大精神动力。

（区委宣传部 供稿）

全国生态文明建设示范区创建

2021年，湖里区获评第五批“国家生态文明示范区”。2014年，湖里区委、区政府以建设“美丽厦门·创新湖里”为抓手，加快建设“五大发展”先行区，启动国家生态文明建设示范区创建工作。2014—2020年，湖里区先后印发实施《湖里区生态文明建设规划（2014—2020）》《湖里区国家生态文明建设示范区规划（2021—2025）》，贯彻落实习近平生态文明思想，把生态环境保护工作摆在更加突出的位置，发挥敢为人先、先行先试的特区精神，在生态文明建设上先行先试，全面建设高素质、高颜值、现代化、国际化中心城区。

区域概况与特色亮点

湖里区是生态花园之城的“新客厅”。八山（狐尾山、仙岳山、园山、薛岭山、虎头山、虎仔山、金山、东芳山）横贯两水（五缘湾、湖边水库），三面海域环抱，按照“先保护、后开发”发展模式，创新建设厦门岛上唯一一块集水景、植被、湿地、海湾等多种自然资源为一体的旅游景区——五缘湾湿地公园，形成集美丽、清新、时尚于一身的厦门“新客厅”。五缘湾片区生态修复与综合开发成为自然资源部推荐的全国第一批生态产品价值实现典型案例。湖里资源节约集约利用全国领先，先后获“国土资源集约节约模范县”“国家公共机构‘能效领跑者’”等诸多荣誉。

湖里区是生态文明体制改革的探路者。探索出“东亚海域污染防治与管理”示范工程、“大城管”机制、生活垃圾分类“湖里模式”等一批示范经验，全区垃圾分类工作始终走在全市乃至全国前列，多次作为全国、全省生活垃圾分类工作现场会观摩点，举办全国垃圾分类论坛。承担自然资源资产离任（任中）审计、工程建设项目领域规划审批制度改革等试点工作，探索生态文化的社会共治模式，打造一批全国社会工作示范社区，获评“全国社区建设示范区”。

生态文明建设成效

（一）党政引领，生态制度有力有序

湖里区委、区政府坚决扛起生态文明建设的政治责任，严明生态环境保护责任，落实“党政同责、一岗双责”，成立区委书记任组长、区长任常务副组长的生态文明建设领导小组，推进国家生态文明试验区建设，为生态省建设当好尖兵。编制实施《湖里区国家生态文明建设示范区规划（2021—2025）》，强化“绿色考核”指挥棒作用，全面推行生态文明建设“一票否决”。将考核结果作为评价领导干部政绩、年度考核和选拔任用的重要依据，形成落实生态优先、绿色发展的政绩导向。全面推行“河（湖）长制”工作，建立“水域警长”机制，创新实施“路长制”“排口长制”，部门齐抓共管。

（二）多规合一，生态空间有效管控

湖里区强化国土空间管控，构建“一核四圈四区”产城融合空间结构。以推动“岛内大提升”为契机，加速建设高素质、高颜值、现代化、国际化中心城区。以自贸试验区为“试验田”，推进“多规合一”，规划提升“山、海、城”相融的城区格局。构建形成以《湖里区空间发展战略规划》为引领，以全域规划一张蓝图为框架，以生态控制线、城市开发边界、海域系统、全域城市承载力四大领域为基准，统筹城市总体规划、土地利用规划、空间布局规划、环境保护规划等专项规划。按照“北部自贸区蜕变、西部老城区转型、中部综合区提升、东部新城区充实”的原则，实行差异化土地管理政策，形成三面环海、水绿成网、产城融合的格局。

（三）陆海统筹，生态环境高水平保护

湖里区坚持陆海统筹，建成总面积12.56平方千米的五缘湾湿地公园，打造厦门的“城市绿肺”，通过生态保护与修复，带动片区整体提升，从昔日滩涂变为高素质、高颜值片区，从“鹭岛边缘”变身“璀璨明珠”，打造成生态优美、总部集聚，五星级酒店、大型商业中心点缀其间的高端商务区。建设生态绿廊，完成薛岭山公园、仙岳公园等整治提升，建成山海健康绿道，将充满活力的城市景观与宁静的自然风景无缝对接，形成一条山海绿色通廊。开展市政污水管网和污水处理设施建设，推进湖里片区等雨污水直排口截污改造工程。开展海域综合整治，实施五缘湾综合治理、高集海堤开口及海域清淤，实施海域养殖清退。做好厦金海域海漂垃圾清理工作，维护厦门海域水面整洁。

（四）“腾巢换凤”，生态经济高质量发展

湖里区参与、全面服务两大国家级重大产业片区厦门自贸片区与厦门火炬高新区建设，推动建设“超级总部区”，培育国家级高新技术企业394家、“三高”企业420家，为高质量发展蓄积更大动能。抢抓“提升本岛、跨岛发展”战略机遇，制订“腾巢换凤”的创新发展战略，腾出的空间大力发展第三产业，实现城市、社会和经济的绿色转型升级。在城市更新与产业转型的浪潮中，湖里区利用华美卷烟厂、厦门华侨电子股份有限公司、东南铝业有限公司等一批搬迁的旧厂房，打造形成联发华美空间、海峡建筑设计文创园、海西工业设计中心等20个文化创意产业园区或项目，让老工业区实现创意新生。实施绿色空港建设，厦门高崎机场跻身首批民航“油改电”试点机场。打造全国最大的“一站式”航空维修基地，吸引厦门太古飞机工程有限公司、厦门新科宇航科技有限公司在内的10余家飞机维修龙头企业落户。

（五）“数字管理”，生态治理能力现代化

湖里区运用“数字湖里”公共管理集成平台，提升“大城管”精细化管理，整合建设、市政园林、执法、环保等各部门信息化管理平台，探索建立“一条热线”接入、信息“一个平台”提供、诉求“一个渠道”反馈的运行模式，建立“横向到边、纵向到底、全面覆盖、无缝对接”机制。强化空气环境科学管控，开发建设空气质量应急指挥调度系统（湖里国控），提升生态环境治理体系与治理能力现代化水平。

（六）共同缔造，生态文化深入人心

湖里区发挥党委政府在生态文明建设的示范引领作用，弘扬生态文化。以创建节约型机关为抓手，率先垂范、引领社会参与碳达峰、碳中和行动。以区行政中心为试点，按照“增量控制、存量优化”的总要求，机关行政中心基本实现日常办公近零排放，先后获评第一批国家公共机构节约型示范单位和全国公共机构“能效领跑者”称号。按照共谋、共治、共管、共享的理念，激发群众参与生态文明建设的积极性与主动性，活化利用宋江阵民俗文化园、钟宅畲族送王船、惠和石文化园等一批特色闽南民俗文化，传承闽南人尊重自然、敬畏海洋、珍爱生命的精神。

（区生态环境局　供稿）

大事记

1月

6日　2020“悦游 · 湖里”摄影大赛结束。大赛共收到123位摄影爱好者近2000幅参赛作品，评选出获奖作品70幅，其中金奖1幅、银奖3幅、铜奖10幅、优秀奖56幅。摄影作品内容涵盖旅游景点、民俗文化与城区样貌，大赛入围作品收录至湖里专题画册中。该次大赛在《厦门日报》游周刊新媒体上特设互动区，送出价值198元/张的五缘湾帆船体验券210张。

9日　湖里区政府第一次全体成员（扩大）会议在区行政中心召开。

9日　“筑梦鹭岛”台湾青年志工服务队成立。在成立大会上，举行“筑梦鹭岛”台湾青年就业创业导师聘任仪式。

2月

5—28日　湖里区喜迎新春摄影展在区文旅中心举行，展出春节主题摄影作品80余幅。

8—9日　湖里区联合部分百货公司、商场超市举办湖里魅力购春节专项消费活动，开展“牛运当头百万红包大派送”“福运滚滚千家商户大让利”“年味浓浓万样年货超值购”三大系列活动。区商务局联合中国银联云闪付发放总价值100万元的消费券，消费券分200元、100元和50元三个档次。

11—26日　湖里区在区文化馆微信公众号举办2021年“喜迎新春”湖里区优秀文艺作品云展播活动。展出说唱表演《大嫂夸夫》、舞蹈《两岸一家亲》等节目16个。

2月　湖里区行政审批制度改革工作领导小组办公室牵头组织区卫健局、区文旅局、区委侨办等部门，推出首批“掌上办”“秒批”审批服务事项6项。

3月

1日　厦门鹭燕大药房有限公司安岭路分店负责人在湖里区市场监督管理局企业办事窗口领到全省首张药店行业综合许可证。

3日　湖里区市场监督管理局受理厦门市第一起商事登记异地代收代办业务。

3日　精神障碍人士社会支持项目推进会在湖里街道残疾人职业援助中心举行。该项目系湖里区首个精神障碍人士专项社工项目。

5日　湖里区召开全区党史学习教育动员大会，区委书记龚建阳部署湖里区党史学习教育工作。

17日　湖里区司法局在区法律援助中心设立台胞台企服务专窗，实行“一窗受理、集成服务”的工作模式。

27日　湖里区零售商业协会第一届第一次会员大会召开，湖里区的大中型商业综合体、百货公司、超市、家装家电商场、策划服务机构等31家会员单位代表参会。

30日　海峡两岸首个设计研学中心在海峡设计文创园成立。该中心由海峡设计文创园与亚太青年学院联盟合作打造。厦门辉煌集团、亚太青年设计学院联盟、厦门文化创意产业协会、台商协会、青年会等单位与该中心签订战略联盟。

4月

1日　在第十六届中国酒店星光奖颁奖典礼上，湖里区五缘水乡酒店入选“中国十佳旅游度假酒店”榜单。

1 日　湖里区发布 2021 年“悦游·湖里”系列文化旅游活动实施方案。

7 日　厦门大学百年校庆校友金融专场招商大会在湖里区召开。会上，湖里区与 12 个金融产业项目签约，总投资额 125.25 亿元。

10 日—5 月 10 日　湖里区对不可移动文物——王清祥宅采用原址平移保护。该宅新址在民俗文化公园内，平移约 75 米，用时 31 天。

13 日　湖里区市场监管局在全市首推“‘我要开餐馆’一件事主题套餐”服务。

22 日　人民日报社、新华社、中央广播电视总台等 18 家媒体，到殿前街道航空商务广场开展党史学习教育央媒厦门行集中采访。

24 日　第十三届厦门（湖里）城市诵读节暨湖里红色文化巡礼启动仪式在厦门海堤纪念公园举行。

26 日　湖里区首批拥军驿站签约暨授牌仪式在区行政中心举行。天成酒店、厦门君怡酒店签约，成为首批“拥军驿站”，并获授牌。

27 日　省委文明办发布“福建省 2018—2020 年度省级文明城市、文明村镇、文明单位、文明校园、文明家庭名单”。湖里区被授予首批“省级文明示范城区”称号。

29 日　湖里区第十三届社区文化艺术节开幕式在万达广场举行。

29 日　福建“八闽工匠”摄影展在湖里区联发华美空间开幕。此次摄影展展出的 80 余幅作品均由摄影家陈伟凯拍摄。

4 月　湖里实验小学教育集团（实小校区）新开设闽南青草药文化课。

5 月

1—4 日　湖里区金山街道在厦门国际游艇汇举办“五一”夜经济嘉年华活动。开展主题活动 4 场和配套活动近 70 场，总营业额 2563 万元。

8—31 日　湖里区委党史学习教育领导小组办公室举办“我与特区发祥地共成长”主题征文活动。活动共收到作品 200 多篇，评选出一等奖 3 篇、二等奖 7 篇、三等奖 10 篇和优秀奖 30 篇。

10 日　湖里区行政服务中心部分窗口启动工作日中午无休便民服务。社会民生类 17 个事项被纳入综合窗口，提供工作日“中午无休”服务。

14 日　湖里区举办“燃烧的信仰”跟着电影学党史系列活动启动仪式。

16 日　湖里区召开建设行业协会成立大会。协会首批会员成员单位 144 个，涉及建设勘查、设计、监理、施工、安装等建设产业领域。

16 日　福建省首家爱心助残驿站揭牌仪式在金山街道养老服务照料中心举行。

20 日　湖里区金山街道“企业公馆平台 3.0 版本”上线，金点子智库、金融后援团、金山街道商会成立。

21 日　湖里区启动厦门国际游艇汇滨海狂欢活动。美食小吃、精酿啤酒、文创产品、手工手伴、网红地摊车亮相游艇汇。

21 日　厦门海堤纪念馆联合厦门市高崎小学、湖里区殿前街道嘉福社区共同举办的“童心向党　党的故事我来讲”活动暨首届“海堤精神”小小讲解员比赛在海堤纪念广场落幕，大赛决出一等奖 1 人、二等奖 2 人、三等奖 3 人及优秀奖 4 人。

26 日　湖里区启用 1 个台胞接种疫苗绿色通道，平均 2～3 天开放 1 场专门为台胞接种疫苗服务的专场。

27 日　在厦门市“群英逐鹭”拓才引智政策知识竞赛上，湖里区代表队“能宣会讲队”包揽“金牌宣讲团”“金牌宣讲员”“最佳风采奖”“最佳才思奖”，被授予“厦门市拓才引智政策金牌宣讲团”称号。

6 月

1 日　2021 湖里区湖里街道“奋斗百年路、特区新征程”系列活动启动仪式在“特区·1980”文化创意产业园举行。

3 日　湖里区与国家开发银行厦门分行举行“十四五”开发性金融合作备忘录签约仪式。

10 日　湖里区物流快递行业党建联盟启动仪式在湖里创新园创新驿站举行。

11 日　厦门市 2021 年“文化和自然遗产日”非遗宣传展示暨闽台文化交流展演展示活动启动仪式在惠和石文化园举行。

11 日　湖里区举办“光荣在党 50 年”纪念章颁发仪式，向 10 名党龄达到 50 年的中共老党员代表颁发纪念章。全区有 797 名老党员获得该奖章。

18 日　湖里区委宣传部、区社科联在虎头山公园举办主题为“重温湖里‘红色’记忆·传承‘红色’革命精神”的红色文化友谊挑战赛。

18 日　福建省首个以献血为主题的爱心公园——江头爱心公园

启用。

24日 “我心向党·公益人的家国情怀”主题演讲比赛在禾山街道办事处举行。

26日 中共湖里区委八届十五次全会在区行政中心召开，区委书记龚建阳作工作报告。

26—27日 由湖里区委宣传部、区文化馆、厦门市指舞文化传播有限公司联合出品的大型原创红色舞台剧《神山旗手》在厦门小白鹭艺术中心金荣剧场上演。该舞台剧于7月15日启动云展播。

29日 湖里区举行“军地共建共学神山教育基地”开放仪式，区委书记龚建阳、中国人民解放军某部领导为“军地共建共学神山教育基地”揭牌。

30日 湖里辖区嘻哈潮流企业普普文化在纳斯达克上市，发行A类普通股620万股，发行价6美元。

30日 湖里街道商会成立大会暨招商大会在街道办事处举行，会上签约6个批次16个项目。

7月

13—15日 2021年厦门市湖里区养老护理职业技能培训在建发溢佰养老中心举行，11所养老服务机构的30名优秀护理员参训。

16日 金山街道联合湖里交警金山中队、金山社区、后坑社区、社区志愿者在金卿家园举办“爱心头盔”共享驿站启动仪式。

22日 湖里区与火炬高新技术创业中心有限公司签订“厦门湖里火炬人力资源服务产业园共建协议”。

23日 厦门市首个“双拥爱心屋”在湖里老街爱心屋挂牌成立。

27—28日 2021政法智能化建设技术装备及成果展在北京国家会议中心举行。其间湖里区劳动人事争议仲裁院自主研发的劳动关系调节数字云被评为智慧司法创新案例。

7月 湖里公安分局在全市首推“福建省户籍居民身份证丢失补领”一件事集成套餐服务。

8月

3日 湖里区社区矫正中心揭牌仪式在兴隆路79号举行。

7—8日 湖里区安排12～14岁人群集中接种第一针新冠肺炎病毒疫苗。辖区内有22所学校近万名学生接种。

13日 湖里区行政服务中心启用“办不成事”反映窗口。

21—23日 湖里区总工会调解网络主播小温与厦门市某文化传媒有限公司劳动纠纷，新就业形态劳动者合法权益得到维护。

23日 湖里区行政审批管理局、区市场监督管理局等单位，在辖区内招商银行、兴业银行、工商银行、中国银行、厦门银行、平安银行、交通银行7家银行的16个网点启动湖里区政银合作商事主体帮代办服务。

27日 湖里区学习贯彻习近平总书记在庆祝中国共产党成立100周年大会上的重要讲话精神宣讲比赛在区文旅中心举行。

9月

8日 湖里区聘请先进制造、新一代信息技术、新兴金融、商贸物流、旅游文化和健康、建筑业等重点产业方面的6名企业家为投资顾问。

8日 湖里区参加“9·8”厦门投资贸易洽谈会项目签约仪式。

9日 “印象湖里·人才新章”人才宣传片首映式暨产业人才研修院揭牌仪式，在厦门国际会展中心人才项目资本合作馆举行。

15日 湖里区设立跨境电商知识产权基层服务站的做法入选福建自贸试验区第18批创新举措。

21日 湖里区组建1支200余人的核酸检测志愿者队伍，到同安区支援新冠肺炎疫情防控工作。

25日 湖里区行政审批管理局与中国邮政合作，推出“免跑腿信封”服务。

30日 湖里区人民政府行政复议受理中心揭牌仪式在区信访大楼一楼举行。该中心于10月8日起接收群众的行政复议申请。

10月

7日 湖里区出台“应对新冠肺炎疫情影响 助力企业纾困减负”12条措施。

13日 中共厦门市湖里区第九次代表大会开幕，区委书记吴新奎代表区委第八届委员会作工作报告。

14日 中共厦门市湖里区第九届委员会第一次全体会议选举产生新一届区委领导班子，吴新奎当选新一届区委书记，黄颖、陈晓东当选副书记。

14日 生态环境部公布第五批国家生态文明建设示范区和“绿水青山就是金山银山”实践创新基地名单，湖里区上榜国家生态文明建设示范区。

20 日　厦门市关心下一代工作委员会、湖里区关心下一代工作委员会联合在湖里华悦学校举办“关爱助学仪式”，为湖里辖区 9 所民办学校的 152 名困难学生发放 10 万元关爱助学金。

23 日　厦门机场“国际 / 港澳台到达第二通道”改造项目启用，成为大陆机场首个用于境外到达人员防疫检测的专用入港通道。该通道由原厦门机场 T2 航站楼改建而成，全封闭式通道，设置 10 间专业采样室。

23 日　厦门市首个国家级分中心——国家心血管疾病临床医学研究中心分中心授牌仪式在厦门大学附属心血管病医院举行。

10 月　在 2021 年（第五届）全国人才工作创新案例征集评选活动中，湖里创新园创新驿站获评全国人才工作创新案例优秀案例。

11 月

2 日　湖里区在创业大厦开辟 3～11 岁儿童新冠肺炎疫苗接种专场，开放 9 个接种台和 14 个信息登记台。

2 日　湖里区第十三届社区文化艺术节“翰墨丹青颂华章”书画作品展开展。该次展览征得作品 200 余幅，遴选展出近 60 幅。

12 日　阳光龙净集团将企业登记地由上海迁入湖里区。该集团旗下拥有环保、教育、地产、金融、物产、资本六大产业布局，在 2021 年《财富》杂志世界 500 强排行榜中位列第 332 位。

16 日　2021 年湖里区航空煤油泄漏突发环境事件应急演练在中国航空油料有限责任公司厦门分公司举行。

18 日　馨贝昉省级托育示范中心·湖里园区启用。该中心托育服务以全日托、半日托模式为主，临时托、计时托模式为辅，开设 5 个托大班、2 个托小班、1 个乳儿班，设 140 个托位。

18—19 日　湖里区产业人才研修院首期高层次人才研修班开班，31 名省、市、区高层次人才参加研修班，学习内容涵盖国情研修、政策解读、发展探索、法律普及等方面。

26 日　湖里区台港澳办公室联合团区委、台青创客家在五通商业街开展“青春在鹭上　两岸青年联欢”活动。

11 月　湖里区获“2021 中国创新城市治理新典范”和“2021 中国市容环境高品质城市”2 项全国性荣誉。

12 月

7 日　湖里区 2021 森林消防应急演练在仙岳山世纪和平广场举行。

9 日　湖里区举办第九届人大代表初任培训会，区九届人大代表以及区人大常委会机关、街道人大工委相关人员 220 余人参加培训。

10 日　湖里区举办森林消防半专业队伍比武竞赛，6 支队伍 125 人参加竞赛。经角逐，山海步道景区管理有限公司、金山街道、湖里街道分获团体总分第一、二、三名。

11 日　湖里区根治拖欠农民工工资工作领导小组办公室在金山街道后坑快速公交金山站旁，开展湖里区根治欠薪法治宣传暨集中接访日活动。

17 日　2021 年湖里区社区微型消防站比武竞赛在闽南古镇举行。兴园、禾缘、枋湖 3 个社区分别获得团体总分前三名。

23 日　第五届厦门国际影视产业论坛在湖里区七尚酒店举行，重点聚焦短剧领域。

24—26 日　厦门首个城中村主题地域艺术展——殿前街道艺术嘉年华在红顶艺术社区举行。

25 日　政协第九届湖里区委员会第一次会议开幕，区政协主席林凡代表政协第八届湖里区委员会常务委员会作工作报告。

26 日　湖里区第九届人民代表大会第一次会议开幕，区政府代理区长黄颖作政府工作报告。

27 日　政协第九届湖里区委员会第一次会议选举出新一届政协领导班子：主席王秀珠，副主席谢国勇、黄格成、张金坪、洪志彬。

28 日　湖里区第九届人民代表大会选举吕参军为区人大常委会主任、黄颖为区人民政府区长、叶荣昌为区监察委员会主任、李桦为区人民法院院长、李才利为区人民检察院检察长。

28 日　“多彩中华”民族电影展映在蔡塘广场梦工坊影城举行开幕式。影展持续展映 3 天，精选回族、蒙古族和怒族等多个民族的 11 部民族电影展播。

29 日　2021 华语国际编剧主题论坛在湖里区五缘湾凯悦酒店举行。

（张宪敏　缪峻涛）

区情概览

自然理理

【位置面积】 湖里区位于福建东南沿海、台湾海峡西岸厦门岛的北部。东面濒临浔江港，与翔安区相对；北面通过高集海堤、厦门大桥与集美区毗邻；西面为厦门西港岸线，借助海沧大桥与海沧区相通；南面与思明区接壤。湖里区与思明区区界线西起湖滨北路西端入海处，向东依次穿越狐尾山、仙岳山、仙洞山山脊，连接嘉禾路后南折，至吕岭路后东进，接金尚路后南行，至东芳山后沿山脊往东，穿越古地石、虎仔山山脊，在五通东宅入海。2021 年，全区陆地面积 73.75 平方千米。

（叶　青）

【地质】 湖里区所在的厦门岛是中新生代断块岛，被数条深大断裂从大陆切割出来。湖里区地属厦门岛北部区域，地质构造位置属于“闽东燕山断坳带”的东缘，“闽东南沿海变质带”的西南部。东面濒临台湾海峡中新生代沉降带。辖区基本构架形成于燕山期。规模巨大的中生代燕山运动，改造了古生代华力西—印支运动形成的基底构造。早侏罗世时以褶皱造山运动作用为主，晚侏罗世至白垩世则以断块造山作用为主。喜马拉雅期构造特点以继承性断裂复活活动和断块差异活动较显著。第四纪以来，地壳运动以断块垂直差异升降运动为主。早更新世—中更新世的地壳以上升为主。晚更新世期间，地壳有 2 次升降运动，发生 2 次海进，第一次发生在 3 万～4 万年前，第二次发生在 1.6 万年前，沉积有上更新统上、下两段海陆过渡相地层，构成第二、三级阶地。全新世境内仍然有两次地壳升降运动，也出现 2 次海进，第一次在距今 6000～7000 年前，第二次在距今 3000～4000 年前，从而形成下全新统和上全新统海相地层，构成现今的海蚀阶地（台地）及沿海海积阶地和滩涂。台地形成后经过长期风化，形成几米至几十米厚的红色风化壳（红土残积层），即红土台地。

（叶　青）

【地貌】 湖里区地貌类型划分原则以形态和成因相结合，根据海拔高度和相对切割深度的差别，可分为 5 种类型。

高丘陵　海拔高度 200～500 米，相对切割深度 100～300 米。分布于辖区南部与思明区交界处，由火山岩和花岗岩构成，受构造和岩性的影响均较明显。由花岗岩构成的高丘陵常呈孤丘状，若地表植被遭受破坏，则基岩裸露，山势陡峭。由火山岩构成的高丘陵坡度较为和缓，土层较深厚，植被覆盖度也较好。辖区的仙岳山属于火山岩高丘陵，为湖里区唯一的高丘陵。在湖里区与思明区交界处，海拔 212 米。

低丘陵　海拔高度 50～200 米，相对切割深度 30～100 米。辖区内的低丘陵有 15 座，分别是寨子山、仙洞山、狐尾山、虎山、园山、松柏山、牛头山、石头皮山、赤坡山、薛岭山、金山、风动山、双狮山、安兜山和钟山。

阶地（台地）　海拔高度 5～50 米，相对切割深度 3～30 米。广泛分布于海拔高度 50 米以下的山前地带、河谷两侧和沿海地区。辖区有 2 种类型阶地。二级河流台地高出河流平水位 10～15 米，分布零散，多属基座台地，上部由河流冲积层和残积层组成，下部由基岩构成，基座牢固，宜作为工程建设用地。

海蚀台地　广泛分布于辖区北部。一般可分为三级：一级海蚀台地的海拔高度为 5～10 米，分布于沿海地区和平原外侧；二级海蚀台地海拔高度为 10～15 米；三级海蚀台地的海拔高度为 25～30 米。在海蚀台地分布地区，由于流水的侵蚀作用，常形成一些浅坳谷或低洼地，是水土条件较好的耕作区。辖区内台地有6个，分别是神山、鸡山、龙头山、关刀山、骑马山、虎头山。

平原　海拔高度2～5米，相对切割深度1～3米。平原分布在钟宅至筼筜港一带。

（叶　青）

【土壤类型】　湖里区境内土壤类型为砖红壤性红壤、红壤、黄壤、稻土、风沙土、盐土和潮土7个土类、19个亚类、34个土属、5个土种。境内土壤以红壤为主，分布区域自海拔数米低丘或台地至200米左右高丘陵顶部之波状起伏丘陵。此外，另有盐渍土，主要分布于江头、钟宅、高林等地。近山丘周围的地区多覆盖着砂，由花岗石风化细矿碎粒形成，主要分布于钟宅、高林、五通等地。个别沿海地带有小片风积沙丘。江头的山麓地带及山沟由于长期受泉水浸润，土层糜烂而层次不明显。

砖红壤性红壤　又名“赤壤”。酸性岩赤红壤分布于狐尾山—仙洞山—圆山一带，侵蚀赤红壤分布于低丘台地，海拔小于50米。粗骨性砖红壤性红壤，是土成历史较短的幼年土壤，分布于花岗岩构成的中屿、象屿、虎屿以及由酸性火成岩或陆相碎屑岩构成的小岛。赤土是由砖红壤性红壤经人工开垦、耕作熟化而成的旱作土壤，分布在马垅、小东山、枋湖、县后、后坑、钟宅、五通、高林等处台地上。

海滨盐土　为盐土属海积相土壤，分布在海岸带的平原海岸、港湾和海岸草木带上，可分为滨海盐土和埭土2个亚类。前者主要分布在辖区沿海原有红树林潮滩上，后者分布在辖区内围垦脱盐及旱作熟化发育的滨海盐土，土体上层已开始脱盐，只有咸土1个属。

风沙土　主要分布在滨海沿岸沙堤、沙丘及沙地上，发育在岛屿迎风浪岸段，是一种非地带性新生土壤，主要分布在五通村浦口、泥金一带至何厝村，长达数千米。该带土壤上生长着以木麻黄为主、台湾相思混交其中的海岸防风沙防护林带。

水稻土　渗育性水稻土主要分布于山地丘陵坡地或岗背上，多系梯田，可分为黄泥田、红土田、白土田、沙质田4个土属。沙质田零星分布在高殿村。潴育型水稻土主要分布在后埔、枋湖、蔡塘、县后、五通等地。盐渍型水稻土分布于北部的海积平原。

（叶　青）

【土壤分布】　辖区土壤类型空间分布的组合，从高到低垂直分布差异明显，从厦门岛中部湖里区与思明区交界处高丘陵向海岸呈环带状分布。大部分丘陵区为典型赤红壤和粗骨性赤红壤，耕作土壤有少量赤沙土和黄泥土田、灰泥田。台地低丘土壤带的海拔大多在50米以下，地面呈坡状起伏，向海岸倾斜，土壤以粗骨性赤红壤为主。耕作土壤分布于辖区内的旱作和果园，以赤土亚类为主；水田以渗育型水稻土为主，其中以黄泥沙田和红泥沙田居多，是主要水稻土类型。

（叶　青）

【海域】　湖里区海域包括西部海域、同安湾海域和五缘湾。

西部海域　湖里西部海域属于厦门西部海湾的一部分，北起高集海堤，南至湖滨北路西侧同益码头水闸。该海域集中厦门市主要的码头，是厦门市开发程度最高的海域，沿岸经济发达，人口密度大，人类活动频繁，承纳排污量大。部分港域出现淤积，有些航段已成为碍航浅滩。

同安湾海域　湖里东部、北部海域南起五通—澳头、北至高崎、钟宅海面，属同安湾海域。该海域地处厦门岛东海岸，海岸较平直，海域开阔。受外海海水影响较大，盐度较高，营养贫乏，浮游生物量较低，风浪较大，属高能环境。辖区所在沿海区域属于岛岸开阔海域，与西海域海湾型海域有明显差异。湖里区在1949—1979年为“军事要区”，开发程度较低，不少岸段仍保持自然风貌。1980年后厦门东海岸出现开发热潮，滨海旅游资源遭受不同程度的破坏，海岸普遍受到侵蚀，滨岸生态环境也遭到不同程度的污染和破坏。

五缘湾　原名钟宅湾，位于湖里区东北部，为外大内小的漏斗状海湾，海域面积约4平方千米。历史上海水可涨至洪水桥。1958年，在湾内建国营钟宅盐场，占用港湾面积约0.7平方千米。港湾内有厦门岛唯一出露温泉。1978年，前线人民公社钟宅大队在国营盐场之外再建大队盐场，占用港湾面积约1平方千米。20世纪90年代末，钟宅湾被规划为城市湿地公园，更名为五缘湾。

（叶　青）

【自然资源】　湖里区主要矿产为花岗岩，有部分锰矿出现于花岗岩中，分布在湖里矿点，钼矿分布在园山矿点，耐火黏土分布在辖区北部和东北部。辖区历史上出现过的陆地野生动物涵盖两栖、爬行、鸟、哺乳四大纲数十种，部分被列入国家重点保护野生动物名录。水生动物较之陆生动物丰富得多，有无脊椎动物，含环节动物、软体动物、节肢动物；脊椎动物，包括鱼等，总计数百种之多。湖里区野生植物主要分布在灌丛和草丛中，灌丛和草丛主要分布在山丘或撂荒地。次生林主要植物群落有马尾松林、相思树林、木麻黄林。野生植物群落红树林已绝迹。

（叶　青）

【气候】 气候特征　湖里辖区气候类型属于南亚热带海洋性季风气候。纬度位置处于北回归线偏北约1°，是亚热带中的最南带，为热带向温带的过渡带，具有热带气候的某些特征。辖区受海洋的影响较为显著，气温年较差小，相对湿度大。以张宝堃按候温划分四季的方法（以五天候平均气温低于10℃为冬季、10℃～22℃为春秋季、高于22℃为夏季）对辖区进行季节划分：则夏季从5月1日至10月25日，时长178天；春季从2月6日至4月30日，时长84天；秋季从10月26日至2月5日，时长103天。各季气候特点：夏季长而无酷暑，秋春相连而无冬，全年几乎全是无霜期，气温变化不显著，秋温略高于春温；春夏有锋面雨，夏秋有雷雨台风，日照较长；全年多风，深秋季节偏北风而干冷，夏季偏南风而暖湿。海洋性主要表现在：最热月与最冷月平均气温相差不足16℃，9月、10月、11月平均气温高于5月、4月、3月平均气温，盛夏季节海陆风明显。湖里区2月、3月的气候特点是阴冷，这时东北季风已减弱，冷空气强度虽然不如秋季强盛，但仍不时南下影响华南地区，当新的一股冷空气南下与原先控制华南的变性冷高压相遇时形成锋面降水，由于变性冷高压含水量少，所以雨量不大，但天气较冷。如果冷空气较强，就会出现“春寒”或“倒春寒”的天气。到了4月，南方暖空气势力开始加强，当北方有较强冷空气南下影响辖区时，容易引发诸如大风、暴雨、冰雹、雷暴、龙卷风等强对流天气。在冷空气影响之前还极易产生浓雾天气。5—6月，是辖区的梅雨季，此时强盛的“西南季风”已控制华南及以南地区，由于西南季风含有充足的水汽和热量，当北方南下的冷空气与其交绥时，常常形成暴雨或大暴雨天气。有些年份由于北方冷空气较弱或副热带高压提早北跳，使华南在单一的暖气团控制下，雨量偏少，形成“空梅”，容易产生旱情。梅雨季主要灾害性天气是浓雾、大风、暴雨、冰雹、雷暴和龙卷风等强对流天气。7—9月，辖区在副热带高压控制下，天气晴热少雨，有时午后到上半夜由于热力对流，有局地雷阵雨。7—9月也是台风季，此时在西太平洋和南海经常有台风生成影响。台风虽然破坏力强大，但也给炎热少雨的夏季带来充沛的雨量和凉爽的天气。如果台风影响偏少，便很容易发生夏旱。由于湖里东临大海西接漳州平原，受海陆风影响很大，在海陆风影响下，夜里到中午前吹陆风，午后吹海风，因此最高气温不会太高，7月是辖区最热月，月平均最高气温也只有32.6℃。影响辖区的台风每年平均3～4个，严重影响的台风1个左右。台风不但会带来狂风暴雨、风暴潮等灾害性天气，以及由此引起的次生灾害，而且还会破坏海陆风效应。台风来临前所引发的“焚风效应”会带来36℃～37℃以上的高温天气，辖区极端最高气温38.5℃就是由台风导致的。夏季主要灾害性天气为台风、高温、干旱。从10月初开始，高空西风带南压，西太平洋副热带高压已明显南撤，脊线已退回到北纬20°附近，影响辖区的台风已基本结束，但个别年份仍有台风影响，1999年10月9日，第14号台风在龙海登陆，辖区最大风力达12级以上。到了10月，冷空气从低空向南方移动，占据华南地区，辖区在冷高压控制下，而此时高空仍受副热带高压控制，形成十分稳定的“下冷上暖”的大气层结构，出现秋高气爽、天高云淡的晴好天气，气温不冷不热，湿度偏小，气候十分宜人。但有些年份，从11月初至12月初冷空气较弱，出现气温较高、湿度较大的“小阳春”天气。12月至翌年1月，蒙古高压占据整个亚洲大陆，中国东部地区盛行东北季风。辖区由于受来自西伯利亚和蒙古干冷气团的影响，气候干燥，降水偏少。如果有强冷空气影响，还会造成“寒潮”天气。辖区由于地处海边，因此即便是深秋，感觉也不是很冷。1月是厦门的最冷月，月平均最低气温为9.9℃，极端最低气温1.8℃。秋季由于受单一的冷气团控制，降水稀少。

气象灾害　影响辖区的气象灾害有风灾、水灾、旱灾、低温寒害和雹灾等。风灾有台风、冷空气大风、龙卷风、飑线等。对辖区产生影响的大风平均3年发生一次，主要出现在6月、7月和8月。1959年8月23日的第03号台风、1999年10月9日的第14号台风和2016年9月15日的第14号台风为历史上居前三位的大风。龙卷风和飑线主要产生局部性灾害。辖区境域水灾主要由热带风暴和台风带来的暴雨所造成。水灾的发生概率与台风的发生概率基本一致，一般每年发生3～4次，重大水灾平均一年不到一次。但随着城市化进程的加快，局部地区由于地势低洼，排水设施未能跟上或阻塞，降暴雨时较容易受灾。辖区旱情以夏旱和秋旱为主。冻寒灾害多发生在冬至后“三九”期间。低洼地方冷空气容易沉积，故洼地冻害要比坡地、高地严重。辖区春季3月、4月发生冰雹的频率最高，7月和8月次之。

（金丰军）

人文地理

【建置沿革】 湖里区境域在唐天宝十五年（756年）前后属南安县新城的一部分，此前隶属情况无考。唐大中十一年（857年）前后改属南安县嘉禾里。闽龙启元年即后唐长兴四年（933年）仍为嘉禾里的境域，改属同安县。两宋，辖区境域隶属同安县绥德乡嘉禾里。元代，辖区境域隶属西界二十一、二十三和二十四都，统归于绥德乡。明代至清初，辖区境域隶属关系不变。南明永历九年即清顺治十二年（1655年），辖区隶属郑成功所设思明州。清康熙二年（1663年），清军攻占厦门岛后“墟其地而返”，厦门岛成为荒岛，辖区亦成为无人管辖的荒野。清康熙八年（1669年），台湾郑经政权重新据有厦门岛，辖区归郑经集团管辖。清康熙十九年（1680年）清军攻占厦门，并在岛上派驻总兵，辖区境域重归同安县绥德乡嘉禾里管辖。

民国元年（1912年）4月设立思明县，辖区境域分设若干个保，直属思明县。此后，辖区境域先后成立联保、自治区，均隶属于思明县。民国22年（1933年）11月20日发生“福建事变”，成立中华共和国人民革命政府，辖区境域隶属厦门特别市。民国23年（1934年）1月，“福建事变”失败，撤销厦门特别市，辖区境域仍隶属思明县。民国24年（1935年）4月，撤销思明县，成立厦门市。以辖区境域为主成立禾山特种区，直属福建省政府，但由同安县代管。民国26年（1937年）7月，禾山特种区改为禾山甲种区，隶属厦门市。民国27年（1938年）5月，日本侵略军侵占厦门。民国34年（1945年）10月，国民政府收复厦门市，辖区境域仍隶属厦门市禾山区。

1949年10月17日，中国人民解放军解放厦门岛。21日，厦门市人民政府成立。辖区境域隶属厦门市禾山区公所。1954年3月改禾山区公所为禾山区人民政府。1957年8月，设立厦门市郊区行政办事处，禾山区为其下辖两个区之一。1958年1月，撤销禾山区，辖区境域分设江头、五通、高殿、钟宅等乡，隶属于厦门市郊区。1958年6月，辖区境域改设五通、江头2个乡，仍隶属厦门市郊区。1958年10月9日，成立政社合一的前线人民公社，辖区境域隶属厦门市郊区前线人民公社。1961年10月，在前线人民公社辖区内成立禾山区。1963年6月，撤销禾山区，恢复前线人民公社。1980年10月，国务院批准在厦门岛西北部湖里地区划出2.5平方千米土地创办厦门经济特区。经济特区管理委员会与厦门市人民政府平行，隶属福建省人民政府。1984年9月，厦门经济特区管理委员会与厦门市人民政府合并，改设湖里工业区管理局，行使市政府对经济特区的管理权。1980年11月，前线人民公社改名为禾山人民公社；1984年10月，撤销禾山人民公社，成立禾山乡人民政府。辖区境域隶属关系不变。1987年6月10日，国务院批复：同意厦门市设立湖里区，郊区更名为集美区。8月13日，厦门市人民政府颁布《关于调整厦门市行政区划的通知》，宣布设立湖里区，下辖湖里街道所属的8个社区和禾山乡所属的12个村。1987年11月，湖里区成立，隶属厦门市管辖。此后，湖里区境域、行政区划屡有调整，但隶属关系未发生变化。

（李启宇）

【行政区划】 2021年，湖里区下辖湖里街道、殿前街道、江头街道、禾山街道和金山街道5个街道、57个社区。

（缪峻涛）

【方言】 湖里区位于厦门岛的西部至北部。原属厦门岛上“禾山区”的一部分，民间旧称“山场”[$sua^{1}tiu^{2}$]，或叫“顶禾山”[$tin^{1}ho^{2}san^{1}$]（禾山的上半部）。湖里区本地人所讲的方言属闽南方言的厦门话，它跟市区的厦门话有一些极小的差异，但跟厦门市区的厦门话能互通无阻。有人将它称之为厦门话的“禾山腔”。这种“禾山腔”语法与闽南方言的厦门话相同，语音与词语略有区别。

2021年湖里区行政区划一览表

表1　　单位：个

街道名称	社区	社区名称
湖里街道	18	湖里、村里、徐厝、濠头、东渡、塘边、后浦、金鼎、南山、东荣、康乐、康晖、康泰、怡景、和通、新港、海天、兴华
殿前街道	9	兴隆、长乐、北站、神山、高殿、马垅、兴园、嘉福、翔鹭
江头街道	10	江头、吕厝、吕岭、园山、金尚、江村、蔡塘、后埔、祥店、江华
禾山街道	11	枋湖、坂尚、钟宅、岭下、围里、禾欣、禾盛、禾山、禾缘、五缘湾北社区、枋湖南
金山街道	9	高林、五通、后坑、金山、金林、金安、湖边、金湖、金海

语音方面有两个很明显的特点：厦门市区读“i”韵母的一些字，湖里区多数读“u”韵母；厦门市区读“in”韵母的一些字，湖里区读“ai”韵母。词语方面的小差异，也主要表现在两个方面：有一些词语的读音跟市区不同，最明显的是相当一部分人将“母亲”叫作［au^3a^3］，这可能是“阿母仔”［$a^1bu^3a^3$］的合音；有一小部分事物的叫法跟市区不同。湖里区内部的差异更小，大概可分为 4 片：以区政府所在地的枋湖为中心，包括原后埔、江头地区；五通、高林等地区；高殿、寨上等地区；钟宅地区。除钟宅地区外，其他 3 个地区之间的差异几乎不容易听出来。钟宅的百姓多是畲族，但他们却不说畲语，而是说闽南方言。钟宅百姓所说的闽南方言跟湖里区的闽南方言是比较一致的。其差异也不明显，给人们留下比较深刻印象的是钟宅百姓的口音里常带有一个话尾词“搭［tah］”，相当于普通话的“啦”。另外，个别词语的读音或叫法也有一点不同。

（周长楫）

【宗教和民间信仰】 湖里区宗教有佛教、道教、基督教。佛教活动场所有觉性院、观音寺、天竺岩寺，基督教活动场所有新区堂、寨上堂、钟宅和南山路活动点。无专门的道教活动场所。湖里区有民间信仰宫庙 161 座，其中仙岳山土地公庙、湖里凤和宫、泥金兴隆宫、濠头濠沙宫为市级民间信仰联系点，辖区内设有闽南文化保生慈济分会。影响较大的宫庙还有龙湫亭、高崎万寿宫、安兜青辰宫、钟宅澜海宫、后埔禾济宫、薛岭龙源宫、乌石浦洞炫宫、殿前东山寺、后门小厅宫、昭塘观音寺、后坑资福院、坂美五郎庙、霞边凤山宫、浦口瑞云宫。宫庙供奉的神灵五花八门，有佛教的如来、观音，道教的太上老君、王母娘娘、玄天大帝、张天师、土地神，历史圣贤五谷仙祖、关公、开闽王、三忠王，池、李、朱、邢、温、孙、赵、康等姓的王爷，福建省俗神妈祖、保生大帝、三平祖师、清水祖师、广泽尊王，本地孙姓祖佛真异大师、林姓祖佛林希元，源自本地的俗神白鹤仙祖、耀生伯、三叔公。物灵信仰有虎相公和榕树王等。土地公在当地颇受尊崇，其次是妈祖、王爷、保生大帝、观音。仙岳山土地庙是全国规模最大的土地庙。居民住家多数设有“佛龛”，供奉观音、土地公、灶君。关帝被视为财神，店家供奉为多。当地宫庙建筑俗称“皇宫起”，前后殿之间有天井，大多为三开间燕尾翘脊的典型闽南建筑，少有山门牌坊。保存最完好的古建筑是薛岭龙源宫，最具纪念意义的是五通万人坑祖庙，奉祀被日本侵略军杀害者的亡灵。祖灵信仰深植当地人心。住家中设有祖宗神位，前置香炉、烛台，清明、七月半、冬至和除夕（年兜）“四节”以及祖宗的忌日进行祭拜。同姓聚居的村落建有陈、林、黄、孙、王、钟等 19 个姓氏的 46 座宗祠，俗称祖厝，奉祀开基祖以及列祖列宗。每年在固定的日子里祭祖，结婚的新人婚后要到祖厝里敬拜。乌石浦萧氏家庙、湖里杨氏宗祠、后浦陈氏宗祠被列为市级涉台文物保护单位，两岸宗亲共同祭拜祖先。民间信仰中，祭品常见的是三牲（猪肉、鸡、鱼）和米龟、米粿。信众以掷筊杯俗称“卜杯”进行占卜，有的宫庙中还备有签枝和签诗。醮事多数是道教的科仪，意在祈福和消灾。许多宫庙在神诞日会组织信众前往祖庙参拜进香，俗称“请火”，奉祀妈祖的农历三月廿三到湄洲岛或何厝香山妈祖庙请火；奉祀保生大帝的农历三月十五到白礁、青礁保生大帝慈济宫请火。在元宵节、神诞日或是佐事时，宫庙举办庙会，请出神灵的神像巡游称为“巡境”，接受信众的敬拜，俗称“吃香位”，同时设礼酬神、献戏娱神。其中较有特色的是湖里凤和宫、高崎万寿宫、殿前白鹤寺、后埔禾济宫的庙会，岭下、墩上、尚忠和坂上“王爷公坐任”，高林保安殿“妈婆出巡”，薛岭龙源宫“送王”，枋湖、梧桐“请丈公”。农历十月常有举办王爷佐事，请王爷巡境、敬王爷、送王爷，即“迎王、贡王、送王”。钟宅、枋湖、浦口等地还举行“送王船”活动。海峡两岸有着共同的“神缘”，湖里区许多民间信仰活动会有台湾信众参加。

（黄国富）

【习俗】 食俗　湖里区居民一日三餐以干饭为主。稀饭俗称“糜”，大多是番薯糜。也有用芋头、海蛎煮成或者掺有高丽菜、芥菜、南瓜的“咸糜”。除此之外，待客炒米粉、冬粉，坐月子吃面线，丧事吃咸糜、咸饭、红糟肉，小孩满月吃“戗油饭”，生日吃蛋，做寿吃面，婚嫁吃圆仔，清明吃薄饼，五月节、七月半吃粽子，六月半、冬至吃汤圆；八月半吃红米龟；年兜蒸咸粿、发糕；正月初九吃甜粿。

茶俗　湖里区居民把喝茶说成吃茶，茶叶俗称“茶心”，基本是用陶制的茶具泡出的“工夫茶”。家家户户有茶桌（茶几）和一整套茶具，茶盘、小茶壶、茶缸、茶盅、茶杯、茶漏、茶铲。“吃茶”的说法已经被“泡茶”所取代。泡“工夫茶”讲究程序和功夫，大多是用紫砂茶壶、白瓷茶杯，程序有孟臣沐浴、水淹七军、乌龙入宫、高山流水、春风拂面、关公巡城、韩信点兵之讲究。待客的最高礼节是白糖水煮 2 个鸡蛋的“鸡蛋茶”。

新娘捧茶待客时，一般用冬瓜糖、桂圆、枸杞泡的“冬瓜茶”。茶俗还表现在各种祭拜的礼仪当中。年节或神明纪念日，拜神拜佛要敬献3杯“清茶”。平常则在佛龛面前摆放茶叶，以代替日常“敬茶（水）。”

酒俗　湖里区以酒为礼。订婚办酒席，结婚办喜酒；生儿育女办满月酒；送行有“顺风酒”，迎归喝“接风酒”；祭祖敬神和丧事祭拜都要祭酒。但是饮酒不强求，节制自便为主。饮酒以米酒、高粱酒为主。药酒为大多数人所欢迎，“固本药酒”“万全堂药酒”久盛不衰。不少人用当归、党参、枸杞、桂圆等中药泡药酒，“吃补”时和着鸡、鸭等食物食用。在霜降、立冬、冬至和妇女坐月子时，所吃的滋补食物一定要掺药酒。

服饰习俗　现在的男女服装呈时装化和个性化。不管穿什么样的衣服都忌反穿，因为会联想到为死去的人“套衫”。妇女在节庆和喜事时头发插着用红线和金箔丝缠扎的“春花”。把耳环和戒指称为“耳勾”“手子”，年轻女子戴的“耳勾”多是有小垂链的，年长女子的“耳勾”，大都镶有珍珠或玉石。多数女子戴圆箍形的戒指，俗称“斗箍”戒指。

称呼习俗　祖先和长辈的名字不能直呼。与长辈名字同音的字也要有所避讳。小辈更不能叫长辈的小名。同事之间一般在姓前冠以“老”“小”。邻里之间称呼，对年长者在名字后加上辈分，如伯、叔、兄、姑；对于已婚女性在其丈夫名后加姆、婶、嫂等；对于同辈和下辈则可直呼其名。除了部队和学校点名，人际称呼一般不连名带姓。

婚嫁习俗　结婚时吃喜饼、喜糖，俗称“糖仔饼”。出嫁时携带象征吉利的春谷、大麦、芋子、火炭、生铁等12项物品。结婚当天，新郎、新娘都要进行“上头”。新娘出嫁是用彩带花束装饰的花车。结婚时新房要摆汤圆、米糕，要让小男孩先在新床上“翻床”。喜筵之后，众宾客闹洞房，俗称“哔新娘”。婚礼之后新娘向长辈敬茶，长辈回之以礼品，叫“压茶盘”。

生育寿诞习俗　妇女怀孕叫“有身”，产前的一个月称“顺月”，寄托祈求分娩顺利的心愿。婴儿诞生满月，雅称“弥月”，要修剪婴儿的胎发，所以满月俗称“剃头”。婴儿周岁俗称“度晬”，周岁开始，小孩要穿鞋了，所以周岁又叫作“穿鞋”。小孩周岁之后的生日一般煮个鸡蛋代表吉祥。20世纪90年代后，小孩子过生日，买生日蛋糕、生日礼物，上饭店庆祝已经十分普遍。成年人一般在虚岁49岁或59岁才会郑重其事地做50岁或60岁生日。做生日那天，女儿女婿送猪脚、寿面、鸡蛋、酒，亲友贺礼送酒、寿面、喜炮、镜牌，外甥还要送写有“寿”字的大红绸幛。早上敬拜天公，献上寿桃、寿龟、寿面、寿酒、五果、六斋，还要有红丝线捆扎的韭菜、12个染红的鸡蛋、12个染红的鸭蛋；点大红寿烛，烧天公金、寿金，燃放鞭炮；男寿星穿红衣黑裤，女寿星穿红衣红裤，端坐在太师椅上，接受子孙叩拜。寿星要给来拜寿的未成年晚辈红包。拜寿后，当天中午宴请宾客，寿星和大家一起吃猪脚寿面。

丧葬习俗　人去世实行火葬，习俗由繁及简，但基本延续了旧时的初丧、小殓、大殓、出殡、下葬、孝祀。逝世本地称“过身”，净身后给死者换衣服俗称“张穿”，古称“小殓”。丧眷围在逝者旁过夜，称“守丧”；封棺之后丧眷守灵柩而眠，叫“守灵”。出殡本地称“出山”，灵柩移到公众场所，接受送葬亲友的祭奠，称为“谢拜”。火化后，骨灰存放在骨灰室，在骨灰室外摆放发糕、水果，点香、烛，烧金纸，相当于入土后的祭拜。来年的正月初三，逝者的家中“烧新床”，祭亡灵。之后逝世周年都要祭拜称“做祭”。

岁令节俗　时序节俗中，民谚称春节“初一早，初二早（早早就去拜年），初三困到饱（不宜出门，可以在家睡懒觉），初四接神，初九天公生，十五上元暝。”大年初一不吃稀饭，不洗衣、不扫地，不汲水。初二女儿携女婿回娘家拜年，俗称“查某团日”。初四摆果品和“三牲”，上香“接神”。初九为“天公生日”，敬拜相当隆重。元宵节本地叫作“上元”，观灯而不吃元宵，近年来有政府组织的元宵文化踩街活动。本地有的在清明节，有的在三月初三“三日节”扫墓、压墓纸。钟宅钟姓扫墓之后在祖墓前架灶煮供品供大家分食，叫“吃祖墓”。端午节用粽子祭祖先，在门户上挂艾草、榕叶辟邪。在旧观念中，七月是“鬼月”，忌办喜事、搬新居。七月十五俗称“七月半”，要祭祖，在此前后数日村社轮流“做普度”祭拜鬼神。中秋俗称“八月半”，在家中用红米龟祭拜祖先，本区在仙岳山土地庙举办土地公信仰文化节。立冬和霜降吃药膳补身。冬节隆重地祭祖，主要祭品是汤圆。十二月二十四俗为送神之日。本地称除夕为“廿九暝”。用丰盛的饭菜和发糕、咸粿祭拜祖宗和神灵。吃年饭叫围炉，年饭中要有鱼和血蛤。除夕夜在供桌上摆红柑、春饭、发糕迎春祈福，上面都插红色的“春枝”。

（黄国富）

经济社会发展

【概况】 2021 年，湖里区实现地区生产总值 1539.41 亿元，比上年增长 7.2%。三次产业比 0∶40.3∶59.7，第二、第三产业增加值分别为 621.14 亿元和 918.27 亿元。财政总收入 260.08 亿元，其中区级财政收入 55.56 亿元。全区规模以上工业企业 245 家，全年实现增加值 443.62 亿元，建筑业增加值 206.11 亿元，比上年增长 4.6%。全区固定资产投资比上年增长 13.7%，其中房地产投资下降 4.3%，城镇固定资产投资增长 47.4%。全年实现社会消费品零售总额 526.35 亿元，比上年增长 11.3%。全区重点服务业企业 333 家，实现营业收入 882.93 亿元，比上年增长 38.6%。金融保险业实现增加值 127.84 亿元，比上年增长 7.0%。2021 年，湖里区获得国家生态文明建设示范区、中国创新城市治理新典范、中国市容环境高品质城市、全省城市发展“十优”区等称号；通过国家慢性病综合防控示范区复审。

【产业转型】 2021 年，湖里区坚持“优二进三”“二三产融合发展”战略，五大重点产业发展活力显现。计算机制造业、电气机械和器材制造业产值分别比上年增长 20% 和 30%。软件信息业营业收入比上年增长 30%。入选国家“专精特新”小巨人企业 10 家、省级科技小巨人企业 17 家。新落地高能级金融业项目 21 个、总部项目 8 个，新增境内外上市企业 4 家。

【项目建设提速】 2021 年，湖里区构建“提前介入、主动服务，全程跟踪、联合监管”工作机制和“1+5+5”项目推动机制，新增 103 个储备项目，56 个重点项目有序建设，16 个项目如期开工，8 个项目竣工，累计完成投资 206 亿元，完成年度计划的 194.5%。省市重点项目完成情况综合排名位居全市各区首位。

【城市更新东西并进】 2021 年，湖里区推进东部旧村整村改造扫尾攻坚，完成签约 96.3 万平方米，拆除 191.1 万平方米，其中 7 个自然社完成整村签约，5 个自然社实现整村拆除，102.19 万平方米用地顺利提交。3 个安置房项目如期完工，15 个安置房项目和 2 个社区发展中心项目加快建设。完成 3305 人安置返迁。加快西部城区改造，完成东渡社区老城更新样板项目，建成湖里花漾街区；试点完成围里社、湖里社空中线缆改造。完成 21 个老旧小区改造提升，惠及居民 6890 户。

【城区治理】 2021 年，湖里区推动“大文明 + 大城管”机制创新，拆除“两违”建筑 192 万平方米，完成年度任务 480%。推进“摊规点”建设，建成 12 处 273 个摊位。完成 6 个农贸市场改造提升。新增公共停车泊位 465 个。打通断头路 14 条。打造江头祥店全省精细化管理样板街区。垃圾分类走在全市各区前列。在 3 次市对区城市综合管理考评中，2 次位居第一。

推进健康步道湖里段、海堤路沿线立面整治和铁路沿线景观综合整治工程。建成 30 个口袋公园，在园山南路等 16 条道路打造 1.3 万平方米的“红色”文化园林景观。开展排水管理进小区试点工作，完成雨污分流改造 101 千米，推进辖区 44.4 平方千米正本清源。首次实现空气质量优良率、近岸海域水质优良率、地表水功能区达标率“三个 100%”。

【社会事业发展】 2021 年，湖里区新增金安教育集团；率先实施“多校划片”；新开办 5 所校园，新增学位 3660 个；完成“优质放心午餐工程”“校园清凉工程”“课后延时服务”全覆盖。探索建立“医院—社区—政府部门”三位一体的体医融合模式。完成马垅社区、海天社区、后浦社区基层综合文化服务中心提升改造；开展社区文化艺术节、城市诵读节等群众文化品牌活动；对王清祥宅等 60 处文物启动修缮或迁移保护。

【社会保障】 2021 年，湖里区实施各类社会救助 2.5 万人次，发放救助金 3220.13 万元，养老、失业、工伤保险参保覆盖率稳步提升。升级近邻敬老服务圈，投入居家养老服务经费 1375 万元，完成金尚、兴园、金山 3 个全国老年人心理关爱项目试点社区建设；新建 2 个街道居家社区养老服务照料中心；坂尚等 15 个社区居家养老服务站完成适老化改造升级。建成 1 个省级、3 个市级婴幼儿照护服务中心。

（张宪敏）

综　述

【概况】 2021年，中国共产党厦门市湖里区委员会（以下简称“湖里区委”）贯彻习近平总书记来闽考察重要讲话精神、习近平总书记致厦门经济特区建设40周年贺信精神，开展党史学习教育，统筹推进疫情防控，抓好经济建设、湖里片区大提升、社会稳定和安全生产等重点工作，推进全面从严治党，建设高素质、高颜值现代化、国际化中心城区。

【政治建设】 2021年，湖里区委坚持常委会会议安排学习习近平总书记的最新讲话精神和上级的部署要求，把学习贯彻习近平新时代中国特色社会主义思想与学习贯彻中共十九届六中全会精神结合起来，与党史学习教育和“再学习、再调研、再落实”活动结合起来，全年召开区委常委会会议53次、区委理论学习中心组学习会44次，在学思践悟中捍卫“两个确立”，做到“两个维护”。执行民主集中制，新一届区委换届之后，修订《中共湖里区委常委会议事规则》。加强党的领导，支持人大、政府、政协和纪检监察机关、审判机关、检察机关、人民团体依法依章程履行职能，团结民主党派、民族宗教、新的社会阶层、党外知识分子、台港澳侨等一切可以团结的力量，形成全区上下团结一心干事创业的合力。

【党的建设】 2021年，湖里区委贯彻新时代党的建设总要求，落实《党委（党组）落实全面从严治党主体责任规定》，常态化研究全面从严治党工作制度，制定区委落实全面从严治党主体责任清单，把全面从严的标准和要求落实到党的各方面建设。完成区“四套班子”和社区“两委”（社区党支部委员会、社区居民委员会）换届工作，加强基层党组织建设，深化“近邻”党建模式建设。配合省委巡视工作，抓好省委巡视反馈的35个问题整改，推动建章立制101项。组织开展“提高党的建设质量，为实现全方位推动高质量发展超越提供坚强保证”课题调研，形成《以近邻党建为引领　打造湖里区小区治理升级版》等调研报告。培育党建项目，金安社区“习习春风”党群活动服务中心成为省级党建重点培育项目。健全完善党内法规制度体系，累计制发党内规范性文件19件，向市委报备规范性文件18件。

【改革工作】 2021年，湖里区委召开区委全面深化改革委员会（以下简称“区委深改委”）会议5次，研究部署年度重点改革任务43项、重点突破事项39项，推进行政复议体制改革、统计监督等重大改革举措，总结推广9个改革典型案例。湖里区“智慧仲裁”项目获评2021年全国政法智能化建设智慧司法创新案例并在全市年度改革创新成果评选中获评最佳案例，“大城管”机制改革等4个项目在厦门经济特区建设40周年全面深化改革优秀案例展播，东部旧村改造创新项目在“厦门改革地图”展示。加大改革宣传推广力度，在厦门网和“湖里头条”微信公众号开设改革宣传专栏，组织评选120个“改革创新奖”项目并在媒体上宣传展示。开展“东部旧村改造中被征地拆迁群众由‘拆二代’向‘创二代’转变”课题调研。做好市委改革办对湖里区改革创新工作绩效评估的迎检工作，开展区级改革创新工作绩效评估。

（吴宗元　张华微）

重要会议

【区委八届十五次全会】 2021年6

2021年10月12—14日，中共厦门市湖里区第九次代表大会在区行政中心东附楼召开。图为13日区委书记吴新奎（主席台最左站立者）作工作报告（区委办　供图）

月26日，中共湖里区委八届十五次全会在区行政中心召开，区委全体委员及候补委员等出席会议。会议听取并讨论区委书记龚建阳受区委常委会委托作的工作报告；审议并通过《中共湖里区委关于学习贯彻习近平总书记在福建省考察时的重要讲话精神，为谱写全面建设社会主义现代化国家福建篇章贡献湖里力量的决定（讨论稿）》，简称《决定》，龚建阳就《决定》向全会作说明。

【全区领导干部大会】 2021年8月30日，全区领导干部大会在湖里区行政中心召开，区委书记龚建阳主持会议，市委副书记陈秋雄，市委组织部副部长、市直机关党工委常务副书记曾丽娟，湖里区四套班子领导、区法院院长、检察院检察长、各街道党政主要负责人、区直各部门主要负责人参加会议。会议宣布福建省委、厦门市委关于湖里区委主要领导调整的决定：宣布龚建阳不再担任中共湖里区委员会书记、常委、委员职务，吴新奎任中共湖里区委员会委员、常委、书记，黄颖任湖里区委副书记并提名为区政府区长候选人。

【中共湖里区第九次代表大会】 2021年10月12—14日，中共厦门市湖里区第九次代表大会在区行政中心召开，区委书记吴新奎主持会议。吴新奎代表区第八届委员会向大会做题为《牢记嘱托　勇担使命　奋力谱写特区发祥地全方位推进高质量发展超越新篇章》的工作报告。区第八届纪律委员会工作报告以书面形式提请大会审议。大会选举产生新一届区委、区纪委及出席厦门市第十三次党代会代表，通过关于八届区委工作报告、区纪委工作报告的决议。

【区委九届一次全会】 2021年10月14日，湖里区委召开九届一次全会，区委委员、候补委员参加会议，区委书记吴新奎主持会议。会议选举产生中共厦门市湖里区第九届委员会常委会委员，通过区纪委第一次全会的选举结果。吴新奎当选湖里区委书记，黄颖、陈晓东当选副书记。会上，吴新奎讲话，对区委领导班子成员提出讲政治、惠民生、谋发展、强作风四方面要求。

【区委常委会会议】 2021年，湖里区委召开区委常委会（扩大）会议53次、上会议题277个。议题包括传达学习习近平总书记在庆祝中国共产党成立100周年大会、党史学习教育动员大会、中央全面深化改革委员会会议、中央民族工作会议、中央农村工作会议、中央人才工作会议等会议上的重要讲话精神，以及习近平总书记来闽考察重要讲话精神、关于统筹推进常态化疫情防控和经济社会发展等工作的重要讲话、重要指示批示精神；专题研究湖里区关于“再学习、再调研、再落实”活动、疫情防控、换届工作、安全生产、省委巡视整改、政法队伍教育整顿、正本清源改造、调整湖里区东部旧村改造片区指挥部成员和教育督导等重要事项；研究审议《湖里区社区工作者管理实施细则》《湖里区“村改居”社区集体资金资产资源管理办法》《湖里区定级普惠民办学校办学绩效评估奖励办法》《湖里区关于进一步加强专业化招商促进全区经济高质量发展工作方案》《湖里区行政复议体制改革实施方案》《厦门市湖里区湾（滩）长制实施方案》等重要文件。

（吴宗元）

组织工作

【概况】 2021年，中共厦门市湖里区委组织部（以下简称“湖里区委组织部”）紧扣新时代党的建设总要求和新时代党的组织路线，抓好集中换届，夯实基层组织基础，做强人才引领。截至12月31日，全区有各级党的基层组织

1556个，其中党委77个、党总支38个、党支部1441个，另设党组（含党组性质党委）27个、党工委7个。中共党员21244名，其中女党员9595名，占总数的45.17%；少数民族党员544名，占总数的2.56%；35周岁以下党员7088名，占总数的33.36%；本科以上文化程度12459名，占总数的58.65%。被评为全国优秀党务工作者1人，获省级“两优一先”表彰11人，市级“两优一先”表彰43人，区级“两优一先”表彰330人。797名老党员获“光荣在党50年”纪念章。全区开展“庆祝中国共产党成立百年”主题党日活动589场。

【社区“两委”换届选举】 2021年9月6日，湖里区召开社区党支部委员会和社区居民委员会（以下简称社区“两委”）换届工作动员部署会。9月8日，区社区“两委”换届工作领导小组办公室举办全区社区“两委”换届工作业务培训。12月27日，完成社区“两委”换届选举工作，集中换届的社区有57个，选举产生社区“两委”487人。该届社区“两委”班子呈现高知化、专业化和年轻化特点，其中大专以上学历469人，占“两委”总数的96.3%；具有助理社会工作师以上职称258人，占“两委”总数的52.98%；社区党组织书记平均年龄41.57岁，“两委”平均年龄37.33岁。

【基层党组织治理】 2021年，湖里区委组织部狠抓《湖里区城市居民小区党支部管理办法（试行）》落实，推进小区党支部实体化、规范化运行，开展以“幸福链接”为主题的精准双报到活动，推进98个小区党建办实事项目。开展近邻党建引领基层治理工作，为全区710个网格配备957名市、区、街干部，党建引领网格治理得到加强。率先在全市开展快递物流行业“百日攻坚行动”，结合为群众办实事活动设置47个“益骑驿站”。该项目被评为全市第二批党史学习教育“我为群众办实事”十佳创新案例。

【干部选用】 2021年，湖里区通过公务员考录、选调生等渠道吸纳干部17名，其中30岁以下干部占88.24%。通过换届配齐配强干部，10名街道党政正职全部是“70后”干部，其中5名是“80后”干部；5名年轻干部到街道担任副职领导。为区委文明办、区城管局、区商务局等11个区直部门配备“一把手”；为区委组织部、宣传部，区卫健局等20个区直部门调配充实22名班子成员。

【干部考核】 2021年，湖里区委组织部到新冠肺炎疫情防控、文明典范城市创建、东部新城建设、招商引资、社会治理网格化建设等一线开展考核。全年提拔、晋升干部155人，其中一线干部114人，占73.5%。对违规、违纪人员进行问责追责，其中批评教育107人、责令检查1人、诫勉5人、留党察看2人、撤职1人、移送纪委处理1人。

【人才评审评优】 2021年，湖里区立足政策支撑、平台打造、服务保障三方面，落细落实省、市人才政策和“智汇湖里”人才强区战略，推进各类人才队伍建设，超额完成全市“三个七”（引进高校毕业生7万人、柔性引进人才7000人、引育高层次人才700人）划拨湖里区的引才任务。全年引进和培育市级以上高层次人才173名，柔性引进人才1649名，吸引17109名高校毕业生到湖里区就业创业，组织评选区拔尖人才15名、重点产业人才31名、台湾专业人才4名。

【物流快递行业党建】 2021年，湖里区在全市率先开展物流快递行业党建工作“百日攻坚行动”，制订下发《关于开展物流快递行业党建工作“百日攻坚行动”的意见》。截至年底，成立规模以上民营物流快递企业党组织42个，覆盖企业54家。成立由区工信局、区司法局等17个部门以及物流快递行业企业组成的湖里区物流快递行业党建联盟，出台《益骑行动——关心物流快递行业十项举措》。开展先锋骑手活动，选树全国邮政行业劳动模范、福建省最美快递员顺丰快递员康满洪为典型。

【“两新”组织党员培训】 2021年5月17—19日，湖里区委组织部、区委非公企业和社会组织工委在厦门海关培训中心举办“两新”（新经济组织和新社会组织）组织党员党史学习教育专题培训，30名“两新”领域党员参加培训。邀请厦门理工学院教授洪认清、华侨大学副教授孟玲洲、厦门大学副教授肖斌分别作专题授课。组织学员到湖里街道旧物仓、深田社区图强文史展厅、政治生活馆、英雄三岛精神主题馆、战地观光园参观学习。参观后，学员围绕“忆初心、担使命、办实事”主题分组讨论。

【湖里区基层党建工作重点任务推进会召开】 2021年5月26日，湖里区基层党建工作重点任务推进会在区行政中心召开，部署2021年湖里区基层党建重点任务。区委常委、组织部部长胡鹏程出席会议并讲话；湖里街道党工委、殿前街道党工委、湖里公安分局党委等6个单位分享落实“我为群众办实事”实践活动、党建引领小区治理、创建“四型”（学习型、服务型、创新型、纯洁型）党组织、开展“精准双报到”等经验做法。

【“印象湖里　人才新章”首映式】 2021年9月9日，湖里区委组织部主办的“印象湖里　人才新章”首映式在厦门国际会展中心人才项目资本合作馆举行，上百名来自不同产业的人才参加首映式。首映式上，播放一组主题为“印象湖里　人才新章”的视频，通过5个领域人才的成长小故事讲述湖里区40年经济腾飞和社会发展的重大变化。

【湖里区产业人才研修院举行揭牌仪式】 2021年9月9日，湖里区产业人才研修院在厦门国际会展中心人才项目资本合作馆举行揭牌仪式。研修院实体校区设在湖里区委党校，该院聚焦湖里区先进制造、新一代信息技术、新兴金融、商贸物流、旅游文化与健康五大重点产业链，设立5个现场教学点，根据不同人才类别，开设精英班、新锐班、岗位业务能力提升班、工匠班和人才研修班。

【非公领域党组织提升班开班】 2021年9月9—10日，湖里区非公领域党组织“益企帮邻”提升班在区委党校开班，非公领域党组织书记49人参加培训。邀请厦门大学经济研究所所长、教授，福建省证券经济研究会副会长靳涛作《疫情影响下的中小微企业发展与施策研究》，厦门大学马克思主义学院副教授、厦门城市党建学院客座教授袁华作《以史鉴今砥砺前行——学习习近平总书记在庆祝中国共产党成立100周年大会上的重要讲话》，湖里区非公党建服务中心主任、厦门城市党建讲师团成员连娜作《非公企业党建如何与企业发展相结合》、区非公党建工作指导员李雅蓉作《发展党员工作实务》专题授课；组织学员到湖里创新园凌云玉石、学习号客轮参观学习；学员围绕“如何推进非公领域党组织规范化建设”主题分组讨论。

【厦门航空工业园党群活动服务中心启用】 2021年12月8日，由中共湖里区殿前街道工作委员会、中共厦门航空工业有限公司委员会联合开办的厦门航空工业园党群活动服务中心启用仪式举行。厦门市国资委党委副书记陈华，湖里区委常委、组织部部长潘敏毅，厦门市委非公有制办公室主任黄子瑞等领导出席仪式。海翼集团副总经理、航空工业党委书记、董事长黄荣致辞；同时举行厦门航空工业园“引航者”党建联盟成立仪式、“殿小二”会客厅授牌仪式、北站社区企航志愿服务联盟航空工业分站授旗仪式。

（吴煜超）

2021年12月8日，厦门航空工业园党群活动服务中心启用暨“引航者”党建联盟成立仪式在航空工业集团举行　（区委组织部　供图）

宣传工作

【概况】 2021年，中共厦门市湖里区委宣传部（以下简称“湖里区委宣传部”）承担起举旗帜、聚民心、育新人、兴文化、展形象的使命任务，以党史学习教育、新冠肺炎疫情常态化防控、特区建设40周年等工作为主要宣传内容，坚持守正创新、把好方向导向，唱响主旋律，为更高水平建设“两高两化”中心城区提供思想保证和精神动力。

【理论学习】 2021年，湖里区委理论学习中心组学习宣传习近平新时代中国特色社会主义思想、中共十九届六中全会精神、习近平总书记“七一”重要讲话精神、在福建考察时的重要讲话精神、致厦门经济特区建设40周年贺信精神。制定《中共湖里区委宣传部关于进一步加强和改进党（工）委、党组理论学习中心组学习的意见》，区委理论学习中心组开展集中学习44次，到深田图强文史展厅和政治生活馆、“奋斗幸福里”等开展研学，到创新园、教育系统等宣讲习近平总书记在福建考察时的重要讲话精神，以上率下带动全区上下深学深悟。

【理论宣讲】 2021年，湖里区委宣传部面向基层、面向企业、面向群众，建立区、街道、社区联动宣讲大队伍，用好新时代文明实践中心、鹭江讲坛等阵地，开展新思想及党史宣讲活动1100多场次；举办“闽南曲艺说唱新思想斗阵行”“百场红色电影展映暨百姓宣讲”等活动。举办学习贯彻习近平总书记“七一”重要讲话精神专题宣讲比赛，并选派骨干开展巡回宣讲。举办学习贯彻中共十九届六中全会精神区委宣讲团集中宣讲。利用融媒体中心宣传矩阵在线提供“菜单式”宣讲服务，让宣讲由一时一地拓展为随时随地。区委宣传部被评为2021年度全市基层理论宣讲先进集体，1人被评为先进个人，《学国珍烈士事迹　悟伟大建党精神》被评为优秀宣讲稿。

【重大节庆宣传】 2021年，湖里区委宣传部围绕庆祝中国共产党成立100周年、厦门经济特区建设40周年，推出红色诵读、主题快闪、摄影比赛、经济特区书法联展、“逐梦先锋”文艺晚会等活动，完成37条主干道、“四桥两隧”（厦门大桥、集美大桥、杏林大桥、海沧大桥和海沧隧道、翔安隧道）衔接处和机场、大型商超、学校等重要点位的氛围布置，打造重要点位绿化景观和夜景工程，利用LED显示屏、宣传栏、建筑围挡等载体刊播宣传标语海报。加强宣传报道，开设专题专栏，其中，央视《中国新闻》报道特区发祥地湖里40年发展巨变；推出《光辉四十载，聚力再出发》《勇立潮头——湖里区企业家话特区》等系列报道，制作《与特区同行·湖里篇》系列短视频，《湖里之约》等短视频播放量超300万次。

【中心工作宣传】 2021年，湖里区委宣传部围绕岛内大提升之湖里片区提升、高质量发展超越2条主线，服务区委、区政府中心工作，开展省市党代会、区“两会”、文明创建等系列宣传；金鸡电影节艺术影展相关配套活动传播覆盖量超3365万人次。全年发布媒体宣传报道1.29万条次，总点击量超过2.27亿人次。提升优化“湖里头条”公众号，关注量由不足1万人提升至36万人。

【防疫抗疫宣传】 2021年9—10月，湖里区委宣传部组织辖区文艺工作者、爱好者以“以艺战疫”为主题开展文艺创作，创作书法、绘画、摄影、诗歌、朗诵、答嘴鼓等原创作品174件，其中，向市委宣传部推送优秀文艺作品151件，在“学习强国”学习平台上刊播7件。通过“湖里头条”、区文化馆和区图书馆等公众号对优秀原创文艺作品进行专栏专题展播，全年播出32期。

【宣传阵地建设管理】 2021年，湖里区拓展新媒体联盟阵营，打造具有湖里特色的“双核两翼多端”（双核指融媒体中心指挥大屏和湖里头条，两翼指先锋湖里和先锋湖里点映频道）融媒体宣传格局，形成报纸、电台、网络、客户端、微信公众号百花齐放局面。完善“中央厨房”舆情预警、传播能力分析等功能设施，提升融媒体中心“策划、采写、编辑、审核、发稿”全链条生产能力。出台新媒体合作管理规定、量化考核办法等，优化内容生产和平台管理，通过省委宣传部、网信办关于融媒体中心建设及新闻信息服务安全检查。

【意识形态工作】 2021年，湖里区委宣传部做好省委意识形态工作责任制专项检查问题整改。加强意识形态阵地管理，出台《关于进一步加强湖里区新媒体阵地管理的意见》等文件，开展打击“网上非法宗教”“扫黄打非”等专项行动，处置负面舆情1100余条。开展网络安全宣传周线上宣传活动，筑牢全民网络安全防线。修订意识形态新版考核体系，将考核成绩与巡视整改、效能考评挂钩，推动责任落实。通过市对区意识形态工作责任制考核，获得优秀等次。

【“我与特区共成长”主题征文大赛举行】 2021年5月8—31日，湖里区举办“我与特区共成长”主题征文大赛，收到参赛作品200多篇，采取匿名投票方式，由专家组成评审委员会，经过初审、终审，评选出一等奖3篇、二等奖7篇、三等奖10篇、优秀奖30篇，并将获奖作品汇编成书。

【舞台剧《神山旗手》展演】 2021年6月26—27日，红色舞台剧《神山旗手》在厦门市小白鹭金荣剧场举行为期2天的公演，市委宣传部、市委党史学习教育第三巡回指导组、区领导及党员干部群众代表等700多人观看演出。7月15日，该剧在看厦门App、厦门广电网、抖音、快手等近20个平台同步播出。该剧以解放厦门战役中发生的真实故事为题材，再现五星红旗插上厦门岛的历史画面，被列为厦门市献礼中国共产党成立100周年的重要文艺项目之一。

【军地联学共建神山教育基地揭牌】 2021年6月29日，军地联学共建神山教育基地举行揭牌仪式，市委宣传部、市委党史学习教育第三巡回指导组、区领导、党员干部群众代表等200多人参加活动。该基地总占地面积1.04万平方米，是解放厦门战役中第一面五星红旗插上

2021 年 6 月 29 日，军地联学共建神山教育基地揭牌仪式举行。图为参加仪式人员重温入党誓词　　（白涵　摄）

厦门岛的地方。

【学习习近平总书记“七一”重要讲话精神宣讲比赛】 2021 年 8 月 27 日，湖里区委宣传部等单位联合在区文旅中心举办学习习近平总书记“七一”重要讲话精神宣讲比赛。来自 22 个党（工）委、党组和区直机关部分党支部的 33 名选手参赛，选手涵盖机关干部、教师、法官、社区工作者、非遗传承人等。经角逐，评选出一等奖 1 名、二等奖 3 名和三等奖 6 名。

【红色报告文学《不能忘却的纪念》首发式举行】 2021 年 12 月 18 日，湖里区庆祝中国共产党成立 100 周年红色文化报告文学《不能忘却的纪念》首发仪式在惠和石文化园举行，30 人参加首发式。该报告文学收录湖里辖区在土地革命时期和解放战争时期地下党、革命群众、革命烈士 15 人的革命事迹。区委宣传部、区社科联向区图书馆、高殿公益图书馆、惠和书院等单位及读者代表赠送该书。

（刘靖虹）

统一战线工作

【概况】 2021 年，中共湖里区委统战部（以下简称“湖里区委统战部”）作为区委主管统一战线工作的职能部门，分管区工商联、侨联、区委台港澳办 3 个单位，主管厦门市知联会湖里分会、湖里区新的社会阶层人士联谊会（以下简称“新阶联”）、湖里区佛教协会、湖里区福德文化联谊会、湖里区侨乡促进会 5 个统战社团，联系湖里区 8 个民主党派 1500 余名党员。全年举办统一战线理论专题辅导等培训 3 场；支持各民主党派学习中共党史、多党合作史，巩固党史学习教育成果；指导民进、农工党、台盟 3 个民主党派完成换届工作；支持党外代表人士赴龙海、古田等地开展理想信念教育 20 多场。按照有场所、有设施、有标志、有简介、有书报、有制度，规范化、常态化、特色化标准，推进 17 个新的社会阶层人士联谊会的实践创新基地建设，建成市级新阶实践创新基地 6 个，市级党建统战融合示范点 2 个。新冠肺炎疫情防控期间，号召、带领全区统一战线成员投身抗疫一线，驰援同安区和金山、神山等社区开展测量体温、核酸检测等疫情防控工作。协调区红十字会、区慈善会接收社会各界捐赠款物近 530 万元，有 362 个爱心单位（人士）直接向抗疫一线捐赠款物 355 万余元。

【党外人士新春座谈会召开】 2021 年 2 月 5 日，湖里区委统战部组织召开党外人士新春座谈会，各民主党派厦门市委会代表和湖里区党外各界代表人士 20 余人参加座谈会。区委副书记、区长林重阳通报 2020 年湖里区经济社会发展情况以及 2021 年重点工作。与会党外各界人士结合各自行业领域特点，及湖里区发展实际情况先后做交流发言，并就新一年湖里区经济社会高质量发展提出意见和建议。

【统一战线理论专题辅导培训】 2021 年 3 月 30 日，湖里区委统战部、区委组织部和区委党校联合举办统一战线理论专题辅导培训。区委统一战线工作领导小组成员单位领导及统战干部，区统战系统机关干部职工，各民主党派、各统战社团的负责人，各街道、各社区统战委员和统战干部，以及区委党校 2021 年第 1 期处科级干部培训班全体学员参加培训。邀请厦门市委党校、厦门市行政学院、厦门市社会主义学院统战理论教研部法学博士康晓丽作《中国共产党统一战线工作条例》专题解读。

【统战系统庆祝中国共产党成立 100 周年座谈会召开】 2021 年 7 月 7 日，湖里区召开统战系统庆祝中国共产党成立 100 周年座谈会，区委统战部、区工商联领导与各民主党派基层组织负责人，区工商联、无党派人士代表参加座谈会。会上，

2021年3月30日，湖里区委统战部在区行政中心举办干部统一战线专题辅导讲座
（区委统战部　供图）

与会人员观看中国共产党成立100周年微电影《路》，并围绕会议主题，回顾中国共产党领导中国革命、建设和改革的丰功伟绩，表达与中国共产党同心同行的信念和决心。

【统战系统信息工作会议】 2021年7月15日，湖里区委统战部召开2021年度统战系统信息工作会议暨信息业务培训会，区委统战部、区委民宗局、区委侨办、区委台港澳办、区工商联（商会）、区侨联，各街道统战干部，各民主党派基层委代表，各有关单位信息员50余人参加会议。会上传达省、市统战信息工作会议主要精神，通报表彰2020年全区统战好信息，部署2021年统战信息工作。

【闽宁镇帮扶协作捐赠仪式举行】 2021年9月10日，“闽宁镇帮扶协作”捐赠仪式在湖里区政府举行。湖里区委常委、统战部部长刘云标，区委统战部二级调研员蔡碧月，区红十字会常务副会长蔡卫国，宁夏回族自治区银川市永宁县委常委、闽宁镇副书记李建军，副书记尹扬岚，镇团委副书记王澎等出席捐赠仪式。仪式上，湖里区向闽宁镇捐赠爱心款物28.43万元。

【统战工作会议召开】 2021年10月22日，湖里区委统战部召开统战工作会议，区委统战部、区委侨办领导，区各民主党派、区工商联、区福德文化联谊会、区佛教协会、区新阶联等单位主要负责人参加会议。会议传达学习中共厦门市委《关于贯彻〈中国共产党统一战线工作条例〉的实施意见》和中共湖里区第九次代表大会精神，研究贯彻落实措施。

【十九届六中全会精神专题辅导培训会】 2021年12月13日，湖里区委统战部、区委组织部、区委党校、区工商联（商会）联合举办十九届六中全会精神专题辅导培训会。邀请厦门市委党校哲学教研部主任、副教授王刚进行专题授课辅导。各民主党派湖里区基层委、区工商联（商会）、区新阶联、区福德文化联谊会、区侨促会、区佛教协会、区台联等有关领导，区委统战部、区委台港澳办、区工商联（商会）、区侨联全体干部职工，各街道统战委员及社区统战干部等150余人参加培训。

（邱舒密）

机构编制管理

【概况】 2021年，中共厦门市湖里区委机构编制委员会办公室（以下简称“湖里区委编办”）优化机构编制资源配置，完成统一社会信用代码变更登记15家、事业单位法人年度报告公示129家、变更登记68家、设立登记5家、注销登记2家，保障各单位有序运行。

【机构编制资源配置】 2021年，湖里区在区卫生健康局加挂“区疾病预防控制局”牌子，增加区卫健局行政编制1个，在区卫健局增设“疾控与公共卫生监督科”，核增正科级领导职数1个；增加区疾病预防控制中心事业编制59个，增核疾控中心党组书记领导职数1个，在区疾病预防控制中心设置综合科、疾控一科、疾控二科、疾控三科、检验科5个内设机构，核定内设机构领导职数5个。将区通讯报道组更名为区融媒体中心，加挂区通讯报道组牌子，调整为区委直属事业单位，归口区委宣传部管理。在区市政园林局加挂区乡村振兴局牌子，担负乡村振兴、扶贫开发等职责。在区文化馆加挂区文物保护中心牌子，承担全区文物保护相关工作，增设2个编制从事文物保护等工作。将区流动人口计划生育服务站更名为区家庭发展事务中心，承担老龄健康、婴幼儿照护等工作。核增区纪委监委行政编制3个，明确4个综合派驻纪检组核定行政编制8个，巡察组编制和领导职数实行专项管理。在区委统战部增设民族宗教与侨务科以及核增正科级领导职数1个。核增区委政法委行政编制2个，增设组织人事科，并相应核增正科级领导职数1个。根据2020—2021学年区属各中小学校核编情况及相应缺口比例，将市下达的209名事业编制核编到校，专项用于保障区属公办中小学教职工编制使用。

【第二次全国机构编制核查】 2021年，湖里区委编办在全区范围组织开展第二次全国机构编制核查工作。成立由区委编办牵头，区委组织部、区人社局、区财政局等单位参与的机构编制核查工作专班，建立部门间协作配合机制，逐个核对编内外人员信息并补充完善，即时整改在自查中发现的问题，完成全区183家行政机关及事业单位自查自纠工作。开展机关事业单位机构编制核查实地核实和2021年事业单位法人公示信息联合抽查工作。按照“实地核实的比例不低于本级核查单位总数的30%”的要求，采取“双随机”方式，检查相关部门的机构编制情况。

【街道综合执法改革】 2021年11月5日，湖里区街道综合执法改革经验交流暨工作部署会在殿前街道召开。会议交流学习殿前街道综合执法改革试点工作经验，并对全区下辖各街道组建涵盖安全生产、城市管理、劳动保障等领域的综合执法队伍，完善各项制度，设立办公场所，配备必需的执法器材和办公设备等方面作出部署。11月20日，各街道组建综合执法队伍，与市场监督、交通运输、文化旅游、生态环境保护、消防救援大队、卫生监督等市、区执法部门建立联合执法机制，实现街道综合执法和联动执法全面运行。

（刘松年）

党校工作

【概况】 2021年，湖里区完成各类干部培训51班次5868人次，其中，区委党校完成29个班次2249人次。组织2期处科级干部培训班，抽调72名干部脱产培训1个月；组织1期党建引领基层治理工作培训班，选派30名干部赴上海学习；组织1期区高层次人才研修班，省高层次人才、拔尖人才、“双百”人才、区重点产业人才31人参加培训。召开11期专题辅导报告会，3145人次听讲。245人参加上级党校组织的线下调训、近1万人次参加线上各类培训，干部参加网络学习的参学率和达标率均在96%以上，干部的专业能力得到提升。年内，湖里区委党校新校区投入使用。

【“学习贯彻十九届五中全会精神”专题培训】 2021年2月25日，“学习贯彻十九届五中全会精神”专题培训在湖里区行政中心举行，全区公务员及参公干部500人次参与培训。福建省委党校经济学教研部教授陈心颖、厦门大学马克思主义学院副教授袁华分别讲授“加快构建国内大循环为主体、国内国际双循环相互促进的新发展格局”和“中共十九届五中全会精神解读”2个专题。

【处科级干部轮训】 2021年，湖里区委党校举办处科级干部培训2次：3月15日至4月15日，区委党校在临时校区举办处科级干部培训春季班，39名干部参加培训；11月10日至12月10日，在区委党校新校区举办秋季班，33人参加培训。主要培训内容为习近平总书记关于党建方面的重要论述、中共十九届五中全会精神解读、新冠肺炎疫情前后国际战略发展趋势等7个专题。

【区委党校新校区投入使用】 2021年7月1日，湖里区委党校新校区举行落成揭牌仪式暨开班第一课。该校区位于穆厝南路51号，占地面积1.08万平方米，总建筑面积

2021年7月1日，中共湖里区委党校新校区落成并投入使用（区委党校　供图）

4.42万平方米，由一幢10层教学楼、一幢23层宿舍楼、一幢3层裙楼和2层地下车库组成。配设大礼堂1间、报告厅2间、各类教室20余间、学员宿舍206间、车位330个，厨房、餐厅、图书阅览室、棋牌室、乒乓球室、羽毛球场、健身房等配套设施齐全，可同时容纳近400人食宿、1000余人培训。

【社区后备干部培训】 2021年8月26—28日，湖里区社区后备干部培训在区委党校新校区举行，社区后备干部123人参加培训。培训“政务微信运营与写作”“如何做好群众工作”“新时代党员教育”等6项内容。

【党员发展对象培训】 2021年，湖里区委党校举办2期党员发展对象培训：11月4—6日，举办第5期培训，129人参加培训；12月14—16日，举办第6期培训，24人参加培训。主要培训内容为“党性修养与遵守党章——十九大新《党章》解读”“牢牢掌握意识形态工作领导权”“加强党的作风建设，落实全面从严治党要求”等。

（何昭鹏）

精神文明建设

【概况】 2021年，湖里区推进常态化疫情防控和文明城市（区）创建，以全国文明典范城市创建为目标，加快文明创建整改提升。在省文明城区测评中，位列全省第一；打造省级诚信经营示范街——湖里街道海天路商业街；推进新时代文明实践中心、所、站建设，加强“建、管、用、育”四大领域建设。

2021年，湖里区志愿者利用周末开展洁净家园活动。图为5月16日康泰社区志愿者在社区清理乱张贴（区委文明办 供图）

截至年底，建成新时代文明实践中心1个、新时代文明实践所5个、新时代文明实践站56个及新时代文明实践点118个。组织开展法治、治安、交通、消防等宣讲200余场次，覆盖人群10余万人次。开展“我推荐、我评议身边好人”活动，先后向上级推荐道德模范5名、“身边好人”17名。其中，1人当选全国巾帼志愿服务“十大感动人物”；1人获第八届全国道德模范提名奖；3名学生被授予厦门市2021年“新时代好少年”称号。建成全省首个爱心献血公园——江头爱心公园，启用爱心近邻公园7个。

【文明城区创建】 2021年，湖里区以争创全国文明典范城市为目标，先后组织文明创建动员部署会、研讨会等各类会议10余次，建立区领导挂钩机制，区主要领导坚持每周2次带队检查，区分管领导带队到一线随机暗访检查，组建5支督查组开展专项督查和回头看，破解石头皮山，塘边、江头等农贸市场等创建难题。整改市区检查发现及媒体曝光的各类问题4561个。举办全市首个区级文明城市创建工作业务骨干培训班，开展全国文明城市实地考察项目现场观摩培训会。强化市场、路口及周边保洁工作，清理违规占用公共空间的建筑垃圾、生活杂物。在“湖里头条”“文明湖里”等微信公众号分别开辟《他山之石　追赶超越》和《文明创建》专栏。编印《守护文明，没你不行——给湖里区居民朋友的一封信》。

【志愿服务】 2021年，湖里区委精神文明办公室（以下简称“湖里区委文明办”）依托新时代文明实践中心举办志愿服务主题沙龙3场。学雷锋月，开展各类志愿服务活动470余场，参与人员超过1.2万人次。10月，区委文明办组织全区98家市级及以上文明单位（含培育对象）与社区新时代文明实践站开展结对共建活动，由1家机关单位、1家非公组织单位对接1个社区，参与新冠肺炎疫情防控、文明城区创建等工作。组织各级文明单位22万余人次开展洁净家园文明实践活动，做好相关问题整改。

【未成年人思想道德建设】 2021年，湖里区委文明办围绕庆祝中国共产党成立100周年开展主题教育活动，深化思想道德教育实践。3月，区委文明办、区教育局等5部门开展“争当新时代好少年”推荐和学习宣传活动，推选郭雯雯等10人为“湖里区新时代好少年”，3人被评为“厦门市新时代好少年”。组织青少年开展清明祭英烈等思想道德教育实践活动3场，1万余名青少年参与。开展“新时代好少年”先进事迹发布活动。开展“红领巾·心向党”舞蹈专场比赛与“童心向党·筑梦未来”合唱比赛、“童心向党”新年音乐会3场活动。牵头举办“童心向党·健康成长”青少年公益夏令营。

【“爱心厦门·爱在湖里”建设】 2021年，湖里区有“爱心屋”8个，创建全省首个爱心助残驿站；在金尚社区打造全国关爱老年人心理健康项目试点，吕岭社区敬老餐厅、养老照护中心等助老品牌发挥养老、助老作用。全年为9046户次28565人次困难群众发放各类救助补贴4000余万元。创新开展“爱心校园”创建活动，推进嘉禾学校等特殊学校建设，呵护残障学生。建设各类“爱心驿站”70个，设立“爱心凉茶供应点”20个，解决环卫工人、路巡员等特殊岗位工人的饮水、就餐等实际问题。与1358名困难人员进行爱心结对，落实结对帮扶“五必到”(重病住院必到、子女辍学或待业必到、意外灾害必到、家人去世必到、重大节日必到)，做到精准到位、应帮尽帮。建成以退役的“宏和号”爱心献血车为主体，具备献血、文化、爱心等诸多功能的江头爱心公园。

【文明宣传】 2021年，湖里区委文明办编发《守护文明，没你不行——给湖里区居民朋友的一封信》宣传单20万份，订购文明创建温情提示短信600万条，以倡议书、宣传手册、宣传扇、宣传海报，以及微信群、微信推文等形式营造文明创建氛围。动员志愿者加强对居民不文明养犬、乱停车、随地吐痰、乱扔垃圾等不文明行为的劝导，并通过小区微信群、居民公告栏定期通报曝光。通过微信、短信、宣传单、宣传栏、显示屏等形式，宣传文明创建知识和要求。组织社区工作者、志愿者发放各类文明创建宣传品40余万份，先后发送短信600万条。

2021年6月6日，湖里区青少年宫举行庆祝中国共产党成立100周年暨基地校文艺汇演 （区委文明办 供图）

【爱心厦门建设研讨会召开】 2021年3月25日，湖里区委文明办召开爱心厦门建设研讨会，区委副书记及20余个职能部门的领导参加该研讨会。与会人员围绕“‘爱心厦门’建设助力经济社会发展”主题，实地走访江头街道爱心公园建设工地及湖里区爱心企业海西MCN(多频道网络)产业基地等。走访后，与会各单位结合工作职责，研讨爱心公益、产业经济等相关内容。

【江头爱心公园启用】 2021年6月18日，湖里区建成全省首个以献血为主题的爱心公园——江头爱心公园。该爱心公园以台湾爱心人士林姵蓁捐献的“宏和号”献血车为核心，占地面积2200平方米，除园林景观外，包含爱心献血屋、爱心互动徽标、电子互动文化大屏等3个主体部分，总投资约400万元。该公园集献血、科普、爱心、文化于一体。满足群众休闲娱乐、近邻党建、15分钟近邻生活服务的需求。

【文明城市创建工作业务骨干培训】 2021年7月27日，湖里区举办全区文明城市创建工作业务骨干培训，邀请市委文明办副主任纪菁，围绕文明城市创建的背景、重大意义、主要任务、组织领导等方面作辅导讲座。市委文明办创建处处长罗强，解读文明城市(区)测评操作体系、测评标准，并对创建具体工作提出指导意见。区创建指挥部10个专项整治组牵头单位、市级及以上文明单位、各街道、各社区分管文明创建的领导及工作人员约160人参加培训。

（吴千惠）

区直机关党建

【概况】 2021年，中共湖里区委直属机关工作委员会（以下简称“湖里区直机关工委”）下辖106个基层党组织，其中机关党委6个、机关党总支5个及党支部95个；全年发展新党员27人，预备党员转正15人。截至年底，有党员1678人。区直机关工委开展党史学习教育，组织开展“评选一批先进典型、开展一场唱红歌比赛、举行一次红色主题运动会、观看一部红色电影”的“四个一”系列活动。截至年底，湖里区2个党组织和2名个人获省级表彰，2个党组织和5名个人获市级表彰，17个党组织和30名个人获区级表彰。召开区直机关“两优一先”表彰大会，表彰一批优秀共产党员、优秀党务工作者和先进基层党组织。制定下发《2021年机关党建工作要点》，部署机关党建工作。落实全面从严治党各项规定，督促指导机关各级党组织制定本级履行全面从严治党主体责任各项清单，压实机关党组织领导班子责任、书记第一责任人责任和班子成员“一岗双责”责任。

【区第九次党代会代表推选】 2021年9月7日，湖里区直机关工委在区行政中心召开区直机关党代表会议，选举产生出席区第九次党代会代表41名。其中，各级领导干部代表40名，占97.6%，各条战线先进模范人物代表1名，占2.4%；女性党员代表19名，占46.3%；少数民族党员代表3名，占7.3%；年龄45周岁以下党员代表18名，占43.9%。

【关怀慰问】 2021年，湖里区直机关工委为39名老党员发放“光荣在党50年”纪念章，走访慰问困难党员22人，发放慰问金7.2万元。走访慰问疫情防控一线干部职工及家属420人次，发放慰问金和慰问品价值42万元。

2021年6月30日，湖里区直机关工委在区行政中心召开“两优一先”表彰大会

（区直机关党工委　供图）

【区直机关“两优一先”表彰大会召开】 2021年6月30日，湖里区“两优一先”表彰大会在区行政中心召开，表彰在全区各条战线上的优秀共产党员35名、优秀党务工作者11名，先进基层党组织8个。优秀共产党员代表郑荣跃、优秀党务工作者代表陈国汉、先进基层党组织代表殿前街道党工委书记颜莉莉先后发言。

【党史学习趣味运动会】 2021年6月19日，湖里区总工会、区直机关工委联合在湖里实验中学举办党史学习趣味运动会。设置飞夺泸定桥、过草地、四渡赤水、红色大拼图、党史问答5个趣味项目，64支队伍960名干部职工参加运动会。

【唱红歌歌咏比赛决赛举行】 2021年7月15日，湖里区直机关工委在区老年活动中心举办庆祝中国共产党成立100周年唱红歌歌咏比赛决赛，21个党组织选送的21名选手参赛，最终决出一等奖2名、二等奖4名、三等奖8名以及优胜奖7名。

【机关党务干部培训】 2021年7月28—30日，湖里区直机关工委在市委党校举办机关党务干部培训，围绕习近平新时代中国特色社会主义思想、党章党规党纪、党建工作实务等进行专题辅导。区直机关工委直属党组织的书记和党务干部43人参加培训。

（黄定兰）

机关效能建设

【概况】 2021年，湖里区委效能督查办围绕区委、区政府决策部署开展督查督办，推动重点项目建设和为民办实事等重点工作，推动安置性商品房项目集中开工6个，安置房项目竣工3个，加快建设安置房项目17个和社区发展用地项目2个，打通并通车“断头路”8条，建成“口袋公园”30个。优化党委督查、政务督查和效能督查工作机制，强化“线上+线下”督查，上线区效能督查系统平台，提高督查落实力度和进度，向区委呈报“督查落实专报”56件、“效能督查研究专报”6期。印发实施《湖里区2021年督查检查考核年度计划》，通过压缩整合合并，明确计划安排督查检查考核事项13项，与上年持平。印发实施《湖里区2021年度综合效能考评工作方案》，组织对各街道和区直各部门进行绩效考评。

【督查督办】 2021年，湖里区委效能督查办组织专班督办疫情防控、招商引资、服务企业、基层减负、民生补短板、旧村整村改造、创建文明典范城市，以及中央生态环保督察反馈问题整改、省委巡视整改、省委省政府工作检查（省拉练）等重点工作；跟踪督办区委常委会会议议定事项46项；滚动督办区委主要领导批示交办事项1160项；专项督查各级机关单位和便民服务窗口落实“马上就办”情况，通报服务窗口问题19例，通报“12345”平台诉求未按规定办理问题25件，推动部门履职提速提效。坚持信访件办理直查快办，受理效能问题信访投诉30件，办结率100%。全年效能问责36人次，其中效能告诫4人次，通报批评14人次，诫勉教育18人次。

【绩效考评】 2021年，湖里区委效能督查办突出党建引领，强化激励与约束，压实主体责任，推进市对区绩效考评体系对标工作，完成2020年度区级综合效能考评工作，对全区5个系列50家单位的综合效能考评结果进行排名；对评为良好等次的4家单位，编发问题通报函，向被考评单位指出存在问题、提出整改建议，跟踪督促问题整改。考评结果与评优评先、干部提拔、奖金发放等挂钩，对受到效能问责的27人扣发绩效评估奖，1名干部因受效能问责未被提拔使用。

（吴宗元）

档案工作

【概况】 2021年，湖里区档案馆加大各门类档案接收力度，抓好进馆档案及数字化副本的质量检查工作，全年接收文书和专业档案1.63万卷、2.54万件，数字化副本98.8万页。接待群众和机关查档749人，查阅档案资料3853件，打印2.24万页。接收政府信息公开文件717份。入选“我为群众办实事”实践活动项目清单项目3个。

【档案工作综合检查】 2021年，湖里区档案局对照厦门市《关于开展档案工作综合检查的通知》以及《关于区级综合档案馆业务建设评价情况的通报》要求的8个方面检查内容和5个方面内部业务建设问题清单，查摆存在的问题和不足，提出整改措施。10月，通过市档案局对该局（馆）的档案工作综合检查。11月8—9日，区档案局（馆）抽取金山街道、区委政法委、团区委、区残联、区应急管理局5个单位，从档案管理体制机制、档案基础业务建设、档案信息管理、档案库房管理、工作亮点5个方面，开展档案工作综合检查。检查中发现未设置单独档案室、未配备档案设备、档案人员多为兼职并更换频繁、未建立机关档案工作网络、未建立全卷宗等问题。

【疫情防控档案征集】 2021年3月，湖里区档案局（馆）与区防控办联合下发《关于进一步做好新冠肺炎疫情防控档案工作的通知》，明确各单位档案工作职责、各类档案整理标准及有关工作要求，开展新冠肺炎疫情防控档案收集和整理工作；10月，区委办下发《关于进一步做好新冠肺炎疫情防控档案资料征收征集工作的通知》，明确规范新冠肺炎疫情防控工作文件材料归档范围，向各相关部门征集纸质文件、照片、音像、电子文件、实物等形式和载体的原始记录。6月底，接收档案目录数据；11月底，接收2020年度新冠肺炎疫情防控文书档案6451件、3.79万页。

【档案宣传培训】 2021年6月9日，湖里区档案局通过线上线下

2021年6月9日，湖里区档案局在区政府西附楼举办国际档案日线上专题讲座
（区档案局　供图）

相结合的方式，开展国际档案日宣传，组织观看“6·9”国际档案日线上专题讲座，58人收看讲座。7—8月，举办“档案见证帮扶脱贫路”档案云展厅献礼中国共产党成立100周年，制作挂职干部说、支教老师说、帮扶企业说、帮扶医生说专题视频4个，展示湖里区在宁夏回族自治区海原县、甘肃省东乡县、福建省浦城县帮扶脱贫工作中做出的贡献。全年组织10余名区直单位、街道、社区档案员参加国家、省档案局举办的初任培训及档案专业继续教育线上培训。

（陈　婷）

史志工作

【概况】 2021年，湖里区政府办加大对年鉴各承编单位业务指导力度，举办全区年鉴业务培训1次，编纂完成《湖里年鉴（2021）》。选派1人参加为期4天的全国年鉴主编培训。为《厦门年鉴（2021）》《厦门经济特区年鉴（2021）》《福建省年鉴（2021）》撰稿。

（缪峻涛）

【党史研究】 2021年，湖里区委办公室配合市委党史和地方志研究室做好《十八大以来厦门对口扶贫协作暨对口支援口述资料汇编》《中共厦门市委执政实录（2020）》等撰稿工作；配合开展全市红色资源普查工作，梳理上报奋斗幸福里、神山教育基地、马垅军民团结大榕树等红色资源。

（吴宗元）

【年鉴业务培训】 2021年5月13日，湖里区在信访大楼召开年鉴业务培训会。邀请原市地方志办公室主任葛向勇讲授年鉴的基本知识、如何确定年鉴选题、年鉴条目撰写方法、条目标题拟制要求、年鉴随文图片的要求等方面内容。全区各承编单位撰稿人60余人参加培训。

（张宪敏）

【《湖里年鉴（2021）》出版】 2021年12月，由湖里区政府主办，区政府办承编的《湖里年鉴（2021）》由方志出版社出版。该年鉴全面记述湖里区2020年政治、经济、文化和社会发展的基本情况。卷首设专记、大事记、区情概览，卷中设中共厦门市湖里区委员会、厦门市湖里区人民代表大会等24个类目，卷尾设附录和索引。全书有64.3万字，彩页照片51张、随文图片161张。

（缪峻涛）

老干部工作

【概况】 2021年，湖里区委老干部局服务管理离休干部4人、区级退休干部25人。采取送学上门、参观见学、党史读书班、座谈交流的形式，为离退休老干部开展党史学习教育。组织老干部参加庆祝中国共产党成立100周年系列活动。指导区老党员志愿者服务队与禾缘社区、祥店社区建立“党建联盟”。开展寻找“最美老干部”“最美老党员”活动。组织老干部参观东部旧村整村改造新面貌，了解全区经济社会发展情况。向老干部征集区第九次党代会报告和区政府工作报告意见，收集意见、建议40余条。区委老干局联合7家区直单位下发《关于做好离退休干部工作有关具体事项的通知》，优化、完善服务保障机制，提升离退休干部的生活待遇。在做好“五必访”（生病住院必访、重大节日必访、生活困难必访、老干部生日必访、丧葬大事必访）和定期走访联系离休干部的基础上，重要节日走访慰问离退休干部38人（次），发放慰问款（物），了解身体状况、听取个人诉求、协调解决问题。做好离休干部“一人一策”精准服务，为生活不能自理的离休干部申请护理费补助9000余元。

【湖里区老干部党建活动点设立】 2021年1月27日，湖里区委老干部局、离退休干部工委与惠和石文化园举行共建仪式，将惠和石文化园定为区老干部党建活动点。区级老干部和离退休干部党支部书记代表、惠和股份有限公司董事长等14人出席共建仪式。

【“光荣在党50年”纪念章颁授仪式举行】 2021年6月17日，湖里区委老干部局、离退休干部工委在区老年活动中心举行“光荣在党50年”纪念章颁发仪式暨老党员庆祝中国共产党成立100周年座谈会，向党龄达到50年10名老干部代表颁发“光荣在党50年”纪念章。

【区级老干部政情通报会】 2021年12月2日，湖里区委、区政府在区行政中心召开区级老干部政情通报会。区委常委、区政府副区长王达通报2021年湖里区经济社会发展情况，区委书记吴新奎讲话，区政协党组书记王秀珠、区委副书记陈晓东和区级老干部等20人出席会议。

（孙天锡）

厦门市湖里区人民代表大会

综　述

【概况】 2021年，厦门市湖里区人民代表大会常务委员会（以下简称“湖里区人大常委会”）召开党组理论学习中心组学习17次，开展党史学习教育和“再学习、再调研、再落实”活动，学习贯彻习近平总书记在庆祝中国共产党成立100周年大会、中央人大工作会议以及在福建考察时的重要讲话和致厦门经济特区建设40周年贺信精神，学习贯彻中共十九届六中全会精神。全年召开常委会会议9次，主任会议12次，听取审议“一府两院”等专项工作报告11项、开展专项工作评议1项，组织市、区人大代表视察19场次，依法作出决议、决定20项，任免国家机关工作人员26人次，督办代表议案1件、建议71件。截至年底，有湖里区九届人大代表221人、厦门市十六届人大代表46人。

【金尚社区成为市人大常委会首批基层立法联系点】 2021年，湖里区金尚社区成为厦门市人大常委会首批3个基层立法联系点之一。3月25日，湖里区人大常委会副主任曾建国、曾文生为金尚社区基层立法联系点挂牌。金尚社区基层立法联系点全年向市人大常委会提出意见和建议7个。

【中央人大工作会议、市党代会精神学习会议召开】 2021年11月9日，湖里区人大常委会分别召开党组会议和党组理论学习中心组学习会议，学习贯彻习近平总书记在中央人大工作会议上的重要讲话和会议精神，传达学习市第十三次党代会会议精神，并研究贯彻意见。区人大常委会党组成员、机关各委办和各街道人大工委领导等参加会议。

（薛月霞）

重要会议

【区九届人民代表大会第一次会议】 2021年12月25—29日，湖里区第九届人民代表大会第一次会议召开。会议听取和审议代理区长黄颖作的区政府工作报告，区人大常委会主任黄炜作的人大常委会工作报告，区人民法院代理院长李桦作的法院工作报告，区人民检察院代理检察长李才利作的检察院工作报告；审查和批准2021年预算执行情况及2022年预算草案的书面报告。会议经表决作出决议，决定批准上述报告。会上，吕参军当选区第九届人大常委会主任，林充贺、黄向阳、陈雄辉、曾文生、陈滨当选副主任；黄颖当选区人民政府区长，戴乐生、王达、戚乐健、蒋晓民、周小刚、柯友升、朱碧蓉、邓小达当选副区长；叶荣昌当选区监察委员会主任；李桦当选区法院院长；李才利当选区检察院检察长（须报经厦门市检察院检察长提请市人大常委会批准）。选举区九届人大常委会委员26人、厦门市第十六届人民代表大会代表46人；表决通过区九届人大监察和司法委员会主任委员、副主任委员、委员，九届人大社会建设委员会主任委员、副主任委员、委员。新当选的区人大常委会主任、副主任、委员，区政府区长、副区长，区监察委主任、区人民法院院长，区人大专门委员会委员举行宪法宣誓仪式。人大代表联名提出的“关于探索实行矛盾纠纷调解程序前置的议案”被列为大会议案；大会收到代表提出的建议、批评和意见95个，其中区属职权范围内的建议、批评和意见82个。

【区八届人大常委会会议】 2021年，湖里区八届人大常委会召开会

2021年12月25—29日，湖里区第九届人民代表大会第一次会议召开。图为26日举行的开幕会（陈志清 摄）

议9次，即第39次至第47次会议。

第39次会议　1月8日召开，区人大常委会主任黄炜主持会议，常委会组成人员22人出席会议，区政府区长助理张海滨、区监委副主任高志伟、区法院副院长刘凯娟、区检察院副检察长郑新宇等列席会议。会议表决通过人事任免有关事项。书面审议湖里区应急管理局关于区人大常委会对“安全生产工作报告”审议意见研究处理情况的报告。

第40次会议　3月30日召开，区人大常委会主任黄炜主持会议，常委会组成人员28人出席会议，区政府常务副区长吴旗荣、区监委副主任高志伟、区法院副院长陈朝阳、区检察院副检察长林雪峰，2位区人大代表以及区政府办、区市政园林局、湖里交警大队、湖里生态环境局等有关单位领导列席会议。会议听取和审议区政府关于2020年度生态文明建设和生态环境保护目标完成情况的报告、关于落实第二轮中央生态环境保护督察反馈问题整改进展情况的报告；书面审议区政府关于区人大常委会对“区八届人大四次会议建议、批评和意见办理情况报告”审议意见研究处理情况的报告。

第41次会议　5月26日召开，区人大常委会主任黄炜主持会议，常委会组成人员27人出席会议，区政府区长林重阳、副区长蒋晓民、区监委主任黄绿青、区法院副院长陈朝阳、区检察院检察长吴华峰等29人列席会议。会议听取和审议区检察院关于未成年人检察工作情况报告，开展专项工作评议；听取和审议区政府关于学前教育健康有序发展情况的报告；书面审议区政府关于区人大常委会对“公共卫生工作情况报告”审议意见研究处理情况的报告。表决通过人事任免有关事项。

第42次会议　6月16日召开，区人大常委会主任黄炜主持会议，常委会组成人员26人出席会议，区政府副区长戚乐健、区监委主任黄绿青、区法院副院长陈朝阳、区检察院副检察长林雪峰、区政府办副主任胡振强列席会议。表决通过人事任免有关事项。

第43次会议　7月29日召开，区人大常委会主任黄炜主持会议，常委会组成人员26人出席会议，区政府副区长陈仲谋、区监委副主任高志伟、区法院副院长陈朝阳、区检察院副检察长林雪峰等18人列席会议。会议听取和审议区政府关于2020年财政决算草案报告和关于预算执行和其他财政收支情况的审计报告、区政府关于劳动和社会保障工作情况的报告，表决通过关于批准2020年区本级财政决算的决议；书面审议区政府关于区人大常委会对“2020年度生态文明建设和生态环境保护目标完成情况报告”“2020年度湖里区第二轮中央环保督察整改落实情况报告”审议意见研究处理情况的报告。

第44次会议　9月14日召开，区人大常委会主任黄炜主持会议，常委会组成人员27人出席会议，区政府副区长陈滨、区监委副主任高志伟、区法院副院长蔡守业、区检察院副检察长林雪峰，区政府办二级调研员章兆民及4位区人大代表列席会议。表决通过人事任免有关事项。

第45次会议　10月22日召开，区人大常委会主任黄炜主持会议，常委会组成人员26人出席会议，区政府副区长戚乐健、邓小达，区监委代理主任叶荣昌、区法院代理院长李桦、区检察院副检察长林雪峰等22人列席会议。5名市人大代表向常委会述职；会议听取和审议区政府关于提请审议“八五”普法决议（草案）的议案、区政府关于2021年1—9月预算执行情况和预算调整的报告、区政府关于2020年度国有资产管理情况的综合报告、区政府关于老旧小区消防设施改造及相关问题议案办理情况报告，表决通过关于开展第八个五年法治宣传教育的决议、关于批准湖里区2021年度预算调整的决议、关于老旧小区消防设施改造及相关问题议案办结的决定、关于第九届人民代表大会换届选举时间的决定、关于设立区选举委员会及其办事机构的决定；书面审议区政府关于“七五”普法工作情况的报告、关于区人大常委会对“学前教育健康有序发展情况报告”审议意见研究处理情况的报告，区检察院关于区人大常委会对“未成年人检察工作情况报告”审议意见研究处理情况的报告。

第46次会议　11月26日召开，区人大常委会主任黄炜主持会议，常委会组成人员27人出席会议，区政府副区长邓小达、区监委代理主任叶荣昌、区法院代理院长李桦、区检察院副检察长郑新宇等14人列席会议。会议听取和审议区政府关于区八届人大五次会议建议、批评和意见办理情况的报告，对重点建议办理工作情况开展满意度测评。表决通过关于调整湖里区选举委员会组成人员职务、关于召开区九届人大一次会议的决定、人事任免有关事项。书面审议区政府关于区人大常委会对“2020年财政决算草案报告”“预算执行和其他财政收支情况的审计报告”“劳动和社会保障工作情况报告”审议意见研究处理情况的报告。

第47次会议　12月16日召开，区人大常委会主任黄炜主持会议，常委会组成人员26人出席会议，区政府副区长戴乐生、区监委副主任高志伟、区法院副院长陈朝阳、区检察院代理检察长李才利等9人列席会议。会议听取和审议区政府关于2021年预算执行情况和2022年预算草案编制情况的报告；审议通过湖里区第八届人民代表大会常务委员会代表资格审查委员会关于第九届人民代表大会代表资格的审查报告；表决通过关于调整湖里区第九届人民代表大会第一次会议召开时间的决定；书面审议区政府关于区人大常委会对“2021年1—9月预算执行情况和预算调整草案报告”“2020年度国有资产管理情况综合报告”“老旧小区消防设施改造及相关问题议案办理情况报告”审议意见研究处理情况的报告，区政府关于贯彻落实区人大常委会关于开展第八个五年法治宣传教育的决议情况的报告。

【人大常委会主任会议】　2021年，湖里区人大常委会召开主任会议12次、研究议题17个。主要研究换届选举和人事任免有关事宜、区九届人大一次会议筹备等重大事项；研究区八届人大常委会会议有关事项；研究区人大常委会2021年工作要点、常委会领导重点督办议案建议、区人大工作先进集体和先进个人评选表彰方案、区人大常委会开展未成年人检察工作专项评议实施方案等。

（薛月霞）

人大监督

【概况】　2021年，湖里区人大常委会聚焦湖里区经济社会高质量发展、城区建设和环境保护、人民生活品质提升和法治建设等方面，依法加强预决算审查监督，全年召开常委会会议9次，听取和审议专项工作报告11项。

【经济发展监督】　2021年，湖里区人大常委会关注岛内大提升，先后4次组织市、区人大代表视察岛内大提升建设情况及湖里区重大经济项目建设情况，共同为东部新城建设建言献策，推动辖区新旧动能转换、产业布局优化和片区综合开发，推动该区经济社会高质量发展。

【法治建设监督】　2021年，湖里区人大常委会听取和审议区检察院关于未成年人检察工作情况的报告，并开展工作评议，织密未成年人保护网；听取和审议区政府“八五”普法规划及编制说明，依法作出“八五”普法宣传教育决议，促进依法行政和公正司法，推进依法治区进程。

【财经工作监督】　2021年，湖里区人大常委会听取和审议区政府关于2020年财政决算草案报告和关于预算执行和其他财政收支情况的审计报告，批准2020年决算；听取和审议区政府关于2021年1—9月预算执行情况和预算调整草案的报告，审查批准预算调整草案；听取和审议区政府关于2020年度国有资产管理情况的综合报告；听取和审议区政府关于2021年预算执行情况和2022年预算草案编制情况的报告。

【生态环保和城区建设监督】　2021年，湖里区人大常委会关注生态环境保护，听取和审议区政府2020年度生态文明建设和生态环境保护目标完成情况、第二轮中央环保督察整改落实情况，助推生态文明永续发展；连续2年督办“老旧小区消防设施改造”议案，并作出议案办结决定，推动全区老旧小区消防设施分类分批改造231个，健全城市安全体系。

【民生事项监督】　2021年，湖里区人大常委会听取和审议区政府关于学前教育健康有序发展情况的报告，视察全区新开办中小学校建设情况，督促做好学校、幼儿园布局规划，促进全区教育公共服务均衡化、优质化；听取和审议劳动和社会保障工作情况，助推就业社保体系更加完善；组织对体医融合促进全民健康工作和疾病控制中心建设

2021 年 5 月 26 日，湖里区八届人大常委会第 41 次会议评议区检察院未成年人检察工作情况
（陈志清　摄）

运行情况视察调研，助力卫生健康事业发展；围绕整村改造下的文物保护和闽南文化保护传承开展执法检查监督，保障辖区群众文化精神需求；听取和审议区八届人大五次会议建议、批评和意见办理情况，推动一批人大代表和人民群众关注的热点、难点问题得到解决。

（薛月霞）

人事任免

【概况】 2021 年，湖里区八届人大常委会任免国家机关工作人员及人大代表 26 人次。其中，区人大代表 2 人次，政府组成人员 10 人次，区监察委员会人员 3 人次，区法院、检察院人员 11 人次。

【国家机关工作人员任命】 2021 年，湖里区人大常委会任命国家机关工作人员 12 人次。其中，5 月 26 日，区八届人大常委会第 41 次会议，任命傅芳槐为湖里区城市管理局局长；9 月 14 日，区八届人大常委会第 44 次会议，任命黄颖、戴乐生、邓小达为区政府副区长，叶荣昌为区监察委员会副主任，李桦为区法院副院长、审判委员会委员、审判员，李才利为区检察院副检察长、检察委员会委员、检察员，表决通过黄颖代理区政府区长职务、叶荣昌代理区监察委员会主任职务、李桦代理区法院院长职务、李才利代理区检察院检察长职务的决定；11 月 26 日，第 46 次会议，任命孔晨为区人民法院审判员。

【国家机关工作人员免职】 2021 年，湖里区人大常委会免去国家机关工作人员 14 人次。其中，1 月 8 日，区八届人大常委会第 39 次会议，接受王飞辞去市十五届人大代表职务，李东辞去湖里区八届人大常委会委员、区八届人大代表职务的请求；6 月 16 日，第 42 次会议接受高碧青辞去区人民法院院长、审判委员会委员、审判员职务的请求；9 月 14 日，第 44 次会议免去吴旗荣、陈仲谋的区政府副区长职务，同意林重阳辞去区政府区长职务、黄绿青辞去区监察委员会主任职务、吴华峰辞去区检察院检察长职务；11 月 26 日，第 46 次会议免去林文的区商务局局长，郭晓平的区建设局局长，蔡志红的区法院审判委员会委员、审判员，何如男的区人民法院审判委员会委员、审判员，江向洋的区人民法院审判员，叶斌的区检察院副检察长、检察委员会委员、检察员职务。

（薛月霞）

代表工作

【概况】 2021 年，湖里区有区九届人大代表 221 人，厦门市十六届人大代表 46 人。市、区人大代表全年开展接待选民等活动 562 次，推动解决问题 641 个；开展视察活动 19 场次。

【“双联”制度深化】 2021 年，湖里区人大常委会深化“双联”工作，开展区人大常委会组成人员联系群众活动，在常委会组成人员与其联系的 3 名人大代表保持日常经常性联系基础上，向选民延伸。常委会组成人员到群众中，聚焦民生问题，听民声、解民忧、惠民生，梳理形成“我为群众办实事”项目 8 个，推动完成湖里社区“幸福泽邻里”道路改造工程，推进象屿花园消防设施改造、江头北路“口袋公园”建设、湖边花园 B 区电动自行车充电桩增设等一批为民办实事项目。加强对街道人大工作指导，完善人大代表联系群众平台建设，实现全区 5 个街道、57 个社区活动室（站）全覆盖，并向医疗、教育等领域拓展，辖区 247 名四级人大代表全部编组进站，开展经常性“进家入站”活动，活动室（站）全年开展接待选民等活动 562 次，推动解决问题 641 个。金尚社区成为全市首批立法联系点。

【议案建议办理】 2021年，湖里区人大常委会召开人大代表建议选题交流会，引导代表精准提出高质量的建议；坚持班子领导领衔督办、人大工委对口督办和“互联网+”办理公开的方式；开展重点建议满意度测评和重点建议办理“回头看”督查，对代表反馈不满意的建议重新交办；督办“老旧小区消防设施改造”议案，并作出议案办结决定，推动全区231个老旧小区消防设施分类、分批改造。全年督办代表建议71件，均已办结，推动一批人大代表和人民群众关注的热点、难点问题得到解决；评比表彰一批建议办理先进集体和个人。

2021年6月29日，湖里区人大代表视察区疾控中心建设运行情况

（陈志清　摄）

【代表视察调研】 2021年，湖里区人大常委会围绕经济社会发展和民生关注等重难点问题，本级人大常委会组织或委托街道人大工委组织省、市、区人大代表视察湖里区经济发展、城市建设、社会治理、民生事业、旧村改造、疫情防控等情况，先后开展视察活动19场次，其中区级层面组织的视察活动有9次，主要视察湖里区岛内大提升建设情况、劳动就业工作情况、区疾病控制中心建设运行情况、老旧小区消防设施改造情况、重大经济项目建设情况、新开办中小学校建设情况及重点建议办理情况等。

【人大代表换届选举】 2021年10月22日，湖里区八届人大常委会第45次会议表决通过湖里区人民代表大会换届选举有关决定。10月26日，在区行政中心召开全区人大换届选举工作会议，区人大常委会主任黄炜主持。会上，区委书记吴新奎出席会议并讲话，区委常委、组织部部长潘敏毅，区委常委、宣传部部长沈萍对换届选举工作做具体部署。经过选区划分、选民登记、提名推荐和酝酿协商，确定代表候选人、投票选举等主要环节，全区划分选区107个，12月4日投票选出湖里区第九届人民代表大会代表221名。经代表资格审查委员会审查、区八届人大常委会第47次会议审议，当选的陈炜等221名代表的选举程序符合法律规定，代表资格有效。

【人大代表初任培训】 2021年12月9日，湖里区人大常委会在区行政中心举办第九届人大代表初任培训，区九届人大代表以及区人大常委会机关、街道人大工委相关人员220余人参加培训。会议邀请市人大常委会原秘书长、市关工委副主任郑庆勋作“不辱使命，依法履职，为推进新时代全过程人民民主贡献力量”的辅导报告；省、市两级人大代表，厦门市民族联谊会副会长兼秘书长钟庆达在会上分享题为《崇高人民至上，不忘初心使命》的履职心得体会。

【人大代表与选民代表座谈】 2021年12月23日，湖里区人大常委会党组书记吕参军、区人大常委会副主任曾文生和区人大代表刘荣如、张维，省、市两级人大代表钟庆达到湖里街道濠头社区与选民代表座谈，濠头社区选民代表、社区干部20人参加座谈。座谈会上，与会选民代表和社区干部向人大代表反映关于公共基础设施建设、绿化带维护、原址天桥恢复、边角地健康路径增设等问题。

（薛月霞）

厦门市湖里区人民政府

综　述

【概况】 2021年，厦门市湖里区人民政府（以下简称“湖里区政府”）落实市委、市政府和区委决策部署，统筹推进常态化新冠肺炎疫情防控和经济社会发展。采取多种招商方式，全年完成招商总额886.4亿元。新增高能级金融业项目21个、总部项目8个，新增境内外上市企业4家。出台系列惠企政策措施，助力企业复工复产，全年兑现各类政策奖励9.4亿元。开展“湖里魅力购”“留厦过年·湖里有礼”“全市夜间经济促消费”“湖里金秋消费季”等多场促消费活动。在全市首推区级“掌上办”“秒批秒办”审批服务事项。推进东部旧村整村改造扫尾工作，超额完成“两违”（违法用地、违法建设）拆除任务，推进健康步道湖里段、海堤路沿线立面整治和铁路沿线景观综合整治工程。全年召开重要会议259次，研究议题747个。办理人大建议、政协提案各69件。

【新冠肺炎疫情常态化防控】 2021年，湖里区政府召开涉及疫情防控议题的会议9次。传达学习上级疫情防控有关文件、批示精神；对新冠肺炎疫情常态化防控以及工业企业疫情防控工作、冬春交通检疫、各大节假日疫情防控工作等作出部署；落实国家、省、市的相关防疫要求，落实《关于加强高风险岗位人员“N+7+7”闭环管理的通知》。制定发布《餐饮服务单位新冠肺炎疫情常态化防控技术指南》《厦门市湖里区应对新冠肺炎疫情工作指挥部关于严格落实外防输入有关事项的通告》等应急预案11个。在9月新冠肺炎疫情再次来袭时，湖里区响应市疫情防控指挥部部署，激活启动区应急指挥体系，统筹调度各方力量，12小时内完成初步流行病学调查报告，征调启用15家隔离场所，坚持人防、物防、技防、心防、制度防并举，实现辖区密接、次密接应转尽转、应隔尽隔。服从全市调度，完成兄弟区转运到湖里区的密接、次密接人员集中隔离管理。落实封控管控工作，阻断传播链条。设置141个集中采样点，开展6轮全员核酸检测，创造最高每小时超过10万人次检测采样的“湖里速度”。总结完善常态化科学精准防控机制，坚持每日例会调度全区疫情防控工作。组建20支流调队伍，培训储备核酸采样信息录入人员6810人，开展各类场景应急演练14场次。划分设立710个网格，建立区、街、社区三级管理网格体系。发挥党支部“主心骨”作用，统筹“近邻”资源和力量，创建“无疫小区”，辖区512个小区全部实现闭环管理。

【为民办实事】 2021年，厦门市为民办实事工作涉及湖里区的任务30个，其中，由湖里区主办的项目1个、协办的项目29个（包括10个湖里区无具体任务的协办项目）。由湖里区主办的建设五缘学村体育馆及仁和公寓配套幼儿园项目完成，推进学校食堂建设，学生午休管理，寨上市场、祥店市场、夏商（江头）蔬菜农副产品市场改造等15个协办项目建设。

【重点项目建设】 2021年，湖里区推动亿联网络总部大楼项目，SM商业城三、四期项目，厦门太古可口可乐饮料有限公司增资扩产项目，厦航总部大厦等56个重点项目建设，总投资1088.9亿元，年内完成投资220.9亿元，完成年度计划的208.4%。在省、市重点项目完成情况综合排名中，湖里区位列全市第一名。

【政务督查】 2021年，湖里区政府办督办省、市、区任务665项，其中：省、市政府工作报告中涉及湖里区的201项；省、市为民办实事项目涉及湖里区的50项；区政府工作报告中涉及湖里区的87项；领导批示件72件，分解督办市级建议提案117件和区级建议提案138件。每月跟踪督办各承办单位办理工作进展情况，编印《督查通报》2期，通报督查工作情况。

【人大建议与政协提案办理】 2021年，湖里区政府收到人大代表建议69件，其中：环境与城乡建设类32件，占46.38%；科教文卫类13件，占18.84%；财政经济类12件，占17.39%；社会建设类12件，占17.39%。采纳并解决或基本解决（A类）38件，占55.07%；69件人大建议中，列入政府规划或部门工作计划（B类）31件，占44.93%。办理政协提案69件，其中：城建城管类28件，占40.58%；财政经贸类18件，占26.09%；教科文卫类15件，占21.74%；政法民政类8件，占11.59%。69件政协提案中，采纳并解决或基本解决（A类）40件，占57.97%；列入政府规划或部门工作计划（B类）29件，占42.03%。

【复工复产助力措施】 2021年，湖里区政府召开涉及复工复产议题的会议9次，通过《湖里区应对新冠肺炎疫情影响助力企业纾困减负的若干措施》《关于提请研究2021年促进商贸业稳定发展若干措施的请示》《湖里区2021年鼓励住宿业高质量发展实施办法》《湖里区关于做好2021年商贸业稳定增长的指导意见》等促进企业复工复产的文件12份；研究部署春节期间“三不三访”（重点企业不停产、重点工程不停工、联系企业不断线、访重点企业、访重点工程、访困难职工和群众）稳岗返岗工作，以及各重大节假日期间促进旅游市场、商贸服务业发展等重点工作。区领导走访辖区重点企业，了解企业复工复产面临的难题。针对湖里区一批规模以上工业企业的生产基地因封控管控政策停工停产，务工人员收入骤减、生活压力骤增等问题，给予生产基地的务工人员每人发放一次性稳岗补贴500元。区财政局设立“惠企绿色通道”，加快惠企政策兑现进度。

（缪峻涛　张宪敏）

【《应对新冠肺炎疫情影响　助力企业纾困减负若干措施》印发】 2021年10月7日，湖里区政府印发《湖里区应对新冠肺炎疫情影响　助力企业纾困减负若干措施》，聚焦受疫情影响严重的重点区域、重点行业、中小微企业、个体工商户和外来务工人员，帮助辖区企业共克时艰。“措施”主要包含5个方面内容：加大金融支持力度，给予企业贷款贴息、加大融资担保扶持；降低企业经营成本，给予房租减免、减租补助等；支持企业用工，给予招工扶持政策、支持员工稳定就业、给予工业企业员工稳岗补贴；促进受影响行业加快恢复，给予运营补助、支持工业企业增产增效、给予商贸企业增量补助、助力展览展销等；强化要素保障，通过建立复工绿色通道等举措强化保障要素。

（张宪敏）

【湖里区获评全省城市发展“十优”区】 2021年10月13日，2021年度福建省县域经济实力“十强”县（市）、经济发展“十佳”县（市）和城市发展“十优”区评价结果发布，湖里区上榜城市发展“十优”区，位列第三位。

【湖里区获城市综合治理全国性荣誉】 2021年11月，在由中国互联网新闻中心开展的第二届“新时代·中国美丽城市、美丽乡村巡礼”暨2021美丽中国样板成果征集及推介活动上，厦门市湖里区经过提名推荐、专家建议、网上公示、综合评审等多个测评环节，最终获得“2021中国创新城市治理新典范”和“2021中国市容环境高品质城市”2项全国性荣誉。

（缪峻涛）

重要会议

【政府全体成员（扩大）会议】 2021年1月9日，湖里区在区行政中心召开区政府全体成员（扩大）会议，区长林重阳主持。会上，区发改局、区建设局、区教育局、金山街道分别做典型发言。林重阳提出四点要求：上下同心，三军用命；管理有方，团队和谐；系统专业，链条闭环；协同共赢，生态良好。会议强调：要弘扬“闯”的精神，打开湖里区高质量发展新局面；要拿出“创”的劲头，融入国内外双循环发展新格局；要践行“干”的作风，推动中心重点工作取得新成效；要守住“稳”的底线，维护经济社会发展大局。激励全区上下强化使命担当，激发干事创业干劲与活力，为完成2021年目标任务统一思想、凝聚共识。

【廉政工作暨系统化建设会议】 2021年3月11日，湖里区政府在区信访大楼召开区政府系统廉政工作暨系统化建设会议，区长林重阳主持会议。会议部署推进区政府系统党风廉政建设、机关作风和效能建设，强化审计监督，加强系统化建设，促进政府工作提质增效，确保完成2021年各项目标任务。

【区政府常务会议】 2021年，湖里区召开区政府常务会议29次，即第106次会议至134次会议，上会议题260个。会议详情见2021年湖里区八届人民政府常务会议一览表。

（缪峻涛）

招商引资

【概况】 2021年，湖里区采取招商引资实绩竞赛、与厦门自贸区和火炬高新区联动招商、聘请新兴行业本土顾问、区领导走出去招商等多项举措，全年完成招商总额886.4亿元。实际利用外资21.96亿元，内外资实际到位资金371.15亿元。

（马慧彧）

2021年湖里区八届人民政府常务会议一览表

表2

会次	时间	议题
第106次	1月8日	讨论《湖里区森林防灭火提升工作三年行动方案（送审稿）》《关于全面加强危险化学品安全生产工作的实施方案（送审稿）》等议题13个
第107次	1月31日	传达学习习近平总书记在中央政治局常务委员会会议听取脱贫攻坚总结评估汇报时的重要讲话精神及省委常委会、市委常委会贯彻落实精神，听取湖里消防救援大队关于全区“城中村”消防工作情况的报告，讨论《湖里区“村改居”社区集体资金资产资源管理办法（送审稿）》等议题12个
第108次	2月8日	讨论《湖里区政府投资项目管理办法（修订送审稿）》《关于提请研究2021年政府投资项目年度计划的请示》等议题9个
第109次	3月5日	听取区扫黑办关于湖里区扫黑除恶专项斗争三年工作情况报告，研究部署湖里区常态化开展扫黑除恶专项斗争工作意见；研究部署经济运行及消防安全有关工作；讨论《关于申请新建区级空气质量自动监测站点的请示》等议题12个
第110次	3月21日	听取区发改局关于湖里区参与“海丝”核心区建设工作有关情况的汇报，研究湖里区贯彻落实意见；讨论《关于申请后埔社区发展中心项目（二期）东侧规划道路工程建设资金的请示》《关于申请湖里区50年以上建筑普查甄别工作专项经费的请示》等议题8个
第111次	4月2日	传达学习习近平总书记关于自贸试验区工作的重要论述、在全国脱贫攻坚总结表彰大会上的讲话精神，研究湖里区贯彻落实意见；讨论《关于鼓励引进市域外大宗股权投资企业税源的若干意见（送审稿）》《关于促进私募证券投资基金发展的若干意见（送审稿）》等议题8个
第112次	4月9日	传达学习全国关于常态化开展扫黑除恶专项斗争巩固专项斗争成果的意见，研究部署湖里区关于巩固重点行业领域专项整治成果相关事宜；传达学习习近平总书记及各级领导关于信访工作的重要指示批示精神和全国、省、市信访工作会议精神，研究湖里区贯彻落实意见，讨论《关于召开2021年区信访工作会议的报告》等议题7个
第113次	4月20日	学习《政府督查工作条例》；传达学习上级安全生产有关会议精神，研究部署湖里区近期安全生产工作，讨论《关于对国际海岸重大火灾隐患单位实施挂牌督办的请示》；听取区防控办关于近期湖里区新冠肺炎疫情防控工作情况的汇报，研究部署下一步工作；讨论《关于2021年度新增政府债券额度分配计划的请示》等议题11个
第114次	4月29日	传达学习国务院及省、市政府廉政工作会议精神，以及《关于近期重大及典型事故情况的通报》精神和4月30日国务院安委办、市政府安委办视频会议精神，研究部署湖里区贯彻落实意见与安全生产工作；听取区文旅局、区商务局、区防控办关于“五一”期间旅游市场、商贸服务、疫情防控等工作情况汇报，研究部署下一步重点工作；讨论《关于提请研究区产业引导基金参股博润等子基金方案的请示》等议题12个
第115次	5月13日	听取区政府办关于区政府系统推进系统化建设工作情况的报告，以及区发改局、区财政局、区人社局、湖里街道办关于本单位推进系统化建设工作情况的典型经验介绍，研究部署政府系统进一步推进系统化建设；讨论《关于2021年老旧小区改造方案及估算的请示》等议题10个
第116次	5月25日	听取各部门近期重点工作情况汇报，研究部署六月份疫情防控、安全生产、社会稳定、市政环境营造与提升等工作；讨论《关于提前研究重点产业发展专项工作方案的请示》等议题8个
第117次	6月4日	讨论《关于提请研究信访积案领导包案方案的报告》，研究部署工作议题10个
第118次	6月11日	听取区审计局关于上级审计部门发现问题整改进展情况及迎接省审计厅审计组工作情况汇报，研究部署下一步工作；讨论《湖里区规范必须招标限额以下建设工程项目招投标管理工作指导意见（送审稿）》等议题12个
第119次	6月23日	传达学习中共福建省委十届十二次全会精神及中共厦门市委十二届十三次全会精神，研究部署区政府系统贯彻落实意见；传达学习习近平总书记关于审计工作的重要论述，听取区纪委监委、区发改局、区审计局、国投集团、天地集团关于收储土地房屋管理情况等审计整改相关事宜的情况汇报，研究部署下一步工作；讨论《关于支持理想汽车南方总部外资到资奖励兑现的请示》等议题4个

续表 2

会次	时间	议题
第 120 次	6 月 28 日	传达学习近期国家、省、市就业创业工作暨普通高校毕业生就业创业工作视频会议精神，研究湖里区贯彻意见；听取区应急管理局关于近期安全生产工作情况汇报及区审计局关于配合省审计组工作情况汇报，研究部署进一步加强安全工作及配合审计工作；讨论《关于神山红色文化阵地二期建设的请示》等议题 10 个
第 121 次	7 月 6 日	听取区应急管理局关于湖里区防汛防台工作情况汇报，研究部署近期重点工作；讨论《关于华昌小学等 6 所学校厨房改造相关事宜的请示》；研究部署政府系统关于省委巡视反馈问题整改工作等议题 8 个
第 122 次	7 月 14 日	讨论《关于湖里区 2020 年财政决算（草案）的报告（送审稿）》《关于 2020 年度区本级预算执行和其他财政收支情况的审计结果报告（送审稿）》等议题 7 个
第 123 次	7 月 20 日	传达学习中央、省委、市委退役军人事务工作领导小组会议和全国双拥工作领导小组会议精神，研究部署政府系统贯彻落实意见；听取区工信局关于 2020 年度“三高”企业扶持资金专项审计调查报告整改工作的汇报，研究部署下一步工作；讨论《关于成立湖里区消防安全委员会的请示》《关于呈报研究 2021 年上半年全区消防工作报告的请示》等议题 4 个
第 124 次	7 月 29 日	听取区发改局、区审计局、国投集团、天地集团关于储备土地房屋管理审计整改进展情况的汇报，研究部署下一步工作；讨论《关于提请研究 2021 年东西部协作有关事宜的请示》等议题 7 个
第 125 次	8 月 11 日	传达学习国家联防联控机制有关会议精神及市政府常务会议精神，研究部署湖里区近期疫情防控工作；讨论《关于湖里区先进教师和教育工作先进集体、先进个人表彰对象的请示》等议题 5 个
第 126 次	8 月 23—24 日	学习《中华人民共和国行政处罚法》；传达学习习近平总书记关于禁毒工作的重要指示批示精神，听取区禁毒办关于 2021 年上半年工作情况及下半年重点工作安排的报告，研究部署湖里区禁毒工作；讨论《关于万翔冷链防疫站工程有关事宜的请示》；研究部署湖里区迎接食品安全创城省级初评现场检查迎检工作等议题 10 个
第 127 次	9 月 26 日	讨论《关于 2020 年国有资产管理情况的综合报告（送审稿）》，研究部署下一步工作；研究审议《湖里区关于“七五”普法规划实施情况的报告（送审稿）》《关于在全区开展法治宣传教育的第八个五年规划（2021—2025 年）（送审稿）》《湖里区行政复议体制改革实施方案（送审稿）》等议题 11 个
第 128 次	10 月 7 日	讨论《湖里区应对新冠肺炎疫情影响助力企业纾困减负的若干措施（送审稿）》议题 1 个
第 129 次	10 月 19 日	传达学习习近平总书记关于国家粮食安全系列重要讲话和重要指示批示精神，以及《全员新型冠状病毒核酸检测组织实施指南（第二版）》和上级疫情防控有关文件精神，研究湖里区贯彻落实意见和近期重点工作；讨论《2021 年度消防工作目标责任（送审稿）》等议题 18 个
第 130 次	11 月 11 日	传达学习中央深改委第 21 次会议精神和《福建省防范和惩治统计造假、弄虚作假责任制规定（试行）》，研究湖里区贯彻落实意见；传达学习习近平总书记会见全国应急管理系统先进模范和消防忠诚卫士表彰大会代表的重要指示精神，听取湖里消防救援大队关于近期辖区火灾形势分析及典型案例通报，研究部署消防安全工作；讨论《厦门市湖里区有关部门生态环境保护责任清单（送审稿）》等议题 14 个
第 131 次	11 月 17 日	讨论《关于调整博润 S 多策略基金出资金额的请示》等议题 4 个
第 132 次	11 月 26 日	讨论《湖里区建设工程招投标“评定分离”工作实施细则（试行）》等议题 8 个
第 133 次	12 月 10 日	讨论《2022 年政府工作报告（送审稿）》《关于湖里区 2021 年预算执行情况和 2022 年预算草案的报告（送审稿）》等议题 7 个
第 134 次	12 月 24 日	听取区城管委办关于 2022 年第三方信息采集工作的情况汇报；讨论《关于提请研究 2022 年政府投资项目年度计划的请示》等议题 10 个

【招商机制创新】 2021 年，湖里区成立招商落地办，由该办统筹协调招商项目落地过程中的相关问题，形成首谈报备、项目评估、政策平衡、快速会商、分级调度、项目退出和督导考核的一套招商闭环体系，推动项目落地、加快开工建设。开展招商引资实绩竞赛，各职能部门、街道、国企参与，全区上下形成参与招商、服务招商、保障招商合力。改变以往街道干部“重拆迁、轻招商”的理念，推动招商引资，促进产业发展。

（马慧彧）

【联动招商】 2021 年，湖里区联合厦门自贸区和火炬高新区（自创区），发挥湖里区产业优势和园区政策红利，形成“招大引强”的合力。湖里区与厦门自贸区共同引进易大宗控股有限公司、朝聚医疗集团有限公司等企业的商贸、医疗、影视文化项目，与火炬高新区共同打造清华海峡研究院招商平台，联合引进 TCL 华星光电的微发光二极管显示技术研发中心项目，推进玉晶光电（厦门）有限公司、美捷特（厦门）传感器件有限公司、施耐德电器有限公司等企业项目增资扩产。

（马慧彧）

【招商模式多样】 2021 年，湖里区领导带队到北京、上海、深圳和浙江等地开展招商考察 11 次，拜访百雀羚集团、长安新生（深圳）金融投资有限公司、北京每日优鲜电子商务有限公司、车和家信息技术有限公司等行业龙头企业，推动项目落地。利用厦大百年校庆校友招商大会、“9·8”投洽会湖里区投资促进大会等招商活动平台，对接项目，通过编印政策汇编、现场推介等形式，做好政策宣传。运用线上与线下相结合的招商模式，创新线上宣传介绍、线上服务等招商方式，与建设银行金融科技子公司合作开发“湖里招商 e 站达”服务平台小程序，整合外资到资奖励、产业园区政策等，为企业提供便利化政策咨询。推动厦门朝聚医疗集团有限公司境外募集资金返程投资，增资 11.88 亿元，到资 6.25 亿元；力促普普文化境外募集资金返程投资，协助其在湖里区选址建设总部，到资 4983 万元；推动境外上市企业大唐房地产返程投资，注册设立厦门唐瑞隆企业管理有限公司，注册资本 1 亿美元。

（马慧彧）

【现代农业招商】 2021 年，湖里区新增现代农业招商项目 10 个，新增农业注册落地项目 17 个，投资额 38.44 亿元。

（李玉玲）

2021 年 9 月 8 日，在湖里区投资促进大会上，湖里区与厦门钨业现场签约总部项目 （区商务局 供图）

【厦门大学百年校庆校友金融招商大会】 2021 年 4 月 7 日，厦门大学百年校庆校友金融招商大会在五通佰翔酒店举行。湖里区对接金融、类金融、金融科技等招商项目 79 个，总投资 336 亿元，其中金融产业项目 53 个，总投资 249 亿元。会上，湖里区与 12 个金融产业项目举行签约仪式，总投资额 125.25 亿元。

（姚梅芳）

【投洽会招商】 2021 年 9 月 8—11 日中国国际投资贸易洽谈会期间，湖里区邀请 77 个团组 184 位客商洽谈交流，举办恳谈会 6 场。对接项目 48 个，总投资额 503.4 亿元。其中，内资项目 39 个，投资额 440.7 亿元；外资项目 9 个，投资额 62.7 亿元，涵盖总部、新兴金融、新一代信息技术、智慧交通、商贸等产业。参加福建省重大项目现场签约项目 1 个，参加区投资促进大会现场签约项目 16 个，参加金砖国家新工业革命伙伴关系论坛签约项目 6 个，参加厦门自贸片区投资推介现场签约项目 3 个。

（马慧彧）

【投资顾问聘请】 2021 年 9 月 8 日，湖里区聘请先进制造、新一代信息技术、新兴金融、商贸物流、旅游文化和健康以及建筑业重点产业发展方向的本土优秀企业家 6 人为投资顾问，湖里区委书记吴新奎为 6 位行业领军人物颁发投资顾问证书。截至年底，湖里区聘请投资顾问 11 人。

（马慧彧）

【“湖里招商 e 站达”服务平台小程序上线】 2021 年 9 月 8 日，“湖里招商 e 站达”服务平台小程序上线。该平台汇集营商环境、项目推介、惠企政策等，是湖里区与建设银行金融科技子公司共同开发，借助智能图谱，汇集辖区内产业发展布局、园区楼宇地址、可供招商面积、租售情况及参考金额、业主单位、已入驻企业等空间信息，易于客商查询；按照总部经济、金融、文创旅游、人才就业等 12 个行业类别，整理汇总市、区惠企政策。

（马慧彧）

【智慧交通产业专题推介座谈会】 2021 年 9 月 9 日，湖里区在区行政中心召开智慧交通产业专题推介座谈会，邀请未来交通创新研究院、T3 出行、久铖高科（厦门）集团有限公司、新石器无人车、壹马达科技有限公司、百度、盛德东南新能源科技有限公司、厦门义诚达电子科技有限公司等智慧交通产业及上下游关联企业代表参会。湖里区向与会者介绍智慧交通产业园区建设有关情况，并与企业家座谈交流。

（马慧彧）

人力资源管理

【概况】 2021 年，湖里区事业单位在编在职工作人员 4282 人，其中管理人员 456 人（含“双肩挑”人员 157 人）、专业技术人员 3714 人、工勤技能人员 112 人；纳入湖里区劳务派遣有限公司统一管理的机关事业单位非在编人员 579 人及部门补充性工作人员 695 人。

【人员招聘及人才引进】 2021 年，湖里区人力资源和社会保障局（以下简称“湖里区人社局”）以公开招考为主要方式，为湖里区事业单位补充各类优秀人才。参加市、区联合招考，湖里区推出 8 个岗位新招聘事业单位工作人员 14 人，其中专门面向应届高校毕业生岗位 4 个。接收安置退役士兵，接收村（居）主干考试聘用到事业单位工作 2 人，简化程序选聘非在编人员 21 人。全年兑现高校毕业生住房补贴 184 人次 109.12 万元，向湖里区企事业单位工作的新引进人才兑现一次性生活补贴 1354 人 2832 万元。办理外地人才调入区属企业 105 人，其中硕士 11 人、本科 76 人、大专 13 人及中专 5 人。

【人事调配与职务任免】 2021 年，湖里区开展事业单位人员岗位调整工作，办理事业单位区内调整 3 人。政府系统事业单位调入本区 1 人，调出本区 4 人；办理事业单位退休 73 人（其中干部 58 人，工勤人员 15 人）、机关工勤 1 人；事业单位新聘用毕业生见习期满转正 77 人；办理政府系统事业单位岗位设置方案设置或变更申报 61 家，事业单位工作人员岗位聘任 2265 人次。

【考核奖惩】 2021 年，湖里区人社局指导各单位规范开展 2020 年度考核工作，政府系统事业单位年度考核 4225 人，其中，被确定为优秀等次 769 人，受到嘉奖 877 人。办理事业单位工作人员因被采取强制措施和受行政刑事处罚及受处分期间工资待遇处理 5 人次。

【初级职称确认和评审】 2021 年，湖里区职称改革办公室（湖里区人社局）结合区行政审批制度改革工作领导小组办公室、效能督查办的有关要求，简化和规范毕业生初级专业技术职务任职资格确认办理程序，全年确认初级职称 766 人。指导业务主管部门做好教师系列、综合类工程技术系列、土建工程技术系列的初级职务评审工作，通过评审取得相应的初级专业技术职务任职资格 187 人。

【工资福利】 2021 年，湖里区审批办理事业单位工作人员正常晋升薪级 4053 人次、正常晋升岗位工资 554 人次、核增职务变动 238 人次、核增定级 77 人次、核增各类录用 152 人次、核增调入 98 人次、核减调出 106 人次、核减解聘辞职 18 人次等各项工资变动审批，全年办理各项工资变动审批 5296 人次。

【人事人才代理】 2021 年，湖里区新增立户企业 231 家，截至年底，立户企业总数 2728 家。全年接收大中专毕业生 17109 人，办理人才流动手续 1171 人次，单纯寄档及个人委托人事代理 163 人，档案入库 2449 份，档案出库 921 份，零星材料归档 976 份，复印档案材料 816 人次，政审查档 124 人次，出具证明函件 1368 份。

【毕业生就业】 2021 年，湖里区在重庆邮电大学、重庆工商大学举办厦门市（湖里）引才推介会暨校园招聘会，开展城市品牌推介与政策宣讲并聘任引才使者。发动辖区企业参加 22 座城市 50 余所院校春秋季校园招聘活动，举办“人才登鹭 C 位无限”湖里区知名企业直播带岗专场活动与“留厦青春创未来”——“新鹭英才”产业行厦门理工学院（湖里）实习对接专场活动。畅通企业与院校毕业生沟通渠道，搭建线上招聘平台。开展辖区重点行业、企业及辖区整体形象宣传及推广活动，举办寒假返乡学子湖里区研学活动和“远鹭回歌——知名高校学生 2021 新春厦门行”活动。全年促进毕业生就业 17109 人，其中当年毕业 16568 人、往期毕业 541 人。

（高颖玲）

行政服务

【概况】 至 2021 年底，湖里区设有区级行政服务中心 1 个、分中心 2 个、街道便民服务中心 5 个、社区便民服务代办点 56 个。全区有行政审批和公共服务事项 1001 项，其中区级事项 838 项、街道事项 46 项、社区事项 49 项、派出所事项 68 项。全年总办件 69.89 万件。

【集成服务改革】 2021 年，湖里

区审批服务中心在审批集成服务方面不断推陈出新。

在全市率先实施“一窗受理、集成服务”改革，区行政服务中心有 18 个部门 502 个审批服务事项按照业务类别设置为社会民生、经营管理、工程建设等三大类跨部门综合窗口。全年受理审批服务事项 2.15 万件，满意率 100%、非常满意率 99.5%，群众等候时间比改革前缩短 56.2%。

组织各审批服务单位通过优化流程、简化环节、整合办事指南及申办表单等方式，将多个审批服务事项集成为企业群众视角的“一件事”，为企业、群众提供主题式、套餐式集成服务，实现“一件事一次办”。截至 12 月 31 日，湖里区在各级办事大厅窗口推出 67 项“一件事”集成套餐服务，办结 7683 件。

3 月，湖里区先行选取超市、药店和母婴用品店 3 个行业推行“一业一证”改革试点，并办理全省首张药店行业综合许可证。10 月起，陆续在区卫健局的一级及以下医疗机构（诊所除外）、区文旅局的出版物零售行业、区应急管理局的危险化学品经营行业推出“一业一证”改革。截至 12 月 31 日，办理一业一证业务 18 件。

组织全区各审批服务单位减时限、减材料、减跑动、提升即办件事项占比，截至 12 月底，湖里区全类型审批服务事项减时限、即办件占比、一趟不用跑指标以及行政许可类事项减时限、减材料、一趟不用跑指标、全程网办等指标居全市前列。其中，全类型审批服务事项的平均承诺办理时限压缩至法定时限的 10.16%，居全市第一；即办件事项占 77.27%，居全市第一；一趟不用跑事项占 99.43%，居全市第二；行政许可类事项平均缩短办理时限 92.32%，居全市第二，平均材料精简为 2.98 份，居全市第一；“一趟不用跑”事项占 100%，居全市第一；“全程网办”事项占 100%，居全市第一。

【政务服务省内、跨省通办改革】 2021 年，湖里区行政审批管理局牵头相关审批服务部门开展“跨省通办”“异地代收代办省内通办”改革工作，截至 12 月 31 日，完成跨省通办任务清单中涉及湖里区的 52 项改革任务、异地代收代办省内通办任务清单中涉及湖里区的 18 项改革任务。

【行政服务形式创新】 2021 年，湖里区行政服务中心先后在全市首创推出 24 小时自助文件柜服务、免跑腿信封服务、午间无休服务、商事主体登记银行帮代办服务等政务服务措施，拓宽企业群众的办事渠道，实现企业、群众少跑、不跑就能办成事。

【新审批服务单位入驻】 2021 年，湖里区行政服务中心新增进驻区民政局婚姻收养登记处、区卫健局婚育中心、湖里交警大队等单位业务，新设市场监督管理局个体办事分中心；湖里区在福建省网上办事大厅新增设湖里公安分局 6 个派出所、区退役军人事务局、区残联、湖里交警大队、厦门市公安局高崎国际机场分局 10 家审批服务单位，新增审批服务事项 444 项。

【互联网 + 监管】 2021 年，湖里区各监管部门通过“互联网 + 监管”平台认领上级监管事项主项 857 项，事项认领率 100%，检查实施清单梳理完成率 100%，录入年内监管行为数据 12.7 万条。

【在全市首推区级掌上办、秒批秒办审批服务】 2021 年 2 月，湖里区行政服务中心在全市率先推出首批 6 个区级掌上办、秒批秒办审批服务事项，5 月再推出 9 项区级“掌上办”审批服务事项。“掌上办”是指群众通过“i 厦门”App 在线提交申办材料后，即可通过免费邮递方式接收申办结果；“秒批”是指群众在按照要求提交办事材料后，系统可立即完成自动化审核并将结果上传至电子证照库。

2021 年，湖里区行政服务中心推出午间无休服务。图为 11 月 1 日，群众在午休时间办理业务

（区行政服务中心　供图）

2021年12月24日，湖里区行政审批管理局举办“扶残助残一件事”业务培训
（区行政审批服务中心　供图）

【“扶残助残一件事”业务培训】 2021年12月24日，“扶残助残一件事”业务培训在湖里区行政服务中心举行，区残联及所辖各街道办、各社区相关工作人员参加培训。由区残联传达改革实施方案，统一改革后的办事指南、办理流程、一套表单等，确保“一件事”改革在窗口落地实施。

（陈静娟）

信　访

【概况】 2021年，湖里区信访总量4248件次，比上年增长73.5%。其中，群众到市、区走访581批1633人次，比上年下降18.3%；来信网诉2757件，增长85.9%；电邮910件，增长79.5%；信访事项及时受理率、按期办结率均为100%，群众对信访机构满意率95.2%。“12345”便民服务平台受理4.45万件，比上年增长38.9%，群众满意率99.98%。在市对区综治信访考评中，21个基础分考评指标除3项成绩居中外，其余指标均名列前茅，总评排名居全市六区首位。

【信访机制创新】 2021年，湖里区信访局推进落实阳光信访，纳入最多投一次办理的1110件信访件全部按时办结。健全完善区、街访调对接工作机制，制订下发《流动评理室建设方案》，打造区、街流动评理室，建成评理室76个，全年开展评理252件，化解率90%以上。优化信访复查流程，办理信访复查79件。运用信访特殊疑难资金化解疑难信访事项5件。发挥街道信访工作联席会议的作用，强化基层抓信访的合力。制作法治信访宣传品近3万件，多种方式开展信访法治宣传，与街道、社区合作开展宣传18场次。

【“四门四访”工作】 2021年，湖里区信访局提请区政府常务会、区委常委会、区信访工作联席会专题研究领导干部下访、包案工作，修订领导包案原则，制定下发《领导干部下访活动的通知》《信访积案领导包案责任表》，落实领导包案57件。各级领导开门接访515批1321人次，进门约访327批481人次，登门走访181批293人次，上门回访145批172人次。区信访局开展带案下访10批次，推进24件信访事项化解办结。发出交办函24份、督办函6份、稳控函11份，开展现场督办27次，解决群众反映的问题。

2021年11月15日，湖里区委书记吴新奎（左三）在区信访大楼接待上访群众
（区信访局　供图）

【信访积案和重点问题排查治理】2021年，湖里区信访局矛盾纠纷日常排查与重点排查相结合，定期排查梳理信访积案和突出问题，开展“治重化积”(治理重复信访、化解信访积案)专项行动，受理上级交办重信重访问题85件，逐案落实责任单位、包案领导，全力推动化解。第一批“治重化积”件上报化解69件，化解率98.6%。狠抓9个专项治理，推进化解10件攻坚件，降低重复信访率，重复信访仅占11.5%。

【防疫信访工作】2021年，湖里区建立新冠肺炎疫情防控组、信访事项交办组和信访事项督导组，负责落实新冠肺炎疫情防控期间信访工作。全年受理疫情方面信访投诉5619件，全部落实到位。

【信访培训】2021年8月30—31日和9月1—2日，湖里区信访局在区委党校举办2期培训。各街道信访工作分管领导，街道、区直部门负责信访工作人员89人参加培训。培训内容为“12345”政务热线业务、办信业务规范化辅导，信访基础业务工作讲评、接访常见问题处置等。

（许庭毓）

对口帮扶

【概况】宁夏回族自治区银川市永宁县闽宁镇辖6个村、1个社区，6个行政村既是移民村，又是新脱贫村，脱贫户1051户4290人、边缘易致贫户和突发严重困难户42户204人。湖里区围绕脱贫人口，坚持“输血”和“造血”、扶贫与扶志并重，助力闽宁镇巩固脱贫成果与推进乡村振兴有效衔接。2021年，湖里区安排区级扶贫项目专项资金812.35万元，引进18家企业落地闽宁镇，注册资金2.48亿元，涵盖制造加工、信息技术、商贸物流等产业，增资扩产企业17家，实际投资额1.45亿元；帮助解决就业1544人；筹集社会帮扶资金(含捐物)1250余万元用于乡村振兴。在闽宁镇举办就业培训4期，培训就业人口185人次，帮助闽宁镇劳动力就业1544人。选派2名党政挂职干部、35名专业技术人才到闽宁镇工作，涉及教育、医疗、商务、规划、科技、文旅等领域。与永宁县乡村振兴局联合举办乡村振兴干部培训2期、培训学员111人次，专技人员利用专业优势开展培训27期、培训学员795人次。湖里区结对帮扶闽宁镇4个村居、16所中小学幼儿园，1所医疗机构与闽宁镇结对帮扶。

2021年5月14日，湖里区属国有企业天地集团到消费扶贫农副产品采购地闽宁镇考察水稻种植情况 （区工信局　供图）

【闽宁镇东西协作工作对接】2021年4月，湖里区委书记龚建阳一行到闽宁镇对接东西协作工作。龚建阳一行参加厦门市与银川市东西协作座谈会，考察红酒文化街、德龙酒庄、宁闽合发双孢菇项目、闽宁镇扶贫产业园，以及宁夏青川管业有限公司、富贵兰实业有限公司等闽籍企业。

【湖里区与闽宁镇东西协作座谈会召开】2021年4月14日，湖里区与闽宁镇东西协作座谈会在湖里区行政中心召开。湖里区委书记龚建阳，副区长吴旗荣、戴乐生、陈仲谋等区领导，银川市委常委、永宁县委书记朱剑，宁夏回族自治区驻福建办事处主任朱东等参加座谈。会上，两地参会人员就产业协作、招商引资等方面进行交流。

（戴静静）

政协厦门市湖里区委员会

综　　述

【概况】 2021年，中国人民政治协商会议厦门市湖里区委员会（以下简称“湖里区政协”）学习贯彻中共十九大和历次全会精神，团结带领政协委员，贯彻落实区委八届十三次全会和第九次党代会决策部署。全年开展各类协商活动12次，组织专题视察考察7次，完成调研课题28个。区本级立案提案79件，收到社情民意信息101件。召开全体会议1次、政协常委会会议3次、主席会议6次。编纂《湖里文史资料（文保单位卷）》，刊出《湖里政协》13期。

【政协委员街道轮值】 2021年，湖里区政协在全区推开政协委员街道轮值工作，召开区政协委员街道轮值工作现场推进会。由区政协委员街道联络组召集人负责牵头组织该工作，围绕区政协、街道工作的主要任务，以轮值主席轮值的形式组织开展街道政协工作，轮值主席由各街道联络组委员自愿担任，负责轮值期内各项政协街道工作的谋划、组织、协调与落实，处理新增工作事项。该项创新实践获全区2021年度“改革创新一等奖”。

【政协文史信息工作】 2021年，湖里区政协整理编辑《湖里文史资料（文保单位卷）》，辑录21处文物古迹。全年刊出《湖里政协》13期，报送信息被刊物、简报采用15篇，通过网站发布工作动态图文信息18篇，通过微信推送政协信息34条。

【政协委员学习培训】 2021年5月25—28日，湖里区政协在上饶市广信区委党校举办夏季研习班。区政协主席、副主席、政协常委、各专委会主任、副主任、秘书，各界别活动小组召集人、各街道政协委员联络组组长以及相关人员50多人参加培训。邀请上饶市委党校教授罗时平讲授《方志敏式的闽浙赣革命根据地》专题课，课后参观方志敏纪念馆和上饶集中营。此外，还开展传承红色基因、保护传统文化、乡村振兴与新发展理念实践等主题的现场教学。

（曾　佳）

重要会议

【区政协九届一次会议】 2021年12月25—27日，中国人民政治协商会议第九届湖里区委员会第一次会议召开。厦门市政协副主席陈昌生，湖里区委书记吴新奎，代区长

2021年12月25日，中国人民政治协商会议第九届湖里区委员会第一次会议在区行政中心开幕

（湖里区政协　供图）

黄颖，区人大常委会主任黄炜，区人大常委会党组书记吕参军，区政协主席林凡，区政协党组书记王秀珠，区委副书记陈晓东等出席会议。会议审议通过第八届湖里区政协主席林凡作的常委会工作报告，听取区政协九届一次会议期间提案初审报告，审议并通过大会决议。大会收到提案160件，建议立案120件。王秀珠当选为湖里区第九届政协主席，谢国勇、黄格成、张金坪、洪志彬当选为副主席。

【区政协八届常委会会议】 2021年，湖里区政协召开3次常委会会议，即第32次至第34次。

第32次常委会会议　3月10日召开，区政协主席林凡主持会议。区政协副主席、常委及部分特邀研究员参加会议。会议传达学习习近平总书记在全国政协新年茶话会上的讲话及省、市“两会”政协工作会议精神；审议湖里区政协常委会2021年度工作要点等。

第33次常委会会议　8月31日召开，区政协主席林凡主持会议。区政协副主席、常委、部分特邀研究员及相关单位领导参加会议。会议协商东部旧村改造片区公共服务配套项目建设规划情况及区政协八届五次会议提案办理情况。

第34次常委会会议　12月8日召开，区政协主席林凡主持会议。区政协副主席、常委及部分特邀研究员参加会议。会议学习中共十九届六中全会精神及省、市、区党代会精神；审议有关人事事项；审议九届一次会议相关事宜等。

【区政协八届主席会议】 2021年，湖里区政协召开主席会议6次，即第30至第35次主席会议。

第30次主席会议　3月2日召开。区政协主席林凡主持会议，区政协副主席，秘书长，各办、室主任参加会议。会议研究区政协常委会2021年度工作要点，确定区政协八届32次常委会召开时间及议程。

第31次主席会议　4月20日召开。区政协主席林凡主持会议，区政协副主席，秘书长，各办、室主任参加会议。会议学习习近平总书记到福建省考察重要讲话精神。

第32次主席会议　5月11日召开。区政协主席林凡主持会议，区政协副主席，秘书长，各办、室主任参加会议。会议审议《关于推进湖里区政协委员街道轮值工作的意见》，研究区政协2021年夏季研习班相关事宜等。

第33次主席会议　6月2日召开。区政协主席林凡主持会议，区政协副主席，秘书长，各办、室主任参加会议。会议研究关于湖里区政协先进集体、先进个人评选表彰工作筹备情况。

第34次主席会议　6月18日召开。区政协主席林凡主持会议，区政协副主席，秘书长，各办、室主任参加会议。会议研究关于湖里区政协工作先进集体、先进个人评选表彰工作相关事宜。

第35次主席会议　12月6日召开。区政协主席林凡主持会议，区政协副主席，秘书长，各办、室主任参加会议。会议学习贯彻中共十九届六中全会及省、市、区党代会精神，研究九届一次会议有关事项。

（曾　佳）

政治协商

【概况】 2021年，湖里区政协广泛协商议政、资政建言，反映群众的愿望和诉求。全年召开政协常委会、主席会专题议政协商9次，重点提案办理协商3次，协商范围覆盖湖里区经济社会建设和改革发展各领域，协商成果得到区委、区政府重视或采纳。

【对口协商】 2021年，湖里区政协完成对口协商2次。区政协经科建委开展推动湖里建筑行业规范化管理和湖里工业园区建设运营管理情况对口协商。委员就建筑行业规范化管理措施和存在问题以及如何提升园区运营管理水平，促进园区高质量发展等进行讨论，提出建议。

【专题协商】 2021年，湖里区政协开展“湖里区持续推进产业发展”“湖里区优质项目建设”“加快‘15分钟’体育健身圈建设，促进体育公共资源均衡发展”“东部旧村改造片区公共服务配套项目规划建设情况”“湖里区老旧小区分批次改造提升情况”等重点协商，完成专题调研报告28篇，供区委、区政府决策参考。

（曾　佳）

民主监督

【概况】 2021年，湖里区政协探索推进多形式民主监督，组织委员开展视察考察12次、专题调研8次、协商议政12次，反映社情民意信息101条，九届一次会议收到委员提案160件，通过多形式民主监督活动，保障委员知情明政，为民主监督打好基础，组织专题视察监督，推进党政重大决策部署落到实处。

【高崎渔港片区改造提升规划进展情况视察】 2021年3月26日，湖里区政协主席林凡、副主席张金坪带领区政协经济界别委员视察高崎渔港片区，了解高崎渔港片区改

2021 年 3 月 26 日，湖里区政协委员考察位于高崎渔港片区内的夏商水产集团有限公司 （区政协 供图）

造提升规划进展情况。委员们听取指挥部对高崎渔港片区改造提升规划的介绍后，围绕加快高崎渔港片区改造提升，助力湖里区经济社会全面发展开展交流。

【湖里区鼓励和支持台湾青年创业实施办法施行情况监督】 2021 年 5 月 14 日，湖里区政协开展台港澳侨、工商联、致公党、少数民族和宗教、中共、特邀界别小组联合视察活动，到台青创客家了解湖里区台湾青年创业就业和《湖里区鼓励和支持台湾青年创业实施办法》施行情况。

【优质教育项目建设和清凉校园工程建设情况监督】 2021 年 6 月 22 日，湖里区政协文史学宣委、教文卫委委员到金尚中学、龙湫亭实验学校考察湖里区优质教育项目建设和清凉校园工程建设情况，提出落实好清凉校园工程的制度建设和管理，依靠教育投入、完善的基础设施建设以及良好的师德师风，发展好优质教育等相关建议。

【蔡塘片区旧村整村改造工作情况视察】 2021 年 6 月 29 日，湖里区政协组织台港澳侨、工商联、致公党、少数民族和宗教、中共、特邀界别小组，联合江头街道委员联络组，到蔡塘片区指挥部视察。委员们肯定指挥部征地拆迁的成效和做法，并进行深入交流探讨。

（曾 佳）

参政议政

【概况】 2021 年，湖里区政协委员、专门委员会、界别提交提案 142 件，经提案委员会审查，区本级立案提案 79 件，其中：财政经贸方面 16 件，占 20.25%；政法民政方面 8 件，占 10.13%；科教文卫方面 23 件，占 29.11%；城建城管方面 32 件，占 40.51%。内容超出区本级权限的提案 28 件，转为社情民意信息的 35 件。截至 6 月 27 日，36 个承办单位均已向委员作出答复，所有提案均收到委员反馈意见，其中满意 78 件，占 98.73%，基本满意 1 件，占 1.27%。截至 8 月 24 日，78 件提案的内容及办理结果全部向社会公开，公开率 98.73%。

【优秀提案及提案先进承办单位评选】 2021 年 9 月至 10 月，湖里区政协提案委组织开展 2021 年度优秀提案和提案先进承办单位民主推荐活动，并经提案委委员无记名投票和区政协主席会议审定，评选《关于提升我区集团化办学成效的建议》等 15 件提案为 2021 年度优秀提案，评选区市政园林局等 9 个单位为 2021 年度提案先进承办单位。在区政协九届一次会议上，表彰优秀提案及提案先进承办单位。

【社情民意反映】 2021 年，湖里区政协收到社情民意信息 101 件。经分类处理后，有 76 件上报厦门市政协，22 件直接转送市、区职能部门办理。

（曾 佳）

纪检监察

综　述

【概况】 2021年，中共湖里区纪律检查委员会湖里区监察委员会（以下简称“湖里区纪委监委”）贯彻落实全面从严治党部署，围绕开好局、起好步，发挥监督保障执行、促进完善发展作用。重点加大对扫黑除恶和政法等重点领域腐败问题查处力度，推动健全完善征地拆迁、安置房建设、限额以下招投标、“三资”（资产、资金、资源）监管等领域制度机制。跟进监督境外输入、社区防控、集中隔离、复工复产复学等重要环节，发现问题并下发整改通知书、检查通报，处理疫情防控作风不实、履责不力等相关责任人。制定立项监督实施意见。全年立案50件50人，党纪政务处分43人，移送检察机关起诉3人。开展谈话函询229件。编发换届纪律等警示教育折页，聚焦政法、征地拆迁等重点领域开展案例剖析专题讲座12场，到基层开展“忏悔录”巡回警示教育5场。

【“两个责任”贯通协同】 2021年，湖里区纪委监委按照区委坚持常态化开展全面从严治党工作的要求，创新打造“双月谈”廉政课堂，坚持每两个月在区委常委（扩大）会议上为区领导和各单位“一把手”等“关键少数”开展一次廉政教育专题课，担负起党风廉政建设责任制中的党委主体责任和纪委的监督责任。区纪委监委用好廉情抄报制度，梳理汇总突出问题，呈报相关区领导，推动问题整改和责任约谈。督促相关单位规范主体责任清单等制定，通过信息化手段全程动态追踪记录。针对省委巡视整改，督促查摆整改述责述廉、谈心谈话等问题，约谈提醒相关人员。分别对5个城管中队和16个城市社区开展执法专项巡察和基层党组织建设专项巡察，对2个街道、2个区直部门开展巡察“回头看”，提前完成八届区委巡察“全覆盖”任务。

【区纪委八届六次全会召开】 2021年2月8日，中共湖里区纪委八届六次全会在区行政中心召开。会议传达学习中共十九届五中全会精神和福建省纪委十届六次全会、厦门市纪委十二届六次全会精神。区委书记龚建阳讲话，对坚定不移全面从严治党，推进党风廉政建设和反腐败斗争作出部署，提出要求。区委常委、区纪委书记、区监委主任黄绿青作题为“充分发挥全面从严治党引领保障作用　为湖里‘十四五’建设开局起步提供坚强保

2021年2月8日，中共湖里区纪委八届六次全会在区行政中心召开

（蓝雅婷　摄）

障”的工作报告，回顾2020年全区纪检监察工作情况，研究部署2021年党风廉政建设和反腐败工作。

（彭婷婷）

监督执纪

【概况】 2021年，湖里区纪委监委深化“1+X”（“1”指纪委，“X”指其他部门）专项督查机制，联合区财政局、区审计局、区市场监督管理局、湖里区税务局等部门，对公务接待、公车使用管理、公款购茶等开展明察暗访，查处违反中央八项规定精神问题4起4人，通报曝光2起2人。推进“指尖上的形式主义”“吃公函”等专项治理，选取社区巧立名目发放津补贴等作为整治切口，推动问题整改。“点题整治”教育、医疗、食品药品安全等16个群众反映强烈问题，推进“一街一主题”专项治理。规范提升“一站两员”（社区党风廉政建设工作站，社区纪检委员、社区廉情信息员）基层监督特色品牌，为群众解决实际困难。

【腐败惩治】 2021年，湖里区纪委监委重点加大对扫黑除恶和政法等重点领域腐败问题查处力度，接受群众举报584件。移送受理问题线索95条，其中区内承办69条、移送外单位26条。立案50件50人，其中处级7人、科级7人，党纪政务处分43人，移送检察机关起诉3人。

【疫情防控监督】 2021年，湖里区纪委监委紧盯境外输入、重点区域管控、防疫物资调配、群众生活保障等重点环节，针对区级12家定点隔离酒店、2家公寓，统筹各

2021年9月22日，湖里区纪委监委机动检查组到中骏天盈建筑工地检查疫情防控工作　（徐红妤　摄）

方力量开展联合监督、一线监督、跟进监督270余次，发现问题536个，下发整改通知书、检查通报等27份，查处责任落实不力等问题相关责任人14人，督促工作纪律和各项防控措施落实。

【立项监督】 2021年，湖里区纪委监委立项监督土地收储问题，推动111宗储备用地专项审计，督促职能部门完善台账，建立健全《湖里区储备用地管理工作流程》等规章制度；立项监督石头皮山非法占用林地违法建设问题，推动违建涉及的430位租户全部提前完成搬离，一个月内完成违建拆除任务，实现零赔偿、零阻挠。全年开展立项监督6项，查处问责11人次，下发整改通知书27份。

【换届选举纪律监督】 2021年，湖里区纪委监委针对换届工作，发布《关于社区“两委”换届纪律问题信访举报方式的公告》；对党代会换届人选提出廉政意见382人次，其中提出暂缓意见4人次，杜绝“带病提拔”“带病提名”。

【优化营商环境监督】 2021年，湖里区纪委监委征集选定50家企业作为营商环境建设监督联系点，建立问题反映“直通车”机制。开展为企业纾困减负政策落实情况专项监督，收集并推动解决问题23个。

【重点问题整治】 2021年，湖里区纪委监委选取教育、医疗、食品药品安全等群众反映强烈的领域，针对校外机构不规范，在建工程项目拖欠工程款，食品生产环节超范围、超限量使用食品添加剂和非法添加问题，物业公司侵占业主公共收益等16项重点问题开展专项整治。全年办结各类工资纠纷案件351件，涉及565人，追回工资217.11万元；完成石头皮山相关区域35处、面积1.36万平方米违建和4处硬化停车场、面积1100余平方米的拆除任务。核查处置中央、省、市转办的群众反映的问题24个，将办理情况反馈给群众。处理侵害群众利益问题事件1件，处罚责任人4人，挽回经济损失74.69万元。

（彭婷婷）

廉政监督

【概况】 2021年，湖里区纪委监委开展党史学习教育并创建“红心引领廉动力”品牌，坚持问题专报、廉情抄告制度，探索创新关键少数“双月谈”廉政课堂，拓展第一种形态教育、任前廉政教育、警示教育的新载体、新模式，汇编“一镇一孝廉”图文宣传手册，拍摄《铁纪如山护铁军》《一颗榕树见证的军民深情》等宣传短片。全年为4名干部澄清正名，开展信访回访8次，鼓励干部干事创业。

【问题专报和廉情抄告】 2021年，湖里区纪委监委将监督检查、审查调查、巡察中发现的突出问题，以专报、抄告单的形式报送相关区领导，协助区领导掌握情况，有针对性地开展约谈。全年廉情抄告呈报相关区领导7次。

【廉政课堂】 2021年，湖里区纪委监委以“什么礼不能收”“违反换届纪律突出问题、典型案例剖析及相关纪律要求解读”等为主题，举办“廉政课堂”4次。

【“一站两员”监督模式】 2021年，湖里区纪委监委规范提升“一站两员”基层监督特色品牌，共有37个工作站、614名社区纪检委员和62名廉情信息员。全年接待党员群众883人次，解决诉求295个，谈心谈话463人次。

【纪法贯通、法法衔接实践】 2021年，湖里区纪委监委探索实践纪委监委机关、派驻机构、街道纪工委、巡察“四位一体”工作模式，建立健全信息共享、线索移交、措施使用、联席会议等工作制度，落实与司法机关协作提升职务犯罪案件质量工作机制，对已判决生效的4个职务犯罪案件进行三方复盘，做到“一案一登记、一评析、一总结和一提升”。

【廉政警示宣传教育】 2021年，湖里区纪委监委印发“六大纪律”“换届纪律”等警示教育折页3册，做细以案说纪、以案释法，聚焦政法、征拆、市政园林、城管等重点领域开展案例剖析专题讲座10余场，下沉基层开展“忏悔录”巡回警示教育。在“廉植湖里”微信平台开通“作风岗哨”“问题反映”栏目，拓宽常态化群众监督渠道。梳理编印落实中央八项规定精神正面清单214条、负面清单79条。汇编“一镇一孝廉”图文宣传手册，拍摄《铁纪如山护铁军》《一颗榕树见证的军民深情》等宣传短片，制作《领略八闽先贤的传世家规家训》《闽南非遗影雕：石头上“绣花”》《歌仔戏，海内外文化交流的纽带》等微信推文，扩大宣传教育实效。

【党风廉政建设和反腐败工作情况通报会】 2021年12月9日，湖里区纪委监委、区委统战部联合在区行政中心召开湖里区党风廉政建设和反腐败工作情况通报会。区委常委、统战部部长刘云标，区纪委副书记、区监委副主任高志伟，区各民主党派、区工商联、区新阶联代表及湖里区特约监察员等20余人参加会议。会上，与会人员观看湖里区纪委监委监察体制改革宣传片——《廉植湖里　逐浪前行》，高志伟以“廉植湖里　致远前行”为题，从4个方面介绍湖里区党风廉政建设和反腐败工作情况。与会代表人士就推动党风廉政建设和反腐败工作建言献策。

（彭婷婷）

巡察工作

【概况】 2021年，湖里区委巡察工作领导小组办公室（以下简称“湖里区委巡察办”）分别对5个城管中队和16个城市社区开展执法和基层党组织建设专项巡察，对2个街道办事处、2个区直部门开展巡察“回头看”，发现问题197个，提出意见建议93条，推动建章立制129项。截至年底，完成问题整改193个，整改率97.97%，提前完成八届区委常规巡察全覆盖任务。

【省委巡视反馈问题整改】 2021年，湖里区委巡察办紧盯省委巡视反馈的35个问题，协助区委抓实问题整改。截至年底，完成问题整改30个、基本完成整改4个、未完成整改1个，其中区纪委监委牵头8个（完成整改7个、基本完成整改1个）。推动建章立制101项。

【省委巡视一组巡视湖里区工作动员会召开】 2021年1月11日，省委巡视一组巡视湖里区工作动员会在区行政中心召开，区委和区人大常委会、区政府、区政协党组领导班子及其成员，区法院院长、区检察院检察长出席会议；区级老领导，区纪委委员、区监委委员、区委组织部部务会成员，区委巡察办主任、各巡察组组长，区直各部、委、办、局，各人民团体主要领导，各街道办主任等列席会议。会上，省委巡视办主任游美萍对做好巡视工作提出要求，巡视一组组长兰祥凤作动员讲话。市委常委、组织部部长陈沈阳代表市委对湖里区委提出要求。区委书记龚建阳主持会议并讲话。

（彭婷婷）

民主党派与工商联

中国国民党革命委员会厦门市湖里区基层委员会

【概况】 2021年，中国国民党革命委员会厦门市湖里区基层委员会（以下简称“民革湖里区基层委”），新发展党员4人。截至年底，有5个支部，党员126人。其中，有十二届省政协常委1人、市人大代表2人、市政协委员1人、区人大代表8人、区政协委员6人；被聘为市审计局特约审计员2人，受聘担任湖里区特约审计员1人，被区纪委监委聘为特约监察员1人，被聘为市烟草专卖局行风监督员1人、湖里派出所党风监督员1人。

【参政议政】 2021年，民革湖里区基层委党员开展课题调研，撰写《高崎机场留废的利弊分析及对策措施研究》《关于推进厦门市养老产业健康发展的建议》等调研文章20篇；撰写建言献策信息87条，其中被市政协以上单位采用4条；提出人大建议及政协提案9件，其中向市政协提交提案5件，向区政协提交提案2件，向区人大提交建议2件。

【社会服务】 2021年，民革湖里区基层委与湖里区残联和禾山残疾人就业中心结对帮扶慰问残疾人，参与自闭症孩子的帮扶活动。党员倪振年担任副董事长兼总经理的乔丹体育分别向河南洪灾灾区捐赠1000万元现金及2000万元物资；向山西洪灾灾区捐赠1500万元物资。党员夏江平参与“为爱奔跑 · 母亲健康1+1”公益募捐活动，为守护“两癌”贫困母亲捐款1万元；为河南受灾群众捐款5000元。党员黄晓霞通过区妇联捐款10万元。民革湖里基层委党员参加同安新冠肺炎疫情防控，捐款40多万元，多位党员直接参与疫情防控工作。党员赖瑞云挂职宁夏回族自治区永宁县闽宁镇，参与扶贫工作。

【骨干党员培训】 2021年1月9—10日，民革湖里区基层委在厦门国家会计学院举办2021年骨干党员培训班，民革湖里区基层委委员、各支部支委和骨干党员近30人参加培训。邀请民革市委一级调研员陈晓军从思想建设、组织建设、履职能力建设和制度建设四方面，开展示范支部建设创建培训；邀请全国审判业务专家，厦门大学、江西财经大学客座教授陈朝阳作《中华人民共和国民法典》专题辅导。

【民革湖里基层委党员大会】 2021年11月14日，民革湖里区基层委联合民革同安总支在同安区召开党员大会。会上，传达学习贯彻中共十九届六中全会精神、“民革厦门市第十四次代表大会代表名额及产生办法的通知”精神，7个支部按照选举流程，选举产生出席民革厦门市第十四次代表大会的党员代表。

（胡德智）

中国民主同盟会厦门市湖里区基层委员会

【概况】 2021年，中国民主同盟会湖里区基层委员会（以下简称“民盟湖里区基层委”）下设综合、科技、经济、文创、火炬园区、三中、禾山中学、信息学校、湖里实验中学9个支部及调研委员会、老龄委员会、青年委员会、文体委员会、社会服务委员会5个跨支部的专门委员会，发展新盟员17人，截至年底有盟员333人，比上年增长5%。其中，省人大代表1人、市人大代表2人、市政协委员1人、湖里区人大代表10人（其中常委1人）、湖里区政协委员14人

（其中常委 2 人）、霞浦县政协委员 1 人、永春县政协委员 1 人。

【参政议政】 2021 年，民盟湖里区基层委完成调研课题 31 个，大部分都转化为市、区“两会”的提案或政协协商会发言。其中，《关于打造海洋战略性新兴产业千亿级产业链群的建议》转化为市政协大会口头发言；《新形势下构建我市社区治理共同体的建议》转化为市政协重点提案；《以“吸引急需人才”为突破口，建设金砖国家新工业革命伙伴关系创新基地》转化为市政协大会口头发言和市政协重点提案，并获 2021 年度市政协优秀提案。在湖里区人大和政协九届一次会议期间，基层委各位代表和委员在教育、文化、社会治理、城市提升等方面提交人大建议案 8 件、政协提案 24 件。基层委坚持以骨干盟员为基础力量，做好向民盟市委、湖里区政协、区委统战部的社情民意信息报送工作，全年报送信息 100 篇，其中，被民盟市委采用并转报的信息 68 篇、全国“两会”采用 1 篇、全国政协采用 1 篇及民盟中央采用 1 篇。

【民主监督】 2021 年，民盟湖里区基层委参加区统战信息工作会议、区第九次党代会和党风廉政建设和反腐败工作通报会。主委吴金狮、副主委魏立成参加区检察院组织的针对 3 件拟不起诉案件进行的公开审查听证。

【社会服务】 2021 年，民盟湖里区基层委约 100 位盟员投身抗疫志愿者服务工作，多位盟员捐款捐物，报送 14 篇涉及“抗疫”的社情民意信息。在春节前夕，与金山街道办共同入户慰问后坑社区困难家庭 10 户，与湖里街道办共同开展“六一”关爱活动，慰问东渡社区 5 户困难家庭的 7 名学生。

【民盟湖里区基层委成立 30 周年系列活动】 2021 年，民盟湖里区基层委举办基层委成立 30 周年系列活动：举办“我与民盟共成长”主题征文、主题分享会、主题书画笔会 3 场活动，邀请盟内知名书画艺术家围绕主题现场创作；编印 1 本纪念册；举办以“辉煌三十年 逐梦新征程”为主题的庆祝大会暨文艺会演。

【民盟湖里区基层委第五届第四次全委会议】 2021 年 1 月 26 日，民盟湖里区基层委在惠和石文化园盟员之家召开第五届第四次全委（扩大）会议，40 余人出席会议。吴金狮代表区基层委作 2020 年度工作报告；郑安安作 2020 年度财务工作报告；表彰先进集体 3 个、优秀盟员 18 名、调研信息先进个人 13 名。

【2021 年调研信息骨干培训】 2021 年 3 月 20—21 日，民盟湖里区基层委在中共厦门市委党校举办 2021 年调研信息骨干培训。区基层委全体委员、各支部委员、专委会主任、调研信息委委员及信息骨干 40 余名盟员参加培训。民盟福建省委秘书长刘丹艳作《做好民主党派调研工作的实践和思考》专题讲座，讲授开展调研工作的必要性、如何开展调研工作、调研成果案例、共同缅怀民盟先贤 4 个方面内容；基层委围绕课题调研工作召开专题会议，部署 2021 年课题调研工作；各支部主委和课题组长介绍本年度课题选题。

【民盟湖里区基层委五届六次全委会议】 2021 年 5 月 24 日，民盟湖里区基层委在海峡文创园召开五届六次全委（扩大）会议，基层委委员、各支部主委、专委会主任参加会议。会议讨论年度工作计划，部署下阶段工作。主委吴金狮通报基层委各课题进展情况，要求各课题负责人抓紧落实课题报告，完成本年度基层委课题调研任务。

【庆祝湖里区民盟成立 30 周年大会】 2021 年 11 月 7 日，庆祝湖里区民盟成立 30 周年大会暨文艺会演在厦门市第三中学举行，市、区、街

2021 年 11 月 7 日，民盟湖里区基层委在厦门市第三中学举办庆祝湖里区民盟成立 30 周年大会暨文艺会演 （魏立成 摄）

道领导，厦门市民盟各基层组织主要负责人、民盟湖里区基层委全体成员等200多人出席会议。大会表彰综合支部等5个先进集体、侯斌等杰出盟员、由海等30名优秀盟员。表彰结束后，举行庆祝湖里区民盟成立30周年文艺会演。

（陈施超）

中国民主建国会厦门市湖里区基层委员会

【概况】 2021年，中国民主建国会厦门市湖里区基层委员会（以下简称“民建湖里基层委”）有6个支部，参政议政工作委员会、经济工作委员会、信息工作委员会3个跨支部的工作委员会。发展新会员11人，截至年底，有会员227人，其中，一支部36人、二支部48人、三支部35人、四支部39人、五支部37人、六支部32人。会员中有市政协委员2人、区人大代表5人（其中常委1人）、区政协委员12人（其中常委1人）。4名会员分别担任市自然资源局、市劳动和社会保障局、市检察院、市纪委监委党风廉政监督员；2名会员担任湖里区特邀纪检监察员。

【参政议政】 2021年，民建湖里区基层委发动会员完成《关于促进湖里区楼宇经济发展的思考》《从税收角度探讨我区影视产业文化发展的现实路径》《关于湖里区文化产业升级发展的路径研究》《突出群众参与，进一步健全应急管理体制机制建设》4个调研课题，均被区政协采用。向民建市委、中共湖里区委统战部报送信息96篇，其中7篇分别被中共厦门市委统战部、市政协、省政协采用。

2021年4月18日，民建湖里二支部、四支部到漳州片仔癀药业股份有限公司参观考察　　（民建湖里基层委　供图）

【社会服务】 2021年9月，厦门市新冠肺炎疫情再度暴发，民建湖里区基层委委员到社区核酸检测点开展志愿服务活动，协助核酸检测；会员及会员企业捐款、捐物价值600多万元。

【民建湖里区基层委召开上半年工作会议】 2021年8月15日，民建湖里区基层委在区行政中心召开2021年度上半年工作会议。会上，组织学习习近平总书记在庆祝中国共产党成立100周年大会上的重要讲话及近期系列讲话精神；基层委副主委王毅林、蔡培植、邱晨阳、苏天胜、黄业峰汇报分管工作及支部工作开展情况，各基层委委员汇报配合分管工作开展情况。

【2个支部到片仔癀药业股份有限公司考察】 2021年4月18日，民建湖里二支部和四支部到漳州片仔癀药业股份有限公司参观考察。漳州片仔癀药业股份有限公司董事黄亚龙接待参访会员。会员参观片仔癀博物馆，了解百年老字号“片仔癀”的故事、魅力、活力和实力。

【2个支部联合考察集美新城】 2021年12月19日，民建湖里二支部和五支部联合到集美新城学习考察。会员参观集美人文馆，了解集美的历史、文化及风土人情；参观杏林湾商务运营中心，了解新城未来的发展规划，感受岛外新城发展。

（罗　韫）

中国民主促进会厦门市湖里区基层委员会

【概况】 2021年，中国民主促进会厦门市湖里区基层委员会（以下简称“民进湖里基层委”）完成换届选举工作，新一届基层委下设经济、科技、综合、教育、信息学校5个支部，组织宣传、参政议政、社会服务3个工作委员会。至年底有会员147人，其中市人大代表1人、市政协委员2人、区人大代表4人（常委1人）、区政协委员7人（常委1人）。

【参政议政】 2021年，民进湖里基层委完成民进省委课题2个，完成民进市委课题23个，其中重点课题7个、重要课题10个，转化为省市各类重要协商发言、委员提案、大会快报课题17个。完成区课题3个，邱晓龙执笔的《关于招才引智，进一步促进我区“三高”企业发展的建议》获评区政协优秀提案。向民进厦门市委和中共湖里区委统战部提供社情民意信息146篇，获各级采用34篇。湖里区“两会”期间，民进界别人大代表、政协委员提交人大议案1件、人大建议1件，界别提案2件及委员提案6件。

【民主监督】 2021年，民进湖里基层委参加中共湖里区委统战信息工作会议、中共湖里区第九次代表大会，以及党风廉政建设和反腐败工作通报会。参加区法院座谈会，听取区人民法院关于民事诉讼程序繁简分流改革试点工作情况的报告，提出书面建议；参加区法院调研工作，提出议案。参加区检察院拟不起诉案件进行公开审查听证、国家宪法日检察院开放日；提出“关于保护未成年人合法权益，预防未成年人犯罪的建议”，促成区检察院成立专门工作小组开展工作，并参加区检察院关于未成年人检察工作的报告研讨会。

【社会服务】 2021年，民进湖里基层委为新冠肺炎疫情防控捐款、捐物价值近13万元，30人次参加街道、社区、重点防疫区域节点抗疫志愿工作。组织会员开展闽宁镇乡村小学图书角认捐活动，科技支部结对帮扶吕领社区困难家庭大学生，经济支部与厦门蓝天救援队联合蔡塘旧村改造指挥部，在古地石安置房小区举办应急救援知识培训。

【民进湖里基层委完成换届】 2021年8月22日，民进湖里基层委在区行政中心召开换届大会暨二届一次会议，民进省委副主委、市委主委吴丽冰，市残联理事长傅晓春，基层委全体会员60余人出席会议。会上，主委邱晓龙代表民进湖里区基层委第一届委员会向全体会员汇报工作情况；基层委财务人员通报财务情况；投票选举产生新一届民进湖里基层委员会，曾理琳当选主委，胡小进、杨喜爱等9人当选副主委。

2021年8月22日，民进湖里基层委在区行政中心召开基层委换届大会

（民进湖里基层委　供图）

【民进湖里基层委举办生态研学主题活动】 2021年10月30日，民进湖里基层委与民进厦门市委生态环境工作委员会到东坪山开展生态研学主题活动。会员实地调研东坪山旅游发展公司、郑成功弈棋园、山屿1/2咖啡馆、同屿悦民宿等地，了解东坪山资源分布，交流东坪山改造提升工程项目建设情况。

（方翔鸣）

中国农工民主党
厦门市湖里区基层委员会

【概况】 2021年，中国农工民主党厦门市湖里区基层委（以下简称“农工党湖里区基层委”）有支部12个，年内发展新党员14名。截至年底，有党员314名，其中男性党员142名、女性党员172名；具有中高级职称145人、中级职称108人；医药卫生界党员158人。全体党员平均年龄54.1岁。年内，农工党湖里区基层委完成换届，在各级人大、政协换届中，有14名党员当选人大代表及政协委员，其中，省人大代表1名、市人大代表1名、市政协委员1名，九届湖里区人大常委1名、代表5名，九届湖里区政协常委1名、政协委员8名；当选农工党厦门市委副主委1名、常委2名。

【参政议政】 2021年，农工党湖里区基层委及各支部开展调研活动61次，撰写调研课题7篇，向农工党厦门市委、中共湖里区委统战部、湖里区政协提交社情民意信息48篇。其中，被农工党厦门市委采用12篇，被农工党福建省委采用3篇，被区政协评为年度优秀提案2个。

【民主监督】 2021年，农工党湖里区基层委组织党员参与厦门市公众评议活动、党风廉政建设和反腐败工作通报评议；开展农工党员“走进城管”活动日活动，调研厦门市行政执法局垃圾分类管理工作，并提出建议。有1人受聘为区审计局特约审计员。

【社会服务】 2021年，农工党湖里区基层委组织党员参与新冠肺炎疫情防控，在核酸检测现场维持秩序，充当社区、机场专班志愿者。儿童医院支部、国宇支部、厦门市中医院支部党员支援莆田市、同安区抗疫，到封控区入户采样。综合支部、双十中学支部、六中支部党员为同安区捐款1.22万元。中医院支部党员参加义诊10余次，举办健康医疗讲座8次，服务群众300多人次。综合支部开展同心助残活动。基层委党员为宁夏回族自治区银川市永宁县闽宁镇捐款2.66万元。

【中共党史学习教育】 2021年4月16—18日，农工党湖里区基层委主委王萍萍组织8名基层委委员到罗源县开展中共党史学习教育。委员们到罗源县松山镇八井村，参观畲族红色政权、中国工农红军北上抗日先遣队罗源指挥部旧址、百丈红军公园、畲族非遗文化展览馆、谷仓画院、畲山风情文化示范点。

【农工党湖里区基层委三届十三次全委工作会议召开】 2021年7月27日，农工党湖里区基层委在区行政中心召开三届十三次全委工作会议，11名委员参加会议。会议部署农工党湖里区基层委各支部换届相关工作。会上，农工党厦门市委组织处处长王复光传达市委常委会关于湖里基层委各支部支委人选的批复决定，组织学习农工党基层组织换届大会程序，农工党厦门市各区及厦门大学、集美大学党员代表大会代表名额及产生办法。

【农工党湖里基层委完成换届】 2021年10月17日，农工党湖里区基层委在区行政中心召开第四届换届选举大会，37名湖里区基层委党代表出席会议。会上，农工党湖里区基层委主委王萍萍代表第三届基层委员会作工作报告。会议采取无记名投票方式，选举产生新一届农工党湖里区基层委领导班子：主委林国平，副主委张建新、柳咏枝、张敏、郭俊芳、郭海云。林国平代表第四届基层委作表态发言。

（吴毅琳）

2021年10月17日，农工党湖里区基层委第四届换届选举大会在湖里区行政中心召开

（农工党湖里区基层委　供图）

中国致公党厦门市湖里区基层委员会

【概况】 2021年，中国致公党厦门市湖里区基层委员会（以下简称“致公党湖里区基层委”）下设3个支部，发展新党员6人。截至年底，有党员98人，其中致公党厦门市委副主委1人、委员2人，市政协委员1人、区政协常委1人、委员5人，区人大常委1人、代表5人。在党派各级专委会任职16人，其中致公党中央专委会委员1人，福建省委专委会主委1人、委员1人，市委专委会主委3人、副主委3人、委员7人。致公党福建省第十次代表大会代表4人。

【组织建设】 2021年，湖里区政协致公党界别委员联络站设有1个主站点、6个特色站点，1个基层服务组织，1个共建街道和3个共建社区，打通政协委员联系群众的“最后一公里”。致公党湖里区基层委建立学习制度；推行委员履职资源清单、需求清单、项目清单“三张清单”制度。

【参政议政】 2021年，致公党湖里区基层委完成市政协，致公党省委、市委，市社科联，湖里区政协，中共湖里区委统战部各级各类调研课题28个。其中，参与市政协课题研究6个、致公党福建省委调研课题3个、厦门市委调研课题5个、厦门市社科联重点课题1个。

2021年，致公党湖里区基层委完成的专题协商议政发言材料被各级政协采用11件，其中全国政协专题协商1件、福建省政协专题协商3件、厦门市政协专题协商议政7件。各级“两会”发言材料及政协提案等采用29件。其中，全国政协大会提案3件、福建省政协大会提案1件、省政协大会快报2件、厦门市政协大会发言1件、市政协大会快报1件、市政协提案8件（含重点提案1件，优秀提案2件）。在区“两会”上，提交团体政协提案6件、个人提案5件，其中获立案7件、转为社情民意信息4件，人大代表提交建议4件。

2021年，致公党湖里区基层委完成的反映的社情民意信息被各级采用52件次。其中，全国政协1件、致公党中央3件、全国侨联1件，福建省政协7件、福建省侨联3件、致公党省委会《情况反映》采用10件，中共厦门市委《厦门信息》采用1件、《新专报》采用2件，中共厦门市委统战部采用3件，厦门市政协采用4件，致公党厦门市委采用15件，中共湖里区委统战部采用2件。

【社会服务】 2021年，致公党湖里区基层委党员参加单位或社区组织的志愿活动，为新冠肺炎疫情防控捐款捐物，180余人次参与疫情防控志愿服务活动19场次。为“同心向党再出发”庆祝中国共产党成立100周年主题书画笔会活动、“重芳蝶秀”滕派蝶画传人陈军与文人画画家庄德义联合创作展、致公党厦门市委与厦门市人大侨外委联合主办的“爱国·爱党·爱乡”书画摄影作品展等活动提供志愿服务。

【致公党湖里区基层委（扩大）会议召开】 2021年4月15日，致公党湖里区基层委在和通社区举行第一次基层委（扩大）会议暨共建协议签订仪式，致公党厦门市委副主委、市政协副秘书长关琰珠出席会议并讲话。中共湖里街道党工委与致公党湖里区基层委，和通社区与致公党湖里区第一支部、徐厝社区与致公党湖里区第二支部签订共建协议。基层委召开2021年工作会议，组织学习习近平总书记在福建省考察时的重要讲话精神，传达致公党厦门市委的文件精神，表彰2020年在参政议政、抗击新冠肺炎疫情和基层组织工作中表现突出的集体和个人。

（孙　怡）

九三学社厦门市湖里区基层委员会

【概况】 2021年，九三学社厦门市湖里区基层委员会（以下简称“九三学社湖里基层委”）下设12个支社，及专家工作委员会、青年工作委员，发展新社员21人。截至年底，有社员341人，其中博士20人、硕士80人；正高职称54人、副高职称140人和中级职称115人；有市人大代表1人、市政协委员1人、区人大代表8人（常委1人）、区政协委员15人（常委3人），被聘为区政协特邀研究员3人；基层委有民主监督员6人，包括省检察院人民督导员1人、厦门市党风政风监督员1人、市审计局特约审计员1人、区审计局特约审计员2人及区机关效能建设和督查工作监督员1人。

【参政议政】 2021年，九三学社湖里基层委向九三学社厦门市委申报课题，并对接承担湖里区政协、中共湖里区委统战部、共建街道的课题调研任务。完成九三学社厦门市委重点课题3个，一般课题14个，全部通过课题调研报告的评审。在政协第九届湖里区第一次大会上，新一届政协委员提交提案19件（含3件界别提案），其中被立项15件，转为市政协提案2件，转为社情民意2件。报送社情民

2021年11月6日，九三学社湖里区第三支社到翔安新机场建设工地调研

（九三学社湖里基层委　供图）

意信息 135 篇。其中，被九三学社中央采用 14 篇，被省政协采用 16 篇，被省政府办公厅采用 5 篇，被《福建信息》采用 2 篇，被《厦门信息》采用 1 篇。

【民主监督】 2021 年，九三学社湖里基层委参加区统战信息工作会议、中共湖里区第九次代表大会及党风廉政建设和反腐败工作通报会。湖里区“两会”期间，委员围绕法院和检察院的工作报告发言，提出建议与意见。参加市区两级审计部门的工作报告会，提出增加透明度和业务培训相关建议。委员利用特约单位监督员的身份，履行监督员的职责，提出建议和批评意见。

【社会服务】 2021 年 9 月，厦门市新冠肺炎疫情再度突袭而至，九三学社湖里区基层委组织 20 名医卫界社员参与核酸检测或到发热门诊坐诊，19 名社员参加防疫志愿者活动。湖里第一支社 27 名社员向湖里区慈善会捐款 1.68 万元，福建省水产研究所支社和海洋研究所支社共同购买的 140 件盐典，定点捐赠给同安中医院。1 名社员到西藏自治区昌都市卡若区支教，1 名社员到宁夏回族自治区固原市彭阳县支持乡村振兴。参加九三学社厦门市委组织的主题为“共同努力，关注与消除孤独症人士教育与就业障碍”的活动，关爱自闭症患者。

【新委员履职培训】 2021 年 5 月 16 日，九三学社湖里区第六届基层委员会在云创智谷举办新一届基层委员履职培训暨第一季度信息沙龙，20 多名委员出席会议。会上，传达关于在各基层委开展中共党史学习教育的通知，学习习近平总书记来闽考察重要讲话精神；湖里基层委原主委庄洁讲解社情民意信息、课题调研、政协提案等工作方法及重点。社市委联络员林航天通报 2020 年湖里基层委在信息工作上取得的成绩和 2021 年第一季度信息报送情况；主委张跃平等传授信息写作经验。

【基层组织结对共建活动】 2021 年 7 月 23—25 日，九三学社湖里基层委主委张跃平带领基层委一行 8 人到南平市延平区，开展基层组织结对共建活动。两地社员交流各自在参政议政、民主监督、信息工作、社会服务、社务工作等方面的工作情况、存在问题和工作体会、亮点特色，提出未来在课题调研、信息沙龙、共建活动、线上互动等方面合作，签订结对共建协议。

（陈　晶）

台湾民主自治同盟厦门市湖里区总支部

【概况】 2021 年，台湾民主自治同盟厦门市湖里区总支部（以下简称“台盟湖里区总支”）下设 3 个支部，有盟员 57 人。其中，高级职称 6 人，中级职称 19 人；担任区人大代表 3 人，区政协委员 3 人。上半年，台盟湖里区总支完成换届选举。在台盟厦门市第九次代表大会上，2 人被评为 2017—2021 年度优秀盟务工作者。

【参政议政】 2021 年，台盟湖里区总支完成调研报告 7 篇，其中被台盟厦门市委评为 2021 年度优秀调研课题一等奖 1 篇、二等奖 2 篇、三等奖 3 篇；报送社情民意信息 15 篇。在台盟厦门市第九次代表大会上，3 名盟员被评为 2017—2021 年度参政议政先进个人。

【社会服务】 2021 年 9 月 30 日，台盟湖里区总支全体盟员携手民盟市委社会服务委员会为抗疫筹集物资捐款捐物，共同捐赠医用面罩 2000 个，为厦门市中医院医务人员提供抗疫物质保障。在台盟厦门市第九次代表大会上，3 人被评为 2017—2021 年度社会服务先进个人。

【中共党史学习教育主题活动】 2021 年 5 月 22—23 日，台盟湖里区总支组织 16 名总支盟员到福建省漳州市，开展中共党史学习教育主题活动。盟员参观漳州市角美台商投资区非公党建活动中心以及漳州市委、市政府所在地的红军进漳纪念馆——芝山红楼。

【台盟湖里总支换届】 2021 年 6 月 27 日，台盟湖里总支召开换届选举暨第二次盟员大会。会上，台盟市委秘书长谢益民作基层组织换届工作说明，台盟湖里总支主委许文懿作工作报告。会议选举产生台盟湖里总支主委许文懿，副主委李丽莎、吴维超、梁宏，以及下属支部的主委、副主委。

（蔡少纯）

厦门市湖里区工商业联合会

【概况】 2021 年，厦门市湖里区工商业联合会（以下简称“湖里区工商联”）新成立湖里街道商会、殿前街道商会、江头街道商会和金山街道商会 4 个基层商会。截至年底，全区有 5 个基层商会，有执委会、监事会成员 220 名，会员企业 298 家，其中禾山街道商会 68 家、江头街道商会 68 家、殿前街道商会 51 家、湖里街道商会 51 家和金山街道商会 60 家。区工商联先后被评为“全国‘五好’县级工商联”、2021年度全国民营企业调查点工作先进基层工商联、福建省“千企帮千村”精准扶贫行动先进集体。

【“四通四访”机制研讨会召开】

2021年2月22日，湖里区委统战部、区信访联席办、区工商联、区信访局召开“四通四访”（诉求表达畅通、意见建议直通、困难问题沟通、矛盾积案疏通，开门接访、进门约访、登门走访、上门回访）机制学习研讨会。会议由区委常委、统战部部长刘云标主持，区工商联（商会）党组书记胡金藤，区信访联席办主任、区信访局局长刘梓良等参加会议。会议决定4个部门联合建立健全服务民营企业“四通四访”研判机制工作专班，提出工作专班年度重点工作。

【民营企业家座谈会召开】 2021年3月12日，湖里区在区行政中心召开民营企业家座谈会，区委书记龚建阳，区长林重阳，区委常委、统战部部长刘云标，区发改局、区工信局、区教育局、区财政局等各相关部门主要负责人与20位民营企业家参加座谈会。会后，区工商联（商会）收集协助解决企业员工子女就学等问题及民营企业家提出的建议25条。

2021年7月9日，湖里区工商联在区行政中心召开所属商会改革发展推进会

（区工商联　供图）

【民营经济工作领导小组联席会议召开】 2021年3月24日，湖里区召开民营经济工作领导小组联席会议。区委常委、统战部部长刘云标，区民营经济工作领导小组27家成员单位分管领导出席会议。会上，相关成员单位结合本部门职能工作实际提出建议。

【区工商联所属商会改革和发展推进会】 2021年7月9日，湖里区工商联所属商会改革和发展推进会在区行政中心召开，区委常委、统战部部长刘云标，区工商联主席孙少锋、党组书记胡金藤，区委非工委、区民政局领导，各街道商会会长等参加会议。会上，胡金藤传达全国、省、市、区关于工商联所属商会改革文件精神，通报区工商联所属商会改革进展情况，部署下一步检查验收工作。

（林　澜）

群众团体

厦门市湖里区总工会

【概况】 2021年，厦门市湖里区总工会（以下简称“湖里区总工会”）新组建工会421家，其中单独组建94家，联合会覆盖建会327家；发展会员5772人，其中农民工会员1466人。截至年底，单独组建工会2245家，联合会覆盖建会22574家，工会会员20.63万人。年内，开展工悦领读、职工趣味运动会、厦门职工春晚海选等工会活动，组织辖区437家企业35894名职工参加市总工会举办的安康杯竞赛。全年处理劳动纠纷11起，涉及79人、金额190万元；新评选职工之家129家，其中三星职工之家97家、四星职工之家22家及五星职工之家10家；新建共享职工之家9家。

【新就业形态群体入会】 2021年，湖里区总工会启动家政服务员、网约送餐员、货车司机、快递员、护工护理员、商场信息员、保安员、房产中介员八大群体建会入会工作，截至年底，全区成立新就业形态群体基层工会263个，吸收会员1.19万人。年内，推动福建省思凯文化传媒有限公司和海西多频道产业基地2个新就业形态群体建会入会。

【庆祝中国共产党成立100周年活动】 2021年，湖里区总工会结合党史学习教育，举办以“学党史颂党恩　庆祝建党百年”为主题的健步行活动、第七届湖里区职工运动会、庆祝中国共产党成立100周年红色经典诵读活动、以“匠魂”为主题的福建“八闽工匠”摄影展、庆祝中国共产党成立100周年暨厦门创新创业园建设25周年红歌会等大型文体活动9场。

【“工会红·暖心间”系列活动】 2021年，湖里区总工会开展“工会红·暖心间”系列活动，将“平安返厦”交通补贴活动时间延长至年底，全年审核发放“平安返厦”补助7051人150.74万元；推出为省内自驾返乡职工提供免费汽车安全检测服务、为非厦门户籍留厦过年的职工送消费福利，为留厦过年的省外户籍职工父母寄送最具厦门味的爱心礼包，给职工群众赠送浏览券、定制红围巾及“福”字门帖，组织线上知识抢答和猜灯谜、派发电影票和视频月卡等活动；组织慰问困难职工、苦脏累险行业职

2021年11月16日，“工会进万家·新就业形态劳动者温暖行动服务月”启动暨新就业形态群体建会入会仪式在区文旅大厦举行　　（区总工会　供图）

2021 年，湖里区总工会开展“工会红·暖心间”系列活动。图为 1 月 27 日，厦门盈众汽车有限公司为省内自驾返乡职工提供免费的汽车安全检测服务

（区总工会　供图）

工、市政环卫工人、重点项目、疫情防控一线职工以及甘肃省东乡籍在厦务工人员近 3000 人。

【企业工会投身疫情防控工作】 2021 年，厦门百惠鲜食品有限公司工会捐赠食品罐头、碳酸饮料、运动饮料、凉茶、矿泉水等物资 490 箱，分别送至 9 个社区 132 个核酸检测点；厦门东华海天投资有限公司工会、厦门市健雄青少年体育俱乐部工会等 10 家基层工会捐赠矿泉水、防护服等物资。区总工会组织乐助心理战“疫”志愿群，由医生、心理咨询师、社工组成，在线提供心理疏导以及疫情防控相关政策，为 56 人提供心理疏导服务，为 193 人次解决因疫情引发的焦虑、抑郁等不良情绪。

【第七届“回家的路”主题征文】 2021 年 2 月 7 日至 4 月 15 日，湖里区总工会举办第七届“回家的路”主题征文活动。该活动以“以爱为家·留‘厦’记忆”为主题，收到作品 80 篇，评出一等奖 10 篇、二等奖 15 篇以及三等奖 26 篇。

【新就业形态劳动者合法权益维护】 2021 年 8 月，湖里区总工会解决 1 起新就业形态劳动纠纷，为网络直播主播温某拿到剩余工资和未签订书面劳动合同的 2 倍工资差额，以及违法解除劳动合同的补偿金，总计 1.3 万元。全年协助“曹操出行”平台 100 多名网约车司机获得调解款 190 余万元。

【工会经审干部培训】 2021 年 10 月 29 日，湖里区总工会在区行政中心举办 2021 年工会经审干部培训。辖区机关、街道、学校、社区、国有企业等单位的工会主席、经审干部、财务人员及 2021 年被审计单位的工会主席、经审干部、财务人员 274 人参加培训。市总工会财务部干部解读工会经费收支管理原则，工会经费收入、工会经费支出、财务相关规定四方面内容；市总工会经审办干部从工会审计概述、作业基本流程、工会经费审计及常见问题三方面指导学员做好工会经审工作；培训福建省基层工会财务云平台操作。

【职工春晚节目海选】 2021 年 11 月 27 日，湖里区总工会举办 2022 年厦门市职工春晚节目海选（湖里区专场）。有 48 个作品参加海选，最终选出风情走秀、歌舞、魔术等 11 个节目参加厦门市职工春晚。

【区总工会八届四次全委会会议】 2021 年 12 月 13 日，湖里区总工会在区文旅中心召开八届四次全委会会议，出席会议委员 30 名。会议就有关人事事项进行表决和选举，会议选举陈晓东为湖里区总工会第八届委员会常委、委员、主席。

（林舒婕）

共青团厦门市湖里区委员会

【概况】 2021 年，共青团厦门市湖里区委员会（以下简称“湖里团区委”）下设基层团支部 336 个、团委 19 个、团总支 12 个，覆盖和联系团员 8269 人。全区有 5 名团员青年被评为厦门市优秀共青团干部、厦门市优秀共青团员，3 个青年集体被评为厦门市五四红旗团委、厦门市五四红旗团支部。

【大学生实习“扬帆计划”】 2021 年，湖里团区委开展大学生实习“扬帆计划”，联合各部门提供优质实习岗位 400 余个，岗位覆盖辖区内的党政机关、事业单位、国有企业、金融机构、非公企业和社会组织。提供实习岗位的企事业单位，依托团省委“扬帆计划”小程序平台，线上完成简历审核、确认实习、跟踪进展等工作。对接厦门大学、华侨大学等高校的共青团组织，介绍湖里辖区内的实习单位及岗位，提高双向选择成功率，近30% 的实习岗位与高校大学生匹配成功。组织 28 名大学生参与基层锻炼，依托街道、社区的“青年之家”阵地，开展义务家教、暑期夏令营等服务青少年活动，协助社区开展新冠肺炎疫情防控等工作。

【五四青年座谈会召开】 2021 年 5 月 4 日，省委常委、厦门市委书记赵龙到湖里区青瓦创业基地调研，与青年代表开展“学党史、强信念、跟党走”座谈，有 20 名青年参加座谈。赵龙代表厦门市各套班子领导向奋战在全市各条战线上的青年致以节日问候，与创业青年代表沟通交流，了解青瓦创业生态模式。

【“2021 悦动五四 · 湖里有 YOUNG”挑战赛】 2021 年 5 月 9 日，湖里团区委主办的“2021 悦动五四 · 湖里有 YOUNG 挑战赛”在虎头山公园举行，有 100 支队伍 500 名选手参赛。挑战赛设置“对话 1919”“礼赞 1921”“穿越 1949”“见证 1981”4 条党史打卡路线。活动以 5 人制团队组队，参赛队伍打卡 4 条党史线路，每条线路有 5 个打卡点，完成任务并集齐 5 个重要物件。

【“2021 缘聚湖里　青春交友”斗阵行】 2021 年 5 月 22 日，“2021 缘聚湖里　青春交友”斗阵行在联发华美空间举行，约 160 名适龄青年参加活动。活动以中国共产党成立 100 周年各个年代的标志性事件为时间节点，设计五四风雷、新中国成立、抗美援朝等 9 个闯关环节，每个环节设置不同闯关任务，参加活动人员自由组队，挑战闯关任务，重温中国共产党 100 周年征程，见证特区历史巨变。最后一关“红色情书”邮寄，有近 50 位青年向心仪之人寄出情书。

【庆祝中国共产党成立 100 周年主题视频拍摄】 2021 年 6 月 19 日，湖里团区委邀请辖区内各领域行业青年、学生团员和少先队员代表拍摄庆祝中国共产党成立 100 周年主题视频，以歌曲“少年”和“光荣啊，中国共青团”作为视频背景音乐，展现新时代青年对中国共产党成立 100 周年的歌颂，展示湖里高颜值城区的新风貌。该视频在“湖里新青年”视频号播放，总播放量 2.1 万人次。

2021 年 5 月 9 日，湖里团区委在虎头山公园举办“2021 悦动五四 · 湖里有 YOUNG”挑战赛（湖里团区委　供图）

【单身青年交友联谊活动】 2021 年 8 月 27 日，湖里团区委联合象屿集团团委开展单身青年交友联谊活动，吸引 200 余名青年参加。活动采取 QQ 线上直播形式，单身青年通过自我介绍、才艺表演等方式展示自己，为青年搭建交友桥梁。

【对口帮扶铁西回民小学物资线上交接仪式举行】 2021 年 12 月 24 日，由湖里团区委主办的“闽宁协作——对口帮扶铁西回民小学物资线上交接仪式”在区文旅中心举行。湖里区委副书记陈晓东，厦门人保财险党委书记、总经理罗健，湖里团区委书记秦璐，援宁工作组组长、宁夏回族自治区银川市永宁县闽宁镇党委副书记李建军、副镇长陈赟等出席仪式。团区委联合厦门人保财险认领闽宁镇“铁西回民小学教学设施更新”项目，购买课桌椅及教室护眼灯。通过线上仪式完成项目验收交接，还为闽宁镇带去品牌项目——铁西回民小学“悄悄话信箱”。团区委帮扶铁西回民小学图书角项目计划同时启动。

（汤婷芳）

厦门市湖里区妇女联合会

【概况】 2021 年，厦门市湖里区妇女联合会（以下简称“湖里区妇联”）妇儿工委由 35 个成员单位组成，负责协调和推动全区妇女儿童工作。有各级妇联执委1110人，其中区级执委45人、街道执委154人及社区执委911人。组织全区各级巾帼文明岗、三八红旗手、巾帼志愿者、小区妇女娘家人参与全员核酸检测、“无疫小区”创建、驰援同安抗疫等活动。与爱心企业莫瑞思（厦门）品牌管理有限公司、天能爱心基金走访慰问7家基层妇联组织，向奋战在抗疫一线的志愿者送上慰问品价值约5万元。开展歌颂“党的女儿”故事汇暨优秀文艺作品展演活动；举办“我和我的祖国”快闪、山海步道健步行、妇女维权宣讲视频比赛等活动，慰问困难妇女家庭，宣传《中华人民共和国民法典》。选树出李淑莲、赵亚娟等全国先进典型人物。全区被评为全国三八红旗集体1个、全省妇联系统先进集体1个、福建省最美家庭3户、福建省绿色家庭3户和厦门市最美家庭17户。

【区街妇联调整及社区妇联换届】 2021年，湖里区调整区、街妇联执委成员，增补5名执委、3名常委及挂职副主席1名，达到上级妇联改革方案中区县妇联领导班子实行专兼挂的要求。各社区妇联选举产生新一届社区妇联主席57人、执委914人，社区妇联班子平均年龄44.48岁，中共党员占53.93%，本科以上文化程度占43.32%，主席连任率36.84%。

【关爱妇女儿童】 2021年，湖里区妇联在元旦、春节、三八国际妇女节、六一儿童节等节日慰问妇女儿童132人，送上慰问金及慰问品价值6.35万元。开展第十届“雨露育青苗”孤困儿童结对帮扶

2021年湖里区最美家庭一览表

表3

家庭	称号	颁发单位	颁发时间
肖亦男家庭	2021年福建省最美家庭	福建省妇女联合会	2021年5月
胡永红家庭	2021年福建省最美家庭	福建省妇女联合会	2021年5月
甘露家庭	2021年福建省最美家庭	福建省妇女联合会	2021年5月
廖宝玉家庭	厦门市最美家庭	厦门市妇女联合会、中共厦门市委文明办	2021年7月
孙慧莉家庭	厦门市最美家庭	厦门市妇女联合会、中共厦门市委文明办	2021年7月
林钦莲家庭	厦门市最美家庭	厦门市妇女联合会、中共厦门市委文明办	2021年7月
郑舜英家庭	厦门市最美家庭	厦门市妇女联合会、中共厦门市委文明办	2021年7月
庄淑贞家庭	厦门市最美家庭	厦门市妇女联合会、中共厦门市委文明办	2021年7月
钟彩英家庭	厦门市最美家庭	厦门市妇女联合会、中共厦门市委文明办	2021年7月
邱碧红家庭	厦门市最美家庭	厦门市妇女联合会、中共厦门市委文明办	2021年7月
宗秀玲家庭	厦门市最美家庭	厦门市妇女联合会、中共厦门市委文明办	2021年7月
王婷婷家庭	厦门市最美家庭	厦门市妇女联合会、中共厦门市委文明办	2021年7月
陈雅妹家庭	厦门市最美家庭	厦门市妇女联合会、中共厦门市委文明办	2021年7月
陈美丞家庭	厦门市最美家庭	厦门市妇女联合会、中共厦门市委文明办	2021年7月
林晓真家庭	厦门市最美家庭	厦门市妇女联合会、中共厦门市委文明办	2021年7月
黄琛琛家庭	厦门市最美家庭	厦门市妇女联合会、中共厦门市委文明办	2021年7月
陈雪红家庭	厦门市最美家庭	厦门市妇女联合会、中共厦门市委文明办	2021年7月
赖惠芬家庭	厦门市最美家庭	厦门市妇女联合会、中共厦门市委文明办	2021年7月
黄晓兰家庭	厦门市最美家庭	厦门市妇女联合会、中共厦门市委文明办	2021年7月
洪诗钗家庭	厦门市最美家庭	厦门市妇女联合会、中共厦门市委文明办	2021年7月

活动，为 20 名孤困儿童准备总价值 3360 元的爱心书包和学习用品。开展爱心助学活动，资助女大学生 12 人、中小学生 59 人，发放助学金 7.12 万元。申报春蕾计划补助，1 名儿童获得省级困难补助，8 人获市级补助，获得资助金 5.4 万元。为辖区妇女 1 人申请“四癌”救助金 1 万元。

【家庭教育】 2021 年，湖里区妇联通过购买服务的方式，委托专业的社会组织，依托社区家长学校，进行家庭教育指导。开展《中华人民共和国家庭教育促进法》宣传，举办线下家庭教育指导活动 18 场，邀请师资库的专家走进社区、学校、企业举办专题讲座、亲子活动，为家长提供面对面的家庭教育指导和现场咨询。通过“湖里巾帼”微信公众号发布线上课程 20 期，为家长提供线上家庭教育指导课程服务。建立家长微信群，发布家庭教育短视频 38 个，聘请专业心理咨询师线上义务咨询 15 次。开展家庭个案指导 2 个，帮助 2 名未成年人与家长缓和亲子关系。

【妇女儿童权益维护】 2021 年，湖里区妇联完善资源网络，打造转介平台，接访有关妇女儿童权益的来电来访 43 件，提供咨询 102 次。政府购买法律咨询、心理辅导、婚姻家庭辅导、资源链接等社工服务，给予信访人情绪疏导，处理婚姻家庭纠纷，协助妇联处理妇女儿童维权服务。宣传《中华人民共和国反家庭暴力法》《中华人民共和国妇女儿童权益保障法》等维护妇女儿童合法权益的法律知识，妇女儿童法律意识得到提升，共同参与制止家庭暴力。

【妇女微家、小区妇女娘家人建设】 2021 年，湖里区妇联建立家庭教育、新媒体宣传、心理咨询、维权互助、公益手工、文体健身等类型妇女微家 24 家，有“娘家人”288 人。区妇联实施“小区妇女娘家人”成长计划，培育“小区妇女娘家人”107 人，推动“小区妇女娘家人”队伍参与社区治理，建立以“小区妇女娘家人”为依托，多层次、多体系的妇女儿童服务模式，维护妇女儿童权益。

2021 年，湖里区妇联举办家庭教育公益讲座。图为 7 月 8 日厦门市教育局副局长任勇在徐厝社区书院举办“牵着孩子向何方”公益讲座 （林丹妮 摄）

【三八国际妇女节维权宣传】 2021 年 3 月，湖里区妇联联合区培善社会服务中心以及厦门市金尚小学、翔鹭小学、乌石浦小学，开展“献礼百年迎三月，巾帼携幼展风采”暨三八国际妇女节维权宣传活动，面向在校学生及家长征集以妇女儿童维权为主题的视频作品，并开展线下宣讲活动。活动征集视频作品 43 个，经层层筛选及评委打分，8 支参赛队伍及 8 名个人入围决赛，决赛评选出个人一等奖 1 名、二等奖 2 名、三等奖 3 名和优秀奖 2 名；团体奖评选出最佳演绎奖 1 个、最佳创意奖 1 个及团体优秀奖 6 个。

【“党的女儿”故事汇展演】 2021 年 3 月 7 日，湖里区在线举行献礼中国共产党百年诞辰“党的女儿”故事汇暨庆祝三八国际妇女节优秀文艺作品展演活动。参加展演的作品以歌颂优秀女共产党员的事迹为题材，有歌曲《党啊，亲爱的妈妈》、演讲《险中逆行，志愿一线》、答嘴鼓《爱心扶幼的女共产党员》、诗歌舞《乳娘》等节目，时长 45 分钟。

【主席联席（扩大）会议召开】 2021 年 3 月 11 日，湖里区妇联在区文旅中心召开主席联席（扩大）会议，各街道妇联主席、副主席、“最美家庭”成员、妇女代表出席会议。会议传达关于妇联工作的重要批示精神，学习习近平看望全国政协十三届四次会议的医疗卫生界、教育界委员时发表的重要讲话以及三八国际劳动妇女节的讲话。总结 2020 年湖里区妇联工作，部署 2021 年工作。

【完善提升社区家长学校功能座谈会召开】 2021 年 3 月 16 日，湖里区妇联组织部分执委、社区妇联干部在禾缘社区召开完善提升社区家长学校功能座谈会。座谈会上，区妇联一行了解社区家长学校的建设情况、存在的主要困难和问题等，并就如何提升和完善社区家长学校的功能向与会人员征集意见、建议。

【省级“两纲”终期评估验收完成】 2021年4月22—23日，省民政厅党组成员、副厅长陈丽华带领省级“两纲”终期评估验收组成员11人，分2组分别到区妇幼保健院和金尚社区，区劳动仲裁院、区就业中心、社保中心、建发溢佰养老中心、未成年人法律援助中心等单位进行“两纲”终期评估验收。经验收，湖里区《妇女发展纲要（2011年—2020年）》7个领域58个目标中，有56项达到目标要求，占目标总数的96.55%；《儿童发展纲要（2011年—2020年）》5个领域50个目标中，49个目标有改善，达到或高于目标值，占目标总数的98%。

【家庭教育主题培训会召开】 2021年5月14日，湖里区妇联在区文旅中心召开湖里区家庭教育主题培训会。区妇联执委、各系统妇工委及妇委办主任，各街道、社区妇联主席、副主席80余人参加培训。会上，学习习近平总书记关于注重家庭家教家风建设的重要论述，传达全国妇联关于认真宣传贯彻“论述摘编”的通知要求。邀请湖里区靓妈成长中心、国家二级心理咨询师刘曼贡作题为“学做专业父母，成就卓越孩子”的讲座。

【集体婚礼】 2021年9月12日，湖里区集体婚礼在惠和石文化园举行，辖区20对新人参加。主办方为新人准备“幸湖有礼”大礼包——私人定制婚服、便携行李包、果盘、一次性床上用品、蛋糕券及《幸福的婚姻》家庭指导手册。新人们依次举行跨马鞍、合卺礼、结发礼等仪式，既有传统元素也有新时代元素。区委宣传部部长陈晓东致辞，20对新人发出带头移风易俗，弘扬文明新风的集体倡议。

2021年9月12日，湖里区为20对新人举办集体婚礼。图为参加集体婚礼新人及嘉宾合影

（李如蓝　摄）

【重阳节家庭文明建设摄影大赛举行】 2021年10月10—20日，湖里区妇联联合培善社会服务中心举办“近邻”一家亲——湖里区妇联重阳节家庭文明建设摄影大赛。征集摄影作品30幅，初选出16幅作品进行网上投票，经投票，选出一等奖1幅、二等奖2幅、三等奖3幅和优秀奖10幅。

【省妇联到湖里区调研家风家教实践基地建设】 2021年10月29日，省妇联党组成员卓晓銮带队到湖里区调研。调研组一行到省巾帼文明岗、省家风建设示范基地惠和石文化园了解湖里区家风家教建设和妇女创新就业工作开展情况。调研组参观中华石文化长廊、石雕艺术博物馆、金砖惠和影雕厅等区域，了解惠和石文化园在传统文化的传承、弘扬方面所做的工作。参观结束后，参加调研人员共同探讨如何更好推动家风家教工作。

【湖里区妇联第七届第四次执委全体会议】 2021年12月10日，湖里区妇联在区行政中心召开第七届第四次执委全体会议。会议传达学习中共十九届六中全会精神及省、市、区党代会精神，听取和审议湖里区妇联七届四次执委会工作报告，回顾总结2021年全区妇女工作，研究部署2022年工作任务。选举出席厦门市妇女第十七次代表大会代表。

（杨旭清）

厦门市湖里区科学技术协会

【概况】 2021年，湖里区5个街道均建立科学技术协会组织，配备专（兼）职科协秘书长，55个社区成立科协分会，配有专人负责科普工作。各街道、社区根据自己资源优势，开展各具特色的科普活动。截至年底，辖区有市级科普教育基地 9 个，由 936 人组成的稳定的区、街道科普志愿者队伍。全区建成科普 e 站 84 个，其中社区科普 e 站 60 个、校园科普 e 站 15 个及中国科普 e 站 9 个，配套设置福建科普智慧云互动大屏 51 个。全年区级安排科普专项经费 200 万元，街道安排 164.5 万元，人均 3.53 元。湖里区科学技术协会（以下简称“湖里区科协”）向每个社区科普宣传栏拨付经费 3000 元，用于更新宣专栏内容；向各社区青少年科学工作室拨付 0.9 万～1.6 万元不等的经费，用于日常运行；向各社区科普大学拨付 0.8 万～1.5 万元不等的经费，用于教学活动；向各社区赠送科普挂图，以及拨付专款，用于支持社区开展新冠肺炎疫情应急科普宣传和公民科学素质调查。全年科协联合街道、社区组织各项科普活动 36 场次，受众 3500 人。组织参与 2021 年福建省全民科学素质网络竞赛，获第七名。江村社区“童心向党，为迈进高水平科技而奋斗”科普日活动、湖里区“全国科普日”启动仪式暨“怡景杯”青少年 F4 越野车模竞赛等系列主题活动获评“2021 年全国科普日优秀活动”。

【科技周主题活动】 2021 年科技活动周期间，湖里区科协联合街道、社区开展“百年回望，中国共产党领导科技发展”主题活动、“2021 年全国科技周，厝边科普大作战”闯关打卡活动、“追寻英雄足迹，献礼百年华诞”科技周研学活动、“益童护航 · 聆听风律”科技主题活动等相关科普活动 25 场。

【科普阵地建设】 2021 年，湖里区新建成园山社区区级青少年科学工作室。截至年底，全区建成市级社区青少年科学工作室 26 所、区级青少年科学工作室 6 所，有市级社区科普大学 5 所、区级社区科普大学 15 所、区级社区科普学堂 4 个。55 个社区建有科普图书角（柜）和 10 米以上科普宣传栏。其中，宣传栏每 2 个月更新 1 次，展示内容涵盖防震减灾、食品安全、健康保健、生态环保、自然知识等。

【“五缘湾北杯”青少年建筑模型竞赛】 2021 年 7 月 23 日，湖里区“五缘湾北杯”青少年建筑模型竞赛在五缘湾北社区举行，全区有 33 个社区代表队 114 名选手参赛。经评审，选出一等奖 40 名、二等奖 37 名及三等奖 37 名；16 支队伍获优秀团队奖，17 支队伍获团队合作奖，1 人获优秀组织奖，5 人获组织奖。

【全国科普日活动】 2021 年 9 月 11 日，湖里区科协在湖里街道怡景社区举办 2021 年全国科普日启动仪式暨“怡景杯”青少年 F4 越野车模竞赛、社区科普工作者陶艺创意体验赛、社区居民科普基地巡游、科普超市进社区活动。来自湖里区 33 个社区的 100 余名青少年参加越野车模竞赛，此次竞赛项目为 1/18 电动遥控越野车竞速赛，经评审，选出一等奖 35 名、二等奖 39 名和三等奖 40 名。在陶艺创意体验赛中，有 16 支队伍获优秀团队奖，17 支队伍获团队合作奖，1 人获优秀组织奖，5 人获组织奖；30 余名科普工作者制作陶艺作品 37 件。在怡景社区、五缘湾北社区、禾山社区举办 3 场社区居民科普巡游活动，到厦门科德航空研学基地、通士达光影体验馆和古龙酱文化园等科普基地参观学习。区妇幼保健院、厦门科宏眼科医院、厦门凌云玉石博物馆、华荣消防救援站、厦门湖里天伦医院、农业银行等多家单位参与“科普超市进社区”活动，通过科普宣传展板、科普宣传册向居民普及科学知识，区妇幼保健院、厦门科宏眼科医院医生现场义诊。

【“五缘湾北杯”青少年四驱车竞赛】 2021 年 12 月 26 日，湖里区“五缘湾北杯”青少年四驱车竞赛在湾悦城举行，47 名选手参赛。经评选，选出一等奖 20 名、二等奖 20 名、

2021 年 9 月 11 日，2021 年全国科普日湖里区启动仪式在怡景社区举行。图为儿童在启动仪式上表演
（区科协　供图）

2021 年 12 月 26 日，湖里区科协在五缘湾北社区举办"五缘湾北杯"青少年四驱车竞赛　　（区科协　供图）

三等奖 7 名及优秀组织奖 1 名。

（蔡景旋）

厦门市湖里区社会科学界联合会

【概况】 2021 年，厦门市湖里区社会科学界联合会（以下简称"湖里区社科联"）与其他单位联合建设"军地联学共建神山教育基地"，举办"百场红色文化巡礼活动"。开展"解锁百宝箱·学习新思想"线上理论学习 10 轮次，举办湖里红色文化剧场友谊挑战赛。结合党史学习教育，邀请市社科专家学者举办特色讲座 12 场，承办厦门市第十七届社会科学普及宣传周启动仪式。与区委宣传部联合创作大型红色舞台剧《神山旗手》，创作出版湖里红色报告文学集，拍摄纪录片《那年·那岛·那面旗》，创作排演庆祝中国共产党成立 100 周年的系列作品。完善宣讲队伍建设机制，组建 4 支宣讲团队伍。

【理论宣讲队伍建设】 2021 年，湖里区社科联完善宣讲队伍建设机制，组建红色文化宣讲团、青年教师宣讲团、理论宣讲轻骑兵和特区建设者宣讲团，通过理论轻骑兵进基层启动仪式、学习习近平总书记"七一"重要讲话精神宣讲比赛及巡回宣讲等，打通社会科学知识普及"最后一百米"。

【社科阵地建设】 2021 年，湖里区社科联联合区委宣传部打造市级理论进基层示范点 1 个、区级 10 个，社会科学知识普及基地 2 个、"鹭江讲坛"举办点 3 个；推动社科普及阵地与新时代文明实践中心（站）建设相融合，全区 55 个新时代文明实践站按照"六个一"（一个固定教学场所、一块宣传栏、一批通俗教材、一支宣讲员队伍、一个管理办法、一套多媒体设备）标准进行规范建设。各党支部依托新时代文明实践站开展各具特色的理论宣讲和社会科学普及活动，辐射全区 342 个小区党支部。

【红色文化宣传利用】 2021 年，湖里区社科联与区委宣传部、殿前街道、驻区某部队联合建成军地联学共建神山教育基地。将中共（闽中）厦门工委高崎地下交通站等辖区红色文化保护遗址，与厦门海堤纪念馆、厦门经济特区纪念馆等爱国主义教育基地一同纳入"百场红色文化巡礼"活动，设计推出学习体验线路、宣讲课程、体验互动活动。将在湖里辖区工作、牺牲的福建省委宣传部原部长、烈士李国珍的英雄事迹纳入湖里重要红色教育资源，将其英雄事迹通过"湖里头条"等新媒体及理论宣讲轻骑兵采

2021 年 8 月 28 日，湖里区学习贯彻习近平总书记"七一"重要讲话宣讲比赛在区文旅中心举行。图为湖里公安分局选手在宣讲　　（区社科联　供图）

用“线上+线下”相结合的方式宣讲。展映一批“红色”电影，组织基层宣讲员在电影展映前，围绕中国共产党党史、新中国史、改革开放史、社会主义发展史及神山精神、特区发祥地精神、海堤精神等，讲述湖里红色故事，全年举办电影展映暨宣讲活动72场。以动漫形象红领巾湖娃作小导游介绍神山、高崎地下交通站等5处湖里红色文化圣地，拍摄《湖娃——追寻湖里的红色印记》短视频。创作大型红色舞台剧《神山旗手》，拍摄纪录片《那年·那岛·那面旗》。非遗传承人林志萍，与民间艺人杜兵团等创作排演系列作品“月月颂党”“伟大精神”等闽南曲艺作品。

【红色文化剧场友谊挑战赛举行】2021年6月18日，湖里区社科联在虎头山公园举办“重温湖里红色记忆·传承红色革命精神”红色文化剧场友谊挑战赛。借助“H5闯关游戏+答题+抽奖”及沉浸式剧本体验，以湖里五大红色文化遗址为场景，设置穿越雷区挑战、活字印刷比赛、人倒红旗不能倒挑战、你划我猜比赛、旱地行舟挑战赛等场景，5个场景均取材于真实的革命事件。活动期间，线上参与10.76万人，浏览量108.28万人次，分享11.2万次，答题87.59万人次。

【厦门市第十七届社会科学普及宣传周启动仪式】2021年12月1日，湖里区社科联承办的厦门市第十七届社会科学普及宣传周启动仪式在惠和石文化园举行。开展文艺会演、主题报告、医疗专家义诊、版画和书法艺术展、非遗手工制作体验、社会科学知识普及咨询等志愿服务活动。

（陈　卉）

厦门市湖里区归国华侨联合会

【概况】2021年，厦门市湖里区归国华侨联合会（以下简称“湖里区侨联”）在辖区内发动各级侨联开展创建“侨胞之家”和“五好”示范点活动，并取得多项荣誉。其中，康乐社区侨胞之家被评为全国侨联系统优秀“侨胞之家”。至年底，全区有街道侨联组织5个，社区侨胞之家57个。

【侨界活动】2021年，湖里区侨联举办中国共产党成立100周年主题活动，组织赴陈嘉庚纪念馆和华侨博物院参观学习；开展侨批档案征集；开辟“追寻百年侨史”专栏；华侨大学“归根情”服务队开展志愿服务活动，搭建新老侨交流平台。以“回顾百年党史，侨心永远向党”为主题，邀请侨界知名学者到社区为侨界群众开办讲座，开展涉侨法律宣传。

【困难华侨帮扶】2021年，湖里区侨联开展“暖侨惠侨”、爱心结对帮扶等扶贫帮困工作。在传统节日走访慰问辖区困难归侨家庭，发放慰问金5.75万元；助侨专款帮助辖区孤寡、残疾等特困归侨，全年发放补助金3.33万元；协同厦门汇景集团开展“侨帮侨”活动，帮扶辖区4户患重病致贫归侨，发放帮扶款2万元。

【侨界参政议政】2021年，湖里区侨联围绕重点项目、民生需求及涉侨热点内容，开展调查研究，提交调研课题3篇；参与“我与特区发祥地共成长”“庆祝中国共产党百年华诞”等主题征文活动，撰写《厦门经济特区侨商独资第一人陈应登的赤子情怀》《百年征程照初心　扬帆起航新时代》等3篇文章；在区人大、政协换届期间，输送8名侨界骨干，其中2人担任人大代表、6人任政协委员；全年被多家官方网站和报社录用侨情信息50多篇次，2篇社情民意分别被中国侨联、省侨联采用。

（蔡慧雯）

2021年1月，湖里区侨联开展新春慰问活动。图为1月15日，到侨胞赵军兰（中）家走访慰问　（区侨联　供图）

2021年5月16日，福建省爱心助残驿站揭牌仪式在金山街道养老服务照料中心举行
（区残联　供图）

厦门市湖里区残疾人联合会

【概况】 2021年，湖里区有596名精神疾病患者获得市残联提供的每月300元服药补助。为全区4800余名残疾人购买最高赔付金额为2万元的意外伤害保险。受理市、区级儿童康复救助705人，补助金额452.12万元。发放重度残疾人托养补助170人、补助金额69.04万元。发放辅助器具补助28人，补助金额3.51万元。为重度残疾人2723名和困难残疾人957名申请护理补贴和生活补助。在春节、全国助残日、六一儿童节等节日期间，走访慰问辖区残疾人，发放慰问款物近40万元。全年发放残疾人和困难残疾人家庭子女就学补助61.14万元，帮助112名残疾人实现就业；新办残疾人证335本、遗失补办78本、重新评定65本，注销155本，办理迁移126本；为71名残疾人开办的78家运营主体发放租金补贴5.35万元、运营补贴6.55万元。为辖区8家爱心屋发放运营补贴1.6万元。年内，全区有12名残疾人联络员获“厦门市优秀残疾人联络员”称号，3个家庭被评为厦门市首批“最温馨残疾人家庭”。

【残疾人精准帮扶】 2021年，厦门市湖里区残疾人联合会（以下简称“湖里区残联”）会同江头街道、金山街道、湖里街道，先后购买金秋居家养老服务中心的智能“助残管家”、博爱社工的“乐融金安”“灯塔引航”“融汇·家金山”“以爱之名·携手守护”等社会支持项目。全年项目支出100万元，为1600人次残疾人提供服务。

【“爱心屋”运营】 至2021年底，湖里区建成8家线下实体店“爱心屋”和1个线上商城“湖里云上爱心屋”，实现14名残疾人和2名重度残疾人家属就业。“爱心屋”全年收入1582万元。

【无障碍设施建设】 2021年，湖里区成立区无障碍督导队，开展残疾人家庭无障碍改造工作。通过委托第三方机构对全区有需求的103户残疾人家庭进行家庭无障碍改造。投入35.55万元，改造项目包括无障碍升降晾衣架、闪光门铃、语音家电、无障碍扶手、低位厨房、卫生间防滑垫、低位插座、沐浴椅等，方便残疾人生活。

【助残活动】 2021年，湖里区残联联合各相关单位举办以“巩固残疾人脱贫成果，提高残疾人生活质量”为主题的文体活动；开展“爱心助残，圆梦微心愿”活动，征集辖区30名残疾人的“微心愿”，发动社会力量参与市残联发起的募捐，帮助残疾人完成心愿；围绕“助残日”活动主题，组织辖区50名残疾人工作者、残疾人服务机构工作人员和残疾人代表及其亲属参加市残联举办的“爱心助残　携手前行”特别节目。

【残疾人文体活动】 2021年，湖里区残联组织5个残疾人专门协会开展“走红色路线·体会先辈足迹”“助力美好生活，点亮精彩人生”等为主题的协会活动，有118名协会成员及工作人员参与活动。

【全省首个“爱心助残驿站”设立】 2021年5月16日，全省首个“爱心助残驿站”——福建省爱心助残驿站在湖里区金山街道养老服务照料中心举行揭牌仪式。该驿站创新推出智慧养老助残无忧云平台，为辖区残疾人提供服务监管、医疗护理、爱心助餐、居家服务等服务。

（王瑞雯）

厦门市湖里区红十字会

【概况】 至2021年底，湖里区建立基层红十字会101个，拥有红十字会会员1405人，覆盖5个街道、57个社区、34所公办中小学和5个企事业单位；全区成立红十字志愿服务队 61 支，发展红十字志愿者 800 人。2021 年，区红十字会以“献爱心、抗疫情”为主题，开展宣传动员工作，募集救助资金，开展应急救护、人道资源动员、推进组织体系建设、宣传红十字知识等工作。年内，禾盛社区被认定为“2020 年福建省红十字基层组织示范点”。

【救助款物募集】 2021 年，湖里区红十字会募集救助款物 1159.05 万元，其中资金 501.25 万元，物资折价 657.8 万元。宣传发动新冠肺炎疫情防控捐赠，做好捐赠对接服务，接收疫情防控爱心捐款 19.52 万元，爱心物资 55 批、价值 396.87 万元；为河南洪灾区筹款 156 万元和价值 53.79 万元物资；联合区工信局，为闽宁镇筹集帮扶款 299.66 万元及价值 180 万余元帮扶物资；发动湖里中心小学、厦门高新技术创业中心、六一幼儿园、章老三（福建）生物科技有限公司、厦门市三医堂健康管理有限公司等多家爱心单位开展助困、助学、助残等捐赠活动，接收爱心捐款 9.55 万元，爱心物资价值 27.14 万元；“99”公益日期间，区红十字会联合各基层红十字会，发动社会爱心单位和爱心人士参与，实现筹款 16.52 万元。

【应急救护培训】 2021 年，湖里区红十字会开展红十字救护培训，1300 余人取得证书；开展应急救护普及培训、水上安全教育讲座、心理健康讲座等公益培训 681 场，受益 3.93 万人；配合学校及社区开展防灾演练 5 场，约 4850 人参与演练活动。

【人道资源动员】 2021 年，湖里区红十字会救助辖区患大病群众 10 人次，发放救助金 2.4 万元。春节前开展“博爱送万家”活动，救助辖区低保低收入家庭、重特大疾病患者、困难的红十字志愿者、“三献”家庭等重点人群 150 户，发放慰问金 7.5 万元、价值 2.91 万元慰问物资。新增遗体（器官）捐赠志愿者 29 名。清明节期间，组织志愿者代表参加遗体和器官捐献者纪念活动，提高群众对“三献”的认识，促进“三献”工作开展。

2021 年，湖里区红十字会开展应急救护培训进企业活动。图为 6 月 30 日为厦门国际大酒店员工培训
（区红十字会　供图）

【红十字知识传播】 2021 年，湖里区开展各类红十字救助宣传活动 190 余场，更换主题宣传栏 160 余期，发放宣传折页 1.1 万份。在世界红十字日、世界献血者日、世界急救日、国际志愿者日等节点，举办宣传红十字精神、应急救护知识的志愿服务活动 200 余场。

（林莺群）

厦门市湖里区计划生育协会

【概况】 至 2021 年底，湖里区有街道计生协会 5 个、社区计生协会 57 个、计生小组 1000 个。全区各级计生协会组织 228 个（含区计生协会），其中企业计生协会 164 个，会员 24624 人。全区有计生志愿者分队 1 个、志愿者小队 10 个、志愿者 2965 名。2021 年，湖里区计划生育协会（以下简称“湖里区计生协”）被中国计划生育协会确定为新市民健康行动项目点。

【失独家庭关怀】 2021 年，湖里区计生协以江头街道吕岭社区的中国计生协会“暖心家园”项目点为平台，采用区计生协会主导开展、社会工作者骨干支援和志愿者配合等方式，为 46 个失独家庭提供开心庆生、养心养生、文体娱乐、交流联谊、志愿服务、居家照料等 6 个主题系列服务。

【流动人口计生服务】 2021 年，湖里区计生协贯彻落实市计生协会“关于进一步加强流动人口服务　助力抓招商促发展的意见”精神，按照流动人口均等化服务的要求，以送政策、送健康、送知识、送服务、送温暖“五送”服务为抓手，为流动人口提供宣传倡导、健康讲座、健康义诊、慰问关怀等服务。

（徐宇平）

法　治

政法与综治

【概况】 2021年，湖里区政法系统学习贯彻习近平总书记“七一”重要讲话精神，履行促一方发展、保一方平安的职责使命，开展“我为群众办实事、信访为民解忧难”实践活动，推进“解难题、化积案”9个专项行动，化解重复信访案、信访积案70件，化解率97.1%。群众安全感率99.43%，扫黑除恶好评率98.98%，执法工作满意率98.02%。在全市率先成立区级人民调解员协会，访调对接，诉非联动，警民联调创新发展。湖里区获评全国信访工作“三无”（无进京越级访、无大规模集体上访、无因信访问题引发的极端恶性事件）县区，平安建设考评连续两年排名全市第一，连续18年蝉联全市综治考评优秀区。中共厦门市湖里区委政法委（以下简称“湖里区委政法委”）改革创新项目“湖里区政法队伍顽瘴痼疾专项整治”获湖里区2021年度“改革创新奖”三等奖。全区政法系统获得国家级集体或个人荣誉9项、省级荣誉31项及市级荣誉62项。

【政法队伍教育整顿】 2021年，湖里区政法系统在政法队伍教育整顿中，通过深入推进学习教育、查纠问题、整改总结三个环节，落实清除害群之马、整治顽瘴痼疾、弘扬英模精神、提升能力素质任务，推动自我革新、铸牢忠诚警魂，在省委政法委组织的全省政法队伍教育整顿成果评价中，湖里区得分99.13分。强化队伍培养管理，区委组织部、区委政法委联合下发《关于区委政法委协管政法干部工作流程的通知》，规范政法干警选拔任用程序，推动干警交流轮岗，激发更加向上向善的新风尚，涌现出刘洲、洪祖仁、刘敏玲等政法英模。

【平安湖里建设】 2021年，湖里区政法系统推动扫黑除恶专项斗争常态化，查办恶势力集团4个，刑拘犯罪嫌疑人18人，查冻扣涉案资产2026.5万元；立案涉黑涉恶腐败案件2件2人、保护伞2件2人、其他失职失责1件1人。“飓风肃毒2021”会战行动、“净网2021”专项行动成效位居全市前列，“小案快破”破案率高于全市平均值，侦破厦门首起倒卖文物案件，侦破2件省电信网络诈骗全链条犯罪案件，打掉盘踞厦门市医社保、食药环领域的全链条违法犯罪团伙以及依托门诊实施虚假治疗的诈骗团伙，挽回医保领域经济损失1亿多元。道路交通亡人事故专项整治成效明显，死亡人数比上年下降51.85%。完善立体化治安防控体系，开展平安星级小区创建活动，建成智慧安防小区354个，覆盖面全市领先。

【政法系统参与疫情防控】 2021年，湖里区政法系统保障防疫工作，湖里公安分局运用大数据快速筛出密接、次密接人员。狠抓海上疫情防控防偷私渡工作，制订完善海上疫情防控工作方案3个，健全制度机制6项、出台刚性措施10条和规章制度5项，开展海上压力测试9次，强化沿海一线值班执勤，实现“零走私、零偷渡、零输入、零外溢”四个零的工作目标。做好集中隔离酒店安保和无证旅馆清理整治，查处无证旅馆220家。

【司法执法体制改革】 2021年，湖里区政法系统各单位推进司法执法体制改革并取得初步成效。湖里区法院创新“区块链保全＋类案在线诉讼”司法新模式，独任制普通程序案件审结数和适用率均居全市首位，在全省率先构建“法院＋民非组织”（法院＋专业从事民商事纠纷非诉解决的民办非营利组织）协同解纷模式，新成立的少年法庭发出全省首份“责令履行家庭教育职责告诫书”。区检察院建立区侦查监督与协作配合办公室，“引领式”案件管理工作机制被最高人民检察院向全国检察机关案件管理条线推广，古树名木保护领域公益诉讼得到社会各界认可。湖里公安分局打造反诈精准宣传防范新模式，全口径诈骗警情比上年下降13.12%，降幅位居全市首位。公安部打击治理电信网络犯罪现场会在湖里区召开，江头派出所代表全市基层派出所接受现场参观并作经验介绍。区司法局创新建立区—街—社区三级“全覆盖”公共法律便民服务体系，实现法律服务机构信息（地址）“一图式”查询，各类法律服务“一键式”预约，各种法律服务需求“一体式”满足，为区委、区政府中心工作提供“一站式服务”，建成全市面积最大、功能最完善的社区矫正中心。

（郑奕昕）

法治政府建设

【概况】 2021年，湖里区召开区委全面依法治区委员会第六次会议，推进行政复议体制改革，成立区行政复议受理中心。制定“八五”普法规划，成立《中华人民共和国民法典》巡回宣讲团，升级改造湖里区青少年法治文化教育基地，开展“宪法宣传周”系列活动和“法律六进”活动，做大做强“平安湖里”“湖里公共法律服务”等新媒体矩阵，提升“平安三率”（安全感满意率、平安建设知晓率、平安建设参与率）宣传实效。打造法治化的营商环境，融入海丝中央法务区建设，“厦门自贸区法庭”双语网站、“全在线”诉讼平台、自贸检察3个模块在“海丝法务区 · 云平台”上线。着眼后疫情时代企业生产经营活动中面临的困难，全区政法单位走访企业近3000家（次），区司法局联合区工商联开展民营企业“法治体检”。依法严厉打击危害营商环境的违法犯罪，立案查处辖区非法经营、变相吸收公众投资企业3家，破获全市首起低价游“套路贷”全链条犯罪案件，破获市领导批示的涉“虚拟币”新型抢劫案2件，营商环境得到法治保障。

【行政执法监督】 2021年，湖里区落实政府行政行为规范化建设，推进行政执法公示制度、执法全过程记录制度、重大执法决定法制审核三项制度，实现行政执法全程留痕和可回溯管理。履行行政执法监督职责，对4个行政执法单位报送的36件重大行政处罚、行政强制案件从事实、程序、法律适用等方面进行备案审查。抽查10个行政执法单位的64件案卷，并通报评查结果。

【规范性文件管理】 2021年，湖里区对21件行政规范性文件进行合法性审核并出具书面审核意见函，对94件上级地方性法规、规章和规范性文件、区级部门文件提出修改意见和建议。向市政府及区人大报送4件以区政府及区政府办名义印发的行政规范性文件备案，并对部门、街道印发的4件行政规范性文件予以备案审查。开展涉及动物防疫相关领域、行政处罚、计划生育三类行政规范性文件专项清理工作。

【“放管服”改革】 2021年，湖里区开展“放管服”改革，简化服务流程、缩短出具时限。推动审批服务标准化，全年完成3217个事项绑定“五级十五同”标准化目录；开展中介服务事项和审批特殊环节清理，全年取消中介服务事项24项。提升“互联网＋政务服务”，全区全程网办事项占89.15%；完成178类证照和196类批文在电子证照库的设置部署、48万余本证照和5.03万本批文的入库签章，为证照应用单位提供26类25760次共享服务。

【行政复议体制改革】 2021年，湖里区制定《厦门市湖里区行政复议体制改革实施方案》。在全市率先设立行政复议受理中心，增设接待窗口及行政复议便民受理点，为群众申请行政复议提供便利。创新建立“繁简分流”案件审理机制，成立道路交通违法行为行政复议案件审理小组。发挥行政复议以调解促和谐的功能，行政复议体制改革后通过调解化解行政争议15件。成立行政复议咨询委员会并制定工作规则，为办理重大、疑难、复杂的行政复议案件，改进和完善行政复议工作等提供咨询意见。全年收到行政复议申请222件，是上年接收案件数的3倍，行政机关负责人出庭应诉率85.4%。

【行政执法案卷评查】 2021年11月中旬，湖里区在全区开展年度行政执法案卷评查活动。该次案卷评查采取全面自查和集中评查的方式进行，各行政执法部门按照《厦门市湖里区司法局关于开展2021年度行政执法案卷评查工作的通知》要求，自查本单位自2020年11月至2021年10月结案的行政处罚案卷、行政许可案卷。区司法局抽调区人社局、区卫健局、区应急局、区城管局等部门的法制审核人员、政府法律顾问组成评查组，抽查10个行政执法单位案卷64件，其中行政处罚案卷24件，行政许可案卷40件。评查组按照评查程序和标准，从主体认定、证据收集、文书制作、法律适用、自由裁量、办理时限、案卷归档等方面对案卷内容开展评查。对存在送达不合法、办理延期手续不规范等案件，提出整改意见。

【行政处罚法对行政机关的影响讲座】 2021年11月16日，湖里区在区信访大楼举办行政处罚法对行政机关的影响讲座，邀请厦门市委党校副教授、中国人民大学宪法与行政法学博士陈国飞开展《学习贯彻习近平法治思想——解读〈中华人民共和国行政处罚法〉对行政机关的影响》专题讲座。全区27个党组织130名党员干部听讲。陈国飞围绕习近平总书记关于依法治国的讲话以及中共十九届五中、六中全会精神，系统阐述新时代推进全面依法治国的重要思想和战略部署。解读《中华人民共和国行政处罚法》的修订背景及要点，讲授行政处罚法关于处罚法定、公正公开、处罚与教育相结合、保障当事人权利等基本原则，重点剖析首违不罚、行政执法三项制度入法、非现场执法的规范、完善回避和听证制度等新亮点。

（吴明芳）

公　安

【概况】 2021年，厦门市公安局湖里分局（以下简称“湖里公安分局”）完成厦门国际马拉松赛、第21届中国国际投资贸易洽谈会、第34届金鸡百花电影节等大型活动安保维稳，治安打防、疫情防控、文明创建等工作任务。全年接报“110”警情8.29万起，其中刑事类警情2621起，分别比上年上升6.2%和4.3%。全年立案刑事案件3945件、破案2238件，立案各类经济案件92件、破案58件。湖里公安分局获评全省优秀公安局，殿前派出所立集体二等功、经侦大队获评全省中国共产党成立100周年安保维稳成绩突出集体，2人立个人二等功，4人立个人三等功。

【刑事案件侦破】 2021年，湖里公安分局立案刑事案件3945件，破案2238件，破案率56.73%，比上年上升11.96%，抓获在逃人员489人。移送检察机关公诉1258人，比上年增长6.52%。保持现行命案、“两抢”类案件破案率100%。全链条侦破电信诈骗案件2件。侦破全市唯一一件命案积案，推进1个黑社会组织和5个恶势力集团的公诉审判工作。

【治安秩序整治】 2021年，湖里公安分局开展打击整治枪支、爆炸物品违法犯罪专项行动，侦破1件非法运输烟花爆竹省督办案件，查获2个集装箱冒充一般货物拟出口重约38吨的非法烟花爆竹，分局依法销毁查扣的非法烟花爆竹；推进无证旅馆综合整治，牵头区文旅局、网信办、城管局、卫健局等部门和各街道办协同作战，排查整治辖区无证旅馆，累计摸清并查处全区无证旅馆296家；开展“扫黄打丑”专项行动，以社会面清扫及治安场所突破为重点，侦破1件组织“三非”（非法入境、非法居留、非法就业）外籍人员卖淫嫖娼省督案件，查处涉及违反娱乐场所治安管理的歌舞娱乐场所26家次。

【大巡防工作】 2021年，湖里公安分局做强、做大、做实大巡防工作，建立群防队伍87支，常态巡逻，织密全区710个网格，强化警种联动、警企联控、警民联防，提高见警率、管事率和应急处置能力。全区入室盗窃及扒窃警情分别比上年下降13.9%和83.3%，围绕大巡防累计配发平安锁208把、发现未上锁电动车2763辆。

【智慧警务建设】 2021年，湖里公安分局自主探索智慧城中村应用场景，创新“智慧金海”全域社会治理体系建设，启动智慧警务运营中心，累计建成智慧安防小区436个、接入并投入使用421个，均位居全市第一。智慧安防小区刑事类警情比上年下降61.11%，可防性接触类警情零发案。

【经济犯罪案件防控】 2021年，湖里公安分局受理各类经济案件92件、破案58件，挽回经济损失4000余万元。立案查处辖区非法经营、变相吸收公众投资企业5家，排查风险企业30余家次，将风险隐患处置在苗头时期。

【电信网络诈骗案件防控】 2021年，湖里公安分局坚持以“溯源头、捣窝点、摧网络、控走势”为主攻方向，构筑湖里反诈防线。辖区全口径诈骗警情发案1684件，比上年下降13.33%。

【全国首创机动车修理业智能化信息采集系统上线】 2021年，湖里公安分局在全国首创的机动车修理业智能化信息采集系统上线。12月22日，湖里公安分局“机修‘码’上办”以实用精度、惠民广度以及科技信息化深度在全市公安机关大数据应用创新暨视频智能化比武大赛上获三等奖。“机修‘码’上办”由送修人在微信小程序上，通过扫码一键送修+接口对接，实现送修人身份自动认证、车辆信息自动读取，一键式上传完成企业管

2021 年 3 月 9 日，湖里公安分局民警在火炬幼儿园向全体师生进行防骗宣传

（湖里公安分局　供图）

理系统和治安管理系统的信息录入。年内，该系统在湖里区 151 家机修企业投入使用。

【“平安三率”宣传】 2021 年，湖里公安分局组织到社区参加座谈会 46 场次，收集民情民意，帮扶救助群众 268 人次。邀请区人大代表、政协委员、特邀监督员、企业家、律师、案件当事人及居民群众代表召开队伍教育整顿征求意见座谈会 3 次。组织辖区街道办、社区居委会干部，居民代表，治安积极分子等召开警民恳谈会 341 场，发放宣传单 12 万余份，通报辖区治安状况，宣传平安建设情况。走访企事业单位 2532 家次，帮助解决问题 535 个；开展线上答题和现场宣传活动 333 场，提升居民安全意识。采取以案讲法、以案学法的方式，开展校园平安建设讲座 136 场。在市级以上媒体刊登信息 76 条，张贴宣传海报 712 张，设置 LED 户外屏 860 个、传媒广告屏 1579 块、宣传展板 102 块，通过全区 7200 余个微信群播放公益宣传片，发放宣传材料 3 万余份。

【厦门市首起倒卖文物案件侦破】 2021 年，湖里公安分局侦破厦门市历史上首起倒卖文物案件——“2·23”倒卖文物案，该案犯罪嫌疑人何某洋（男，莆田人）伙同傅某周（男，仙游人）、傅某华（男，仙游人）以牟利为目的，自 2018 年起多次非法倒卖国家禁止流通文物。湖里公安分局抓获该 3 名犯罪嫌疑人，查获国家三级文物 11 件、一般文物 16 件。

【海防管理】 2021 年，湖里公安分局海防大队落实海防管理制度，在全市率先创建海上督导模式，联合曙光救援队组建“两栖”督导队伍，引入海防雷达、热成像及船舶预警等管控技术，提升湖里区东西两侧重点岸线管控能力。妥善处置中国台湾籍人员陈某珠持阳性检测报告入厦等热点事件，实现“零走私、零偷渡、零抓扣、零输入”工作目标。

【全国禁毒示范城市启动仪式举行】 2021 年 6 月 24 日，“作健康人生　绿色无毒”主题健步走活动暨争创全国禁毒示范城市启动仪式在世纪和平园林广场举行。湖里区副区长、区禁毒委副主任、公安分局局长戚乐健，市禁毒办专职副主任李永艳，区委宣传部、区委政法委、区禁毒办、各街道办等相关单位领导以及中国移动湖里营销中心、中国电信（湖里）公司近 300 人参加活动。戚乐健做动员讲话，为全区 5 个街道禁毒志愿者队伍授旗。

【户籍居民身份证丢失补领一件事集成套餐服务】 2021 年 7 月，湖里公安分局在全市首创推出“福建省户籍居民身份证丢失补领”一件事集成套餐服务。由各派出所将“福建省户籍居民丢失补领居民身份证”及“申领临时居民身份证”事项集成为“一件事”集成套餐服务，将群众原来需要跑 2 次窗口、重复提交材料的 2 个事项实现“一个窗口申请、提交一套材料、一次办理”。

（周　翔）

检　察

【概况】 2021 年，厦门市湖里区人民检察院（以下简称“湖里区检察院”）办理各类移送审查逮捕案件 592 件 836 人，审查起诉案件 1187 件 1616 人，依法批捕 601 人、起诉 1392 人。落实“少捕慎诉慎押”刑事司法政策，依法不捕 230 人、不诉 116 人，适用认罪认罚从宽制度 1256 人，占审结案件人数的 84.25%。实现 5 个街道台胞检察联络员全覆盖，在“海丝中央法务区·云平台”同步上线自贸检察模块。在古树名木保护、食品药品安全、文物和文化遗产保护、道路交通安全等领域立案公益诉讼案件

18 件，发出诉前检察建议 11 件、磋商函 5 件。完善未成年人社会综合保护体系，对未成年被害人、未成年犯罪嫌疑人及其家属开展心理疏导、社工帮扶 18 人次，对 14 个涉案家庭开展家庭教育指导，法治副校长走访 8 所学校，编印《未成年人防性侵知识手册（家长版）》，举办各类法治进校园活动 10 场次，覆盖学生 6200 多人。

【刑事案件检察监督】 2021 年，湖里区检察院制订“刑事案件办理备忘录”5 份。全年监督立案、撤案 8 件 15 人，追捕追诉 6 人，就侦查行为发出书面纠正意见 16 件，提出抗诉 1 件。

【经济案件检察监督】 2021 年，湖里区检察院依法起诉非法经营、集资诈骗等经济犯罪 109 人。落实少捕慎诉慎押刑事司法政策，提前介入涉企刑事案件侦查，考虑企业经营发展实际，依法对 29 名涉民企人员作出不捕、不诉决定，变更强制措施 9 人，依法保障涉企人员合法权益。建立全链条追赃挽损机制，为企业追赃挽损 2500 余万元。通过远程法律咨询、走访调查及现场调解等，依法妥善化解涉企劳资纠纷 13 件，帮助降低企业涉法风险。向有关部门、行业协会或企业制发检察建议 7 件，围绕企业经营风险和行业监管漏洞提出针对性举措 32 条。开展涉企案件公开听证、检企座谈会、“送法进企业”等普法活动 57 场次，提升企业守法用法意识和风险防范能力。

【重大复杂敏感案件侦捕诉衔接机制】 2021 年 12 月，湖里区检察院联合湖里公安分局签订《关于重大复杂敏感刑事案件侦捕诉衔接工作办法（试行）》，规范涉黑恶案件、较大社会影响案件及涉高层次人才案件办理。办法规定：明确商请提前介入的期限、方式，公安机关在审查逮捕、审查起诉阶段要将高层次人才证明材料、涉案财物与犯罪的关联证据一并随案移送；公安机关（不）捕后侦查、补充侦查取证时，未按照侦查取证意见进行取证的，检察机关将发出侦查取证催办函，公安机关应及时反馈侦查进展。通过日常台账共享比对、每季度联席会议、集中通报等，实现案件进展信息全流程即时共享，开展审捕或退补案件质量专项分析、涉黑恶等重点案件庭审评议及侦查活动违法情况通报，共同提升办案质量。

2021 年 10 月 11 日，湖里区检察院干警在马垅社勘查古树名木保护情况

（区检察院　供图）

【古树名木保护行政公益案件诉讼】 2021 年，湖里区检察院在厦门市率先开展城市古树名木保护行政公益案件诉讼工作。1 月至 3 月，走访城中村、建设工地、居民小区等 10 余次，勘查 50 余株古树名木的生长现状。与区市政园林局及辖区 5 个街道办事处沟通协调并依法送达检察建议，督促落实古树名木管理养护责任。整合街道、市政园林、城市执法等力量，促成清理杂物、垃圾、网线及拆除违章搭建 40 余处，为古树名木消杀、剪枝、防蛀、复壮。开展“回头看”，督促完善挂牌建档、编制“一树一方案”保护方案，因地制宜推进 3 处古榕树“口袋公园”建设，提前做好 59 株古树后备资源的参照保护。《融入“五心”做好公益诉讼，保护古树留住绿色乡愁》获湖里区 2021 年度“改革创新奖”二等奖。

【社会治理】 2021 年，湖里区检察院实行延伸检察监督事项每案登记机制，将服务保障“六稳”“六保”、服务保障民营企业、服务保障高层次人才、服务保障民生关切问题、发现线索并移送、开展源头治理、开展追赃挽损等纳入登记事项。全年发出各类检察建议 39 份，整改采纳率 100%，其中社会治理类检察建议 16 份，比上年增长 60%；纠正违法和再审检察建议 12 份；公益诉讼检察建议 11 份，在古树名木保护、食品药品安全、文物和文化遗产保护、道路交通安全等领域维护社会公共利益，督促主管部门履职，将 16 家单位列入食品严重失信“黑名单”，行政处罚或约谈药店 15 家，查扣未经检疫猪肉 2800 余千克，立案调查销售

"问题猪肉"和槟榔的商户 15 家，修缮文物场所 25 处，修复受损减速带 100 余米。

【性侵害未成年人案件强制报告制度落实】 2021 年 6 月，湖里区检察院制作辖区未成年人受性侵害案件分析报告。针对办案中发现的学校不履行、医疗机构不知晓强制报告制度等情况，通过制发检察建议、函告主管部门等方式进行监督，促成全区教育系统、卫生保健系统开展专题学习宣传。至 2021 年底，辖区设有计划生育科、妇产科的 7 家医院均制订制度实施细则，1 所涉案学校在年度综治、绩效考评中被降级处理。全年集中培训社工 28 人、联动社区 18 个，向学校、社区发放《侵害未成年人案件强制报告制度》等宣传材料 5000 余份，通过"湖里头条"微信公众号、区教育局及卫生系统工作群推送，提升群众知晓率。

【"检察＋海警"协作机制建立】 2021 年，湖里区检察院联合厦门海警局湖里工作站共同制定《协作配合工作意见》，就办理海上缉私、海洋资源开发利用及海洋生态环境保护等案件明确双方的职责任务。建立信息通报、提前介入、联席会议等工作机制，指派专人担任联络员，规范海上刑事案件办理，共同维护海域安全稳定。年内，依托上述工作机制，依法对海警工作站侦办的 1 件涉嫌走私普通物品罪案件提起公诉，犯罪嫌疑人自愿认罪认罚。

【司法救助】 2021 年，湖里区检察院加强对因案致贫、因案返贫群体的司法救助工作，重点摸排故意伤害、抢劫等伤害类案件 120 余件，向 6 名困难当事人发放国家司法救助金 32 万元。针对未成年人、残疾人、贫困户等特殊群体提供法律咨询、心理疏导、低保补助，并制定《司法救助工作实施细则》，联合民政、妇联、社区居委会等加强司法救助与民政救济、社会救助衔接，动态追踪被救助人现状和救助金使用情况，实现"一次救助，持续关怀"。

2021 年 12 月 22 日，湖里区台胞检察联络员聘任仪式在区检察院举行

（区检察院　供图）

【"海丝中央法务区·云平台"湖里自贸检察子平台上线】 2021 年 11 月 5 日，"海丝中央法务区·云平台"启动当日同步上线"湖里自贸检察"子平台，开辟自贸检察"服务保障台胞台企""服务保障自贸区企业""服务保障高层次人才"3 个窗口，提供法治宣讲服务预约、法律咨询、政策及案例资料推送、意见建议受理等综合服务。

【湖里区检察院与集美大学文法学院合作】 2021 年 12 月 13 日，湖里区检察院与集美大学海洋文化与法律学院签署合作协议。协议双方就以下三方面开展合作：理论研究共研，通过加强检校联动，开展案件研讨与专题研究，形成理论研究成果；深化人才共育，通过开展实务讲座、学术论坛等方式，提升检察干警学术素养，促进学生理论实践结合，培养应用型、复合型人才；强化合作共赢，发挥地方高校资源与检察机关法律实践优势，达到英才共育、优势互补，检察工作与院校建设水平得到"双提升"。

【湖里区聘请台胞检察联络员】 2021 年 12 月 22 日，湖里区检察院、区委台港澳办公室联合举行台胞检察联络员聘任仪式，聘请熊麒、毛维林、李焕政、虞慧芳、宋茂清 5 位台胞担任区检察院台胞检察联络员，为 5 位联络员颁发聘书。实现台胞检察联络员在全区 5 个街道网格化全覆盖，畅通和拓宽检察机关联系台胞台企的渠道。

（林惠娱）

法　院

【概况】 2021 年，厦门市湖里区人民法院（以下简称"湖里区法院"）受理各类案件 39005 件，结案 32608 件，分别比上年增长 12.5% 和 5.42%。法官人均结案

516.89 件，居全省基层法院前列。案件平均审理时间比上年缩短 9 天。年内，湖里区法院获各级先进集体表彰 10 个、先进个人表彰 31 人，15 人在各级各类比赛中获奖。

【案件审判】 2021 年，湖里区法院审结刑事案件 1117 件 1585 人。常态化开展扫黑除恶，依法从严、从快审结涉恶案件 11 件 35 人，执行到位涉黑涉恶财产 1944.74 万元。成立少年法庭，审结未成年人犯罪案件 9 件。审结民事案件 17082 件、行政案件 123 件、赔偿案件 1 件、区际司法协助 1 件、国际司法协助 6 件、司法制裁 3 件、非诉保全审查 72 件、强制清算与破产 5 件。打造全国首个“知识产权跨境电商基层服务站”，审结知识产权案件 1272 件。处理金融保理合同案件 70 件，以示范性调解妥善化解涉网约车等新就业形态系列劳动争议案件。

【案件执行】 2021 年，湖里区法院执行案件结案 14198 件，实际执行到位金额 27.37 亿元，比上年增长 13%。开展执行专项行动 6 次，移送公安机关立案侦查“拒执罪”13 件，其中判决有罪 6 件。加快胜诉权益兑现速度，落实“一案一账户”，执行款发放周期缩短 15 天。开展腾房行动 9 次，网上拍卖 626 次，比上年增长 202%，成交 169 件，成交金额 4.9 亿元。完成万禹广场系列非法吸收公众存款案第一阶段退赔工作，向 1130 名受害人发放退赔款 3500 余万元。

【法院规范改革】 2021 年，湖里区法院规范院庭长审判监督职责，完善“四类案件”（重大、疑难、复杂、敏感案件；涉及群体性纠纷或者引发社会广泛关注，可能影响社会稳定的案件；与本院或者上级人民法院的类案裁判可能发生冲突的案件；有关单位或者个人反映法官有违法审判行为的案件）监管机制，明确执行人员权责清单，分别针对司法鉴定、保全反馈、上诉移送、案件归档等衔接环节制定规范，提升案件流转速度。年内，院庭长主审结案 6910 件，占全院结案数的 21.19%。推进民事诉讼程序繁简分流改革试点工作，司法确认调解协议 964 件，小额诉讼程序审结案件 1608 件，简易程序审结案件 10946 件，独任制审结案件 15434 件。推进电子送达工作，加强电子送达管理，适用电子送达案件 17476 件。以“文书识别码”+“诉前终结”方式，促成在线和解案件 506 件，其中跨域纠纷占 60.1%，相关做法入选省法院繁简分流改革典型案例。

【案件文书电子送达】 2021 年，湖里区法院制订完善送达员考核标准，拓宽电子送达渠道，强化电子送达应用，建立全态送达链集成管理模式。年内，公证与诉讼协同中心收到起诉件 16170 件，送达 14646 件，比上年增长 92.5%。使用电子送达 24349 次，是上年的 7 倍。

【“诉前终结”机制】 2021 年，湖里区法院结合运用“诉前终结”机制，通过平台批量发送诉前调解短信，引导争议不大、有调解意愿的当事人，通过在线平台进行沟通、调解达到自行和解。年内，以该方式促成当事人在线和解 506 件，其中 60.1% 的案件系异地纠纷，在保障当事人诉权、减轻当事人讼累的同时实现诉源减量，该做法入选省法院繁简分流改革典型案例。

【万禹广场系列非法吸收公众存款案第一阶段退赔工作完成】 万禹广场系列非法吸收公众存款案涉案标的 4.37 亿元，涉案财物跨厦门、杭州两地，部分资产涉及军产。2021 年，案件进入执行程序后，湖里区法院成立工作专班，依照“刑事退赔优先”的原则，启动涉案财物评估处置，对处于破产清算阶段的杭州广建置业有限公司商用房产（万禹大厦）79 套、土地及该公司 50% 股权进行评估，与杭州方协调，接收破产管理人支付的执行款 3500 余万元。9 月 30 日前，工作专班将执行款全部发放至该案 1130 名受害人手中，完成第一阶段退赔工作。

【“五个长期”案件专项清理】 2021 年 3 月 2 日，湖里区法院将长期未结案件、长期未发放执行案款、上诉案件长期未移送、委托鉴定长期未催办、已结案件长期未归档“五个长期”案件列为政法队伍教育整顿中顽瘴痼疾整治目标进行专项清理。分为自查摸排、专项清理、整改提升三个阶段，组成 5 个专项清理小组，根据不同类别专项的特点提出清理目标。截至 12 月 31 日，一年以上长期未结诉讼案件下降 33.07%；上诉案件移送天数下降 20.4%；委托鉴定案件结案率 81%；超六个月未归档案件下降 23.77%；到账一年以上的长期未退执行款下降 89.47%，全年发放执行案款 9356 笔、9.66 亿元。

【区法院与派出所推进诉非联动机制建设】 2021 年 3 月 2 日，湖里区法院与辖区 6 家派出所“警民联调”工作室联动，建立规范便利的纠纷化解与司法确认工作机制。明确各方需求、责任，打通信息化渠道，推进厦门市“诉非联动平台”运用，建立“全在线”数据共享、材料流转、纠纷联调工作平台。区法院确立专人对接“警民联调”工作室，靠前指导，定期开展业务培训，会商和跟进疑难案件。依托科技手段实现在线司法确认，通过信息化平台将司法确认端口延伸至“警民联调”工作室，实现纠纷调处到司法确认“一站式”便捷办理。

【“法院＋民非组织”协同解纷新模式】 2020年9月，湖里区法院在全省率先构建“法院＋民非组织”协同解纷新模式。该院与专业从事民商事纠纷非诉化解的民办非营利性组织合作，该组织指派专业调解团队常驻法院参与诉前解纷工作。年内，区法院深化该工作模式，选任调解员，规范全流程工作机制，定期开展案件培训，提供随案指导，并依托智能系统实现调解流程节点信息化、智能化管控。至年底，区法院运用该模式调解纠纷6475件，调解成功2293件，调解成功率比上年提升4.9%。

【疫情防控公益服务】 2021年10月8日至12月8日，湖里区法院自贸区法庭依托厦门自贸区公共法律服务中心和协同创新基地两大平台，联合多家机构，推出疫情防控公益服务。为企业提供因疫情引发的各类法律问题及事务专业法律意见和法律风险研判，协助符合条件的企业申领涉疫诉讼费用减免补助，协助引导涉疫企业、参与防疫工作人员及其近亲属等申请疫情相关公证事项费用减免。

【涉医保基金案件协同合作机制签约仪式举行】 2021年11月11日，湖里区法院在全市率先与厦门市医保局就加强涉医保基金案件协同合作机制举行签约仪式。约定法院加强审判和执行联动，对医保基金诈骗案件做到案件及时审判、及时移送执行、司法建议及时发出；法院分别指定刑庭、执行局与市医保局基金管理和稽查处、直属第二分局对口联络，设置联络专员，建立联席会议制度，每半年通报工作进展；以案释法，运用多种宣传手段，发挥典型案例的教育、规制功能，提升相关法律法规的普法力度。

2021年11月11日，湖里区法院与厦门市医疗保障局建立加强涉医保基金案件协同合作机制。图为签约仪式现场（区法院 供图）

【湖里区法院平台和网站入驻海丝中央法务区·云平台】 2021年11月5日，海丝中央法务区启动大会在厦门举行，“海丝中央法务区·云平台”上线。湖里区法院“厦门自贸区法庭”网站及“全在线诉讼服务平台”作为“海丝中央法务区·云平台”“专业服务”中的首批子模块入驻该云平台，为海内外商事主体提供司法服务。

（杨莉苹）

司法行政

【概况】 2021年，厦门市湖里区司法局（以下简称“湖里区司法局”）统筹推进法治湖里、法治政府、法治社会一体化建设，做好社区服刑人员和刑满释放人员稳控，为湖里区建设“两高、两化”（高素质、高颜值，现代化、国际化）中心城区提供法治保障。全年接收行政复议案件222件，行政机关负责人出庭应诉率85.4%。全区各级人民调解组织调解案件6544件，调解成功6530件，调解成功率99.8%，协议金额10352.46万元，涉及13426人。全区新入矫社区服刑人员561名，解矫478名，安置率100%，帮教率100%，截至年底在册安置帮教人员752人。全年办理各类法律援助案件2259件，接待群众法律咨询4364人次；办理各类公证5237件；联合市公共法律服务志愿者联盟举办“美好生活·民法典相伴”主题宣传活动，成立《中华人民共和国民法典》社区巡回宣讲团，举办67场宣讲活动。“关爱未成年人社区矫正对象心理矫正服务”等4个项目获湖里区2021年度“改革创新奖”三等奖。

2021年湖里区人民调解案件情况表

表4

单　位	调解案件数（件）	涉及当事人（人）	调解成功（件）	疑难复杂案件（件）	协议金额（万元）
湖里交调委	737	1581	737	17	3594.25
湖里街道	1330	2671	1329	2	249.29
殿前街道	1039	2157	1034	14	682.93
禾山街道	1873	3813	1869	12	1284.57
江头街道	711	1491	709	8	4205.23
金山街道	854	1713	852	1	336.19
合　计	6544	13426	6530	54	10352.46

说明：湖里交调委全称湖里区道路交通事故损害赔偿纠纷人民调解委员会

【民营企业法治体检】 2021年，湖里区司法局整合具有劳动用工、知识产权、安全生产管理等领域执业经验的律师事务所资源，组建由20名律师参与的“法治体检”项目组。该项目组依托在线服务平台，采取远程调解、诉讼答疑、制度草拟等法律服务形式，帮助企业摸准法律风险盲点，找准经营管理痛点，打通依法维权堵点。通过法律意见书、法治体检报告、法治体检反馈表输出服务成果、收集服务反馈。该法治体检服务遍及辖区57个社区，为100余家企业送去法律服务，为69家企业提供书面体检报告。

【未成年社区矫正对象帮扶】 2021年，湖里区司法局联合区检察院、青少年权益中心、学校等多个共建单位，对未成年社区矫正对象定期开展专项教育活动。发动志愿者参与社区矫正工作，组建由11人组成的专业心理咨询志愿者队伍，指导未成年社区矫正对象改正不良行为，以积极健康的心态重塑自我、重返社会；开设未成年社区矫正对象预防犯罪专题法治课，通报违反社区矫正监督管理规定的典型案例，教育引导未成年社区矫正对象学法、知法、用法；邀请青少年权益中心工作人员为未成年社区矫正对象，开办“悦纳你我，重新出发”团辅课程、“我的情绪我做主”心理讲座，解读人生价值；制订工作计划，构建社会支持网络，帮助未成年社区矫正对象融入社区。截至年底，教育帮扶未成年社区矫正对象27人次，未出现托管、漏管、重新犯罪情况。

【公共法律便民服务体系建设】 2021年，湖里区司法局开发微信小程序“厦门法律服务地图”，汇集区、街、社区三级公共法律服务点63家，覆盖市内所有法律服务机构信息，畅通法律服务通道；在公共法律服务地图上公布便民服务事项清单74项，一键预约、24小时内响应，开辟线上法律咨询、纠纷调解渠道；在7个东部旧村整村改造指挥部建立法律服务工作站，所在社区居委会“两委”成员、社区法律顾问和公证员等人员组成法律服务团，满足征迁群众的法律需求。公共法律便民服务体系全年调解矛盾纠纷6544件，开展法律援助2259件，办理公证5237件，到社区巡回宣讲《中华人民共和国民法典》67场。

【公证业务】 2021年，湖里区公证处办理公证5237件，公证收费506.95万元。聚焦利企便民服务，降低企业公证事项收费，部分公证费用比上年下降3%；举办惠民专项活动，为老年群体免费公证13件，全年减免困难人群公证费用9100元。实现“零接触”办证，全年完成“一网通办”事项800多件，平均缩短办证时限40%。群众“最多跑一次”的事项占总公证业务的58%，营业执照、学位证书等4项公证事项实现跨省通办。

【湖里交调委一条龙服务平台】 2021年，湖里交调委与湖里交警大队、区法院交通巡回法庭、保险机构等单位联动合作，打造人民调解与行政调解、司法调解相衔接的一站式交通事故纠纷解决平台和调解、理赔、司法确认等一条龙服务体系。全年成功调解交通事故纠纷737件，涉及协议金额3594.25万元，调解案件数占全市司法行政系统交通事故纠纷调解量近40%，取得“零投诉”“零上诉”“零上访”效果。

【普法宣传】 2021年，湖里区完成“八五”普法规划制订工作，公布区级普法责任清单。湖里区司法局联合市公共法律服务志愿者联盟举行“美好生活・民法典相伴”主题宣传活动暨民法典巡回宣讲团启动仪式，制作“一人一堂宣讲”民法典法律小视频，在湖里公共法律服务公众号上推送，《中华人民共和国民法典》巡回宣讲团举办67场宣讲活动。开展“宪法宣传周”系列活动和法律进机关、进乡村、进社区、进学校、进企业、进单位行动。拍摄《先锋湖里　普法

2021 年 5 月 23 日，湖里区民法典巡回宣讲团为群众提供法律咨询服务

（区司法局　供图）

先行》专题视频，在厦门公交等媒体平台播放。升级改造区青少年法治文化教育基地、金尚法治文化广场等普法阵地，运用“湖里公共法律服务”微信公众号开展新媒体普法，举办互动有奖法律问答 12 期，推出法治信息 349 条。在“湖里头条”微信公众号发布《湖里区疫情防控法律责任风险告知书》，制作并发放宣传册，与区信访局联合成立隔离人员谈心劝导组，参与“无忧疫站”创建行动。开展扫黑除恶专项斗争宣传。

【台胞台企服务专窗设立】 2021 年 3 月 17 日，湖里区法律援助中心台胞台企服务专窗在区信访大楼一楼设立。该窗口为台胞提供更加方便快捷的服务，在取号机上加装台胞证读卡器，台胞可以直接使用台湾居民来往大陆通行证取号办事，可申请优先办理业务。台胞也可以通过“i 厦门”App 和湖里区行政服务中心公众号，在网上预约“台胞台企服务专窗”号，实现“一窗”受理，台企业务快速办。在法律援助分中心也设置该专窗，台资企业享受到一站式法律服务，实现“一窗多办”。

【支持起诉与法律援助协作机制建立】 2021 年 5 月 20 日，湖里区司法局与区检察院共同签署《关于建立支持起诉与法律援助协作机制的实施意见》，明确以下 7 类法律援助案件人民检察院可以开展支持起诉：请求支付劳动报酬的；请求给予社会保险待遇或者最低生活保障待遇的；请求发给抚恤金、救济金的；请求给付赡养费、抚养费、扶养费的；因实施见义勇为致使自身合法权益受到损害，主张民事权益的；因遭受家庭暴力、虐待、遗弃，合法权益受到侵害，主张权利的；未成年人、妇女、残疾人、老年人追索侵权赔偿的。全年依托上述工作机制办理支持起诉（仲裁）7 件，协助追讨工资报酬 10.62 万元。

【区社区矫正中心揭牌】 2021 年 8 月 3 日，湖里区社区矫正管理局暨社区矫正中心揭牌仪式在兴隆路 79 号举行。新中心建筑面积 1860 平方米，根据工作需要划分为综合管理区、监督管理区和教育帮扶区 3 个功能区。副区长、湖里公安分局局长戚乐健，厦门市社区矫正管理局局长林辉亮，区司法局局长庄伟等领导出席揭牌仪式。社区矫正管理局是负责社区矫正工作具体实施的执行机关，有工作人员 13 人，分工负责全区社区矫正工作。

【湖里区人民政府行政复议受理中心揭牌】 2021 年 9 月 30 日，湖里区政府举行行政复议受理中心揭牌仪式，市区相关领导共同揭牌，10 月 8 日起接受群众行政复议申请。对湖里区人民政府部门及其派出机构、街道办事处，湖里公安分局及其直接管理的公安派出所、机场公安分局，湖里交警大队、机场交警大队提出的行政复议申请皆由该中心受理。

（吴明芳）

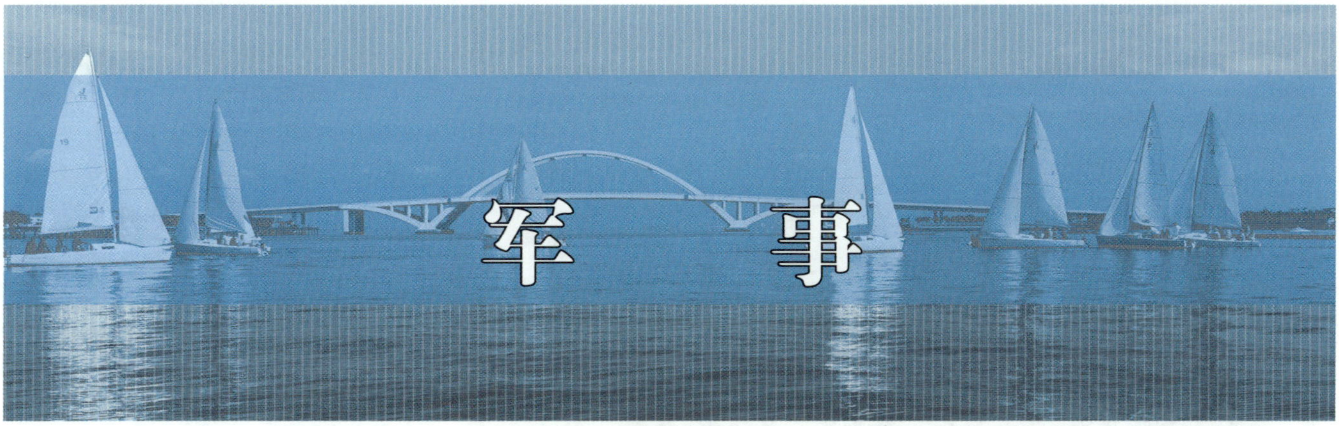

军　事

人民武装

【概况】 2021年，厦门市湖里区人民武装部（以下简称“湖里区人武部”）抓好党史学习教育、国防动员、民兵训练、征兵等工作，规范战备秩序、训练秩序、工作秩序、生活秩序，加强正规划建设；围绕国动援战目标要求，突出举旗铸魂，聚焦使命任务，从严治军，改进作风，各项工作稳步推进，军队建设稳步开展。推进一年“两征”改革落地落实，完成年度征兵任务，新兵中大学生占99%，毕业生征集率75%。开展扶贫助学活动，资助学生10名。年内，开展党管武装光荣历史授课，在辖区人流量较大的场所举办宣扬党史、军史光荣传统的文艺演出，外请老兵讲述参战故事，在厦门岛第一面五星红旗升起的地方举行升旗仪式和入党宣誓等。

【民兵训练】 2021年，湖里区人武部抓好民兵应急分队参加战区任务分队训练，完成外围警戒及保障任务；组织民兵训练；区防空分队选派队员参加全省实弹射击，夺得第一名，海上民兵分队夺得单位综合成绩第一名。

2021年6月29日，湖里区人武部在神山开展重温入党誓词活动

（区人武部　供图）

【国防动员】 2021年，湖里区人武部深化民兵调整改革，优化民兵结构布局，全区完成基干民兵编组任务，新质力量占30%以上，先后3次迎接警备区民兵整组检查，江头街道受到全市通报表扬。

【国防教育】 2021年，湖里区人武部开展国防教育进机关、进学校、进社区活动，落实区委议军会、军事日、党委第一书记任职会议精神，开展国防教育演出和国防教育法规普法宣传4场，协助辖区学校完成2600余名学生军训任务。

（张友勇）

人民防空

【概况】 2021年，湖里区开展人防宣传进学校、进社区活动，推进基层规范化建设。组织防空警报试鸣暨人员紧急疏散应急演练。

2021 年 5 月 10 日，湖里区开展防空警报试鸣暨人员紧急疏散演练

（区人防办　供图）

【防空警报试鸣暨人员紧急疏散演练】 2021 年 5 月 10 日，湖里区开展“5·10”防空警报试鸣暨人员紧急疏散演练，5 个街道的 5 个试点演练社区 1700 名居民、区行政大楼 200 名工作人员及全区中小学师生 12 万人参与演练，通过演练，群众应对突发情况下应急疏散能力得到提高。

【人防知识宣传教育】 2021 年 5 月 10 日，湖里区人防办在防空警报试点演练社区宣传人防知识，发放宣传折页 1700 份；开展人防知识宣传进蔡塘学校活动，征集“我与人防的故事”优秀文章；结合法制宣传日，在塘边社区开展人防法制宣传教育活动；现场播放人防宣传片，印制宣传栏板 11 版，发放各类宣传资料 3000 份。

（辜丹红）

退役军人事务

【概况】 2021 年，厦门市湖里区退役军人事务局以落实《中华人民共和国退役军人保障法》为工作重点，从用心用情、正面引导、规范有序、协作发力、依法依规、全面提升、聚心聚力、多措并举 8 个方面，开展“法律政策落实年”“送政策进军营”等活动。按标准发放各类服务保障经费，走访慰问退役军人和其他优抚对象，全区退役军人工作稳步开展。

【双拥共建】 2021 年，湖里区协助部队处理军产房屋、军队基础设施建设等事宜；协调部队支持市政改造工程施工、军地共建神山红色革命教育基地、双拥爱心屋等 8 项事宜。走访慰问驻区驻训部队官兵，送去慰问品价值 111.4 万元，接收现役军人子女入学入托。组织退役军人代表召开庆祝中国人民解放军建军 94 周年“八一”座谈会。

【移交安置】 2021 年，湖里区退役军人事务局协调区委组织部、区财政局、人社局、湖里公安分局、湖里税务局、医保湖里分中心、区人武部、团区委、各街道和相关银行以“632”清单（6 项当场办结、3 项代收代办、2 项个人自办），“一站式”接收年度自主就业退役士兵。协调提供岗位，接收安置符合政府安排工作退役士兵，接收安置率 100% 并安置随军随调家属。发放 2020 年秋、冬季退役士兵自主就业一次性补助金和奖励金，完成符合条件的退役士兵社保补缴，发放无军籍退休职工退休费。

【优待抚恤】 2021 年，湖里区退役军人事务局按标准发放抚恤补助金 1344.4 万元。走访慰问退役军人和其他优抚对象，发放慰问金。办理关系转移，上门服务 60 周岁农村籍退役人员，补办残疾军人证，完成部分优抚对象优待证一卡通年审，为伤残军人换发新版残疾证。组织部分退役人员体检，报销检查费用。组织退役军人代表观看电影《长津湖》，开展爱国主义教育。

【就业创业】 2021 年，湖里区退役军人事务局在厦门人才市场、联发华美空间文创园举办专场招聘会 2 场，组织退役军人参加在金安社区广场组织的招聘会及线上招聘会 3 场，其中线下 1 场，线上 2 场，区民政局专门拿出 10 个社区工作者指标专项招聘退役军人。不定时向退役军人推送就业、岗位招聘等信息 146 条。组织举办沙龙活动 1 场，组织退役军人、军属参加市级创业沙龙及就业培训 1 场；推荐 6 人参加就业创业指导团队成员资格审核，4 人被福建省退役军人事务厅聘为省退役军人就业创业指导团队成员；采集全区适龄未就业和已就业退役军人信息，每季度更新完善退役军人就业创业台账。组织退役军人报名高职扩招，征集退役军人承训机构 5 家，提高退役军人就业能力。

2021 年 12 月 4 日，湖里区退役军人暨随军家属专场招聘会在湖里街道联发华美空间文创园举行

（区退役军人事务局　供图）

【褒扬纪念】 2021 年 1 月 31 日，薛岭山烈士陵园整体修缮工程完工，成为全省率先完成提升改造的烈士陵园。新建全市首面烈士英名墙。清明、烈士纪念日期间，在薛岭山烈士陵园和谢景德墓开展祭英烈纪念活动，走访、慰问烈属，发放慰问金，为到外地祭扫的烈属开具介绍信，报销差旅费 1.19 万元；接待到薛岭山烈士陵园祭扫的退役军人、烈属、学生、志愿者、师生、群众等 7 批次 400 余人次。开展为烈士寻亲活动，向全国 16 个省份发出函件 161 份，为 40 名烈士找到亲属，为 11 位寻找到的烈属提供祭扫服务保障。

【全省首批拥军驿站】 2021 年，湖里区在区行政中心举行拥军驿站签约仪式，分别与天成酒店、厦门君怡酒店和厦门自由空间酒店签约，设立全省首批“拥军驿站”，为 3 家酒店授挂“拥军驿站”牌匾。约定签约酒店每天提供 6 间客房，现役军人、退役军人凭身份证，现役退役、烈士亲属凭异地祭扫介绍信等有效证件享受挂牌价约四折价优惠入住。其中，厦门自由空间酒店对“烈士证明书”持证人提供 2 天免费入住优惠。拥军驿站全年接待退役军人及家属、烈属 100 余人次。

【双拥共建工作领导小组全体成员（扩大）会议召开】 2021 年 7 月 13 日，湖里区召开双拥共建工作领导小组全体成员（扩大）会议。会上，湖里区双拥共建工作领导小组办公室主任郑朝东回顾总结全区双拥共建工作，并部署全区创建新一轮省级双拥模范区工作。驻区部队领导对如何做好军民共建工作提出意见和建议。

【全国首个双拥爱心屋挂牌】 2021 年 7 月 23 日，湖里区双拥共建办、湖里区爱心办、湖里区残联与中国人民解放军某部联合打造的全国首个“双拥爱心屋”，在湖里老街爱心屋挂牌成立。八一建军节期间，区双拥共建办从“双拥爱心屋”采购慰问品走访慰问驻地部队。

（郭佩佩）

2021 年 7 月 23 日，全国首个“双拥爱心屋”在湖里老街爱心屋挂牌

（区委文明办　供图）

外事·侨务·台湾事务

外　　事

【概况】 2021年，湖里区外事部门服务全区中心任务、服务经济发展、服务外籍人员。年内，区外事部门在服务外籍人士疫情防疫工作的基础上，参与“一带一路”建设，在“9·8”厦洽会期间，邀请有意向的海外团组到湖里区考察，做好团组的接待工作，为湖里区招商引资工作牵线搭桥，推进产业对接和项目合作。

【外籍人员疫情防控服务】 2021年，湖里区外事部门落实区委、区政府和市外事办公室关于疫情防控外事工作各项部署，处理疫情防控所涉及的外事工作。开展疫情防控政策宣传，编写双语疫情防控倡议书，引导外籍人士遵守疫情防控规定。组织摸排辖区无法注册和正常使用闽政通的外籍人员情况，帮助166名外籍人员解决闽政通App使用问题。

【外籍入厦人员服务】 2021年，湖里区外事部门做好企业外籍人员到湖里区的初审和报批工作。全年为企业办理15批次申请手续。宣传《厦门市企业人员申办APEC商务旅行卡实施细则》，协助符合条件的企业管理人员办理亚洲太平洋经济合作组织（APEC）商务旅行卡。做好辖区公民和企业境外投资安全保护工作，按照市外事办公室提供的辖区境外人员名单，组织各街道办外事工作人员逐一排查落实情况。走访辖区境外投资企业，重点走访厦门国贸集团股份有限公司、欣贺股份有限公司、金龙旅行车海外销售公司、亿联网络技术股份有限公司、厦门信达股份有限公司、立达信光电子科技有限公司、凌云玉石博物馆等企业，指导企业开展境外合作项目风险排查，宣传领事保护政策，提醒企业加强派出人员安全培训，完善安全预案。为到厦驻华使领馆及外交人员提供必要的保障和协助，截至年底，服务保障入厦外交人员50批次。

（缪峻涛）

侨　　务

【概况】 2021年，湖里区委侨务

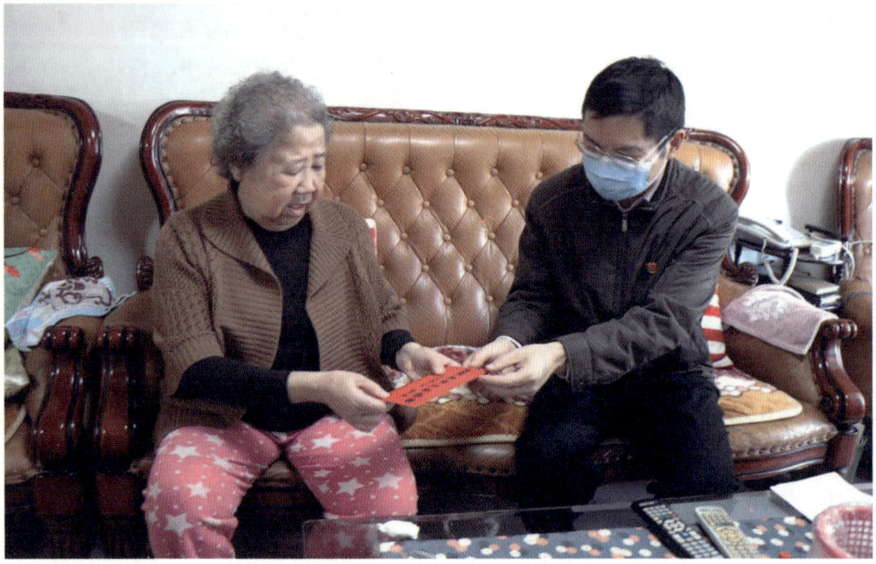

2021年1月29日，湖里区委统战部开展春节慰问归侨活动。图为湖里区委常委、统战部部长刘云标（右）慰问江头街道金尚社区归侨王素儿（左）

（湖里区委侨办　供图）

2021年6月10日，湖里区殿前街道长乐社区在长乐小区三期开展《中华人民共和国归侨侨眷权益保护法》宣传活动。图为社区工作人员给居民发放宣传材料

（湖里区侨办　供图）

办公室（以下简称“湖里区委侨办”）走访慰问贫困归侨69人次，发放慰问金3.61万元；落实特困归侨4名，发放补助金1.44万元；配合市委统战部落实低保归侨7名，发放补助金1.68万元。开展华侨华人捐赠兴办公益事业情况统计工作，接受物资捐赠价值11.5万元。通过侨法进社区、侨法现场咨询等形式，开展涉侨法律法规宣传。

【侨胞服务】 2021年，湖里区委侨办出具“三侨子女”身份证明1份；出具国外中国公民回国落户证明39份；批准1位华侨回国定居申请；为4名群众出具华侨、归侨、侨眷身份证明。配合市委统战部，落实低保归侨7名，定期给予200元/人·月的补助。落实特困归侨4名，定期给予300元/人·月的生活补助。开展“社区为侨服务好，侨为社区贡献多”的双向服务活动。

【侨法宣传】 2021年，湖里区通过侨法进社区、侨法现场咨询等形式，开展涉侨法律法规宣传，全年开展侨法宣传5场，宣传《中华人民共和国归侨侨眷权益保护法》《福建省华侨权益保护条例》《涉侨法律政策指南》《中国共产党统一战线工作条例》等。

（沈丹婷）

台湾事务

【概况】 2021年，湖里区委台港澳办公室（以下简称“湖里区委台港澳办”）落实各级惠台政策，完善保障台湾同胞福祉和实现同等待遇的制度安排及政策措施，开展两岸人文、宗亲、民俗等双向交流活动，探索台胞参与社会、社区基层治理新模式，深化湖台各领域合作。走访台资企业150余家，组织对台政策培训和解读会13场，兑现100余家台青台企各类扶持补贴1840.6万元。引进厦门康妈妈科技农业园开发有限公司等5家台企落户。组织台联、台盟、台商、台青代表学习中共十九届六中全会精神。湖里区委台港澳办连续21年被中央台办评为“两刊”对台宣传先进单位。

【惠台政策宣传及落实】 2021年，湖里区委台港澳办落实台胞、台企同等待遇，组织对台政策培训和解读会13场。召开《湖里区贯彻落实〈关于进一步深化厦台经济社会文化交流合作的若干措施〉实施办法》（以下简称“惠台25条”）落实情况工作会议，围绕“惠台25条”助力厦台经济社会文化交流合作这一主题分析总结研究，推进各项惠台政策落实落细。梳理辖区台资“三高”（高技术、高成长、高附加值）企业37家，推选其中19家纳入全市“三高”台资企业培育库。打造微信公众号品牌“湖里台胞缘地”，围绕政策推广、活动创建、台商故事等方面发表宣传报道39期161篇。全年兑现台湾青年创业扶持政策补贴478.3万元，兑现台青就业创业补助专项资金79万元。

【联谊交流】 2021年，湖里区委台港澳办组织开展台湾同胞联谊交流3次。其中3月8日，举办以“快乐健康活力无限，助力特区全面发展”为主题的三八节联谊活动，辖区女台胞60多人参与活动；6月9日，在兴隆社区举办“隆情万里，云端续缘”端午主题活动，与台胞共同庆祝中国共产党成立100周年。6月11日，举办《中华人民共和国民法典》讲座暨两岸交流包粽活动。（此活动详见【《中华人民共和国民法典》宣讲】条目）

【辖区台青就业创业】 2021年，湖里区组织全市台青代表50余人到湖里区汇元台青基地参观交流，组织台胞、台企参加第十三届海峡论坛。召开台湾青年就业创业政策分享会，交流就业创业成果，展望未来两岸发展。截至年底，辖区有台青企业399家，564名台胞创业就业，在辖区企事业单位就业的台湾青年有145人。

【台湾人才引进】 2021年，湖里区委台港澳办组织辖区4家青创基地及12家台资企业参加在湖里区悦华酒店举办的第十六届台湾人才闽西南（厦门）对接会。设立政策解读摊位，53家用人单位以及200余名台湾专业人才、在闽台湾学生参会。湖里区台港澳办、区委组织部联合走访入选人才计划的台商，了解其工作及生活情况。年内，湖里区加快推进“智汇湖里”人才强区战略，经过摸底和企业推荐，评选台湾专业人才4人，并颁发台湾专业人才证书。全年兑现台湾专业人才“薪酬补贴、保健补贴、个税奖励”96.2万元。根据湖里区“三个7”（700个高层次人才、7000个柔性人才、7万名毕业生）柔性引才工作目标，引进台湾专业人才4人，百分之百完成引才目标任务。

【涉台法律顾问聘请】 2021年1月15日，湖里区委台港澳办举办法律顾问聘任仪式，聘请北京大成（厦门）律师事务所林锦宗、罗发兴、孙伟倬3位律师为湖里区委台港澳办常年法律顾问，并颁发聘书。法律顾问为台胞台商化解疑难纠纷、处理行政复议与诉讼，并在相关事项的谈判、法律法规的宣传培训方面提供法律服务。法律顾问全年走访台资企业17家次，解答涉台涉讼问题37个。

【厦门首个海峡两岸设计研学中心在湖里区成立】 2021年3月30日，厦门首个“海峡两岸设计研学中心”在湖里区海峡设计文创园举行开幕仪式。该设计研学中心倡导以“设计创生·美好生活”为理念，主要发展建筑设计、文化创意、研学教育、生活美学等产业，为海峡两岸设计师、艺术家提供一个跨界、融合的交流平台。厦门辉煌集团、亚太青年设计学院联盟、台湾室内设计师协会、厦门文化创意产业协会与该中心签订战略联盟。开幕式后，举办“两岸新融合，跨界创力量”对话沙龙，两岸知名设计师共同探讨创新创意产业发展，新时代下如何透过文化、艺术、设计的方法将传统文化与现代艺术良好结合。

【湖里街道举办台胞社区主任助理聘任仪式】 2021年5月28日，湖里区湖里街道在徐厝社区书院举行台胞社区主任助理聘任仪式。8名台胞分别受聘为和通、濠头、东荣、新港、南山、海天、徐厝和兴华社区主任助理。助理们联系台胞，参与服务辖区台胞及社区治理等工作。

【《中华人民共和国民法典》宣讲】 2021年6月11日，湖里区委台港澳办邀请北京大成（厦门）律师事务所律师林锦宗在和悦酒店为台商、台胞开设《中华人民共和国民法典》讲座，林律师针对台企台商比较关心的物权编、合同编等内容展开重点阐述。70余名台商、台胞参加讲座。

【汇元台青基地开业】 2021年6月19日，湖里区汇元台青基地入驻湖里区灿坤文创园，举行开业暨授牌仪式。该基地占地面积约4700平方米，设立数十间办公室和共享直播间，入驻企业以文化创意、影视科技、电商直播运营、教育培训、医疗健康产业为主。成立汇元商学院，设立台青创业辅导中心，为入驻台青及企业提供精准创业帮扶。至年底，有30家企业入驻该基地。

【台胞志愿服务联盟成立】 2021年8月3日，台胞志愿服务联盟启动暨授旗仪式在汇元台青基地举

2021年8月3日，台胞志愿服务联盟启动暨授旗仪式在汇元台青基地举行。图为参加仪式人员合影 （湖里区委台港澳办 供图）

行。100余名台胞自愿报名加入联盟，区委副书记丁红斌为联盟授旗。活动现场，医务人员为联盟成员开展防疫知识和志愿服务培训。

【台胞权益保障法官工作室成立】 2021年8月23日，湖里区委台港澳办联合海沧区法院在区行政中心成立台胞权益保障法官工作室。区委台港澳办负责总体协调和工作室管理工作，海沧区法院负责涉台法律业务工作，建立联络员制度，选派法官驻室为台胞、台企提供法律咨询服务，释法析理解惑，化解矛盾纠纷。

【区委台港澳办举办两岸青年联欢活动】 2021年11月26日，湖里区委台港澳办联合湖里团区委、台青创客家举办“青春在鹭上”——两岸青年联欢活动，邀请两岸嘉宾、创业台青分享在厦门的创业及就业经历，邀请厦门银行相关负责人为台湾创业青年提供综合金融服务宣讲。吸引50余名两岸青年参加现场活动，众多两岸青年关注，线上图片直播平台阅读量近4万人次。

2021年12月10日，海峡两岸社区治理论坛嘉宾到湖里区近邻服务省级示范点调研参观。图为嘉宾在嘉福社区邻里服务中心参观　　（区委台港澳办　供图）

【海峡两岸社区治理论坛嘉宾参观湖里区两社区】 2021年12月10日，海峡两岸社区治理论坛·“敦亲睦邻守望相助”两岸社区治理交流的嘉宾到近邻服务省级示范点——湖里区殿前街道嘉福社区和金山街道金安社区参观。嘉宾参观嘉福社区“有嘉就有福”邻里服务中心、爱心格子铺，观看社区邻里节活动等。嘉福社区向嘉宾介绍社区创新实践的近邻“五线谱”（友邻引领线、安邻制度线、聚邻自治线、惠邻服务线以及睦邻和谐线）工作法。在金安社区，参观奋斗幸福里、敬老园、邻里互助中心、好人路、幸福广场等，了解金安社区“近邻1314”党建模式。

（闫敏娟）

应急管理

综　　述

【概况】 2021年，湖里区应急管理部门按照“党政同责、一岗双责”和“管行业必须管安全、管业务必须管安全、管生产经营必须安全”的要求，狠抓重点领域安全生产监管和隐患排查整治，推进安全生产专项整治三年行动。强化应急准备和应急能力建设，应对各种极端恶劣天气影响，推进易涝点和地灾点的整治，推进仙岳山消防物资储备项目改造提升，组织第一次全区自然灾害综合风险普查工作，防御第9号台风“卢碧”，创新组织桌面推演，开展各类应急演练，提升实际应对水平。全年未发生因台风、洪涝、森林火灾、寒潮等自然灾害产生的较大险情，无人员伤亡。湖里区全年发生安全事故10起，死亡4人；全年接火警1272起，救援298人，挽回经济损失约2000万元。

【涉海场所安全管控应急演练】 2021年10月28日，湖里区组织涉海场所安全管控应急处置演练。该演练由湖里区政府安全生产委员会办公室（以下简称“湖里区安委办”）、区防汛抗旱指挥部办公室（以下简称“区防汛办”）、区应急管理局牵头，禾山街道办、禾山派出所、厦门曙光救援队、禾缘社区五缘湾水上义务救援队共同配合实施，45人参与演练。该演练突出涉海场所安全设施配置、应急技能培训、意外情况处理等内容，重点演练近岸水域快速施救和遇险船只综合救援2种典型应急救援行动。

【全区应急管理工作培训】 2021年11月16—26日，湖里区应急管理局组织开展2021年全区应急管理工作培训暨新时代基层干部培训，区相关成员单位的分管领导、业务骨干及区应急管理局全体干部职工140余人参加培训。主要培训内容为习近平总书记“七一”重要讲话精神，新修订的《中华人民共

2021年10月28日，湖里区安委办、区防汛办在五缘湾上古文化园东侧救援站岸滩组织涉海场所安全管控应急处置演练

（区应急管理局　供图）

和国安全生产法》《中华人民共和国行政处罚法》，基层安全生产执法与监管，安全施工生产现场急救，应急预案编制与应急处置等。

（何　斌）

安全生产监管

2021年6月14日，湖里区区长林重阳（前排右三）到旭辉2020P04项目在建工地开展安全生产检查

（区应急管理局　供图）

【概况】 2021年，湖里区发生生产安全事故10起，死亡4人，生产安全事故比上年减少17起，下降62.96%，死亡人数减少7人，下降63.6%，未发生较大及以上事故，安全生产形势总体稳定。湖里区应急管理局针对安全生产违法行为立案处罚61起，罚款52.59万元；生产安全事故处罚3起，罚款122.11万元。

【安全生产专项整治三年行动】 2021年，湖里区安委办部署2021年安全生产专项整治三年行动重点工作。组织21882人次观看《生命重于泰山——学习习近平总书记关于安全生产重要论述》电视专题片644场。全年排查隐患1.31万处，整改1.31万处；责令企业停产整顿10家。开展安全生产督查和专家指导服务，邀请行业专家督查建筑施工、实验室等重点行业领域19家企（事）业单位安全生产工作，排查安全隐患99处，完成整改率100%。

【“安全生产月”活动】 2021年6月“安全生产月”期间，湖里区开展现场宣传12场次，印发《安全知识手册》等资料1.76万份，印发安全宣传折页4种1.68万份。开展安全宣传咨询活动53场，覆盖人群6159人次；组织开展线上宣传活动25场，参与790人次；开展安全知识竞赛，1892人次参与答题；开展“接力传安全——我为安全生产倡议”活动，612人次参与。

【安全生产“百日攻坚”专项整治行动】 2021年6月24日至9月30日，湖里区开展安全生产“百日攻坚”专项整治行动。区委、区政府分别召开常委会议和常务会议，传达上级会议精神，研究部署“迎建党百年　安全生产百日攻坚”专项行动工作。全区开展安全隐患大检查行动，区委、区政府主要领导分别带队检查建筑工地、燃气等重点行业领域。专项行动期间，排查各类企业（场所）1.06万家次，排查并限期整改隐患657处。

【新《安全生产法》宣传】 2021年，湖里区组织开展新修订《中华人民共和国安全生产法》（以下简称“《安全生产法》”）宣传。区应急管理局印制普法手册5000本、“致全区生产经营单位的一封信”5万封和宣传挂画2000张，用于各单位学习和宣传。9月底至10月15日，在湖里区政府2块显示屏上滚动播放新修订的《安全生产法》宣传片。组织召开2场专题培训会，全区500余人参加培训。组织全区应急管理系统人员进行专题培训，全区134人接受培训。在区政府网站组织在线访谈一次，针对新修订的《安全生产法》的修改内容和企业关注的问题进行答疑；发布部门动态3篇；在湖里应急管理微信公众号开设学习专栏，约有1000人浏览学习。12月7日，区安委办主任、区应急管理局局长黄木清到辖区企业，通过座谈会的形式，向企业宣传新《安全生产法》。

【安全生产和消防工作目标责任落实情况考核】 2021年1月18日，厦门市安全生产委员会（以下简称“厦门市安委会”）考核组到湖里区考核2020年安全生产和消防工作目标责任落实情况。区委常委、常务副区长吴旗荣、区安委会成员单位领导及各街道办分管领导参加会议。会上，吴旗荣分别从2020年全区安全生产和消防形势、主要做法、亮点工作、存在问题与困难和下一步工作思路5个方面汇报湖里辖区安全生产和消防安全工作以及岁末年初的安排部署；市安委会考核组采取查阅资料、现场检查、明察暗访等方式进行考核，随机抽取英蓝国际金融中心项目施工现场、港务运输公司等重点区域实地检查，对企业存在的问题提出整改意见和建议。

【烟花爆竹专项整治】 2021年2月4日，湖里区应急管理局联合湖里公安分局、区城市管理局、区市场监督管理局、湖里区消防救援大队组织开展烟花爆竹专项整治行动。联合检查组先后检查殿前街道旺丰尚品生活超市、鹭联量贩批发部和禾山街道京隆超市等多家零售经营店，重点查看有无营业执照，是否销售非法和假冒、伪劣烟花爆竹，是否伪造、出租、出借、转让营业执照。经检查，未发现违法违规行为。

【危险化学品安全管理专题培训】 2021年6月25日，湖里区应急管理局在区行政中心举办危险化学品专题培训，全区危险化学品经营单位和各街道办安全生产协管员150余人参加培训。主要培训内容为危险化学品企业单位隐患排查与事故预防等，讲解易燃液体生产储存场所主要危险因素以及安全防范措施等内容；专题宣讲加油站安全管理以及《汽车加油（气）站、轻质燃油和液化石油气汽车罐车用阻隔防爆储罐技术要求》《阻隔防爆撬装式汽车加油（气）装置技术要求》两项标准。

【安全生产工作培训】 2021年11月3日，湖里区应急管理局在区行政中心举办安全生产工作培训，全区基层安全监管人员、涉有限空间作业企业负责人等200余人参加培训。培训讲师通过一些安全事故典型案例分析《安全生产法》新修订内容的背景、思路和亮点，并解读重点内容，辅导企业落实主体责任和企业全员安全生产责任制，重点培训有限空间作业的概念、种类和安全管理要求。

【陆上油气长输管道联合检查】 2021年11月4日，厦门市、区工信局联合公安、应急、市场监管、消防等部门对辖区陆上油气长输管道企业——中国航空油料有限责任公司厦门分公司开展第四季度陆上油气长输管道安全生产、消防和反恐防范联合检查。主要检查企业落实安全生产和消防主体责任情况，包含企业防汛、备汛、防台风开展情况；安全生产重要设施、装备完好状况和日常管理维护情况；安全、消防应急培训管理等制度的建设情况；企业对管道保护工作的组织领导是否彻底、问题整改是否到位、事故防范是否有效等。检查人员将问题反馈给企业，要求限期整改，完善自查台账，落实安全生产、消防和反恐主体责任。

【全区安全生产工作会议和消防工作部署会】 2021年11月28日，湖里区常务副区长戴乐生主持召开全区安全生产工作会议和消防工作部署会，各街道、各部门主要负责人参加会议。会上，区安委办、区森林防火办公室（以下简称“区森防办”）、区防汛办主任黄木清通报全区安全生产、自然灾害防治等工作情况，提出下一步工作重点；湖里区消防救援大队大队长黄丰伟传达代省长赵龙、副省长黄海昆有关消防工作的批示要求，汇报2021年全区火灾形势，就加强全区冬春火灾防控工作提出建议。

【危险化学品经营企业“一业一证”试点改革】 2021年12月1日，湖里区推出危险化学品经营企业“一业一证”试点改革。“一业一证”改革通过优化行业准入业务流程，将一个行业准入涉及的多张证书整合为一张行业综合证。申请人只需要到一个窗口、填一张表单、交一套材料、走一个流程，企业就可以收到一张载明相关许可信息的综合许可证。该项改革大幅压减审批环节和时限，简化审批手续，行政效能和办事效率得到提高。

【危险化学品经营企业安全生产标准化三级达标评审】 2021年12月13日，湖里区应急管理局联合专家评审辖区危险化学品经营企业安全生产标准化三级达标情况。评审组听取企业对安全生产标准化开展情况的汇报，通过查看资料、现场勘查反馈交流等方式，对企业管理制度、培训教育、危险化学品管理等企业安全生产标准化三级达标中涉及的相关要素进行评审，48家危险化学品经营企业通过评审。

【铁路沿线安全环境治理联席会议】 2021年12月7日，湖里区副区长周小刚主持召开“双段长”（地方政府与铁路方各设有一个段长）暨铁路沿线安全环境治理联席会议。会议听取厦门工务段和各街道、各部门关于铁路沿线安全环境管理“双段长”制工作情况暨公铁并行路段路侧护栏移交工作情况的汇报。

（何　斌）

防灾减灾

【概况】 2021年，湖里区启动防御暴雨三级响应13次、二级响应5次、一级响应1次；启动防御台风四级应急响应6次、三级响应2次；响应厦门市森林防灭火指挥

2021年8月5日，市区领导在湖里街道双狮山检查防御台风“卢碧”工作落实情况

（区应急管理局　供图）

部发布的高森林火险橙色预警7次44天；未发生因台风、洪涝、森林火灾、寒潮等自然灾害产生的较大险情，无人员伤亡，防灾减灾形势总体稳定。截至年底，全区有18个社区入选全国综合减灾示范社区。

【地灾风险点和易涝点整治工作推进会】 2021年1月8日，湖里区防汛办在区防汛指挥中心召开地灾风险点和易涝点整治工作推进会，辖区5个街道办、区建设局、区市政园林局、市资规局直属分局等单位防汛工作负责人参加会议。会上，各街道办汇报本辖区地灾风险点和易涝点现状、整治情况和矛盾困难及下一步整改提升防范措施；区建设局、区市政园林局、市资规局直属分局分别对湖里区地灾风险点和易涝点整治提升工作发表意见和建议。

【暴雨及第9号台风防御】 2021年8月1日，湖里区启动防御暴雨洪水二级应急响应；2日，启动防御暴雨一级响应；4日，南海热带低压加强为第9号台风“卢碧”，全区由防抗台风四级应急响应转入三级应急响应。防汛抗台期间，区主要领导多次带队到辖区积涝点、危险点进行实地检查和协调处置，其他领导26人次到挂钩单位检查督导防台风防暴雨工作落实情况；各街道办和各职能部门成立专项检查组56个，按责任分工组织清查排查工作，累计下派干部2030人，预置抢险队伍18支564人，转移各类人员1176人。

【防震减灾应急疏散演练】 2021年5月10日，防震减灾应急疏散演练在龙湫亭实验学校举行，全校师生1000余人参加演练。厦门曙光救援队队员向该校师生传授紧急避险和自我防护等知识。

【全国综合减灾示范社区授牌】 2021年5月12日，湖里区减灾委员会办公室、区应急管理局在金海社区举办“5·12”全国防灾减灾日主题宣传活动，并为获得“2020年度全国综合减灾示范社区”称号的金海社区授牌。授牌仪式上，金海社区党委书记、居委会主任林秀红介绍减灾示范社区创建情况。

【防洪防台桌面推演】 2021年7月9日，湖里区防汛办创新组织

2021年5月10日，防震减灾应急疏散演练在龙湫亭实验学校举行

（区应急管理局　供图）

2021年防洪防台桌面推演，区防汛抗旱指挥部全体成员单位参加推演。围绕启动应急响应、组织防抗准备、典型灾情处置等课题重点，采取分段推演和重点研究相结合的方式组织，通过典型的灾情处置，对可能发生的灾情进行任务分解，管控风险、完善预案、强化准备，明晰指挥协调应急处置保障、新闻发布与舆论应对等工作程序，抽查各救援队伍集结、装备携带等情况。

【第一次全区自然灾害综合风险普查部署会】 2021年8月5日，湖里区自然灾害普查办公室在区防汛指挥中心召开第一次全区自然灾害综合风险普查部署会，区委常委、常务副区长、区普查领导小组组长吴旗荣及各成员单位分管领导38人参加会议。会上，普查领导小组副组长黄木清部署普查工作，吴旗荣强调要认识普查工作的重要意义，提出对普查工作的要求。

（陈　龙）

森林消防

【概况】 2021年，湖里区森林防火办公室（以下简称“湖里区森防办”）响应市森林防火指挥部发布的高森林火险橙色预警7次44天，组织开展重大火险隐患专项排查、森林火情整改“回头看”、春季森林防火宣传月、野外火源治理和查处违规用火行为等专项行动，排查整改森林火灾隐患问题80余个，清除杂物约40万平方米。突出抓好仙岳山消防设施改造提升、森林消防应急演练、森林消防半专业队伍比武竞赛等活动，推动全区森林防灭火提升工作三年行动落实和森林消防队伍建设。

【仙岳山森林消防物资库建设】 2021年，湖里区应急管理局推进仙岳山消防物资储备改造提升项目，在仙岳山新建二级消防物资库（长3米、宽4米、高3米）8个和三级消防物资库（长4米、宽6米、高3米）2个，并配备相应的消防物资。该建设项目被列为区应急管理局“我为群众办实事”重要项目，于10月底竣工验收并移交使用。

【森林消防队伍培训考核】 2021年6月1—4日，湖里区森防办在寨上消防救援站举办消防专业培训，各街道办、湖里消防救援大队、仙岳山步道公司等单位森林消防骨干30余人参加培训考核。森林消防驻厦门分队“送学上门”，从理论、装备综合实操班组战斗协同、基础体能等课目进行授课和训练考核，遴选出参加市首届森林消防大比武队员10名。

【森林消防应急演练】 2021年12月7日，湖里区森防办在仙岳山举行森林消防应急演练。区森防办接到火情信息后，通知各联动单位，山海健康步道巡山员、特勤人员从各自岗位到火场就近的物资器材库领取灭火装备，赶赴起火现场，湖里街道森林防灭火半专业队伍、厦门曙光救援队、华荣消防救援站等单位先后到达火灾现场进行处置。此次演练以厦门市森防办建设的预警监控系统、区应急管理局新建的10个前置物资器材库的使用为基础，突出精确捕捉火情、快速指挥联动、及时调度物资、有效控制火势等重点，构设情况全过程演练。

【森林消防半专业队伍比武竞赛】 2021年12月10日，湖里区森防办在福建省森林消防总队厦门驻防分队驻地举办首次全区森林消防半专业队伍比武竞赛，5个街道和山海步道景区管理有限公司参赛。竞赛分为基础理论、装备技能操作、水泵架设与撤收等单兵和综合科目。经角逐，山海步道景区管理有

2021年12月7日，湖里区森防办在仙岳山举行森林消防应急演练

（区应急管理局　供图）

2021年12月10日，湖里区森林消防半专业队伍比武竞赛在福建省森林消防总队厦门驻防分队驻地举行

（区应急管理局　供图）

限公司、金山街道办、湖里街道办分获团体总分一、二、三名。

（徐小林）

消防救援

【概况】 2021年，湖里区消防救援大队提请区委、区政府先后召开2次常委会会议、9次常务会专题会议，部署消防工作，研究解决城中村、老旧小区改造、电气线路改造等消防工作难点问题；7月，成立区级消防安全委员会，下设办公室挂靠湖里区消防救援大队，各街道办成立相应组织机构，完善辖区消防工作体制；联合区依法治区办、湖里公安分局等单位先后召开2次消防执法工作研讨会，研讨消防救援机构委托执法相关事宜，落实消防执法服务改革工作要求；制定《湖里区文明创建重点问题处置机制》《湖里区文明创建实地考察场景化指南》等工作制度，建立消防设施隐患问题整改由属地街道及场所行业部门督促、区消防救援大队提供业务指导的整改机制。全年接处警1272起，出动消防车辆1823辆次、消防救援人员10213人次，接处警起数比上年增长1.52%。其中，火警359起、应急救援913起，火警数比上年下降2.71%。救援298人，挽回经济损失约2000万元。

【社会面火灾防控】 2021年，湖里区消防救援大队推进大型城市综合体、学校、养老机构、酒店宾馆、医疗场所、宗教场所、文博单位七类行业消防安全标准化达标创建工作。其中，大型城市综合体、宗教场所和文博单位实现创建达标率100%。牵头组织高层建筑消防安全整治督导工作，累计排查高层公共建筑351栋、高层居住建筑1042栋，配齐建强微型消防站198个；提请区政府对国际海岸重大火灾隐患实行挂牌督办，督促完成隐患整改并摘牌销案；联合区建设局等部门完成辖区21个老旧小区消防设施改造提升，惠及小区住户6890户；推动完成12个农贸市场整体改造，新增公共停车泊位465个，打通断头路9条，改善辖区消防车通道占用和不足的情况；完成中国共产党成立100周年纪念活动、第34届金鸡百花电影节、海峡论坛等各项消防安保工作任务。

【消防综合整治】 2021年，湖里区消防救援大队开展“三合一”整治联合执法184次，检查“三合

2021年9月8日，湖里区消防大队联合多部门开展电动自行车消防安全专项整治。图为在山谷城市小区开展电动自行车消防安全检查

（区消防救援大队　供图）

一”场所839处，暗访督导87次；清理涉及违规停放电动自行车场所1652栋2895处，违规停放、充电电动自行车6125辆次；将“城中村”缺水区域消防栓增设工作纳入“村改居”消防设施完善工程和为民办实事项目，进行重点跟踪推进，完成市政消防栓增设66个；出台《湖里区电动自行车充电点布局行动规划》，修订《湖里区电动自行车停放充电场所消防技术导则》，全年辖区累计建成电动自行车充电点872处、充电桩（口）11117个、“保命墙”110面。

2021年12月17日，湖里区在闽南古镇举办社区微型消防站比武竞赛

（区消防救援大队　供图）

【灭火救援综合能力提升】 2021年，湖里区消防救援大队推动大跨度空间专业队伍及地铁轨道交通专业队伍、地震机动队伍建设，先后开展大型综合体实战演练13次、地铁轨道交通专业队实战演练8次和地震相关装备器材训练12次；组织开展辖区消防安全重点单位熟悉演练403次，预案修订103家，通信测试128家；新建围里小型消防站，站点建筑面积约950平方米，建设项目总预算经费1492.03万元，年内完成站点主体建设和人员招聘工作；联合区总工会先后举办二级消防安全重点单位微型消防站、社区微型消防队伍等比武竞赛。湖里区代表队在全市基层综治力量消防业务竞赛中获得三等奖。

【消防宣传】 2021年，湖里区消防救援大队更新升级辖区消防主题公园，传播消防安全文化。联合区教育局在湖里区实验小学和湖里实验中学设立消防角，指导辖区学校备战参加第二届“桃李杯”消防安全知识竞赛，开展“小小消防员”绘画和征文比赛，组织收看“中小学消防公开课”网络直播。全国消防宣传月期间，开展“向人民汇报”消防站开放、平安消防大走访、消防安全培训演练、消防志愿者公益宣传等多项消防安全宣传活动。联合区教育局、区民政局、区建设局、区民宗局、区文旅局等12个部门出台《湖里区消防安全宣传教育进企业进社区进学校进家庭实施细则》，全年开展消防安全进企业、进社区、进学校、进家庭宣传500余次。

【二级消防安全重点单位微型消防站竞赛】 2021年8月31日，湖里区二级消防安全重点单位微型消防站竞赛在寨上消防救援站举行，来自辖区二级消防安全重点单位30支代表队、180名民间消防员同台竞技。比赛设置着装答题、消防接力、射水打靶3个竞赛项目。玉晶光电（厦门）有限公司、宸鸿科技（厦门）有限公司、金山财富广场分获团体总分前三名。

【社区微型消防队伍比武竞赛】 2021年12月17日，2021年湖里区社区微型消防站比武竞赛在闽南古镇举行，来自辖区57支社区微型消防站代表队、342名民间消防员同台竞技。比赛设置着装答题、消防接力、射水打靶3个竞赛项目，兴园社区、禾缘社区、枋湖社区微型消防站分别获得团体总分前三名。

（黄龙渊）

城市建设与管理

城市规划

【概况】 2021年，厦门市自然资源规划局直属分局（以下简称“厦门市资规局直属分局”）以加强空间治理能力为主要思路，将城市总体规划、国民经济和社会发展的优化、土地利用总体规划等融合，形成核心空间性规划体系。全年完成图则编制20项，规划调整29项。

【规划编制】 2021年，根据湖里区委、区政府的工作部署，厦门市资规局直属分局开展《本岛东部科技创新园区规划策划》《湖里区国土空间要素保障三年行动规划（2022—2024年）》《湖里区城市更新实施规划及行动计划》《枋湖工业区低效空间成片开发概念方案及交通组织分析》《厦门市湖里区湖里创新园提升策划》等项目规划策划编制工作，优化片区空间布局，为片区发展提供参考依据。

【规划审批】 2021年，厦门市资规局直属分局办理涉及湖里区各类划拨国有建设用地使用权业务50项、土地出让类项目业务89项、规划意见函20项，建设项目用地预审和选址意见书47项（含变更）、规划条件核定13项，市政工程建设规划许可证58项（含变更）、市政工程竣工规划条件核实意见书30项。全年办理涉及湖里区的建设工程规划许可证19项、建设工程规划许可证变更26项、告知承诺制项目业务11项、告知承诺制抽查11项、告知承诺制更正10项、城市既有住宅增设电梯规划意见函52项。

（张一毅）

2021年6月29日，湖里区2021年度第一批断头路通车。图为纵六路通车

（王超超 摄）

市政建设

【概况】 2021年，湖里区实现8条“断头路”通车，完成五缘湾木栈道改造升级工作，增建天安小学和区委党校地下车库2个。

【公共停车设施建设】 2021年，湖里区完成天安小学地下停车库和区委党校地下公共停车库2个项目，新增公共停车泊位465个，其中天安小学地下车库有停车泊位135个、区委党校地下车库有停车泊位330个。

【“断头路”打通】 2021年，湖里区成立项目建设推进工作专班，采取定期召开会议和组织现场调度相结合的方式，对重大项目制定

修缮改造中的厦门山海健康步道五缘湾木平台段　（余扬武　2021年11月摄）

时间表、实行“挂图作战”，要求责任单位、业主单位、施工单位实施“一项一策”。全年投入4.01亿元打通14条断头路，总长6.95千米，其中打通并通车的断头路有8条、在建6条。

【五缘湾木栈道改造升级】 2021年，湖里区投入1995万元，改造升级五缘湾木栈道。改造提升上古沙滩、人圆桥、游艇港A/B地块等处木平台，面积约2万平方米。此次改造以“平台修复”“艺术创意”“休闲体验”为三大设计手法，建设海上休闲景观平台。1月26日，五缘湾木栈道改造升级完成，重新对外开放。

（李玉玲）

园林绿化

【概况】 2021年，湖里区开展口袋公园建设，庆祝中国共产党成立100周年氛围布置，污水处理工程建设等工作。年内，第一批“口袋公园”开园。全年完成市政道路维护改造、道路绿化养护管理341条，新增或改造提升园林绿地0.21平方千米，完成全年任务的103.3%，完成义务植树27.59万株，完成全年任务的102.19%。

【中国共产党成立100周年景观布置】 2021年，湖里区在园山南路、金湖路、吕岭路、仙岳路、枋湖南路、高崎南八路等16条道路打造约1.3万平方米的“红色文化”园林景观，献礼中国共产党成立百年。增加“交通岛”和“夜景”两大主题，选择“一纵”（金尚路）“一横”（金湖路）沿线11个交通岛和国际邮轮中心、机场等门户区域及30余条道路进行彩化和夜景提升。结合造景手法，增加鸟巢灯、满天星、蒲公英灯等。

【口袋公园建设】 2021年，湖里区投入5346万元打造一批口袋公园。截至年底，建成口袋公园30个，在建11个，总面积10.07万平方米，完成厦门市下达任务的360%。梳理湖里区公园建设情况，形成“口袋公园”建设库58个。

【高林公园还建】 2021年，湖里区投入2385万元，利用轨道交通2号线高林停车场上盖（指轨道交通途经的地区的上方或邻近周边地区）还建高林公园。主要建设内容包括绿化、园区道路铺装及其他构筑物、场地土石方、建筑、景观附属、电气和给排水等工程，项目于5月1日动工。

【湖里公园景观恢复提升】 2017年，因轨道施工，湖里公园园区内部分区域被占用及拆除。2021年轨道施工完成后，湖里区对公园进行景观恢复。此次恢复工程在原有基础上进行提升与优化。建设内容主要包括湖边驳岸、观景平台、景观构筑、景观栈桥、休闲园路、景区绿化恢复及提升等，修复陆域面积1.36万平方米，水域面积5440平方米。

（李玉玲）

建筑业

【概况】 2021年，湖里区建筑业增加值206.11亿元，比上年增长4.6%。全区具有资质等级的建筑业企业307家，完成建筑业总产值865.28亿元，比上年增长8.6%。其中，建筑工程产值808.68亿元，比上年增长10.2%；安装工程产值53.28亿元，下降8.9%。完成建安固定资产投资156.86亿元（含轨道建设投资33亿元），其中区属项目完成95.6亿元，跨区项目（含轨道项目）完成61.26亿元。截至年底，湖里区建筑业从业人员11万人。辖区企业中建四局建设发展有限公司获国家建筑工程施工总承包特级资质；福建三建工程有限公司承建的厦门市心脏中心项目获2020—2021年中国建设工程鲁班奖。

2021年12月29日，美仑花园安置房（一期）竣工验收

（厦门建发建设运营管理有限公司　供图）

【安置房建设】 2021年，湖里区通过建机制、再提速、强服务，推进在建安置房项目建设，完成安置房建设投资23亿元。完工枋湖、金林湾花园B区1—07地块、美仑花园安置房（一期）3个项目，房源3196套；新开工坂美花园安置房等6个项目，主体结构封顶浦东花园安置房等5个项目。湖里区安置房建设在2021年度省城乡建设品质提升工作考核中获得全市第一名。

【社区发展用地建设】 2021年，湖里完成后埔社区发展中心二期项目建设，项目位于湖里区仙岳路南侧、金昌路北侧、禾山中学东侧，总用地面积9115.31平方米，总建筑面积6.12万平方米，计容建筑面积4.65万平方米，其中办公面积742.86平方米、商业配套面积3294.43平方米、公寓面积4.23万平方米、其他面积107.55平方米，总投资2.5亿元，项目主要用于公寓出租，1号楼有335间，2～3号楼有889间；江村社区发展中心二期项目开工，项目位于湖里区台湾街与江头南路交叉口西北侧、江头公园东侧，总用地面积5718平方米，总投资1.7亿元。

（辜丹红）

房地产业

【概况】 2021年，湖里区完成房地产销售面积89.24万平方米，比上年下降8%，主要项目为建发五缘樘月、建发五缘湾玺以及安置型商品房项目。开展房屋安全隐患排查整治和老旧小区改造提升工作。

【安置型商品房项目】 2021年，湖里区开工建设金林湾花园安置型商品房四期，下湖安置型商品房一期、二期，高林安置型商品房二期，钟宅北苑安置房一期，坂美花园6个安置型商品房项目，总投资56.06亿元，总建筑面积120.17万平方米，可提供房源8860套，房源面积76.8万平方米。

【房屋安全隐患排查整治】 2021年，湖里区累计排查、复查房屋28321栋，鉴定为D级危房265栋（含D级危房文物28栋）、C级危房317栋（含C级危房文物24栋）。D级危房长效解危处置241栋（其中4栋文物），剩余24栋D级危房均为文物建筑，其中由区文旅局牵头，进场施工7栋，完成施工单位招标并启动施工准备8栋。组织各街道推进C级危房长效解危处置，截至年底，长效解危处置79栋（其中6栋文物）。

【老旧小区改造提升】 2021年，湖里区实施金海花园等30个老旧小

2021年7月19日，金山街道泥金社395号D级危房被拆除后的场景

（金山街道　供图）

区改造提升工程，项目涉及居民1.7万户，房屋381栋，总建筑面积143.66万平方米，总投资1.5亿元。重点实施消防、安防设施改造，雨污管网改造，电动自行车棚设置，增设燃气管道，区间道路、强弱电规整等内容，解决老旧小区地下排水管网老化破损、消防管网缺失破损、道路老化破损、水、电、气等配套设施老化缺失等影响居民生活安全和便利的问题，居民安全需要和基本生活需求得到满足。

（辜丹红）

城市管理

【概况】 2021年，湖里区开展“静夜守护”、垃圾分类、“门前三包”等专项整治，提升市容市貌。12月，湖里区被评为全省“2021年培育城市精细化管理街区样板项目成效明显的县（市、区）”。开展物业类“一改多”，厂房仓库等违规改造、改建公寓，城中村违法建设等专项整治，消除违建隐患。落实政务公开、档案管理相关规定，发布政府类信息14条，新闻类信息63条。办理各类信访举报3.3万件，办结率100%；接待群众来访62批108人次，满意率100%。在市对区年度绩效指标考评中，湖里区“高颜值厦门建设成效”指标排名全市第一。其中，城市综合管理考评、“两违”综合治理、交督办件落实情况、依法行政落实情况等单项排名均列全市第一。

全年清扫保洁主次干道775万平方米。市容环卫管理考评综合成绩6次获得全市第一，道路清洗（扫）保洁精细化作业成绩4次获得全市第一，背街小巷卫生保洁专项考评成绩3次获得全市第一；在市对区垃圾分类工作的44次测评中39次获得全市第一。

（林元华　李玉玲）

【“两违”综合治理】 2021年，湖里区通过购买第三方卫星航拍监测服务，以每月提供图斑对比数据的方式，加强辖区“两违”（违法用地和违法建设）监测。全年，对市图斑核销率100%，位列全市第一。成立湾北片区、石头皮山2个拆违攻坚专班，组织拆除行动维序10余次。全年拆除“两违”192万平方米，完成年度任务的480%，名列全市第一。加强网格化巡查，确保新增“两违”行为“露头就打、出土就拆”。重点对征拆地块红线范围内加大巡查力度，安排人员在主要村口全天候监管设卡运输建材的车辆。在全省首创以小区为单元的小区城管模式，执法人员定期巡查小区违法搭盖、违法装修行为，实现违建零形成目标。

（林元华）

【市容环境整治】 2021年，湖里区城市管理局根据疫情防控工作需要，从严取缔占道经营、劝离群众聚集性活动，联合街道办、市场监管等部门成立新冠肺炎疫情防控综合执法队，对“城中村”开展联合执法行动34次；劝离人群聚集382起。

开展流动摊贩占道经营、违规广告、共享单车违停、垃圾不分类、乱悬挂、乱晾晒等市容问题的常态化整治。全年纠正劝导违法占道经营等市容市貌问题2.17万起，暂扣物品3060件；开具垃圾分类执法文书2120份；拆除违规设置的户外广告设施3950处；摘除红布条2169条；纠正乱晾晒2741处。

与社区居委会、商家签订“门前三包”（包卫生、包绿化、包秩序）个性化规范联合协议书，明确商家“门前三包”时间、范围和奖惩措施，加大对“门前三包”不落实行为的执法整治力度。向辖区沿街商铺发放“门前三包”宣传单，全年发放“门前三包”相关宣传材料3000余份。建立常态化巡查机制，重点对沿街商铺占道经营、乱停乱放、乱搭乱建等城市乱象进行整治，全年纠正“门前三包”不落实行为3.8万项，暂扣物品1793件，实施行政处罚157起。

推行环卫工人协助规整共享单车，在吕岭路、云顶中路、仙岳路等路段先行试点。多次约谈共享单车企业负责人，要求企业履行主体责任，科学合理投放共享单车数量，并将江华片区作为共享单车运营维序减量试点，避免无序、大规模投放共享单车。结合日常巡查，落实常态化执法，整治辖区内背街小巷乱停放、乱丢弃的共享单车。将共享单车实时点位数据对接“数字湖里”指挥中心，借助大数据，实现对共享单车数量、点位等实时监控、精准调控。全年纠正乱停放、扶正共享单车7.66万辆次，暂扣车辆1.17万辆。简易程序处罚9起，罚款7300元。

（林元华）

【垃圾分类专项执法】 2021年，湖里区城市管理局成立由环卫所专职人员、垃圾收集点督导员、中队执法人员组成的综合执法小组，小组人员分工混装检查、拍照取证、开具文书，将物业小区、沿街商铺、大型商场超市、酒店等作为垃圾分类专项整治重点，对垃圾分类不到位的单位开展经常性“回头看”。

（林元华）

【城中村综合整治方案编制】 2021年，湖里区结合各“城中村”的具体情况和主要问题，制订闭环管理、消防改造、配套建设、公共服务等10个建设项目清单及建设标准，实施清单化建设，完成《湖里区“城中村”综合整治工作实施方案》。实施后坑社区、湖里社区、围里社区“城中村”社区的综合整治规划方案；完成23个城中村网格化物理隔离技术方案，同步开展其他城中村的网格化物理隔离方案等前期工作；开展城中村空中“蜘蛛网”(电线、网线)整治方案的编制及费用测算工作，先行完成后浦等7个城中村空中“蜘蛛网”整治初步方案编制及费用测算。

(辜丹红)

【住宅小区物业管理】 2021年，湖里区建设局做好住宅小区物业服务日常监督检查、文明创建迎检工作、规范物业服务合同备案等日常行业监管工作。开展物业企业服务质量星级评定工作，符合条件及提交申报星级评定的物业服务项目有305个，其中评定为五星级项目41个、四星级项目12个、三星级项目95个、二星级项目117个、一星级项目28个、不达标项目12个。做好“点题整治”专项工作，承办省、市两级转来线索问题办件79件，年内全部办结；分三批次对46个项目进行审计协查，对53家物业企业发出责令整改通知书83份，基本完成整改，转入专有账户小区公共收益约1225万元。

(辜丹红)

【道路保洁管理】 2021年，湖里区创新“网格+街长”管理新模式，将辖区划分为24个道路网格，制订定路、定人、定责的“三定”管理责任制，实现辖区24个道路网格365条市政道路卫生管理全覆盖。每日组织对辖区内所有主次干道、背街小巷、商业街及周边可视范围内环境卫生巡查。组建专业清洗队伍，投入75辆水车实现“以洗代扫”；采取全天候“人工巡回保洁+定时机扫”相结合的模式，对全区主次干道、背街小巷进行全面清洗作业，基本实现道路清扫“零死角”。通过构建车辆GPS、环卫车辆作业管理、车辆维护管理、果皮箱满溢等管理系统，配备环卫工人SOS紧急情况呼救功能，实现对车辆轨迹、车辆油耗、车辆作业速度、果皮箱满溢监测等环卫工作所涉及的人、车、物进行全过程实时管理；首创“环卫一张图”平台，引入环卫问题逐级上报处理流程。

(李玉玲)

【生活垃圾分类管理】 2021年，湖里区围绕知晓率、参与率、准确率三个100%目标，提高辖区垃圾分类减量化、资源化、无害化的成效；发动各街道办、社区居委会，垃圾分类督导员，物业管理人员，志愿者等各方力量，开展垃圾分类宣传；运用报纸、微信公众号、电台、电视、网络等宣传载体，推广垃圾分类工作经验。建立源头督导机制，坚持桶边督导和定期回访；构建高效统一的分类收集体系，引导高层撤桶，实现全区高层住宅小区楼道撤桶率100%；推行垃圾直运，实现辖区厨余垃圾直运率100%。建立区、街、社区三级联动，出台《湖里区住宅小区物业服务日常监督检查实施方案》；建立常态考评指导机制，开展错峰考评(非督导时间段)、垃圾直运考评、示范小区及示范社区评选等专项检查行动。

(李玉玲)

【湖里区数字化城区管理】 2021年，湖里区“数字湖里”公共管理集成平台与市“12345”公共服务平台、市城市综合管理服务平台、市公共安全管理平台对接，形成“上下贯通、数据共享、开放共治、部门联动、智能预警、分析研判”为一体的公共管理智慧体系。“数字湖里”公共管理集成平台全年受理城市管理事件54.3万件，平均每天受理1488件，处置率、结案率、群众满意率均在99.9%以上，综治、绩效考评位列六区之首。

(丁　岚)

【综合执法专项整治】 2021年，湖里区成立区级综合执法大队，开展建筑废土联合专项整治，全年开展集中整治行动52次，出动执法人员725人次，出动执法车辆185辆次，巡查工地85处；查处涉嫌工地扬尘污染立案17起，督促施工工地整改46起，罚款30.13万元；查处违规重型渣土车296辆、未入目录库“黑车”52辆，罚款38.96万元；查处车辆涉嫌污染公路45辆，罚款2.25万元。

(丁　岚)

【非机动车管理】 2021年，湖里区采取设置非机动车充电桩等措施，治理飞线充电等非机动车管理难题。截至年底，建成电动自行车充电点1021处、充电桩(口)15864个、“保命墙”110面；祥店路试行智能停车收费系统，施划非机动车停车泊位1914个。

(丁　岚)

【执法业务培训】 2021年11月9—11日，湖里区城市管理局举办2021年度执法业务培训，全局执法队员及各科室、中队协管员骨干160余人参加培训。培训重点围绕学习领会习近平总书记在庆祝中国共产党成立100周年大会上的重要讲话精神、《中华人民共和国行政处罚法》和《法治政府建设实施纲要(2021—2025年)》解读、城管法治思想和具体实务、城管执法监督制度等内容展开。

(林元华)

生态环境建设

综　述

【概况】 2021年，湖里区开展一系列生态文明建设探索与实践，参与碳达峰、碳中和行动，“全员参与、全域改造，把政府机关打造成节能低碳示范点”案例入选国家机关事务管理局公共机构能源资源节约优秀示范案例；探索构建全方位多层次低碳试点体系，建成五缘湾北低碳社区，打造五缘湾湿地公园近零碳排放示范工程和盛德东南新能源零碳生态园（低碳工业园区）；推行机关单位无纸化办公，湖里区机关事务管理局获颁全省首个政府机关“碳中和认证证书”；建成全省首家区级碳中和行政中心。聚焦排海口晴天污水“零排放”的关键问题。江头街道入选全省首批生活垃圾分类示范片区。首次实现空气质量优良率、地表水环境功能区达标率和近岸海域水质优良率三个100%。空气质量综合指数2.38，比上年下降1.2%；空气质量优良天数比例连续2年保持100%；二氧化硫、二氧化氮、一氧化碳、臭氧、直径小于或等于10微米和2.5微米的可吸入性颗粒物主要污染物指标均达到国家二级标准。湖边水库水质达到水环境功能区三类流域地表水要求，埭辽湖水质达到四类水标准；近岸海域水质全省县区排第四位。土壤环境质量总体较好，地下水环境质量考核点位五类比例提升50%。生态绿化水平稳步提升，森林覆盖率8.93%，森林蓄积量2.28万立方米，林地保有量3.71平方千米，湿地保有量1.12平方千米，自然岸线保有率21.75%。湖里区获评国家生态文明建设示范区，“五缘湾湿地生态环境保护与栗喉蜂虎保护区建设”获评福建省2021年度“优秀公众参与案例”。

【环境保护宣传教育】 2021年，湖里区开展生态文明建设和环境保护宣传教育，加强对各级党政领导干部的宣传培训，将党政领导干部参加生态文明培训人数比例纳入对区委党校的生态环保目标考核内容，副科级以上干部参加区委党校组织的生态文明培训率100%。在世界环境日、生物多样性日、世界低碳日等时间节点，开展“人与自然和谐共生”“低碳生活，绿建未来”等主题宣传活动，动员社会力量参与生态文明建设和环境保护。组织线上线下活动，在报刊进行专题报道，在门户网站和新媒体矩阵推送主题活动信息，在辖区各街道、社区张贴宣传海报，发放宣传资料，利用LED屏滚动播放宣传标语。

【国际生物多样性宣传】 2021年5月22日，湖里生态环境局在翔鹭花城一期幸福广场组织开展“保护鸟类，保护生物多样性”主题宣传活动，通过悬挂横幅、发放宣传资料、环保购物袋及咨询服务等方式，向群众普及生物多样性相关知识和保护鸟类的重要意义，为群众讲解和答疑。

【环境安全专题培训】 2021年6月29日，湖里生态环境局组织召开环境安全专题培训会，对辖区内42家风险隐患企业进行培训。会上，传达学习省委常委、常务副省长郑新聪在2021年省政府第三季度防范重特大生产安全事故暨安委会成员视频会议上讲话，全市安全生产工作会议和省委常委、市委书记赵龙的讲话精神；从隐患排查必要性、排查方法、排查依据、排查案例4个方面为企业开展隐患自查提供指导。

【汽修行业环保规范化专项整治】 2021年，湖里生态环境保护综合执法大队开展汽修行业环境保护规范化专项整治。重点整治辖区汽修行业污水、废气、噪声等污染物排放不达标和危险废物处理不规范等违法违规行为，执法检查辖区范围

2021 年 11 月 11 日，“厦门市湖里区环境影响评价、排污许可和排污权交易制度衔接融合试点研究”项目专家咨询会在市生态环境局召开（湖里生态环境局　供图）

内涉及喷漆、烤漆等工艺的汽修店，对没有安装污染治理设施的汽修企业依法给予处罚并要求其立即整改。综合执法大队全年出动检查人员 150 人次，检查汽修店 53 家，责令整改 15 家，依法处罚 8 家。

【3 个试点创建方案通过专家评审】 2021 年 11 月 3 日，湖里区生态环境保护委员办公室在区城管大楼召开《厦门市湖里区五缘湾北低碳社区实施方案》《盛德东南新能源生态园低碳工业园区试点实施方案》《厦门五缘湾湿地公园近零碳排放示范景区试点实施方案》(下统称“方案”)专家评审会。湖里生态环境局相关负责人、中国科学院城市环境研究所、厦门市环境科学研究院、厦门市排污权中心的专家学者和五缘湾北社区居委会、盛德东南（福建）新能源科技有限公司等创建单位代表出席会议。会上，编制单位介绍实施方案编制情况，对试点现状、改造提升方向做重点阐述；与会单位、相关人员提出改进意见和完善建议；低碳领域专家针对实施方案改造提升细节、指标计算、章节逻辑关系等方面提出完善要求。经审议，专家认为“方案”符合厦门市低碳验收技术规范的有关要求，提出的实施建议及项目清单切实可行。

【环评、排污许可、排污权交易制度衔接融合试点项目专家咨询会召开】 2021 年 11 月 11 日，湖里生态环境局联合市局环评处在市环境生态局召开“厦门市湖里区环境影响评价、排污许可和排污权交易制度衔接融合试点研究”项目专家咨询会。会议邀请生态环境部环境工程评估中心、福建省生态环境厅、福建省环境影响评价技术中心、厦门市排污权中心等单位代表、专家参加会议。会上，与会专家及代表对试点实施方案内容提出建议、意见。

（范晓东）

污染防治

【大气污染防治】 2021 年，湖里区实施蓝天工程，启动空气质量应急预案，加强工地扬尘污染防治，全年出动执法人员 8990 人次，实现辖区工地全覆盖。建设蔡塘拆迁工地抑尘植物试验基地，召开拆除工地全市现场会，推动 3 个月内未开工建设的工地种植抑尘植物，全区拆除工地平整绿化率 100%。强化大气污染源头治理，全年完成 136 台非道路移动机械审核，挂牌率 100%。开展重点行业污染治理，全年检查涉挥发性有机物（VOCs）工业企业 35 家次，建立源头治理示范企业 3 家，对 10 家在用锅炉炉窑单位实行常态化监测。

（范晓东）

2021 年 12 月 6 日，湖里区生态环境局与厦门市生态环境执法支队工作人员联合检查石湖山煤码头扬尘防治情况（黄仕伟　摄）

2021 年 4 月 14 日，厦门市水务排水公司现场调研仙洞小区的正本清源及排水进小区等工作开展情况 （陈晓先 摄）

【水污染防治】 2021 年，湖里区实施碧水工程，落实河（湖）长制，加强天地湖、湖边水库、埭辽湖等湖库保护管理，确保水质稳定达到功能区划标准。关停五缘湾湿地公园污水处理站。推进入海排放口常态化管理，跟踪工程建设运行实际效果。

湖里区开展排水管理进小区试点工作，完成雨污分流改造 101 千米，开展鼻子沟以西、鼻子沟以东、五缘湾南、湖边水库、两岸金融中心、枋湖、西海域、机场北片区 44.4 平方千米的正本清源工作。全年实现排海口晴天污水"零排放"，首次实现水环境功能区水质达标率、近岸海域水质优良率、空气质量优良率 3 个 100%。

（范晓东 李玉玲）

【土壤污染防治】 2021 年，湖里区实施净土工程，完成后坑垃圾焚烧厂、太古起落架维修有限公司、太古飞机工程有限公司土壤重点监管企业土壤风险隐患排查，排查整治涉重金属企业。推进辖区内医疗废物收运体系建设，启用区级"大箱"机构 9 家，收集 52 家"小箱"机构医疗废物，370 家医疗机构实现医疗废物信息化管理。强化涉疫机构监管，涉疫医疗废物处置率 100%。

（范晓东）

【海洋污染防治】 2021 年，湖里区实施碧海工程，印发《厦门市湖里区湾（滩）长制实施方案》，实施湾（滩）长制；全年出动执法人员 2000 多人次，每月监测晴天有水排出的入海排放口 28 个。建立"排海口长制"，建成五缘大桥北侧排海口监控试点，落实排海口排查及常态化监测，全年开展水体交换规律摸索 7 轮，辖区近岸海域水质比上年得到改善。

（范晓东）

【噪声污染防治】 2021 年 6—9 月，湖里区开展"静夜守护"城市夜间噪声污染整治专项行动。全区各部门加强联动，开展联合执法 3 次、下沉督导 1 次，配合市直部门开展执法检查 5 次。控制高噪声建设项目审批，专项行动期间审批夜间施工许可 124 份。以"双随机"的检查方式，检查 22 家企业噪声防治和厂界噪声排放情况，督促 11 家企业自行监测并做好信息公开。开展测管联动，对 5 家被重复投诉的工业企业、1 家医院、1 家使用冷却塔的商业经营企业和 1 处位于居民区周边的充电桩进行夜间噪声监测。全年受理噪声类投诉举报 1733 起，劝导夜间噪声扰民事件 397 起。邀请辖区内噪声扰民投诉较多的商家座谈，2 家企业签订"噪声污染防治承诺书"。联合区建设局、湖里交警大队、区城管局等部门开展专项联合执法，排查整治在建工地、餐饮娱乐场所。出动执法人员 400 余人次，检查工地夜间施工 85 处，排查餐饮和文化娱乐场所 238 家。

（范晓东 林元华）

【重点区域工地扬尘管控现场推进会召开】 2021 年 4 月 16 日，湖里区生态环境保护委员会办公室牵头组织在南山学校工地召开重点区域工地扬尘管控现场推进会，区建设局、区城管局、区市政园林局、湖里街道、南山社区等单位领导，以及南山小区、南山学校工地负责人参加会议。与会人员现场查看"南山小区自来水改造工程""南山学校工地"扬尘污染防治情况。在南山学校工地会议室召开现场推进会。会议通报第一季度湖里区空气质量状况，部署下一阶段扬尘管控重点工作及要求。

（范晓东）

【碳达峰、碳中和知识专题培训】 2021 年 5 月 11 日，湖里区举办碳达峰、碳中和知识专题培训。会议邀请福建省生态环境厅的工程师何美龙作专题报告，区委、区政府领导，各街道党政主要领导，市直、区直各单位、各人民团体主要负责人参加会议。区委书记龚建阳提出政治站位、全面贯彻落实和加强工作保障三点要求。

（范晓东）

环境监管

【概况】 2021 年，湖里生态环境局排查环境风险企业 78 家，发现安全隐患 37 处，均在限期内整改到位；制订突发环境事件预案和湖里区突发环境事件应急演练方案，组织开展突发环境事件应急演练；梳理化解生态环境类信访投诉件，办结生态环境类投诉件 608 件，其中厦门市“12345”便民服务平台转办 595 件，“12369”生态环境信访投诉举报管理平台转办 13 件；做好线上线下联动，配合市、区两级政府做好涉及生态环境的网络舆情应对处置工作，防范负面环境舆情风险。

【环评审批与排污许可深度衔接改革】 2021 年，湖里区开展厦门市建设项目环评与排污许可深度衔接改革试点工作。在辖区内推行固定污染源排污许可“一证式”管理。湖里区生态环境局对接区招商办等部门，提前掌握建设项目涉及的环保要素需求，开辟绿色通道，优化审批流程。全年实施豁免审批重点项目 9 个，实施优化审批重点项目 5 个，对施耐德（厦门）电气有限公司、厦门新科宇航科技有限公司、宸鸿科技（厦门）有限公司、太古飞机工程有限公司、太古可乐饮料有限公司、厦门飞利浦电子照明有限公司等企业的增资扩产优质项目实行特事特办。

【生态环保服务举措创新】 2021 年，湖里生态环境局到企业开展送政策、送技术、送法律，促复工复产、促环保落实，促环境安全的“三送三促”活动，组织生态环保专家为辖区 25 家“三高”企业“巡诊”，指导企业完善污染治理设施，稳定达标排放。提供环保管家服务、环保知识培训、“一件事一次办”集成套餐式审批指导等服务，全年走访企业 50 家，收集企业需求 21 项，解决企业需求 21 项。与环保信用受损企业对接，帮助指导企业开展信用修复。实施执法正面清单，坚持“严管慎罚，端口前移”的原则，实施监督执法正面清单管理。实现一次综合执法行动完成多项任务。开展非现场监管，以固定污染源自动监控为主，结合视频监控等手段开展日常监管检查。坚持严管慎罚，落实《环境轻微违法行为不予行政处罚实施办法》《环境轻微违法行为不予处罚目录清单》，建设服务型执法队伍。

2021 年 11 月 16 日，湖里区航空煤油泄漏突发环境事件应急演练在中国航空油料有限责任公司厦门分公司举行（湖里生态环境局　供图）

【核与辐射项目安全隐患排查与监测专项行动】 2021 年 7 月，湖里生态环境局针对 2020 年 4 月以来厦门市生态环境局审批辐射安全许可证的湖里辖区内的核技术利用单位，以及日常工作中发现问题较多、整改推进缓慢的核技术利用单位，组织开展辐射安全隐患专项排查与监督性监测。出动 144 人次，排查辖区核技术利用工作场所 36 家，现场检查发现，一些工作场所存在仪器未及时校验、人员未及时培训、警示标示脱落等问题，要求相关单位落实整改。

【突发环境事件应急演练】 2021 年 11 月 16 日，湖里区航空煤油泄漏突发环境事件应急演练在中国航空油料有限责任公司厦门分公司举行。湖里区分管领导，厦门市生态环境保护综合执法支队、湖里生态环境局、区应急管理局、湖里消防救援大队等部门和各街道办领导，以及湖里区企业代表等观摩此次演练。演练以“中国航空油料有限责任公司厦门分公司储罐区发生航空煤油泄漏引发突发环境事件”为模拟背景，区政府相关部门、生态环境部门和事发企业应急救援处置力量按照突发环境事件应急预案要求，开展接转警、信息报告、研判决策、指挥调度、应急监测、应急处置、舆情引导和后期处置等一系列应急响应和处置。

（范晓东）

经济管理

宏观经济管理

【概况】 2021年，湖里区坚持“稳”字当头、稳中求进，以实体经济为支撑，以服务企业为抓手，抓经济促全局，统筹疫情防控和经济社会发展，全区经济运行总体保持恢复态势。全区实现地区生产总值1539.41亿元，比上年增长7.2%，总量增加约150亿元；地区生产总值占全市总量的21.9%，略高于正常年份，经济总量排名全市第二位、全省第四位。其中，固定资产投资、其他营利性服务业指标增速高于全市、全省平均水平。

【发展空间拓展盘活】 2021年，湖里区在东部旧村改造片区规划产业用地48幅地块、1.16平方千米，占全部东部旧村改造腾挪空间的15%。策划生成忠仑、湖边水库东片区等东部系列科创产业园，推动纳入市级专业软件研发园区；配合开展湖里老工业区空间梳理；策划枋湖工业小区、园山健康步道片区商业项目。

湖里区出让经营性用地5幅，其中：产业用地1幅、商住用地2幅、成片综合开发用地出让2幅。新增产业空间7.2万平方米，商业、酒店空间10.5万平方米，居住空间61.2万平方米；总出让金额273.76亿元，比上年增长200%。年内，完成金林湾花园四期、钟宅北苑一期等安置型商品房项目地块协议出让8幅。

【项目策划】 2021年，湖里区推进五通三期（含大厦之门）片区提升、五缘体育公园项目国际方案征集工作，完成优胜方案评审；完善东部旧村改造规划。梳理东渡西片区提升方案，完善片区功能及配套更新改造；梳理各片区民俗文化建筑安置思路，确定旧村民俗建筑的安置选址70余处。

【重点项目】 2021年，湖里区有“五个一批”（谋划一批、签约一批、开工一批、投产一批，增资一批）在库项目464个，总投资3714亿元；湖里区作为责任单位的省重点项目英蓝国际金融中心、厦航总部大厦等5个项目，总投资124.16亿元，年度计划投资18.1亿元，全年累计完成投资

2021年湖里区主要经济指标完成情况表

表5

指标名称	累计完成	比上年增长（%）
地区生产总值（亿元）	1539.41	7.2
规模以上工业增加值（亿元）	443.62	6.1
批发零售业商品销售额（亿元）	11453.43	30.9
社会消费品零售总额（亿元）	526.35	11.3
固定资产投资（亿元）	507	13.7
实际利用外资（万元）	219629	−2.6
财政总收入（万元）	2600764	—
区级财政收入（万元）	555552	8.82
区级财政支出（万元）	812780	—
城镇居民人均可支配收入（元）	66226	9.9
城镇居民人均消费性支出（元）	40821	13.3

40.18 亿元，完成年度投资计划的 221.99%；市重大前期项目 11 个，其中厦门市华东师范大学希平双语学校、郭氏投资集团区域总部大厦项目于年内开工。全年辖区内有 41 个项目开工建设，44 个项目建设完成并投入生产。

【成片综合开发试点】 2021 年，湖里区围绕湖里东部片区 19 平方千米用地，按照“实施一大片区整体城市设计，优化三大单元功能发展定位，深化 N 个组团成片开发方案”的原则，以“一平方千米”为标准范围，策划生成高林—金林、湖边水库等 5 个成片综合开发项目。其中，高林—金林和湿地公园 TOD（以公共交通为导向的开发）成片综合开发 2 个项目作为全市首批成片综合开发试点项目，采用“方案竞赛后带城市设计图则出让”的方式完成土地出让。

【营商环境优化】 2021 年，湖里区深化区领导挂钩重点企业制度及区领导挂钩“三高”企业制度，区领导对接挂钩重点企业 230 家、“三高”企业 297 家；各级干部走访挂钩企业 1752 家次，落实工业、物流、科技等惠企政策，惠及企业近 400 家，兑现扶持资金约 8000 万元。优化商事登记服务，100% 办理事项实现“一趟不用跑”，承诺时限压缩至法定时限的 15.8%，即办件事项提升至 71%，全程网办事项提升至 55.5%；推广“一网通办”和“全程网办”，网上审批件 1.88 万件，其中实现全程网办 1.52 万件，企业开办、设立实现“全程网办”的占总审批件的 80% 以上。深化“一件事”改革，新增“一件事”集成套餐服务项目 9 项，截至年底，“一件事”集成套餐服务项目 30 项。实施“一业一证”改革，全年颁发行业综合许可证明 15 张。推进“厦漳泉异地代办”服务，服务对象由“属地内”向“属地外”延伸，全年办理省内异地代收代办业务 37 件。

（郭伟杰）

经济体制改革

【概况】 2021 年，湖里区实施创新驱动发展，健全优化产业结构政策支持体系，推进国企改革，推进扩大内需，深化财政投融资体制和国资国企改革，优化营商环境，全区经济体制改革扎实推进。修订《湖里区推进科技创新发展实施办法》，鼓励企业认定国家高新技术企业，鼓励国家高新技术企业壮大成为规模以上企业。出台“区属国企工资总额管理办法细则”，区属国企经理层级成员和子公司负责人实行任期制和契约化管理；修订企业国有资产监督管理办法，完善国企负责人业绩考核管理办法体系和国资管理监管体系。

【科技创新发展】 2021 年，湖里区支持企业利用高新技术改造提升传统产业，加速科研成果转化，高新技术企业发展更优、更强。全年对 61 家企业兑现 2020 年度科技表彰配套、发明专利、设立技术中心、科技项目扶持奖励金 1043.5 万元；对 153 家企业给予国家、市级高新技术企业区级配套政策奖励 2390 万元；173 家企业申报湖里区 2021 年两批市高备案，审核通过 89 家；支持规模以上企业和高新技术企业提升，修订《湖里区推进科技创新发展实施办法》，鼓励企业认定国家高新技术企业，鼓励国家高新技术企业壮大成为规模以上企业。年内吸纳“双百”人才，开展柔性引才工作，1 家“双百”企业落户湖里区，14 名人才申报厦门市“双百计划”；引进高层次“双百”人才企业 65 家，签约 59 家。“三高”（高技术、高成长、高附加值）企业培育滚动，建立湖里区“三高”企业后备库，企业入库 164 家；建立湖里区重点培育“三高”企业库，企业入库 54 家；建立湖里区上市后备“三高”企业库，入库企业 24 家。

【产业结构政策支持体系建设】 2021 年，湖里区成立促进产业发展工作领导小组，由区委、区政府主要领导担任组长，下设区产业办及 6 个区重点发展产业工作组、13 个市重点发展产业对接落实工作组，围绕 5 个重点发展产业、1 个特色产业和 13 个市重点发展产业，编制《湖里区促进产业发展工作手册》，围绕先进制造产业、新一代信息技术产业、商贸物流产业、新兴金融产业、旅游文化和健康产业 5 个重点产业以及建筑业这个特色产业重点发展产业方向，深化产业链招商工作，推动一批科技含量高、带动性强的高能级企业落户投产，做好产业链补链、延链、强链。

【国企改革】 2021 年，湖里区出台“区属国企工资总额管理办法细则”，区属国企经理层级成员和子公司负责人实行任期制和契约化管理；修订企业国有资产监督管理办法，完善国企负责人业绩考核管理办法体系和国资管理监管体系。全年 2 家国企完成 45 项基本制度和 130 项业务流程的修订工作。优化国有经济布局，推进国企“僵尸企业”处置工作，将资源配置和经营重点集中到主业，全年接收管理区、街企业 10 家，完成清理注销 5 家，完成改制 1 家。推进区属国资国企大数据监管平台建设，完成企业组织机构基本信息管理系统、

“三重一大”（重大问题决策、重要人事任免、重大项目安排，大额资金使用）决策和运行监管系统、大额资金动态监测应用系统、国有资产监督追责工作系统及统一数据采集交换平台建设及区属国有企业数据审核、上报工作。梳理审查国有企业自有房产及代管政府经营性房产经营情况及合同履约情况，督促国企盘活闲置房产，资产效益、国企资产运营效益得到提升。

【扩大内需】 2021年，湖里区推动厦门海上世界，SM城市广场三期、四期，闽南古镇，万达广场建设；打造“特区·1980”湖里创意产业园、高崎闽台中心渔港等经济项目，繁荣夜间经济，发展跨境电商、直播电商等消费业态，培育新型消费。举办2期“湖里魅力购”专项活动，联合辖区的12个商业综合体、19家大型商场超市及汽车、家电、餐饮等重点企业，发放千万消费补贴，促进消费。指导各经营者将疫情防控与复市复业相结合，提振群众消费信心，实现疫情防控与促进消费“双赢”。搭建零售行业沟通桥梁，成立湖里区零售商业协会，推动湖里区社会零售产业发展。

【财政体制改革】 2021年，湖里区提升财政资金配置效率和使用效益。推进零基预算改革，坚持以“0”作为支出基点，细化部门支出预算类型，对项目内容、标准、绩效等进行审核，分类分级次编制年度预算，实现财政资金效益最大化。实施预算绩效管理，实现部门整体绩效目标全覆盖，重点委托第三方开展1个部门整体支出绩效评价、7个重点项目支出绩效评价。开展对暂存暂付款项的清理处置工作，加强对单位存量资金清理的常态化、规范化管理，减少和压缩存量资金规模，加强财政资金内控管理，防范财政资金风险。

（郭伟杰）

固定资产投资

【概况】 2021年，湖里区对标新型基础设施建设、新型城镇化建设，交通、水利等重大工程建设等五大建设行动，聚焦基础设施、城市更新、产业升级、民生社会事业短板等重点领域，全年完成固定资产投资507亿元，首次突破500亿元，比上年增长13.7%，增速在全市排名第二。

【固定资产投资专项】 2021年，湖里区固定资产投资增速呈现“高开领跑、平稳增长”的态势。该区将年度固定资产投资任务分为建安投资、工业技改/设备投资、征拆前期费用、轨道交通投资、地价投资5个专项。其中，土地购置投资占总投资额的48%，建安投资占总投资额的33%；征地拆迁投资增长幅度最大，比上年增长277%。

【“1+5+6”固投工作机制建立】 2021年，湖里区建立“1+5+6”固定资产投资工作机制。1是由区发改局牵头制订年度、季度、月度工作目标及各工作专项的指标任务，做好指标的跟踪、监控和督促工作；5个专项责任部门具体落实本专项的指标任务，摸排、梳理支撑项目库，统筹支撑项目从土地出让、项目落地到加快建设、入库、足额报统等各项工作；项目策划生成、招商落地、征地拆迁、前期准备、加快建设及足额报统6个环节为有效投资的实现提供支撑。

（郭伟杰）

国土资源管理

【概况】 2021年，厦门市资规局直属分局完成国家下发湖里区卫片图斑及补充图斑128个和省自然资源厅“天地网”图斑涉及湖里区的248个图斑的核查上报工作。完成湖里区下发专项图斑279个，其中违建别墅专项整治下发疑似图斑16个、农村乱占耕地建房问题专项整治下发图斑34个、停车场专项下发图斑229个，全部完成核查整治及上报工作。

办理农村权属登记工作3宗、宅基地使用权及房屋所有权转移登记1件，发出不动产权证1本；办理不动产抵押权注销登记1件、不动产抵押权首次登记1件，发出不动产证明1份。全年，配合湖里区法院对相关不动产权进行查封或解除查封登记11件。

拟订地质灾害防治方案，修订汛期防灾转移预案和在册灾害点“明白卡”，并发放至相关社区。全年派出巡查人员47批次334人次巡查辖区地质灾害隐患点13个，整治地质灾害隐患点2个。

（刘嘉宜　王玉琴）

【湖里自然资源所组建无人机操作员队伍】 2021年，厦门市资规局直属分局湖里自然资源所先后分3批次，组织业务骨干6人参加大疆慧飞七海扬帆分校航拍班的无人机操作培训，均取得无人机操作资格证。该所在执法巡查、图斑核实、地灾防治、项目跟踪和测绘标志管理等各项业务领域使用无人机航拍巡查，外业巡查工作质量与效率得以提升。

【防灾减灾普法宣传】 2021年5月12日，湖里自然资源所在江头中心

2021年7月14日，湖里区2021年地质灾害防治培训会在禾山街道办召开

（市资规局直属分局　供图）

广场举办以防灾减灾为主题的普法宣传活动。通过摆放宣传展板、悬挂主题标语、讲解防灾常识、发放防灾减灾宣传册和赠送纪念品等多种形式，宣传普及防灾减灾法律法规和应急避险自救等常识。厦门市资规局直属分局和湖里自然资源所领导及相关业务人员参加宣传活动。

（张子鹏）

【地质灾害防治培训】 2021年7月14日，厦门市资规局直属分局在禾山街道办举办地质灾害防治培训，湖里区防汛办、街道分管领导和社区业务经办人员等50余人参加培训。厦门地质工程勘察院专家结合湖里区地质、地貌及地质环境情况，介绍辖区地质灾害的类型、形成条件、应对方法和监测方法等内容，市政高级工程师普及挡墙知识，数字中心高级工程师讲解市地灾信息管理平台操作流程并现场解答疑问。

（王玉琴）

国有及集体资产管理

【概况】 2021年，湖里区国有资产中心直接监管企业42家（含下属全资、控股子企业）。截至年底，区属国有及国有控股企业资产总额338.02亿元，比上年增加84.28亿元，增长33.22%；负债总额227.7亿元，增加49.8亿元，增长27.99%；实现营业收入20.86亿元，增加9.58亿元，增长84.93%；实现净利润0.81亿元，减少0.68亿元，下降45.64%；上缴税金9615.95万元。

（苏丽缎）

【行政事业性国有资产管理】 2021年，湖里区建立健全涵盖资产配置、使用、处置的制度体系，实现行政事业单位资产全生命周期闭环管理，转发《厦门市市级行政事业单位国有资产使用管理办法》等一系列制度文件。理顺职责分工，形成“财政部门—主管部门—部门下属单位”3个层次的管理体系。压实主管部门主体责任，赋予主管部门更多资产配置、使用、处置权限。年内，湖里区行政事业单位规范处理资产盘盈、盘亏，财务决算，摸清资产底数。建立行政事业单位国有资产月报和年报制度，健全资产管理台账，动态了解资产变动情况。建立使用湖里区政府资产综合管理平台，将各单位资产纳入平台，实行“一物一卡”统一管理，开展资产增减、使用、处置全过程信息化动态监管。协助涉及机构改革的部门进行资产的清查梳理，办理相关资产移交手续，全程监督整个财务资产移交工作。

（苏丽缎）

【“村改居”社区集体资产管理】 2021年，湖里区委办、区政府办

2021年8月18日，湖里区市政园林局、区财政局、区审计局联合检查后坑社区集体经济组织“三资”管理工作

（区市政园林局　供图）

联合印发《湖里区“村改居”社区集体资金资产资源管理办法》和《2021年度湖里区“村改居”社区集体资金资产资源管理专项检查工作方案》，建立市、区、街三级联动指导检查机制，分别于4月、8月开展2轮检查。确定后埔股份经济联合社为建章立制试点单位。区市政园林局联合江头街道多次到联合社调研，拟制主要制度的初稿。江头街道聘请容诚会计师事务所为后埔社区股份经济联合社梳理存在问题及涉及风险，完善规章制度，规范集体经济组织内部管理。印制集体经济股权证书2万本。

（李玉玲）

财　　政

【概况】 2021年，湖里区制订《2021年湖里区协税护税工作方案》《湖里区促进各街道和工业园区管委会财政收入发展激励机制》，强化目标考核，提升税收协同征管效用。紧盯房地产项目、存量企业、招商引资实绩竞赛100个企业等重点税源。挖掘个人限售股、域外股权类企业、平台经济等税源，引进3家域外股权类企业。湖里区全年一般公共预算总收入260.08亿元。其中，地方一般公共预算收入55.56亿元，比上年增长8.82%。区级一般公共预算收入中，税收收入45.03亿元，占81.05%。全区一般公共预算支出81.28亿元，完成调整后预算的99.97%。财政支出向民生项目倾斜，其中，教育支出16.1亿元，占19.81%；城乡社区事务支出12.96亿元，占15.94%；社会保障和就业支出8.15亿元，占10.03%；医疗卫生支出7.7亿元，占9.5%。

【湖里区财政管理工作获国务院办公厅通报表扬】 2021年，国务院办公厅印发《关于对2020年落实有关重大政策措施真抓实干成效明显地方予以督查激励的通报》。湖里区财政局因财政预算执行、盘活财政存量资金、国库库款管理、推进财政资金统筹使用、预算公开等财政管理工作完成情况好受到通报表扬，获得财政部资金奖励2500万元。

【教育经费投入】 2021年，湖里区安排一般公共预算教育经费16.1亿元。加快实施“补短扩容”行动、“清凉校园”工程、优质放心午餐工程等6个教育民生工程。按照“开办一批、开工一批、策划一批”的原则，扩充优质学位，其中在建项目16个、前期项目5个。秋季新开办梧桐实验学校、穆厝幼儿园等6所学校和幼儿园，新增学位3660个。

【社会保障支出】 2021年，湖里区社会保障和就业财政支出8.15亿元，提高低保等救助标准，落实社会保障扶贫政策，发放低保救助、特困人员救助供养、临时救助、临时生活补贴等困难群众补助资金1131万元。做好退役士兵接收安置和就业、创业工作，发放2020年秋、冬季退役士兵自主就业一次性补助金和奖励金。加强养老机构财政帮扶，兑现养老服务机构财政扶持资金1942万元。安排专项资金300万元，推进街道养老服务照料中心建设，建成江头街道（园山）养老服务照料中心和湖里街道（濠头）养老服务照料中心。

【政府债券】 2021年，湖里区发行地方政府一般债券2亿元，其中区委党校建设项目0.55亿元，禾山中学、高林学校、湖里实验学校、湖边小学建设项目1.45亿元。

【财政审核】 2021年，湖里区发布《关于优化土地房屋征收评估审核方式的通知》《关于进一步加强财政性投融资建设项目管理的通知》《关于调整工程预结算审核限额的通知》等文件。推行“互联网+财政审核”新模式，实现政府投资项目审核网上申报、第三方审核机构审核资料在线提交、项目审核情况在线互动等功能。靠前服务，抓好污水整治、学校建设、安置型商品房等重点工程预算控制价审核，确保项目按期开工。全年完成区财政性投融资建设工程预结算审核项目124个、竣工财务决算审核项目15个、评估报告审核项目76个和征地拆迁补偿费用审核项目45个，累计节约财政资金8.95亿元。

【国库集中支付】 2021年，湖里区国库集中支付中心严把支出审核关，严控一般性支出，确保财政支出合法、合规。全年通过国库集中支付系统支出9.16万笔155.84亿元，其中直接支付2.17万笔34.71亿元，授权支付6.99万笔121.13亿元。年内，公务卡结算覆盖全区各行政事业单位，全区预算单位公务卡消费报销4824笔，消费金额406.51万元。全年国库集中支付中心代发工资5.89万人次8.44亿元。全年发放住房货币化补贴117人、1222.94万元。

【政府采购】 2021年，湖里区政府采购预算金额29464.92万元，实际采购金额26010.39万元，节约率11.72%。指导全区有食堂的预算单位，通过脱贫地区农副产品网络销售平台（“832”平台）采购脱贫地区农副产品。全年申报拟购买脱贫地区农副产品109万元，实际购买129万元。

【政府采购代理机构监督检查】 2021年，湖里区财政局监督评价福建宇宏工程项目管理有限公司、厦门方信采购招标有限公司、卓知项目管理顾问有限公司和厦门兴恒泰招标有限公司4家政府采购代理机构。通过查阅卷宗、现场检查的方式检查4家代理机构在2020年开展政府采购代理活动的7个项目，涉及采购金额7865.03万元。检查发现存在项目档案不完整、多收取代理服务费、逾期退还投标保证金、政府采购公告内容不完整、时间不一致等问题。区财政局责令代理机构整改落实，将相关区级项目整改情况报告该局。

【金融风险防范化解】 2021年，湖里区制订出台《关于做好湖里区涉嫌非法集资风险常态化排查工作实施方案》《湖里区非法集资举报奖励实施细则》等制度文件，建立联动工作机制，做好属地金融风险防范化解工作。聘请会计师事务所和律师事务所等第三方机构排查辖区企业203家。区财政局联合湖里公安分局、区市场监督管理局等单位检查重点金融风险企业12家。开展防范非法集资宣传月活动；联合各成员单位在各行业领域、针对不同群体开展线上线下宣传。全年开展线下集中宣传82场次，网络新媒体宣传38场次。

【区属行政事业单位固定资产处置】 2021年，湖里区区属行政事业单位处置报废固定资产1.78万件、处置金额4172.2万元、处置收入24.8万元；报损固定资产152件、价值36.92万元；办结无偿调拨固定资产申报1.46万件、调拨金额27934.82万元；出售、出让固定资产13件、价值31.71万元，转让资产59件、价值13.77万元。

【湖里区财政投融资建设项目审核业务系统上线培训】 2021年10月28日，湖里区财政局在区信访大楼召开财政投融资建设项目审核业务系统上线培训暨竣工财务决算审核工作推进会，各建设单位、代建单位，区属国有企业工程项目建设负责人及负责竣工财务决算的工作人员，以及财政审核中心相关工作人员约100人参加培训。会议邀请技术人员对湖里区财政投融资建设项目审核业务系统进行现场介绍和演示；区财政审核中心讲解竣工财务决算政策依据、报审范围、报审资料、审核流程及常见问题等，并进行答疑解惑。

（苏丽缎）

2021年10月28日，湖里区财政投融资建设项目审核业务系统上线培训暨竣工财务决算审核工作推进会在区信访大楼召开　（区财政局　供图）

税　务

【概况】 2021年，国家税务总局厦门市湖里区税务局（以下简称“湖里区税务局”）落实协税护税工作任务清单，推进智慧交通产业园、服务重点税源企业增收等8个项目落地，个性化辅导招商项目907个。跟踪平台项目税源收入，制定“互联网灵活用工平台税务处理”等流程，接入平台企业7家及个体工商户6722户，建立《加强平台经济管理涉税风险管理方案》，试点推广开展平台经济个体工商户批量接入。发挥“以税资政”作用，4个课题在厦门市税务局优秀科研成果评审中获奖。截至年底，辖区有管户16.84万户，占全市的23.73%，其中，正常开业户14.11万户，占全市25.14%，居全市第一；一般纳税人4.69万户。区税务局全年组织各项收入206.39亿元，比上年增长25.18%，其中税收直接收入132.95亿元、社保费收入65.72亿元、非税收入3.46亿元、其他收入1.46亿元及免抵调库2.8亿元。

【税收征管】 2021年，湖里区税务局推进“一户式”管理机制运行，对2110户纳税人核定增值税电子专用发票票种；落实增值税增量留抵退税92户次，退税金额7.82亿元；开展增值税发票风险快速反应任务应对，按时完成率 100%。做好 2020 年度个人所得税汇算清缴，准期申报总进度 98.71%，退税办结率 100%。完成 2020 年度企业所得税汇算清缴企业 8.83 万家，准期申报率 97.93%。加强国际税收管理，5 家次非居民企业享受递延纳税税款 1107 万元，18 家次居民企业享受协定待遇金额 8013 万元。与人社部门建立社保费信访工作联合应对机制，与财政、资源规划等部门建立非税收入项目职能划转协调机制，分批分步实现水土保持补偿费等 6 个项目以及土地出让金等 4 个项目划转。

【依法治税】 2021 年，湖里区税务局落实“首违不罚”清单，创建“税务约谈室”，对外公示执法信息 9.44 万条，采集音像记录信息 756 条，法制审核重大执法决定 54 件。应对行政复议 1 起、行政诉讼 4 起，无被纠错、败诉案件。依托内部控制监督平台完成厦门市税务局推送疑点核查任务 6 批次 221 条，完成自我纠错 126 个。

【减税降费】 2021 年，湖里区税务局落实各项税费优惠政策，实施宣传辅导网格化管理。帮助企业应对新冠肺炎疫情影响，落实厦门市政府和厦门市税务局助力企业纾困减负若干措施，1—11 月（统计期），新增减税降费 7.59 亿元。服务外贸发展，办理退税，审核免抵退税 1409 户次，办理出口退税 7.59 亿元，比上年增长 53.63%，审批免抵税额 6.29 亿元。

【涉税风险防控】 2021 年，湖里区税务局建立主评、辅评“两人一组”纳税评估风险防控工作机制，建立土地增值税清算审核“一套电子表、一套数据库、一套比对法”工作机制，风险应对审核平均办结时长缩短近 30 天，效率提升 20%。完成风险评估 2456 户次，风险识别率 73.37%，比上年提高 32.6 个百分点，查补入库税款及滞纳金 5.5 亿元、增长 67%，查补税款占税收直接收入的 4%。建立自然人电子税务局一体化运营工作机制，处理个税异议申诉 1.12 万人次，比上年下降 45.78%。强化跨区域协作、跨部门联动，处理稽查转办联动事项 396 户次，移送涉嫌虚开走逃线索 168 条。加强监管影视行业纳税人 3480 户，对明星工作室全部采取查账征收的方式，防止出现明星利用核定征收达到少缴个税的目的。

【纳税服务】 2021 年，湖里区税务局发票网上申领和代开比例分别为 93% 和 84%。3 月，区税务局启动“我为纳税人缴费人办实事暨便民办税春风行动”。组织开展“领导干部下基层，便民春风进企业”活动，走访行业龙头、高新技术等多类型企业 16 户次。组成 37 人党员突击队，举办纳税人座谈会 6 场及培训会 3 场。组织辖区内 662 户涉税中介建立微信群，联合区工商联等单位开展“春雨润苗”专项行动，邀请“税务体验师”走进办税厅，召开涉税专业服务机构税收业务推介会。落实纳税信用动态调整机制，完成 2020 年度纳税信用评价，评定 A 级纳税人 5976 户。

【税收宣传辅导】 2021 年，湖里区税务局涉税咨询电话线路由 5 条增加至 13 条，月均接通率超过 95%、接听量 5.6 万通；举办纳税人学堂 11 场，到企业开展针对性辅导，覆盖 3800 人次。发送短信提醒 8.9 万户次，税企互动平台推送提醒信息 73 万条。获中央媒体报道 70 条、地方主流媒体报道 127 条，获亚洲微电影优秀作品奖 1 条、全国法治动漫微视频三等奖 1 条、“中国税务好新闻”1 条、“税眼看发展”全国短视频大赛月度好作品 1 条、厦门市“2021 便民惠民都在身边”普法短视频三等奖 2 条。

【车购税专窗开放】 2021 年 1 月 4 日，湖里区税务局在梧桐办税服务厅 B 区开设车购税办理专窗 2 个，

2021 年 3 月，湖里区税务局启动“我为纳税人缴费人办实事暨便民办税春风行动”。图为“驻厅春风员”指导纳税人通过电子税务局快捷办税 （钱晓筱 摄）

设置车购税综合自助办税终端3台。从原观音山车购税办税服务点引进业务骨干3名，“传帮带”具体业务。

（陈海敏）

金融服务管理

【概况】2021年，湖里区有金融企业348家，其中银行及其营业网点129家、证券及其分支机构14家、保险及其分支机构69家、交易所3家、融资租赁机构80家、商业保理机构38家、小额贷款企业2家、典当机构9家、融资担保机构4家。此外，还有投资类企业4000家。深交所厦门基地和上交所厦门科创培育中心均落户湖里区，全区有五通金融核心区、古地石基金小镇、自贸区湖里片区等重要金融载体，实现金融业增加值127.8亿元，比上年增长7%，占地区生产总值比重的8.3%。

【古地石基金小镇建设】2021年，厦门自贸区联合厦门市自贸委、市金融监管局在厦航古地石商务广场打造基金小镇首期试点，共同出台《厦门自贸区基金小镇股权投资类企业发展办法》《促进私募证券投资基金发展若干意见》，吸引深圳市创新投资集团有限公司、深圳市高新投集团有限公司、厦门博润资本投资管理有限公司、华盖资本有限责任公司、北京源峰投资管理有限公司等基金相关项目116家，注册资本121.23亿元。截至年底，小镇接待来自全国各地的投资机构超过700家，世纪证券、东亚前海证券、中国银行等金融机构，福建容宽律所等三方服务机构182家，注册资金209.52亿元，纳税2002万元。其中，基金管理人43家（备案15家），基金产品86只（备案基金40只），持股平台29家，股权投资类企业24家。湖里区与厦门大学管理学院合作，在小镇设立厦门大学管理学院工商管理硕士（MBA）现场教学点。

【厦门市睿见私募基金管理有限公司成立】2021年3月24日，厦门市首家取得合格境外有限合伙人（QFLP）管理人牌照的私募机构——厦门市睿见私募基金管理有限公司在古地石基金小镇成立。该公司注册资本100万美元，经营范围包括私募股权投资基金管理、创业投资基金管理服务。

【金融发展论坛举行】2021年4月7日，厦门市金融发展论坛在湖里区五通佰翔酒店举行。深圳市东方富海投资管理有限公司董事长陈玮、汇添富基金管理股份有限公司董事长李文等3位嘉宾，围绕“科创与金融”的论坛主题，就资本市场、股权投资、私募基金、S基金（专门从投资者手中收购另类资产基金份额、投资组合或出资承诺的基金产品）、区域全面经济伙伴关系协定、供应链金融等热点话题，分享科创招商、金融招商，为湖里区发展提出意见和建议。

【促进私募证券投资基金发展政策出台】2021年4月22日，湖里区人民政府、中国（福建）自由贸易试验区厦门片区管理委员会联合出台《关于印发促进私募证券投资基金发展若干意见的通知》，从租金补助、经营奖励和人才奖励方面促进私募证券投资基金在湖里区发展。

【私募投资基金发展交流会】2021年5月25日，湖里区在古地石基金小镇举办私募投资基金发展交流会，福建各地及深圳私募机构的120余位嘉宾出席交流会。厦门市证监局、厦门市地方金融监管局、湖里区财政局（金融办）分别解读《促进私募证券投资基金发展若干意见》、私募基金监管及新形势下如何推动私募基金的发展等内容。

【推进上市工作培训会召开】2021年5月27日，湖里区金融办在天地金融港召开推进上市工作培训会，湖里区上市工作领导小组成员单位、辖区上市后备企业、“三高”企业代表参加培训会。厦门市地方金融监管局行业发展处林晓龙为与会人员解读厦门企业上市政策；深圳证券交易所上市推广部高级经理郁培伦向参会企业分享创业板改革并试点注册制总体情况；全国中小企业股份转让系统华南基地负责人王莹讲解新三板制度改革情况；辖区上市企业代表欣贺股份有限公司副总裁陈国汉分享上市经验。

【金融相关法律法规培训】2021年5月28日，湖里区金融相关法律法规培训在天地金融港举行，区防范和处置非法集资工作领导小组成员单位、社区网格员及辖区各物业负责人参加培训。区检察院洪祖仁解读《防范和处置非法集资条例》；厦门市地方金融监管局综合处苏晨讲解《厦门市非法集资举报奖励办法》和当前非法金融活动新形势等方面内容，该局金融监管处赵阳讲解厦门地方金融组织的监管现状、设立标准和监管方式。培训会特邀厦门大学法学院教授、法学博士、高级经济师肖伟讲解《厦门经济特区地方金融条例》。

【全省首支人才基金合伙企业落户湖里】2021年5月28日，福建省首支人才基金——厦门市深高投金圆人才股权投资基金合伙企业（有限合伙）落户湖里区。该基金企业由厦门金圆集团联合深圳市高新投集团发起设立，重点投向市委人才办认定的高层次人才创业项目，聚焦投资新一代信息技术、物联网、新材料、高端设备制造等领域。以“股债联动”的方式，解决人才企业“有智无资”困难。

【白鸽天地金融科技创新创业产业示范园建成】 2021年11月5日，湖里区新增建设“白鸽天地金融科技创新创业产业示范园”项目。该园位于厦门岛东部两岸金融中心的天地金融港，紧邻仙岳路、环岛干道，园区总招商面积5700平方米，发挥共享优势资源、引进优质域外企业、促进产业信息流通、实现科技成果转化四大功能，建立持牌保险机构、保险科技平台、白鸽研究院、金融媒体平台、创业孵化基地五大板块。截至年底，白鸽在线网络科技有限公司、厦门八方同创网络科技有限公司、数字保险金融峰会组委会入驻该园区。

（姚梅芳）

工商行政管理

【概况】 2021年，湖里区登记各类新设商事主体38408家（户），其中企业12222家、个体工商户26186户。全年开展专项整治行动32次，查办案件（立案）534件（含价格类案件5件），罚没款419万元；已结案一般程序案件处理信息公示率100%。全年受理咨询242件；接收消费争议案件3.4万件，挽回经济损失1.17亿元。

【商事登记服务改革创新】 2021年，湖里区市场监管局推进“厦漳泉异地代收”服务，服务对象由“属地内”向“属地外”延伸，全年办理省内异地代收代办业务37件。与辖区内16个银行网点开展签约合作，设置商事主体登记银行帮代办服务点，推动“就近办”。推出24小时自助文件柜服务，服务时间由“工作时间”向“全天候”延伸。深化“一件事”“一业一证”改革，年内新增“一件事”集成套餐服务项目9个，总服务项目30个；实施“一业一证”改革，全年颁发行业综合证书15张。

【登记服务优化】 2021年，湖里区市场监管局围绕“减材料、减环节、减时限、减跑动”，优化登记服务，做到办理事项100%“一趟不用跑”，承诺时限压缩至法定时限的15.8%，平均每个事项收取材料压缩至4.31件；即办件事项占71%，全程网办事项占55.5%。推广“一网通办”“全程网办”，全年网上审批18833件，其中全程网办15239件，经由全程网办开办、设立的企业占80%以上。

【信用管理】 2021年，湖里区应报年报企业84240家，完成年报企业82663家，未报1577家，年报率98.13%。依法载入经营异常名录并公示违法商事主体，与“i厦门”合作，点对点发送监管警示信息，移除符合载出条件的商事主体；对涉事商事主体办理注销，符合解除任职限制条件的法定代表人或负责人予以任职限制解除；全年剔除并公告符合条件的商事主体1990户，解除任职限制41人次。区市场监管局受理冒用他人身份证登记注册公司举报件626件，对因冒用他人身份证信息、隐瞒重要事实取得公司变更或者注销登记的公司列入严重违法失信企业名单，出具撤销商事登记决定书162份，立案调查16件。吊销长期失联且不按规定办理注销登记的非正常经营商事主体6473家；开展已拆迁建筑附着商事主体清理工作，吊销该类商事主体2691户。

【消费投诉调处】 至2021年底，湖里区市场监管局建立“12315”消费维权站点168个，发展在线解决消费纠纷服务企业（“ODR”企业）18家；流转投诉案件至“ODR”企业先行处置2399件，消费者选择绿色通道与“ODR”企业自行和解的投诉案件581件，办结568件，办结率97.76%。采取“5+2”工作模式（5个工作日+周末2天）。全年受理疫情相关投诉举报445件，挽回经济损失11.43万元，其中办结涉疫退订酒店相关投诉举报79件，达成全额退款率100%。

【农贸市场整治提升】 2021年，湖里区市场监管局配合区商务局将寨上市场、祥店市场、江头农副产品批发市场改造纳入2021年“为民办实事”项目，跟踪推进市场改造进度。7月16日，召开农贸市场、批发市场整治工作部署会，解读区市场监管局整治农贸市场“六大”乱象推进规范化管理实施方案；7月20日，集体约谈夏商水产批发市场开办单位及全体螃蟹经营户，现场签订“规范经营、诚信经营承诺书”。针对批发市场夜间经营及农贸市场清晨经营的特点，加强错时监管，从源头遏制“螃蟹绑大草”行为回潮；严查违规销售活禽的违法行为，截至年底，立案16件；在醒目位置设置举报电话，发挥消费者监督作用。

【市场监督舆情处置】 2021年，湖里区市场监管局监测、核处网络舆情519件，信访、效能及各级领导信箱处理涉诉件300余件，受理“12345”便民服务平台转办的群众诉求近8000件；梳理、制定“信访事项分流处置工作规范”，对重点信访及舆情建立督办机制，截至年底，下发督办通知5份，涉及督办件136件。

（陈琼英）

食品药品监督管理

【概况】 2021年，湖里区市场监管局指导辖区餐饮单位在企业公示栏中公示食品经营许可证、食品添加剂使用信息、食品安全管理人员信息等内容，加大对餐饮单位、食品超市进货渠道、食品安全操作规范等内容的检查力度。全年办理食品经营许可业务11348件，办理药品、医疗许可业务952件；查办食品类案件（立案）111件，药品、化妆品和医疗器械类案件14件，涉疫违法案件52件。

【食品监管】 2021年，湖里区完成建发厦门马拉松赛、中国教育装备展等15项重大活动餐饮服务食品安全保障工作；出动执法人员426人次，检查餐饮服务单位76户次，保障4.2万人次用餐。开展食品快检258批次，合格率99.6%，无食品安全事故发生。全年完成食品核查处置156批次，其中监督抽检150批次，评价性抽检、研究性抽检和风险监测6批次，召回不合格食品117.6千克，立案34批次。委托厦门海关技术中心作为年度快检车运营单位，完成食品快检4914批次，检测合格率99.85%。

【药品及医疗器械监管】 2021年，湖里区强化新冠肺炎疫苗配送接种环节监管，检查配送接种单位91家次。对辖区内医用耗材采集和新冠病毒检测试剂采购中选品种配送企业进行100%全项目检查。按照一级以上医疗机构100%、一级以下医疗机构和经营企业不低于15%的现场检查覆盖率，开展无菌和植入性医疗器械专项检查。针对儿童化妆品专项等纪委“点题整治”项目，举办主题宣传活动4次、进校园宣传1次，发放化妆品经营使用单位告知书162份，组织签署化妆品诚信经营承诺书162份。全年检查辖区内儿童化妆品经营企业162家次，完成网监系统派发的问题线索核查7条；抽检儿童化妆品10批次，责令限期整改企业3家；立案4件，其中查处儿童化妆品经营领域违法行为1起。

（陈琼英）

2021年8月5日，湖里区市场监管局工作人员在每时美季超市检查月饼质量

（区市场监管局　供图）

价格监督管理

【概况】 2021年，湖里区发展和改革局（以下简称“湖里区发改局”）督促平价超市落实厦门市发改委平价蔬菜、肉类价格协议，在启动平价超市经营活动期间，每周不定期监督检查平价商场、超市执行政府协议价情况，规范行政事业性收费。区市场监管局立案查处价格类违法案件17件，结案8件，罚没款5.16万元，结案一般程序案件处罚信息公示率100%。全年收到有关价格投诉举报件758件，其中投诉件444件、举报件314件。

（郭伟杰　陈琼英）

【平价超市价格监督】 2021年春节、“两会”期间，湖里区先后2次召开区商务局、工信局、民政局及辖区内大型连锁超市（平价商店）等单位负责人参加的工作部署会，确保春节、“两会”期间市场保供稳市。在春节及两次新冠肺炎疫情来袭期间，开展对平价商场、超市及粮食应急网点监督检查。重点检查平价商品是否做到明码实

2021 年 9 月 23 日，湖里区发改局工作人员在沃尔玛超市监督检查落实政府协议价情况　（雷庆恩　摄）

价、货签相符、按规定使用统一标识牌和标价签，销售价格是否超过厦门市发改委通知的协议价等情况，累计检查 106 次。

（郭伟杰）

【行政事业性收费管理】 2021 年，湖里区发改局强化行政事业性收费监管，对全区 28 家收费单位开展行政事业性收费统计工作，共有 9 个收费项目，收费总额 17144.17 万元，比上年增加 1821.93 万元，增长 11.89%。其中，区人民法院增加 1830 万元，教育收费增加 2031.93 万元，区市政园林局收费减少约 2040 万元。

（郭伟杰）

质量技术监督管理

【概况】 2021 年，湖里区开展生产、销售领域燃气器具质量安全专项整治行动，组织开展非医用防护口罩专项整治行动、食品相关产品获证企业专项行动、护苗行动、塑料污染治理行动和城中村消防安全专项整治行动；对民生计量器具和特种设备进行重点监管，查办特种设备类案件（立案）3 件；开展湖里区 2020 年质量品牌与标准化发展战略奖励政策兑现申报工作，申报 97 家企业的 109 个项目。

【质量监管】 2021 年，湖里区市场监管局牵头推进中央生态环保督察成品油质量管控及整改工作“回头看”，组织重要领域油品使用单位签订使用国标油责任书 10 份，排查整治涉油企业 559 家次，查处取缔流动柴油加油车 2 辆。开展生产、销售领域燃气器具质量安全专项整治，分阶段开展拉网式检查 26 家次，立案 3 件，查处不合格产品 3 批次。组织开展非医用防护口罩专项整治行动、食品相关产品获证企业专项行动、护苗行动、塑料污染治理行动和城中村消防安全专项整治行动，检查生产流通企业 107 家次，从源头上防止和消除产品质量安全风险。对 19 家企业开展不合格产品监督抽查及风险监测后处理 22 批次，立案查处 5 家企业，督促企业以点带面自查整改，实现监管闭环。

【计量监管】 2021 年，湖里区对民生计量器具进行重点监管，检查电子计价秤 913 台次、在用加油（气）机枪 684 支；对眼镜制配企业进行计量检查，强检计量器具 201 台次。全年立案查处使用不合格计量器具经营者 6 家，查处使用超过检定周期计量器具经营者 1 家，责令整改 1 家。开展食品生产企业定量包装商品抽检工作，对大米生产企业实行全覆盖检查，完成 21 批次定量包装商品的抽检。推进节能降耗工作，开展能效水效标识检查 14 家次，配合完成 1 家重点用能单位能源计量审查工作。

【特种设备安全监管】 2021 年，湖里区发现特种设备隐患 510 处，处理检验机构上报的重要问题 41 个，处理投诉 66 件，立案 5 件，下发监察指令书 38 份，组织开展培训教育 9 场次，开展应急救援演练及安全宣传活动 40 场次。出台《土制升降机专项整治方案》，明确整治内容和部门分工，由辖区街道和综合执法局负责违章建筑安装的土制升降设备的整体拆除或去功能化，区市场监管局负责业务指导和技术保障工作。完成压力管道换证“清零”工作和在用设备核检“清零”工作。开展《厦门经济特区电梯安全管理条例》企业行，到在辖区注册的 40 余家电梯维保单位宣讲条例。

【认证检测工作】 2021 年，湖里区印发《湖里区 2021 年度开展质量提升行动推动质量强区建设工作要点》，出台《湖里区实施质量提升和标准化战略奖励办法》，组织湖里区 2020 年质量品牌与标准化发展战略奖励政策兑现申报工作，申报企业97家、项目109个，专项奖励金额1230.79万元。开展小微企业认证提升行动，全年推荐试点企业1家。年内，湖里区推进标准战略与自我声明公开工作，辖区企业新增主导或参与制订国家标准22项，3项标准完成对标达标。

（陈琼英）

统　计

【概况】 2021年，湖里区统计局主动服务新发展格局，推进现代化服务型统计建设，提高统计服务的水平和能力，加强调研分析，服务经济运行。建立企业统计员名录库，组建区统计培训服务队，开展统计大培训。做好工业、商贸服务业、房地产业、招商引资等经济指标的统计工作以及人口家庭、文化事业、卫生事业、民政、社会保障等社会指标的统计工作。开展“数说咱老百姓的钱袋子”项目，定期向社区公布居民可支配收支、消费价格指数变动以及商品房销售价格变动情况及走势。开展违反《中华人民共和国统计法》的文件和做法清理，对区委办和政府办2016年以来的收发文、办公自动化（OA）流转、会议纪要等进行自查清理。发布《湖里区第七次全国人口普查公报》和《湖里区2021年国民经济和社会发展统计公报》。

（陈豪伟）

【企业“一套表”工作】 2021年，湖里区通过“一套表”联网直报系统报送统计数据的企业1554家。其中，区属规模以上工业企业129家、限额以上商贸及餐饮住宿业企业716家、资质以上建安企业307家和房地产开发企业69家、重点服务业企业333家。通过该系统报送劳动工资情况各类企业1678家。

（陈豪伟）

【“双随机”执法监督检查】 2021年8月19—24日，湖里区统计局通过“双随机，一公开”系统抽取16家企业进行统计执法检查。其中，检查营业收入指标企业（含工业、批发和零售业、住宿和餐饮业、服务业、建筑业）11家，检查工业总产值指标企业2家，检查销售额企业2家，检查营业额企业1家，检查工业生产电力消费指标企业2家，检查从业人员期末人数、工资总额指标企业5家。经查，所有被抽查企业均能按《中华人民共和国统计法》和统计制度要求，记录统计台账，留存原始凭证，账目清楚，上报数据与实际数据基本相符，全部通过检查。

（杨　菲）

2021年8月19日，湖里区统计局启动“双随机”执法监督检查。图为统计执法人员分组核查企业数据

（区统计局　供图）

【统计服务】 2021年，湖里区统计局加强进度经济形势运行监测和分析研判；加强与火炬统计中心、自贸区经发局的联系，掌握“两区”经济变动情况和增长点；加强街道经济发展的差异化分析，为辖区各街道找准定位、错位发展提供建议；关注湖里区各行业发展状况，研究各行业消长变化趋势，为行业均衡发展、主导产业培育、产业结构优化提出合理化建议；做好人口变化趋势研究，发布《湖里区第七次全国人口普查公报》。运用第七次人口普查的结果研究人口、结构变化趋势，为社会资源配置提供参考。年内，湖里区统计局开展课题调研，《关于规范促进平台经济发展的若干建议》《湖里创新园产业发展研究》《多区叠加对我区的影响分析》3篇调研分析被国家统计局、福建省统计局内部信息网采用。

（张明琳）

【“四上”企业统计培训】 2021年6月，湖里区统计局分7个专业，对全区1500家“四上”企业（规模以上工业企业、资质等级建筑业企业、限额以上批零住餐企业、国家重点服务业企业）组织12场统计业务培训，省、市、区三级统计局领导、专业人员，区发改局、区工信局、区建设局、区商务局分管领导，各街道办分管领导、统计人员，全区“四上”企业统计人员参加培训。培训主要内容为解读统计法、宣传中共中央关于统计工作的决策部署和省委、省政府有关工作要求；从政策法规、工业、投资、房地产、建筑业、贸易业、服务业、劳动工资8个专业，讲解统计调查对象的统计法律权利义务责任、主要指标统计口径、数据来源、计算方法及与相关数据的匹配关系等；解答企业统计实际操作中的重难点问题。

（张明琳）

【统计法治】 2021年，湖里区通过党委中心组学法等活动，对党政领导干部开展统计普法宣传；通过成立统计培训服务队对统计人员普法，打造一支学统计、懂统计、会统计、用统计的干部队伍；在“9·20”中国统计开放日、“12·4”国家宪法日、“12·8”统计法颁布纪念日，对调查对象开展统计普法。在区统计局第二、第三季度“为群众办实事”项目中，将统计普法与“为群众办实事”相结合；把统计法治宣传和人口抽样调查结合，设计定制一批印有“湖里统计”徽标和“依法统计、诚信统计”宣传口号的口罩，发给区统计局的业务骨干和5个街道办及50个样本框的统计员、调查员、指导员，要求佩戴入户，起到防疫和普法双重作用。

（杨菲）

审 计

【概况】 2021年，中共湖里区委审计委员会办公室（以下简称“湖里区委审计办”）、区审计局加快构建“集中统一、全面覆盖、权威高效”的审计监督体系，做好常态化“经济体检”工作。全年完成54个审计项目，其中经济责任审计项目29个、政策审计项目3个、财政审计项目18个、自然资源资产审计项目2个和其他审计项目2个；查出违规金额28万元、管理不规范金额19556万元，查出非金额计量问题103个；移送处理事项3件，促进增收节支7574万元，被采纳审计建议132条，推动健全完善规章制度3项。制订《湖里区“十四五”审计工作发展规划》。

（蔡海平）

【领导干部经济责任审计】 2021年，湖里区委审计办、区审计局经济责任审计按类型实现审计对象全覆盖，自然资源资产离任审计全面推开。受区委组织部委托，原定审计项目计划中新增11个任中经济责任审计项目。全年组织完成经济责任审计项目29个，查出违规金额18万元、管理不规范金额1.01亿元；促进增收节支292万元；移送纪检监察机关处理事项1件；提出审计整改意见76条。年内，区审计局作为牵头部门，对接配合省审计厅对湖里区开展3名党政主要领导干部经济责任审计暨自然资源资产离任（任中）审计。

（林瑶云）

【同级财政审计】 2021年，湖里区审计局依法审计2020年度湖里区本级预算执行和其他财政收支情况。重点对预算管理规范性、预算收入的真实完整和合规性、落实过“紧日子”要求、地方政府专项债券资金管理使用、盘活政府资金资产资源、全面实施预算绩效管理、审计整改情况等方面进行审计。经审计，发现部分预算单位应缴财政款未及时上缴、部分非税收入未及时上缴、上级专项补助资金结余较大、部分资金未及时清理上缴财政、部分财政投融资项目未及时竣工结算等问题，均要求部门完成整改。首次专项审计全区储备土地房屋管理情况，发现大部分储备土地未纳入区储备土地房屋台账管理、临时利用合同租金存在低于市场价格情况、储备土地管理不到位导致被占用、部分储备土地上存在违章建筑、个别储备用地被施工单位无偿使用、储备土地临时利用程

2021年7月29日，在湖里区第八届人大常务委员会第43次会议上，区政府向区人大常委会报告2020年度区本级预算执行和其他财政收支的审计情况

（区审计局 供图）

序不规范、税后租金收入未按规定上缴区财政等问题，审计后，大多数问题完成整改；部分尚未完全整改的问题，推进分类处置解决。推动修订完善《湖里区储备用地临时利用管理实施细则》。区审计局联合区财政局印发《关于进一步加强财政性投融资建设项目管理的通知》。7月29日，湖里区第八届人大常务委员会第43次会议审议通过《2020年度区本级预算执行和其他财政收支的审计工作报告》。

（于　静）

2021年1月25日，湖里区审计局联合相关部门在石头皮山跟踪落实部分林地被占用问题整改情况

（区审计局　供图）

【对湖里街道自然资源资产生态环境保护目标责任制落实情况审计】2021年，湖里区审计局安排对湖里街道办党政领导干部开展经济责任审计和自然资源资产离任审计。重点审计湖里街道2017—2019年水、土地、森林等自然资源和相关生态环境保护事项，以及党政领导生态环境保护目标责任制考核工作落实情况。审计中发现湖里街道存在古树名木养护不到位、网格化监管平台人均上报事件数不达标等问题。区审计局结合“再学习、再调研、再落实”“我为群众办实事”活动，会同湖里街道办等相关部门抓好部分林地被占用问题整改。年内，完成石头皮山相关区域“两违”专项整治行动，实现石头皮山“两违”零补偿奖励、零信访投诉、零阻挠拆除。

（林瑶云）

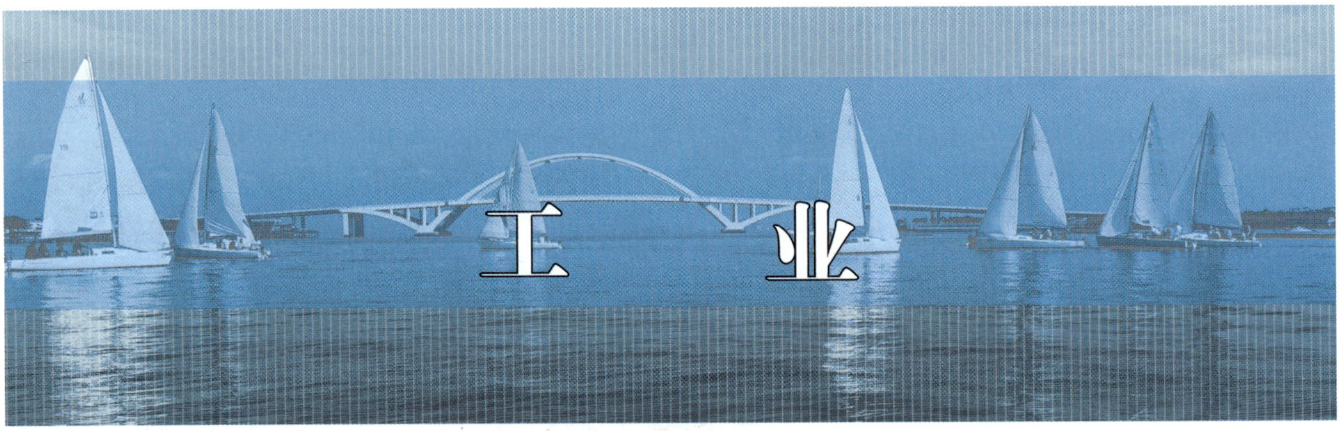

工 业

综 述

【概况】 2021 年，湖里区实现规模以上工业增加值 443.62 亿元，比上年增长 6.1%；工业产值累计完成 1910.02 亿元，增长 9.3%；规模以上工业高技术增加值占规模以上工业增加值的 77.2%。区属工业产值完成 256.3 亿元，比上年下降 5.8%。航空维修业产值减少，太古飞机工程有限公司、太古发动机服务有限公司等 9 家规模以上航空维修企业产值净减少 26.3 亿元，比上年下降 30.9%；航空维修业产值占区属工业产值的 22.9%。除航空维修业外，其他规模以上工业产值净增加 10.5 亿元，增长 5.6%，同致电子科技（厦门）有限公司、厦门台松精密电子有限公司、昕诺飞电子（厦门）有限公司等企业增长态势良好。

【火炬高新区（湖里）支柱企业发展】 2021 年，火炬高新区湖里片区累计完成工业产值 1653.72 亿元，比上年增长 12.1%，戴尔（厦门）有限公司、施耐德电气厦门开关设备有限公司、亿联网络科技有限公司等一批龙头企业成为支柱企业。湖里区加强与火炬高新区管委会在产业和空间上的“共赢、共促、共享”合作。年内，湖里区协调解决玉晶光电（厦门）有限公司电力增容和周边道路改造、施耐德电气厦门开关设备有限公司物流仓库需求及其企业骨干子女就学等 109 个问题，推动 2 家企业增资扩

2021 年湖里区主营业务收入 2000 万元以上工业企业情况一览表

表 6

指标名称	企业单位数（个）	工业总产值（亿元）	资产总计（亿元）	主营业务收入（亿元）	利润总额（亿元）	平均用工人数（人）
总　计	245	1925.17	1181.79	1429.90	108.71	91352
一、按登记注册类型分组						
内资企业	151	223.38	344.80	227.35	37.67	19736
港、澳、台商投资企业	33	158.89	180.15	153.62	14.49	23086
外商投资企业	61	1542.90	656.84	1048.94	56.54	48530
二、在经济组织类型分组中						
独资企业	57	1167.17	560.18	909.91	53.49	45403
股份有限公司	22	108.91	195.22	102.57	27.59	9772
有限责任公司	166	649.09	426.38	417.43	27.63	36177

说明：根据《中华人民共和国统计法》规定，单家企业或能推断出单家企业的数据不能对外公布，因此上表部分数据为不完全统计

产项目落地，实现产值增量。

【惠企助企】 2021年，湖里区工业和信息化局（以下简称“湖里区工信局”）在全区各部门中率先推行“免申即享”模式，方便企业兑现惠企资金，全年兑现工业惠企资金约9500万元，惠及企业超过400家次。帮助厦门太古可口可乐饮料有限公司、亿联网络科技（厦门）有限公司打通物流通道，稳定企业生产；出台鼓励龙头工业企业补强供应链、工业企业员工稳岗补助等纾困政策，助力企业复工复产。保障高附加值、低能耗企业用电，引导企业科学错峰用电，将限电对产能的影响降至最低。组成工作专班保障企业增资扩产，帮助太古可口可乐饮料有限公司新建仓库增资扩产项目突破瓶颈，完工投入生产。

【“金砖”创新基地建设】 2021年，湖里区与火炬高新区、厦门自贸区强化“金砖”项目联动，在“9·8”金砖论坛上签约俄罗斯斯科尔科沃创新中心厦门交流中心项目、厦门“金砖+”科技加速器项目等6个“金砖”项目，总投资43.3亿元。

【火炬高新区3家企业入选工信部2021年大数据产业发展试点示范项目名单】 2021年9月18日，工信部公布2021年大数据产业发展试点示范项目名单，工业大数据应用、行业大数据应用、数据重点产品、数据管理及服务等4个领域10个方向的204个项目入选。厦门火炬高新区3家企业项目入选。其中，厦门市美亚柏科信息股份有限公司的“‘乾坤’大数据平台”入选大数据分析挖掘方向试点示范项目，厦门服云信息科技有限公司的“基于零信任的大数据安全保护体系”入选大数据安全保障方向试点示范项目，法信公证云（厦门）科技有限公司的“基于区块链+大数据的电子数据管理云平台”入选大数据存储管理方向试点示范项目。

（柳子昂）

重点行业

【概况】 2021年，湖里区有资产亿元以上企业83家，完成工业总产值1850.26亿元，比上年增长10.5%。其中资产10亿元以上企业20家，完成产值1659.08亿元，比上年增长10%。产值居前三位的为计算机、通信和其他电子设备制造业，电气机械及器材制造业和通用设备制造业。

【计算机、通信和其他电子设备制造业】 2021年，湖里区计算机、通信和其他电子设备制造业完成工业总产值1493.61亿元，占全区工业总产值的77.7%；全行业拥有资产630.11亿元，完成主营业务收入1010.17亿元，创造利润总额63.33亿元，创利税总额70.93亿元；年平均用工3.31万人，占全部规模以上工业平均用工人数的36.2%。其中，计算机制造企业9家，完成工业总产值694.19亿元；通信设备制造企业8家，完成工业总产值42.95亿元；电子器件制造企业21家，完成工业总产值701.50亿元；电子元件及电子专用材料制造企业9家，完成工业总产值35.48亿元。该行业拥有规模以上工业企业51家，其中，大型企业7家、中型企业7家；产值上亿元企业25家，完成工业总产值1482.04亿元，占全行业的99.1%，包括产值1亿～10亿元的企业有17家，产值10亿～100亿元的企业有4家，产值超100亿元的企业有4家；有外商及港澳台商投资企业18家，完成工业总产值1393.74亿元，占全行业的93.2%。

【电气机械及器材制造业】 2021年，湖里区电气机械及器材制造业完成工业总产值120.98亿元。该行业拥有资产133.98亿元，完成主营业务收入121.96亿元，实现利润总额14.56亿元，创利税总额17.38亿元，年平均用工1.05万人。该行业有规模以上工业企业27家，其中，输配电及控制设备制造企业13家，完成工业产值84.59亿元；照明器具制造企业6家，完成工业产值10.89亿元；大型企业3家，中型企业5家；产值上亿元企业11家（产值超10亿元的企业有5家），完成产值118.28亿元，占全行业的93.6%；外商及港澳台商投资企业13家，完成产值87.05亿元，占全行业的68.9%。

【金属制品、机械和设备修理业】 2021年，湖里区金属制品、机械和设备修理业完成工业总产值58.65亿元。全行业拥有资产77.76亿元，完成主营业务收入58.52亿元，实现利润总额4.3亿元，创利税总额4.83亿元，年平均用工0.56万人。该行业有规模以上工业企业9家，均为航空航天器修理业，其中大中型企业3家，产值上10亿元的企业有2家，外商及港澳台商投资企业8家。

【通用设备制造业】 2021年，湖里区通用设备制造业完成工业总产值58.99亿元。全行业拥有资产69.64亿元；完成主营业务收入56.05亿元，实现利润总额6.15亿元，创利税总额6.77亿元；年平均用工1.43万人。该行业有规模

厦门航空工业园区成为全国最大的一站式航空维修基地。图为厦门太古飞机工程有限公司维修车间　（湖里头条　供图　摄于2021年12月）

以上工业企业17家，其中，大中型企业3家；外商投资及港澳台商投资企业4家，完成产值52.36亿元，占全行业的88.8%。

【纺织服装服饰业】 2021年，湖里区纺织服装、服饰业拥有规模以上工业企业19家，其中机织服装制造企业12家、针织或钩针编织服装制造企业6家、服饰制造企业1家；从企业规模上看，有大中型企业4家。该行业年末固定资产原价7.16亿元，年平均用工0.89万人；全年完成工业总产值40.19亿元，实现主营业务收入31.39亿元，利润总额3.67亿元，创利税5.85亿元。外商及港澳台商投资企业有8家，拥有资产6.39亿元，完成工业总产值34.04亿元，实现主营业务收入25.2亿元，分别占全行业的89.2%、84.7%和80.3%。

【专用设备制造业】 2021年，湖里区专用设备制造业完成工业总产值35.04亿元，拥有资产54.07亿元，完成主营业务收入32.72亿元，实现利润总额2.97亿元，创利税总额3.79亿元，年平均用工0.45万人。该行业有规模以上的工业企业20家，其中，大中型企业4家；有产值上亿元企业5家，完成产值28.28亿元，占全行业的80.7%。

【仪器仪表制造业】 2021年，湖里区仪器仪表制造业完成工业总产值15.26亿元，拥有资产16.12亿元，完成主营业务收入14.94亿元，实现利润总额2.27亿元，创利税总额2.71亿元。

【农副食品加工业】 2021年，湖里区农副食品加工业年末资产总计11.06亿元，完成工业总产值13.23亿元，实现主营业务收入13.38亿元，实现利润总额1.05亿元，创利税总额1.2亿元。

【非金属矿物制品业】 2021年，湖里区非金属矿物制品业完成工业总产值12.07亿元。全行业拥有资产15.77亿元，完成主营业务收入12.01亿元，实现利润总额0.75亿元，创利税总额1.21亿元。

【皮革、毛皮、羽毛及其制品和制鞋业】 2021年，湖里区皮革、毛皮、羽毛及其制品和制鞋业完成工业总产值9.06亿元。全行业拥有资产5.26亿元，完成主营业务收入9.28亿元，实现利润总额1.15亿元，创利税总额1.47亿元。

【金属制品业】 2021年，湖里区金属制品业完成工业总产值6.98亿元。全行业拥有资产13.93亿元，完成主营业务收入7.85亿元，实现利润总额0.99亿元，创利税总额1亿元。

（陈豪伟）

工业园区

【概况】 2021年，湖里区工业园区管委会负责湖里创新园、厦门两岸集成电路产业园、厦门泉州（安溪）经济合作区湖里园的开发建设、管理服务和园区党建等工作。年内，引进飞鱼科技业务运营总部、厦宇流体控制技术等68个项目，总投资93.73亿元，入驻企业涵盖高端制造、信息传输、物联网等高科技行业。立达信物联科技股份有限公司在上交所主板上市。湖里工业园区获得省级劳动和谐单位、省级示范性“青年之家”、厦门市文明单位、厦门市人才工作先进集体等荣誉称号，湖里创新园创新驿站被评为省级人才驿站示范站。

【园区管理】 2021年，湖里工业园区管委会配合属地街道、社区落实各项常态化疫情防控和疫苗接种工作，检查园区70个点位，闭环管理、取消堂食，开展6轮全员核酸检测，检测12万余人次。印发工作方案，组建四大类21个网格工作组；常态化开展“六必访”工作，传达扶持政策，促进政企互动，全年走访企业1020余家次。做好园区各企业税收要求的事中监管工作，年内，监督园区2家未完成税收承诺的企业兑现税收承诺。

【园区服务】 2021年，湖里工业园区管委会组织摸排园区上市后备企业12家，列入重点服务对象名单。对接厦门合立道工程设计集团有限公司等公司推动柔性引才申报，年度申报143人；协助厦门江平生物科技有限公司等公司申报省高层次人才；为园区47家单位2016名参加工会医疗互助保障的职工提供服务，帮助参保生病员工申领补助12.1万元；办理“平安返厦”车费补助8.87万元，惠及职工477人。完善园区“4+1”特色服务模式（依托园区党群中心、创新驿站、创享天地、天地雅园四大平台，实施“大物业”管理），为企业提供良好的发展环境。举办政银企对接会等活动77场，与企业互动2500余家次，吸引1.5万人次参与。

【湖里创新园】 2021年，湖里创新园完成税收11.71亿元。建成及在建项目74个，建筑面积272.64万平方米。园内有上市企业13家，列入该年度厦门市重点上市后备企业6家，“三高”企业63家，“双百人才”企业17家，形成研发结算产业、信息技术产业、创意设计产业三大主导产业。

2021年6月2日，留厦青春创未来“新鹭英才”产业行厦门理工学院湖里专场座谈会在湖里创新园创新驿站举行　（区工业园区管委会　供图）

【厦门两岸集成电路产业园】 2015年8月，厦门市科技局与湖里区合作共建厦门两岸集成电路产业园。该园占地面积3.32万平方米，建筑面积7.8万平方米。2021年，园区年产值13亿元，接洽企业2690余家次，完成工商注册企业283家，实际入驻办公企业175家，企业总注册资金21.58亿元；年内，引进“双百计划”人才企业10家，有2人享受国务院专家津贴。园区于1月成为国家级科技企业孵化器。

【厦门泉州（安溪）经济合作区湖里园】 2014年7月，厦门泉州（安溪）经济合作区湖里园动工建设，用地面积63.33万平方米。2021年，园区有入驻企业25家，其中购地自建企业17家、购买厂房企业8家，投产企业12家。

【“新鹭英才”产业行厦门理工学院湖里专场活动】 2021年6月2日，湖里区人社局、市人才服务中心在湖里创新园举办“新鹭英才”产业行厦门理工学院湖里专场活动。理工学院学生先后参观人才公寓、企业环境、湖里创新园创新驿站，并与企业面对面座谈交流。

（王佳宁）

交通·物流·商贸服务业

交 通

【道路交通安全管理】 2021年，湖里交警大队围绕保安全、保畅通、保稳定中心任务，推进疫情防控常态化形势下各项交通管理措施，交通事故总量减少、控制特大交通事故发生，巩固事故防控成效，优化道路交通运行，做好政府、部门和市民协同共治，提升违法治理效能。发布《湖里区关于实施驾乘电动自行车佩戴安全头盔安全出行管理措施的通告》。发展和壮大义务交警队伍，有正式队员387人、见习队员139人。组织志愿者参与文明交通督导，发动各快递行业组织骑手开展警企联合劝导活动。辖区境域全年发生造成人员伤亡的道路交通事故189起，受伤187人，死亡13人，财产损失39.25万元，事故起数比上年下降26.74%，受伤人数下降41.01%，死亡人数下降51.85%，财产损失下降65.88%。开展交通安全宣传，进学校、进企业、进社区等宣传2829场次，开展“平安春运、交警同行”“122”全国交通安全宣传日、“知危险　会避险”等主题宣传115次，完成4轮6家单位“零酒驾”创建。

（陈亮芳　吴敬城）

【交通秩序整治】 2021年，湖里交警大队针对辖区交通致祸、致乱问题，以“五类十项”(“五类”指涉酒类、超员类、超载类、超速类、牌证类；“十项”指酒后驾驶、醉酒驾驶、营运客车超员、摩托车超员、其他车辆超员、货车超载30%以上、现场超速、涉牌、涉证及其他）严重违法为切入点，规范路面通行秩序。开展酒驾夜查行动，查处涉酒违法案件505起，其中饮酒驾驶244起、醉酒驾驶261起。开展斑马线未礼让行人整治、摩托车和电动车整治、街面停车秩序综合整治，查处违章停车20.9万起，电动自行车违法7.3万起，摩托车违法0.9万起，斑马线未礼让行人2.6万起。查扣电动自行车1.14万辆，摩托车1754辆，三轮车1855辆。开展共享单车、送餐车、网约车、平衡车和大货车（含渣土车）专项整治，查处各类道路交通违法行为63万起，其中现场查处32.8万起。查处车辆非法改装行为56起（强制类），各类车辆超员行为190起，货车超载30%以上1130起，涉牌涉证违法6748起，查扣汽车1829辆、平衡车

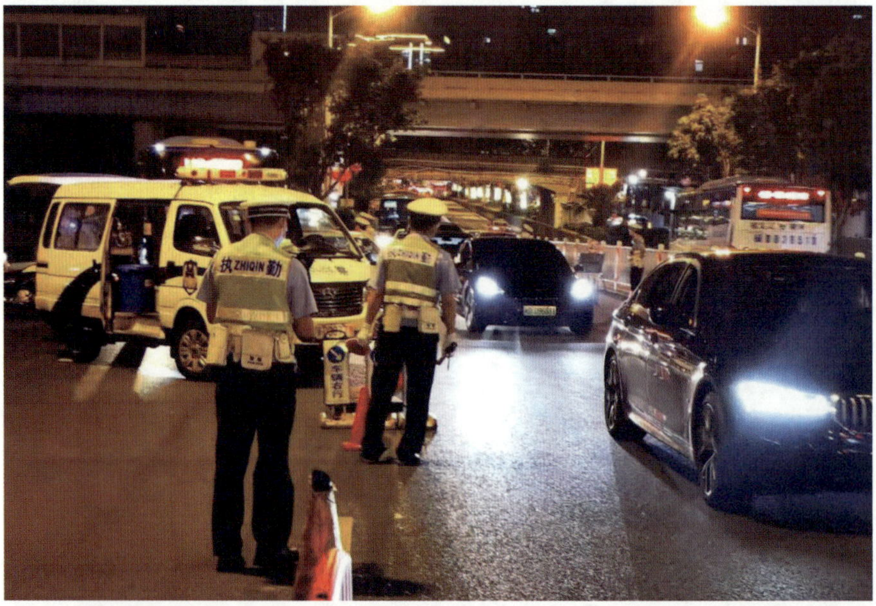

2021年6月30日，厦门市湖里交警大队在吕岭路成功大道口开展酒驾夜查行动

（陈亮芳　摄）

20辆。

（陈亮芳　吴敬城）

【交通运输安全检查】 2021年，厦门市湖里交警大队实施“事前排查预警、事中跟踪监管、事后整改反馈”全过程闭环管理模式，强化重点“企业、车辆、人员”的源头监管。走访重点运输企业720家次，分批约谈相关企业负责人、安全管理人和驾驶人317人次，下发限期整改通知书272份，发送抄告函225份，处罚责任企业71家。严管校车、重型货车、面包车等9类车辆，严防病车、祸车上路，抽查全球定位系统（GPS）平台车辆管理记录1240趟次，发现“红眼客车”（指不分昼夜行驶的省际长途客运班车，违反公安机关交管部门“凌晨2时至5时严禁客运车辆行驶”的规定的客车）、超速违法行为168起，通报逾期未年检、未报废车辆2.3万辆。加强驾驶人资质审查，催检临审和逾期驾驶人6369人次。大型公路客运、大型旅游客运、危化品运输车、“营转非”大型客车、校车5类重点车辆检验率100%，重型货车检验率95.65%，重型挂车检验率96.68%。针对网约车驾驶员疲劳驾驶、开车看手机、车速较快致事故多发现象，联合网约车平台、企业，组织“线上+线下”宣传学习，联手运管部门督促企业加强驾驶员安全教育。

（陈亮芳　吴敬城）

【交通事故调解】 2021年，湖里区多元调处中心为交通事故当事人提供一站式服务，受理案件1341件，调处840件，涉及1503人次，涉案金额8610.44万元。其中：人民调解委员会受理720件，调处709件，涉案金额3401.66万元；交通法庭受理621件，调解结案131件，判决45件，司法确认390件，涉案金额2107.56万元；保险协会配合调解810件，涉案金额3101.22万元。

（陈亮芳　吴敬城）

【道路通行条件改善】 2021年，湖里区完成区政务服务中心周边道路、旧免税商场北侧道路、华荣路与嘉园路交叉口、华荣路悦华酒店门口路段交通组织改善项目；推进五缘湾西片区交通组织优化工程项目及东渡港区交通组织调整项目；推进金尚路与安岭路交叉口、金尚路与金昌路交叉口、嘉禾路与屿浦路交叉口3处路口人行横道交通组织优化提升。在仙岳路金尚路口西调头口新建信号灯，规范道路通行秩序。在嘉禾路石鼓山立交至中埔铁道口段试行多乘员客车专用道，进出岛路网运行效率得到提升。

（陈亮芳　吴敬城）

【道路安全隐患治理】 2021年，湖里交警大队强化问题点段排查整改，整改问题点段69处。对11起亡人事故逐起实地勘查，针对行人随意横穿马路、交通安全设施缺失问题，责成相关路权单位整改。提前数月跟踪新开通的海沧隧道，多次实地检查交通组织设计和交通标志标线设置情况，对发现的问题，协调路权单位整改。办理占道施工申请304份、临时占道施工备案3009份，联合现场勘察411次；动态式巡查占道施工安全隐患，开展路面巡查6597次，约谈违规施工单位105次，下发整改通知书105份，开具罚单15张，处罚金额7.5万元。

（陈亮芳　吴敬城）

【停车难题破解】 2021年，湖里区对道路承载能力有余量的路段增设路内停车泊位362个，截至年底，路内停车泊位增加至3380个。新增金边路（航空古地石广场路段）27个限时停车泊位，累计设置限时停车泊位288个；延长长浩东路、东港北路、兴隆路3条道路101个限时停车泊位的停放时间，满足实际停车需求。禾山街道将钟宅发展用地（约1.3万平方米）作为五缘湾第二实验学校校区临时停车场，解决学生家长接送学生无处停车难题。

（陈亮芳　吴敬城）

【货运车辆盲区提示】 2021年，湖里交警大队针对辖区2000余家货运企业和3万余辆货运车辆，多方探索破解货车通行安全盲点。推广安装盲区监控系统，在31家货运企业的1002辆货运车辆安装盲区监控系统。在象屿港区施划路口右转危险区2个。

（陈亮芳　吴敬城）

【轨道交通建设】 2021年，厦门轨道交通有3条线路经过湖里区。轨道交通1号线起于思明区镇海路站，终于集美区岩内站，全长30.3千米，在湖里辖区内设置高崎站、吕厝站等6个站点；2号线起点自湖里区五缘湾站终至海沧区天竺山站，全长41.6千米，在湖里辖区内设置五缘湾站、吕厝站等11个站点；3号线起点思明区梧村火车站，终于翔安区蔡厝站，全长26.5千米，在湖里辖区内设置湖里公园站、华荣路站等8个站点。

（甘嘉庆）

【社区公交】 2021年，湖里区有12条社区公交线路，投放车辆76台，辐射殿前、禾山、湖里等街道的自贸区空港片区、湖里创新园、五缘湾商务区等产业园区及安兜、高崎、殿前等城中村，日客运量2.3万人次。

（甘嘉庆）

2021 年 1 月 15 日，湖里区殿前街道高峰区间线 302 路开通仪式在火炬园举行
（湖里区工信局　供图）

【公交线路站点优化】 2021 年，湖里区境域内新增 302 路、306 路、B13 路，方便湖里火炬园、高崎渔港、国际航运中心等片区乘客出行。增设长歌路口、创新二路口等站点，方便长歌路、创新路周边企业员工出行。新增 300 路、307 路、308 路，方便厦门音乐学校、火炬学校初中部、金尚中学等学校师生往返高林居住区、新丰路、金尚路的上下学出行需求。调整 7 路、78 路、118 路、439 路、843 路、848 路，辐射禾缘社区，方便社区的宿务路、五缘西三里等居住区乘客出行；增设殿前社区医院、园山南路、地铁五缘湾、穆厝里等站点，方便殿前社区医院、塘边地铁社区、钟宅新家园、国贸润园、五缘湾天虹等片区乘客出行。

（甘嘉庆）

【厦航新总部投入运营】 2021 年 12 月 18 日，厦门航空新总部竣工仪式举行，厦门市委常委、政法委书记李伟华，湖里区委书记吴新奎，厦航董事长、党委书记赵东等出席仪式。厦航新总部坐落在湖里区仙岳路与环岛干道交叉口的西南侧，位于两岸金融中心片区内。该项目系省市两级重点工程，包括 2 栋塔楼和裙房，总建筑面积 17.32 万平方米，其中地上建筑面积 12 万平方米，地下建筑面积 5.3 万平方米，包含办公室和酒店。

（甘嘉庆）

物 流 业

【概况】 2021 年，湖里区有规模以上物流企业 193 家，实现营业收入 631.44 亿元，比上年增长 36.6%。年营业收入 100 亿元以上企业 1 家，10 亿元以上企业 7 家，1 亿元以上企业 65 家。补充修订《促进湖里区现代物流业发展实施办法》，兑现厦门火炬集团供应链发展有限公司等 24 家企业现代物流业发展专项资金 322.86 万元。实地走访辖区内交通物流企业，检查各重点企业人员健康管理、宣传教育、员工就餐、办公场所人员登记、场地通风以及清洁消毒等新冠肺炎疫情防控措施落实情况，开展科学防控宣传。宣传市、区两级应对新型冠状病毒肺炎疫情、支持复工复产惠企政策，落实市政府“积极应对新冠肺炎疫情影响助力企业纾困减负若干措施”及“湖里区纾困减负 12 条措施”。

【《促进湖里区现代物流业发展实施办法》印发】 2021 年 7 月 8 日，湖里区印发《促进湖里区现代物流业发展实施办法》（以下简称《办法》）。《办法》规定，注册、税务、统计均在湖里行政辖区内（含自由贸易试验区厦门片区）的规模以上物流企业可享受落户经营奖励、新纳统企业奖励、经营贡献奖励。支持航空货运业发展壮大：3000 吨以上 8000 吨以下，且同比增长 10% 及以上的，增量部分每吨给予 150 元奖励；8000 吨及以上，且同比增长 5% 及以上的，增量部分每吨给予 200 元奖励。支持物流企业创新发展：对获得市交通局评审通过的公共信息平台建设和智能化建设项目，在获得市级补助的基础上，再按市级补助金额的 20% 给予配套补助；对当年获得市物流办首次认定的市级重点物流企业，在市级奖励的基础上，再给予一次性 10 万元的配套奖励。

【商舟航空物流有限公司挂牌成立】 2021 年 10 月 18 日，商舟航空物流有限公司在象屿路 93 号厦门国际航运中心挂牌成立。厦门市副市长黄晓舟、厦门建发集团有限公司董事长黄文洲、厦门航空有限公司董事长赵东、福建纵腾网络有限公司董事长出席仪式。商舟物流由厦门建发股份有限公司、厦门航空有限公司和福建纵腾网络有限公司共同投资设立，分别持有 50.1%、37.9% 和 12% 的股权，注册资本

10亿元。主要从事航空货邮运输以及综合物流业务等。

（邵欣欣）

商贸服务业

【概况】 2021年，湖里区组织辖区零售企业开展留“厦过年·湖里有礼”“全市夜间经济促消费”“湖里金秋消费季”等多场促消费活动，挖掘消费热点，指导各经营者将新冠肺炎疫情防控与复市复业相结合，用好消费券等财政投入，带动社会零售指标稳步提高，实现疫情防控与促进消费双赢。实现限额以上批发零售总额10536.99亿元，比上年增长31.3%，限额以上批发零售总量占全市的37%，限额以上批发零售增量占全市的28%。实现社会消费品零售总额526.35亿元，比上年增长11.3%，社会消费品零售总额增加53亿元，占全市增量的18.35%。实现限额以上餐饮业营业额10.29亿元，比上年增长27.1%。年内，湖里区服务外包总执行额97537.66万美元，比上年增长49.6%，其中离岸执行额48820.48万美元、增长45.16%，在岸执行额48717.17万美元、增长54.33%。

【限额以上批发零售业】 2021年底，湖里区有限额以上批发零售企业607家，其中批发企业457家、零售企业150家。年底从业人员24750人，其中批发业从业人员14663人、零售业从业人员10087人。全年商品销售额10536.99亿元，其中批发销售额10272.91亿元、零售额264.08亿元。

（李美彤）

【限额以上住宿餐饮业】 2021年底，湖里区有限额以上住宿餐饮业法人企业109家，其中住宿业法人企业50家，餐饮业法人企业59家。年底从业人员9164人，其中住宿业从业人员5097人，餐饮业从业人员4067人。全年营业额24.07亿元，其中住宿业营业额13.78亿元、餐饮业营业额10.29亿元。

（李美彤）

【粮食管理】 2021年，湖里区粮食和物资储备局完成辖区1家应急粮油加工企业和37家应急供应粮店的认定与管理工作。调整粮食安全工作领导小组。由分管副区长主持研究粮食工作，听取湖里区落实粮食安全行政首长责任制情况汇报。将粮食安全责任写入2020年度湖里区政府工作报告。完成市对区2020年度考核任务，被市考核组综合评定为优秀等级。5月，在全国粮食和物资储备科技活动周期间，组织部分学校师生代表参观厦门市第一粮库；10月16日世界粮食日和全国爱粮节粮宣传教育活动周期间，在区政府大楼、机关食堂、各街道及各社区张贴宣传海报，发放爱粮节粮宣传小册子200余份，宣传爱粮节粮。

（郭伟杰）

【专项资金奖励兑现】 2021年，湖里区重新修订商贸扶持政策，提高社会零售企业增量奖励封顶金额，并可叠加零售模式拓展奖励、电商增长奖励等鼓励措施，推动企业在高基数上高增长。兑现2020年商贸政策奖励188个项目3480.47万元，惠及企业161家。

（李美彤）

【进口示范区建设】 2021年，湖里区推动进口示范区建设，促进进口贸易与产业发展联动，支持中国（厦门）供应链科创中心建设，打造进口贸易供应链公共服务平台；扩大矿产品、有色金属、能源化工等大宗商品进口，依托厦门象屿集团有限公司、厦门国贸控股集团有限公司、厦门建发集团有限公司等龙头企业，建立大宗商品集散中心和进口供应链运营中心；扩大技术和关键设备进口，鼓励同致电子科技（厦门）有限公司、宸鸿科技（厦门）有限公司等产业核心

2021年5月25日，湖里区发改局组织部分学校师生代表参观厦门市第一粮库

（雷庆恩　摄）

2021年11月18日，江头农贸市场改造完成并投入使用　（江头街道　供图）

企业，扩大先进技术、设备和零部件进口，支持企业开展技术改造，服务核心产业集群迈向国际高端水平；扩大医药、医疗器械进口规模，支持厦门弘爱医院、微医集团（厦门）有限公司、鹭燕医药股份有限公司等企业引入国外优质医疗健康产业生态企业，开展各类医疗服务项目，建立完善的医疗大健康产业。湖里区全年外贸进出口总额4073.9亿元，比上年增长20.82%，其中进口额2250.9亿元，增长27.05%。湖里区大宗贸易是厦门市批发零售业商品销售总量第一大区，形成以厦门象屿集团有限公司、厦门国贸控股集团有限公司、厦门建发集团有限公司3家本土国有企业为代表的大宗贸易供应链领域核心区，在钢铁、煤炭、纺织品、橡胶、粮食等大宗商品供应链领域位居全国前列。

（李美彤）

【商贸领域安全生产监督】 2021年，湖里区商务局参加辖区各部门联合安全检查16次，市区两级联合安全检查12次，日常检查98次，累计出动检查人员316人次。制订工作方案，联合辖区各街道、职能部门，开展消防安全专项整治百日攻坚行动，督促企业开展自查自纠，发现并整改各类安全生产隐患29处。通过微信公众号、微信工作群、短信等多种方式宣传新《中华人民共和国安全生产法》。向重点商贸企业分发《中华人民共和国安全生产法》《中华人民共和国反恐怖主义法》等宣传材料，商贸行业领域安全生产水平得到提高。

（李美彤）

【农贸市场改造提升】 2021年，湖里区商务局根据农贸市场改造工作三年实施方案，对夏商（江头）蔬菜农副产品市场、祥店农贸市场、寨上农贸市场、湖边农贸市场、五通农贸市场以及2020年开始进行改造的殿前农贸市场、马垅农贸市场进行改造提升，年内完成改造6家，并投入运营。

（李美彤）

【湖里魅力购】 2021年2月8日至9日、3月29日至6月30日、10月22日至12月22日，湖里区举办3期魅力购活动。该系列活动涵盖“留厦过年·湖里有礼”专项消费活动、“购车给利·湖里有礼”专项消费节和“魅力购·购给利”湖里区金秋消费系列活动三大版块内容，串联起政府补贴、银联云闪付平台优惠和商圈优惠活动，各类消费补贴总金额超过1600万元，辖区各大商圈百货、超市、汽车企业等各行业领域的优质商家参与。

（李美彤）

【湖里区零售商业协会第一次会员大会召开】 2021年3月27日，

2021年3月27日，厦门市湖里区零售商业协会第一届第一次会员大会在凯悦酒店召开　（区商务局　供图）

厦门市湖里区零售商业协会第一次会员大会在五缘湾凯悦酒店召开。来自湖里区的大、中型商业综合体、百货、超市、家装家电、策划服务机构等31家会员单位代表参会。会上，审议通过协会章程、会费标准和管理办法、财务管理制度等；选举产生6个协会负责单位以及各理事、监事会成员单位；厦门盛名吉成百货有限公司中国区总裁曾柏寿当选首任会长。

（李美彤）

厦门自贸区

【概况】 2021年，厦门自贸区新增注册企业3020家，注册资本229.51亿元，其中外资企业67家，注册资本48.18亿元，合同利用外资24.67亿元。年内，湖里区出台各种扶持政策，联合厦门自贸委、市金融监管局在厦航古地石商务广场打造基金小镇首期试点，引进金融、类金融企业147家，注册资金153.57亿元。

【平台经济培育】 2021年，湖里区联合厦门自贸委探索平台经济招商，打造平台经济2.0版本，引进一批具有影响力的平台型交易、服务中心，建成平台经济聚集区，全年对接规模以上平台项目超过50个。联合制定平台企业经营管理原则、规范及系列监管办法，完善平台企业监管模式，确保平台企业合理、合法、合规开展业务。打造自贸湖里平台经济产业园，首批引进厦门德丰杰互联网科技有限公司、厦门薪阳共享科技有限公司、厦门易达来人力资源有限公司、金财腾云（厦门）产业园管理有限公司、金砖云（厦门）科技有限公司、厦门星创联合信息科技有限公司、厦门翼账房商税科技有限公司7家平台企业及1家第三方服务企业入驻产业园并陆续开展试运营。依托“厦门市平台经济创新服务平台”，开发湖里产业园智能服务平台系统，加强平台企业监督管理，确保入园平台企业经营过程业务流、资金流、合同流、票据流“四流合一”。

【重点产业平台建设】 2021年，湖里区推进国际邮轮母港片区建设，保障省重大项目西海湾邮轮城开发建设；引进招商局集团，在该片区打造厦门海上世界项目及厦门国际服务贸易合作项目，协助完成海洋王国、冰雪世界、寰映影院、摩天轮等主题商业招商，年内，四大主力业态完成合同签约，品牌签约率近75%。打造跨境电商产业平台，加强跨境电商产业链招商，共同推进线下跨境电商园区建设。截至年底，象屿跨境电商产业园累计注册企业超700家，累计培养中高端电子商务人才2400人以上，汇聚亚马逊、虾皮（SHOPEE）等出口跨境电商平台，打造完成象屿跨境电商直播基地，引入链数、易起玩等直播机构，入选国家电子商务示范园区，兑现跨境电商企业相关扶持奖励1616万元。支持航空维修平台发展，引进法国硕达航材保障中心项目，美捷特（厦门）传感器件有限公司、厦门豪富太古宇航有限公司、太古部件维修（厦门）有限公司等企业增资扩产。推进集成电路平台建设，完善集成电路研发设计试验中心、集成电路产品保税交易中心等产业配套设施建设，截至年底，集成电路产业园入驻企业175家，园区获得国家级科技企业孵化器认定，厦门亿芯源半导体科技有限公司、厦门芯一代集成电路有限公司、厦门兴华鼎自动化技术有限公司等19家企业获得国家高新技术企业认定。推动厦门黄金投资有限公司、金洲慈航集团股份有限公司、京东金融集团等重点企业参与黄金产业平台建设，培育发展互联网黄金、黄金交易代理等创新业务，完善黄金产业生态链。推动文化贸易平台建设，支持海丝艺术品中心等机构举办各类艺术展览活动，拓展艺术品保税业务；开展影视文化产业招商，打造湖里大道1号院影视交流服务平台，引入帧故事（厦门）影业有限公司、厦门灼灼其华文化传媒有限公司等影视文化企业44家。引进思凯文化传媒项目旗下设立的2家公司于2021年纳统，推动“联发·悦10空间”项目改造提升工作，7月底项目整体完工。

（洪毅璇）

教　育

综　述

【概况】 2021年，湖里区以创建教育强区为目标，强化教师队伍建设，推进素质教育。实施湖里教育重点项目工程、“我为群众办实事”重点建设项目12个、“补短扩容”行动、创设“清凉校园”工程等六大教育民生工程；按照“开办一批、开工一批、策划一批”的原则，高起点、高标准扩充优质学位。秋季新开办梧桐实验学校、穆厝幼儿园等5所校园，新增学位3660个。成立金安教育集团。截至年底，湖里区拥有各级学校219所，学年初招生27021人，在校学生108760人。公办中小学、幼儿园专任教师4148人，其中研究生学历216人、本科学历3031人、专科学历881人和高中阶段及以下学历20人。民办中小学、幼儿园教师2703人，其中研究生学历21人、本科学历856人、大专学历1617人和高中及以下学历209人。

【教育管理创新】 2021年，湖里区在全市率先实施“多校划片”，新开办的梧桐实验学校采用多校划片，缓解枋湖片区就学压力；率先在全市完成“校园清凉工程”全覆盖，投入近3000万元，涉及21所学校，安装空调近1400台，覆盖在校学生5万多名，打造舒适学习环境；率先完成“优质放心午餐工程”全覆盖，满足学生在校就餐的需求；率先实现校园食品安全责任全覆盖，购买校园食品安全责任险，召开校园食品安全多方恳谈会，建立陪餐制度、合格食材供应商和承包商招投标制度，实现“明厨亮灶 + 互联网”全覆盖；率先实现公办学校校级领导派驻至民办学校任执行校长，对民办学校实施全方位的指导和托管，民办学校教育水平得到提升，教育实现优质均衡发展；率先出台定级普惠民办学校办学绩效评估奖励办法，推进启泰、光华等民办学校升级改造；率先成立校外培训机构监管办公室，实施“1234+N”模式，即成立1个指挥部，召开校外培训机构疫情防控和安全管理工作专题会议及校外培训机构疫情防控工作部署会2次；增配3名督导员，负责培训机构日常督导，加大对校外培训机构的管理和服务力度；连续发布4份关于加强寒假期间校外培训机构疫情防控及安全管理工作的通知文件；组织多次校外培训机构疫情防控及安全管理“大体检”，专职责任督学开展校外培训机构疫情防控日常督导工作，区教育局联合区卫健局、区消防救援大队、湖里公安分局和各街道办等单位多次开展校外培训机构联合抽查工作。

【课后延时服务】 2021年，湖里区青少年宫承担湖里区课后延时服务的大部分管理工作，按照“政府主导、学校组织、学生自愿、社会参与、试点先行”的总体要求，建立政府、家长成本合理分担机制，整合资源，引入平台管理，完善中小学、幼儿园课后延时服务体系，推进特色服务，实现“公益惠民、优质温暖”的目标。春季，全区57所学校开展课后延时基础托管服务，服务学生9180人；开展课后延时特色服务的学校33所，服务学生5289人。秋季，湖里区实现课后延时基础托管服务全覆盖，初中、小学和幼儿园分别参与学生15915人、24398人和1533人。课后延时特色服务开设课程班级543个，服务学生11841人次。

【厦门金安教育集团成立】 2021年8月28日，厦门金安教育集团在金安小学举行揭牌仪式。该集团由厦门市金安小学与吕岭小学共同组建而成。集团成立决策办公会、集团教育教学研发中心、集团质量监控委员会。决策办公会促进管理研究，研发中心促进成果转化，质

2021 年 8 月 28 日，厦门金安教育集团揭牌仪式在金安小学举行。图为参加揭牌仪式人员合影　（区教育局　供图）

量监控委员会促进提质增效。总校的管理文化、课程文化、教学文化、师德文化等在成员校中推进。12 月 20 日，成立中共厦门金安教育集团总支部委员会，选举产生第一届党总支委员会委员。

（卢欣欣）

学前教育

【概况】 2021 年，湖里区新开办禾穆实验幼儿园、玉岭实验幼儿园、湖里实验幼儿园湖桐分园、嘉禾幼儿园 4 所公办幼儿园，小区配套幼儿园蒲公英幼儿园由厦门港务集团收回自办，改名厦门市湖里区港务幼儿园，5 所公办园新增公办幼儿园学位 1740 个；新审批晶珑幼儿园等 4 所民办幼儿园，增加规范幼儿学位 865 个；批准天地禾缘幼儿园等 4 所幼儿园变更办学规模，增加公办幼儿园学位 196 个、民办普惠性学位 240 个；康桥红橡树幼儿园、贝乐幼儿园转为普惠性幼儿园，增加普惠性学位 510 个；五缘第二实验幼儿园通过市级示范园评估验收，湖里第二实验幼儿园等 5 所幼儿园通过区级示范园的评估验收。截至年底，全区有公、民办幼儿园 167 所，其中公办园 46 所、民办园 121 所。普惠性幼儿园 149 所，省、市、区级示范性幼儿园 61 所；普惠率、示范率和公办率分别比上年提高 1.78%、4.57% 和 0.22%。

【4 所公办幼儿园开园】 2021 年，湖里区新开办公办幼儿园 4 所，新增公办幼儿学位 1410 个。

厦门市禾穆实验幼儿园　9 月 1 日投入使用。该园位于湖里区禾山街道枋湖东路和金湖四路东北侧，毗邻五缘湾和虎头山公园。占地面积 3844 平方米，建筑面积 4688 平方米；规划办学规模 14 个教学班，可提供学位 420 个；当年开办 5 个班，招收幼儿 124 人；有教师 13 人，其中园长 1 人。

厦门市湖里实验幼儿园湖桐分园　9 月 1 日开园，该园位于湖里区枋湖北里 16 号，坐落在枋湖路与梧桐路交叉口西南侧，毗邻湖里区政府，与湖里实验中学、枋湖梧桐新城相伴。总用地面积 4200 平方米，总建筑面积 4500 平方米；规划办学规模 12 个教学班，可提

2021 年湖里区幼儿园基本情况一览表

表 7

项目		合计	公办	民办
园数（所）		167	46	121
班数（个）		1268	487	781
当年离园（人）		10707	4490	6217
当年入园（人）		11016	5142	5874
在园幼儿（人）	合计	36450	15855	20595
	其中：女生	16610	7274	9336
	少数民族	951	636	315
教职工（人）	合计	5078	1244	3834
	其中：女性	4877	1227	3650
	园长	167	46	121
	专任教师	2717	717	2000
	专任女教师	2512	707	1805
	卫生保健人员	179	44	135

2021 年 8 月 31 日，厦门市嘉禾幼儿园开园仪式举行。图为参加仪式人员合影

（区教育局　供图）

供学位 360 个；当年开办 3 个班，招收幼儿 87 名，有教师 7 人，其中园长 1 人。

厦门市嘉禾幼儿园　9 月 1 日投入使用，该幼儿园地处禾山街道坂尚社区辖区内，位于坂尚社区坂上社 36 号，在厦门市嘉禾学校校区内。总建筑面积 1601 平方米，办园规模 6 个教学班，提供学位 180 个，当年开办 3 个班，招收幼儿 59 人；有教师 9 人，其中园长 1 人。

玉岭实验幼儿园　11 月 1 日投入使用，该园地处江头街道后埔社区辖区内，位于玉岭里 22 号。幼儿园总建筑面积约 4500 平方米，办园规模 15 个教学班，提供学位 450 个。当年开设 6 个班，招收幼儿 159 人。有教师 16 人，其中园长 1 人。

【公办园园长工作会议召开】 2021 年 2 月 24 日，湖里区 2021 年春季期初公办园园长工作会议在湖里第二实验幼儿园召开，区教育局局长吴雪慧，区教师进修学校校长张清高、副校长陈美樱，区教育局幼教办全体成员，进修学校幼教教研员以及区属公办园园长参加会议。会上，吴雪慧、张清高为在厦门市幼儿园挂牌督导案例评选中获奖的 10 位责任督学颁发荣誉证书；吴雪慧总结 2020 年湖里区幼教工作，指出 2021 年的工作要点；围绕“公办减负、民办提质”2 个话题提出要求。

【首期幼儿园园长研究生课程进修班开班】 2021 年，湖里区教育局与闽南师范大学联合开办首期幼儿园园长研究生课程进修班。进修分为三个阶段：第一阶段，7 月 27—30 日，全区公办幼儿园园长及副园长、区教育局幼教办成员在漳州参加研修，该阶段围绕“学前教育研究”和“课程领导”两方面内容，采用专题讲座、小组研修等形式进行。第二阶段，11 月 10—13 日，公办幼儿园园长 49 人在湖里第二实验幼儿园参加第二期研修，福建省知名学前教育专家和闽南师范大学教育科学学院的教授讲授园本课程建设和学前儿童心理健康等内容。第三阶段，12 月 8—11 日，授课者包括国内高校资深教授、省内名师和扎根一线的优秀园长，研修内容主要围绕学前教育前沿理论研究、幼儿园课程实践研究、学前儿童心理健康教育研究 3 门课程展开。

【“幼儿园片区督导与年检深度融合”项目展示活动】 2021 年 5 月 14 日，湖里区教育局开展“幼儿园片区督导与年检深度融合”项目展示活动。此次活动由区教育局幼教办主办，金山街道督导责任区承办。上午，在龙湫亭幼儿园，幼儿

2021 年 7 月 27 日，湖里区首期幼儿园园长研究生课程进修班举行开班仪式

（区教育局　供图）

园责任督学，公、民办园园长开展观摩活动；区教育局二级调研员贾新辉为新聘的责任督学颁发聘书，并总结幼儿园督导工作开展情况。金山街道督导责任区总督学吴志青以“搭乘‘年检直通车’，驶向提质创优快车道”为题做经验分享。下午，在伊格瑞特幼儿园，民办三级园、合格园园长和幼儿园督学中心组成员观看该园在疫情背景下坚守初心、持续投入、以情怀守园及贝乐幼儿园不断对标整改、完善办园条件的视频，现场展示部分幼儿园档案材料。康桥国际山庄幼儿园园长杨媛、五缘湾大地幼儿园园长赖穆晖做年检工作经验分享。

（卢欣欣）

基础教育

【概况】 2021 年，湖里区探索集团化办学新模式，促进教育优质均衡发展。截至年底，湖里区有湖里实验小学教育集团和厦门市金安教育集团 2 个“核心校 + 帮扶校”模式集团；公办校康乐小学托管世纪学校、厦门外国语学校湖里分校托管超强学校、寨上小学托管启泰学校、湖里区教师进修学校第二附属小学托管霞光学校、厦门三中托管博林学校 5 个“核心校 + 托管民办校”模式集团。4 月 7 日，区教育局出台《湖里区定级普惠民办学校办学绩效评估奖励办法》。2020—2021 学年，为 13 所定级普惠学校发放办学绩效奖励金 746.17 万元。秋季，湖里区区属公办小学一年级提供公办小学学位 6040 个，区属公、民办小学毕业生分别为 5645 人和 2671 人；区属公办初中 116 个班、学位 5800 个，民办初中学位 1120 个。其中，定级普

2021 年湖里区小学基本情况一览表

表 8

项目		合计	公办	民办
校数（所）		50	32	18
班数（个）		1312	915	397
毕业生数（人）		9442	6688	2754
招生数（人）		9986	7303	2683
毕业班学生数（人）		9024	6649	2375
在校学生数（人）合计		59511	42534	16977
在校学生数（人）	其中：女生	26692	19279	7413
	少数民族	2084	1507	577
教职工（人）	合计	3469	2266	1203
	其中：专任教师	3120	2166	954

2021 年湖里区普通中学基本情况一览表

表 9

项目		合计	公办	民办
校数（所）	合计	19	12	7
	其中：完全中学	1	1	—
	初级中学	5	5	—
	九年一贯制	13	6	7
班级（个）	合计	499	449	50
	其中：初中	463	413	50
	高中	36	36	0
毕业生数（人）	合计	6736	6406	330
	其中：初中	6221	5891	330
	高中	515	515	0
招生数（人）	合计	8709	7699	1010
	其中：初中	8123	7113	1010
	高中	586	586	0
在校生数（人）	合计	24351	22093	2258
	其中：初中	22673	20415	2258
	高中	1678	1678	0
毕业班学生数（人）	合计	7321	6922	339
	其中：初中	6789	6390	339
	高中	532	532	0
教职工数（人）	合计	1739	1462	277
	其中：专任教师	1529	1370	159

惠学位600个，优质普惠学位520个；区属公办初中在接收区属公办小学毕业生后，通过适度扩大班级生额的方式接收民办小学毕业生620名，包括电脑派位420名、三校联招200名。区属公办初中实际录取5938人，民办初中实际录取1000人。

【中小学午间食堂管理现场会召开】 2021年4月2日，湖里区中小学午间食堂管理现场会暨区教育系统创建国家食品安全示范城市推进会在厦门外国语学校湖里分校召开。区委教育工委书记、教育局局长吴雪慧，区教育局调研员贾新辉，局长助理俞晟锦、中小学校长参加会议。会上，厦门外国语学校湖里分校校长胡剑豪分享学校食堂管理经验；吴雪慧通报市食品安全抽测结果并对教育系统有关食品安全示范城市再部署、再推进；与会人员参观厦门外国语学校湖里分校的食堂并进行交流座谈。

【湖里区5个艺术实践工作坊入选市中小学生艺术实践工作坊展示】 2021年7月24—27日，厦门市中小学生艺术实践工作坊现场展示活动在厦门市青少年宫举行。经过厦门市教育局前期的评选，湖里区金安小学知育童书坊、金尚小学衍纸工作坊、区教师进修学校第二附属小学纸三角插接工作坊、厦门市蔡塘学校和区教师进修学校第二附属小学的王船工作坊以及厦门市康乐小学版画工作坊入选此次展示活动。

【秋季开学工作部署会召开】 2021年8月23日，湖里区2021年秋季开学工作部署会在区信访大楼召开。区委教育工委书记、教育局局长吴雪慧，二级调研员贾新辉，副局长李可可、王玮，局长助理俞晟锦，以及全区公民办、集体办中小学幼儿园校（园）长、书记，局机关工作人员，中小学、幼儿园挂牌督导责任督学等参加会议。会上，王玮部署2021年度全国文明城市创建、国家食品安全示范城市迎检、秋季开学疫情防控工作和关于开展中小学有偿补课和教师违规收受礼品、礼金问题专项整治等工作。贾新辉就做好常态化疫情防控下秋季开学学校安全工作提出要求。吴雪慧围绕新学年的各项工作提出要求，并解读中共中央办公厅、国务院办公厅印发的《进一步减轻义务教育阶段学生作业负担和校外培训负担的意见》。

2021年6月17日至12月5日，湖里区中小学创客大赛在金林湾实验学校举行。图为12月5日举行的智力挑战赛决赛　　（区教育局　供图）

【厦门市梧桐实验学校招生】 2021年9月1日，厦门市梧桐实验学校（厦门五缘实验学校梧桐分校）秋季开始招生，该校位于湖里区枋湖路386号，校园总用地面积17322平方米，总建筑面积30410平方米；学校最大办学规模为48个教学班，其中小学36个班，中学12个班，可提供学位2220个。当年开办8个班，招收学生380人，有教师29人，其中研究生学历5人、本科23人及大专1人。

【中小学创客大赛】 2021年6月17日至12月5日，以“人工智能　改变生活　改变未来”为主题的2021湖里区中小学创客大赛在金林湾实验学校举行。此次大赛由区教育局主办，区青少年宫、区教师进修学校、金林湾实验学校承办。大赛设动漫创客和智力挑战2个赛项，吸引35所学校的720名创客选手参赛。评选出学生创客一等奖64名、二等奖138名、三等奖249名以及优秀指导教师13名。

【145名教师在市基础教育课堂教学改革创新大赛获奖】 2021年11月18日，厦门市教育局公布第八届基础教育课堂教学改革创新大赛获奖名单，湖里区145名教师获奖，其中一等奖32名、二等奖53名、三等奖60名。

【区青少年新年音乐会举行】 2021年12月19日，由湖里区教育局、区委文明办主办，区青少年宫、区新时代文明实践中心承办的“童心向党2022湖里区青少年新年音乐会”在五缘音乐厅举行，区委文明办、区教育局分管领导，相关学校领导以及师生和家长代表近300人参加音乐会。区青少年宫、湖里实

2021 年 12 月 19 日，湖里区青少年新年音乐会在五缘音乐厅举行

（区教育局　供图）

验小学和湖里中心小学 3 个参演单位的 334 名学生分为交响乐团、交响管乐团、弦乐团、打击乐团 4 个团体 8 个梯队参与 2 个小时的演出。

【金山民办小学更名】 2021 年 11 月 24 日，湖里区教育局下发“厦门市湖里区金山小学变更名称的行政许可决定书”，同意金山小学更名为鑫山小学。12 月完成更名手续，启用新校名。该校创办于 2001 年，因原校址所在的西潘社拆迁，学校于 2020 年搬迁至湖里区宜宾路 23 号，毗邻湖里公园。截至 2021 年底，易址后的鑫山小学投入 1600 多万元用于加固校舍、翻新教学楼、更新设备，每间大教室均配备全新的可调节课桌椅、大功率空调、希沃一体机和储物柜等设备；此外，学校还配有录播室、美术室、心理咨询室、乒乓球场、技能训练场，以及一个占地面积 200 平方米、可储水 300 立方米的消防池和 1 个消防疏散楼梯。

（卢欣欣）

中等职业教育和特殊教育

【概况】 2021 年，湖里区有厦门信息学校、中央音乐学院鼓浪屿钢琴学校、厦门市音乐学校（五通校区）3 所职业教育学校和 1 所特殊教育学校（嘉禾学校）。4 所学校总占地面积 16.11 万平方米，其中职业教育学校占地面积 15.03 万平方米；校舍面积 9.73 万平方米，其中教学及辅助用房面积 6.41 万平方米。

【嘉禾学校】 厦门市嘉禾学校是一所集学前教育、义务教育和职业教育于一体的十五年一贯制特殊教育学校，同时承担着湖里区特殊教育资源和指导中心的工作。学校位于湖里区坂上社 36 号，占地面积 1.08 万平方米，建筑总面积 1.65

2021 年湖里区中等职业教育和特殊教育学校基本情况一览表

表 10　　　　单位：人

项　目	合计			教职工（校本部教职工）						校外教师	外籍教师
	毕业	招生	在校学生	合计	专任教师	其中：女性	行政人员	教辅人员	工勤人员		
合　计	1370	1665	5008	782	669	473	59	34	20	6	2
一、中等职业学校	1357	1641	4923	751	645	456	58	29	19	6	2
厦门信息学校	1252	1518	4532	281	232	147	19	11	19	1	0
中央音乐学院鼓浪屿钢琴学校	46	64	196	110	87	55	17	6	0	5	2
厦门市音乐学校	59	59	195	360	326	254	22	12	0	0	0
二、特殊教育学校	13	24	85	31	24	17	1	5	1	0	0
嘉禾学校	13	24	85	31	24	17	1	5	1	0	0

万平方米。2021 年，该校开设 8 个义务教育阶段班级和 1 个职业高中班级，学年初招生 24 人，在校学生 85 人；学校幼教部（厦门市嘉禾幼儿园）开设 3 个学前融合教育教学班，招收幼儿 59 人。学校有教职工 31 人。

【厦门信息学校】 2021 年，厦门信息学校有在校生 4500 多人，在编教职工 281 人，开办信息技术类、交通运输类、加工制造类、土木水利类、财经商贸类和教育类六大类 19 个中职专业、7 个五年制大专专业。该校探索中高职贯通、普职融通的办学模式，主要招收初中毕业生，开展中等职业教育和相关技能培训，为厦门经济建设培养信息技术类等适用性人才。年内，该校获 9 项省市奖项，1 人获评全国脱贫攻坚先进个人，1 人在全国职业院校技能大赛班主任能力比赛中获得一等奖。

【中央音乐学院鼓浪屿钢琴学校】 中央音乐学院鼓浪屿钢琴学校占地面积 4.53 万平方米，总建筑面积 1.89 万平方米。2021 年，学校配有专业的琴房楼，拥有 120 台钢琴。有在校生 196 人，校本部教师 110 人、校外教师 5 人和外籍教师 2 人。学校以音乐表演（钢琴）专业为主，同时开设音乐教育专业、数字音乐制作（录音、电子音乐制作、作曲）专业、乐器维修与制作（钢琴调律、提琴制作）专业、音乐表演（弦乐、声乐）专业 4 个专业。学校举办钢琴协奏曲比赛暨“珠江 · 恺撒堡”奖学金钢琴比赛，开展艺术实践进社区、创新音乐党课、新年音乐会、星期音乐会等活动，搭建师生艺术演练舞台。2021 年，学校应届毕业生 46 人，其中获得双一流大学专业合格证 37 人次，被双一流大学录取 15 人，有多位考生被美国伊斯曼音乐学院、美国欧柏林音乐学院、美国新英格兰音乐学院等国外知名艺术院校录取。学生全年参加国际国内各类比赛，获奖 20 人次。

【厦门市音乐学校】 厦门市音乐学校（五通校区）位于湖里区美仑路。该校音乐专业班文化课实行小班制教学，小学、初中按义务教育课程授课；音乐专业课实行个别化授课，开设键盘、弦乐、管乐、民乐、声乐、打击乐、作曲等 30 多个专业；中专文化课按普通高中课程授课。2021 年，学校中考高中录取率 67.33%；音乐专业班普通高中录取率名列全市第一；高考本科上线率 97.5%，艺考生文化成绩 100% 达到本科线。学校全年承办“红色人才先锋季”厦门人才献礼中国共产党成立 100 周年系列活动启动仪式、厦门市庆祝中国共产党成立 100 周年青少年儿童歌手赛、厦门市第三十六届中学生政治夏令营活动；音乐党课等特色党建活动 16 次登上“学习强国”学习平台，音乐党课“穿越百年的歌声——《南湖的船，党的摇篮》”作为优秀党课在“厦门党建 e 家”展播；举办音乐会 89 场，参加各级各类重大活动演出 10 余场，举办大师班 23 场；管弦乐团、民乐团、合唱团等社团在厦门市中小学生艺术展演中获得 7 个一等奖；小学生合唱团、弦乐团和中学生管弦乐团在福建省第七届中小学生艺术展演中获得一等奖。年内，该校 1 名学生获福建省职业技能大赛艺术专业技能一等奖；1 名教师在福建省中小学教师教学大赛中获得特等奖第一名；1 名教师在全国中等职业学校班主任能力比赛中获得三等奖。学校获评厦门市中小学发展示范学校、中小学教师教学技能岗位练兵先进单位、第八届基础教育课堂教学改革创新大赛“先进集体”。

（缪峻涛）

科学技术

综　　述

【概况】 2021年，湖里区贯彻落实创新驱动发展战略，促进工业稳增长和转型升级。全年规模以上工业高技术增加值实现342.47亿元，比上年增长8.1%，占规模以上工业增加值的77.2%，位居全市第一；专利授权6083件。截至年底，有国家级高新技术企业489家，国家级“专精特新”、小巨人企业44家；技术合同成交额占地区生产总值的3.4%，位居全市第一。

（蔡晓丹）

【产学研合作】 2021年，湖里区推动厦门能巧堂建筑工程有限公司与中国地质大学资源环境工业技术研究院进行产学研合作，合作项目“厦门滑坡地质灾害综合监测技术应用研究项目”立项，给予扶持资金30万元。厦门大学新闻传播学院实习基地、华侨大学工学院学生实践基地、北文中心（北文资产）厦门双创服务基地等企业入驻人民网（厦门）内容科技产业园。福建省水产研究所与福建天马科技集团股份有限公司在福清签订战略合作协议。双方在水生生物苗种繁育、饲料研发、疾病防控及水产品高值化利用等全产业链开展战略合作，实现绿色环保型科研创新生态式全产业链和一、二、三产业融合发展。

（蔡晓丹　郭书悦）

【企业孵化器】 截至2021年底，湖里区有各级企业孵化器12家，其中国家级4家、市级8家；国家级众创空间9家、省级23家、市级31家，有3家众创空间获评国家小微型企业创业创新示范基地。

（蔡晓丹）

科技活动

【概况】 2021年，湖里区先后开展科技活动周、第四届人民网内容科技创业大赛决赛等科技活动，搭建科技交流平台。在两岸集成电路产业园、湖里创新园等科技企业聚集地举办高企认定解读、双百人才政策宣讲等活动，提高政策知晓度。

（张君武）

【科技活动周】 2021年5月22—28日，湖里区举办科技周活动，

2021年5月21日，湖里区在金尚社区开展科普宣传活动　（区工信局　供图）

科技周以“百年回望　中国共产党领导科技发展”为主题。5 月 21 日，在湖里创新园举行厦门科技活动周启动仪式，200 余人参加。科技周期间，区工信局到金尚社区、天安小学、金林社区、高殿中心小学、禾缘社区，开展食品安全、环境保护、防震减灾、卫生防疫等主题科普活动。

（张君武）

【东南科技论坛举行】 2021 年 11 月 28 日，2021 年东南科技论坛在厦门海峡新岸数字经济创新中心人民网（厦门）内容科技产业园举行。此次论坛以“数字丝路语境下的企业数字化转型”为主题，开展高层次产学研交流与探讨，结合企业数字化转型经验，从技术发展、企业实践、成果转化三方面探寻企业数字化转型、数字经济发展之路。论坛上，举行“福建省科协数字经济学会联合体”暨数字化转型项目签约仪式；由厦门大学航空航天学院、厦门大学一带一路研究院、福建兆翔临港置业有限公司共同策划运营的“数字丝路创新服务平台”上线；发布由全国高等学校计算机教育研究会主办的“数字化能力水平认证”证书，并颁发首批证书；武汉大学教授、全国高等学校计算机教育研究会理事长何炎祥，香港中文大学机械与自动化工程学系教授、新加坡工程院院士陈本美，中国航空工业集团信息技术中心首席顾问宁振波，中国科学院数学与系统科学研究院研究员、中国系统工程学会理事长杨晓光分别在论坛上作报告。论坛还举行“福建省科协数字经济学会联合体筹备研讨会”和主题为“企业数字化转型实施路径研究”的研讨。

（郭芬华）

【第四届人民网内容科技创业大赛全国总决赛举行】 2021 年 12 月 17 日，由厦门海峡新岸数字经济创新中心协办的第四届人民网内容科技创业大赛全国总决赛在湖里区举行。重点征集运用人工智能、大数据、云计算、区块链、5G 物联网等新兴技术，在内容生产、管理、聚合、分发和价值提升等领域有创新性产品和服务的成长型企业，围绕“智慧党建”应用场景，开设“智慧党建”专项赛道。征集项目 940 个，其中“智慧党建”专项赛道项目 180 个。经选拔，最终遴选出创业项目 11 个，分别获得一、二、三等奖和优秀奖。

（郭芬华）

2021 年 11 月 28 日，2021 年东南科技论坛在厦门海峡新岸数字经济创新中心人民网（厦门）内容科技产业园举行　（数字经济创新中心　供图）

科技项目与成果

【概况】 2021 年，湖里区加大科技资金扶持力度，支持企业利用高新技术改造提升传统产业，加速科研成果转化。兑现 2020 年国家级和市级高新技术企业区级配套奖励、科技配套奖励、研发中试和产业化项目扶持、社会发展项目扶持等部分政策奖励，兑付扶持资金 3433.5 万元。其中，兑付 148 家市级以上高新技术企业配套奖励资金 2390 万元、三类科技专项配套奖励资金 453.5 万元、20 项企业科技项目扶持资金 540 万元、2 项社会发展项目扶持资金 50 万元。

（周加东）

【社会发展项目】 2021 年，湖里区社会发展项目经专家评审后立项 2 个，获得扶持资金 50 万元。

社区网格化管理居民肿瘤疾病防治项目　该项目构建恶性肿瘤的高危对象筛查自测问卷；对高危对象患者提供建议的体检套餐，使得患者能得到及时、有效、规范化的治疗，提高肿瘤患者生存率。

“Tp0136 对胎传梅毒患儿神经系统发育的影响研究”项目　该项目构建多能干细胞来源的拟脑类器官发育模型，阐明梅毒螺旋体蛋白（Tp0136）通过上调多聚嘧啶区结合蛋白（PTBP1）导致异常可变剪接的发生，最终抑制拟脑发育的分子

2021年湖里区立项企业科技项目一览表

表11　　单位：万元

项目名称	主要承担单位	项目实施期	总投入	扶持资金
长寿命、高效能可动弹片新型继电器的产业化	厦门台松精密电子有限公司	2021.1—2022.12	20000	30
智能附着式作业安全防护平台的产业化	厦门安科科技有限公司	2021.1—2022.12	32120	60
膜生物反应器	联合环境技术（厦门）有限公司	2021.1—2023.1	7000	30
大承重物流仓储铝型材技术的应用	东南铝业有限公司	2021.1—2022.12	7820	30
智能地理信息系统集成技术	福建省国土测绘院	2021.1—2022.12	4272	30
基于三维码的公民可信身份认证平台（CTID）开发与应用	三维码（厦门）网络科技有限公司	2021.1—2022.12	3000	30
汽车万向节十字轴热处理工艺的中试	厦门真冈热处理有限公司	2021.1—2022.12	180	30
基于机器视觉自动上下料装置的研发	厦门控智电子科技有限公司	2021.1—2022.12	300	30
厦门滑坡地质灾害综合监测技术应用研究	厦门能巧堂建筑工程有限公司	2021.1—2022.12	400	30
蜜柚土壤调理基质的研发与产业化应用	厦门市江平生物基质技术股份有限公司	2021.1—2022.12	3105	30
反射隔热皇石漆研发项目	厦门东顺涂料有限公司	2021.1—2022.12	420	30
一种智能新型热感消杀枪	玻尔量子（厦门）科技有限公司	2021.1—2022.12	450	20
一种高速集成DFB半导体激光器芯片及制备方法	厦门市芯诺通讯科技有限公司	2021.1—2022.12	1300	20
基于北斗通讯技术电压监测装置的研发	福建亿能电力科技股份有限公司	2021.1—2022.12	350	20
掺杂类金刚石涂层制备工艺技术	厦门科瑞声科技有限公司	2021.1—2022.12	288	20
一种防破裂耐水型真石漆	厦门丽邦集团有限公司	2020.1—2022.12	1300	20
智能互联气相色谱仪氢气净化器的研发与应用	厦门市乐立润安科技有限公司	2021.1—2022.12	550	20
效能大数据监察督办平台	易事软件（厦门）股份有限公司	2021.1—2022.12	400	20
边坡防护绿化技术工艺的中试	厦门鲁班环境艺术工程股份有限公司	2021.1—2022.12	500	20
全自动伺服拼块式绕线机的研发及应用	厦门匠欣自动化设备有限公司	2021.1—2022.12	3200	20

机制；采用胎传梅毒兔模型，在动物水平明确梅毒螺旋体通过Tp0136对PTBP1的促进作用抑制神经系统发育，阐明Tp0136在胎传梅毒抑制神经系统发育的科学假说。

（周加东）

【专项奖励项目】 2021年，湖里区为国内外发明专利、省级企业技术中心、省市级科技进步三类科技专项提供配套奖励资金453.5万元。其中，国内外发明专利奖励137项（国内68项、国外69项），奖励资金103.5万元；配套奖励4家省级企业技术中心，奖励资金200万元；配套奖励11项省、市级科技进步奖（省级4项、市级7项），奖励资金150万元。

（周加东）

【科技成果获奖】 2021年，湖里区企业获市级科技进步奖5项。其中，建发合诚工程咨询股份有限公司“城市轨道交通工程施工质量安全管控成套关键技术研究与应用”项目、厦门市江平生物基质技术股份有限公司“生物质废弃物的炭转化成套技术研发与产业化应用”项目获厦门市科学技术进步一等奖；中建四局建设发展有限公司“绿色建筑全过程关键技术集成创新与工程应用”项目获厦门市科技进步二等奖；厦门市政管廊投资管理有限公司“面向城市综合管廊的供电系统智能健康管理关键技术攻关及应用”项目、厦门和健卫生技术服务有限公司“难降解有机废水处理工艺系统关键技术研发与应用”项目获厦门市科学技术进步三等奖。

（周加东）

【高质牡蛎创制技术体系的构建与应用项目获奖】 2021年4月，福建省水产研究所作为第二完成单位参与的“高质牡蛎创制技术体系的构建与应用”项目获海洋科学技术一等奖。该项目阐明牡蛎种质资源格局，建立基因组资源产业转化关键技术、牡蛎品质性状遗传选育技术，育成“金蛎1号”“海蛎1号”和“福蛎1号”3个牡蛎新品种（系）。高质牡蛎在山东、辽宁、广西、福建等省区进行中试及应用。

（郭书悦）

【辖区1项科技计划项目通过市级验收】 2021年5月26日，福建省亚热带植物研究所研发的“金线莲微生物病害海洋来源生防菌株的筛选及开发”通过厦门市科技局组织的验收。该项目将深海微生物资源与中国药用植物资源相结合，从深海微生物中筛选获得对金线莲茎腐病致病菌具有较强生物防治能力的草酸青霉，研制出可湿性粉剂配方及生物农药。该生物农药不污染环境、不毒害人畜、不伤害天敌，不会诱发抗药性，可有效防治病害的发生。

（李　影）

【省种业创新与产业化工程项目通过验收】 2021年11月12日，福建省水产研究所实施的福建省种业创新与产业化工程（2017—2020）海洋与渔业项目——“海带、凡纳滨对虾、东方鲀种业创新与产业化工程”通过验收。该项目建设2个省级海带良种场、2个省级对虾良种场、2个省级东方鲀良种场；建成海带遗传育种中心及引育种检测中心、对虾活体种质库和育种数据库、东方鲀种质资源库；育成海带新品系2个、东方鲀新品系2个、凡纳滨对虾新品系1个。截至年底，繁育海带新品系苗种35.7万张苗帘（片），示范养殖25.53万平方米，新增产值57.52亿元，新增利润41.95亿元；制种扩繁优质种虾43.83万对，培育健康虾苗378.99亿尾，辐射养殖面积1.93万平方米，新增产值10亿元；培育无毒级东方鲀优质苗种2623.2万尾，示范养殖2266平方米。

（郭书悦）

驻区科研单位

【福建省水产研究所】 2021年，福建省水产研究所新增各级各类项目69项，其中参与国家自然科学基金面上项目1项，承担省引导性项目1项、第四轮种业创新与产业化工程项目3个、省公益基本科研专项15个、省海洋经济发展补助资金项目2个、省渔业结构调整专项31个、省海洋与渔业发展补助专项1个、省渔业发展专项6个，结余经费自立项目9个。另有渔业资源、生态环境、病害监测、水产品检测等专项任务，实现新增科研经费3456.04万元。全年承接科技服务项目35个，累计到位经费961.62万元。发表科技论文67篇，其中科学引文索引收入17篇。申请专利32件，授权专利30件；获得软件著作权2项；水产行业标准《调味烤虾》及参与制定的国际标准ISO《冷冻鱼糜》发布实施。组织参加中国（福州）国际渔业博览会和厦门科技活动周，推介水产研究所科研公共平台、海马齿生态修复技术、经济型湾外及深远海养殖装备技术、牡蛎全值化开发技术体系等内容，展示与推介水产研究所最新的海洋与渔业科技创新成果。组织科技特派员投身农村、渔村，提供创业创新服务，帮助涉渔涉海企业解决技术问题和困难。以全国水产科普教育基地、省科普教育基地——福建海洋渔业科学馆为平台，开展海洋渔业科普宣传，为公众普及水产科技知识。

（郭书悦）

【福建省亚热带植物研究所】 2021年，福建省亚热带植物研究所在研的研发项目73项，其中，国家自然科学基金项目3项、财政部条件基础建设项目1项、厦门市科技计划项目65项及对外横向合作项目4项。全年新增研发项目15项，到位资金1226.4万元；企业合作项目3个，项目资金13.5万元；获得国家发明专利授权5件，实用新型专利授权3件，申请国家发明专利6件，申请实用新型专利3件；通过市级验收和科技成果登记8项，发表论文15篇，出版专著1本。累计获资助的基础理论研究项目13个。该所与福建农林大学及华侨大学联合运作研究生工作站，承接厦门大学、华侨大学、集美大学相关技术专业教学实习业务。该所为福建明台农业投资有限公司解决国兰的病害快速检测及防治问题，开发1款兰科建兰花叶病毒和齿兰环斑病毒联合检测的胶体金快速检测试剂条；指导永春县颐园生态农业发展有限公司改良土壤、改进栽培设施、引种红油香椿新品种，并给予关键技术指导；对接厦门同安鑫美园果蔬专业合作社，共同谋划“福建厦门三秀山村山药科技小院”发展模式。全年为39家公司或单位提供测试服务，完成60批次202个样品的检测，检测样品的类别包括有机肥、土壤等，检测项目包括氮、磷、钾、有机质、氢离子浓度指数值等。

（李　影）

【厦门海峡新岸数字经济创新中心】 厦门海峡新岸数字经济创新中心位于厦门两岸金融中心片区，占地面积2.94万平方米，总建筑面积9.95万平方米，隶属海峡新岸大项目。中心集“产、学、研、展、服”五位一体；主要规划新型研发机构、“大数据与智能计算”产教融合创新社区、数字经济企业示范区、国际产业合作区四大功能板块；引入大数据和人工智能领域技术平台力量，为传统企业转型升级提供科技动能。截至2021年底，累计对接产业线索300多条，多次举办“产业企业走进园区”活动，通过产业研讨精选与数字经济相关的企业近百家，项目整体招商率95%，引进企业132家，总注册资本金额累积近14亿元，累积行业专业843个。引入人民网资本、人民网内容科技产业园、东方航空等一批国家级、市级的科技类专精特新产业企业。

（郭芬华）

知识产权保护

【概况】2021年，湖里区市场监督管理局走访辖区企业20家，了解企业知识产权布局情况，指导、协助企业运用好政府的知识产权相关保护政策和资助政策，全年开展线下线上培训6场。针对厦门钨业股份有限公司、日本精工株式会社等企业被侵权等问题，召集专班研究维权方案，通过协商化解纠纷，与侵权方所在地市场监管部门协调沟通化解异地侵权问题。建立起线上排查、源头追溯、协同查处机制，推进线上线下一体化执法，查处假冒专利行为，纠正专利标注不规范行为，全年立案114件。在全市率先建立知识产权纠纷行政调解司法确认制度。发明专利授权6083件，其中发明专利542件、实用新型专利3888件、外观设计专利1653件，发明专利拥有量35.52件/万人。

【知识产权纠纷行政调解司法确认制度在全市率先建立】2021年，湖里区市场监管局与区人民法院达成协议，在全市率先出台知识产权纠纷行政调解司法确认。区市场监管局主持达成的知识产权纠纷案件由区人民法院确认，赋予调解协议法律效力和强制执行力。截至年底，受理知识产权纠纷调解并由区法院确认8件。该项目被纳入湖里区社会治理体制改革创新项目。

【知识产权周系列活动】2021年4月20—26日，江头市场监督管理所在监管群及各大媒体门户网站进行知识产权相关知识宣传，在各大市场、商城等地派发宣传手册，并利用辖区电子显示屏滚动播放知识产权宣传周主题等形式，普及专利、商标、地理标志等相关法律法规和政策；开展专利标注和商标使用情况的检查行动，以商品批发市场，家具建材市场等为重点检查区域，检查商品专利号的标注情况及商品的相关信息，对相关专利的真伪、有效期等问题进行核验。湖里市场监督管理所在山姆超市人流密集处“摆摊设点”，开展“全面加强知识产权保护，推动构建新发展格局”主题宣传活动，宣传专利法、商标法、商标注册及侵权等知识；湖里、殿前市场监督管理所到企业开展普法宣传，为企业提供商标品牌打假维权、商标注册、企业知识产权管理等方面的咨询服务。

（陈琼英）

软件信息业

【概况】2021年，湖里区有规模以上软件和信息技术服务业31家，营业收入28.1亿元，比上年增长24.3%。超过60%的规模以上企业实现正增长，雷霆网络、美图之家等7家年营业收入亿元以上企业带动作用显著。湖里区强化产业政策扶持力度，联合火炬管委会、自贸区管委会兑现《湖里区促进新一代信息产业发展实施办法》，为41家企业兑现信息产业发展专项资金940万元。

【数字产业招商】2021年，湖里区加大信息产业、数字产业招商力度，新增软件项目132个。引入大数据、数字金融、数字制造企业睿至科技集团有限公司、厦门大新君和网络科技有限公司、湖南京东方艺云科技有限公司等国内500强企业入驻辖区。

【5G基站建设】2021年，湖里区联合各大电信运营商、厦门铁塔推动辖区重点区域5G基站建设，全年建成5G基站超过200个，覆盖市政道路、政府公共资源、医院、公园及居民小区等空间，5G网络在全区范围的覆盖率得到提高。

（庄梓亮）

文化·旅游

文化场馆

【概况】 2021年，湖里区推进文化馆、图书馆总分馆制建设，铺开区、街、社区、小区四级公共文化网络建设，健全公共文化服务体系。截至年底，湖里区有图书馆1个、文化馆1个、街道文化站5个、社区综合文化服务中心55个，24小时街区自助图书机50台。

【湖里区图书馆】 湖里区图书馆坐落于湖里区文旅中心大楼，馆舍面积3828平方米。全年免费开放，每周开放时长72小时，馆内开展书刊借阅、数字图书馆服务、公益性培训、讲座展览、亲子阅读等活动。截至2021年底，图书馆馆藏文献资源总量67万册。全年借阅图书64万册次，接待读者39万人次；开展各类读者活动130场，参加读者6万人次；办理新增读者证2428本。推动图书馆总分馆制建设，建有殿前、湖里、江头、金山、禾山5个街道分馆，和通、禾山、嘉福3个社区分馆，仙岳书院、惠和书院、诺斯蒂、薛岭山百花厅、透明岛屿5个“三嘉”悦读体验馆，以及社区、企事业单位、社会组织内部借阅等图书流动点121个，建设小区书屋10个。

【湖里区文化馆】 湖里区文化馆坐落于湖里区文旅中心大楼，馆舍面积4305平方米，设置多功能报告厅、展览厅、排练厅、培训教室、摄影工作室等场所，可以满足人民群众业余文化生活的基本需要，全部实行免费开放。2021年，区文化馆开展全区性文化活动466场，其中公益文艺演出21场、培训433场（节）、比赛3场及展览9场。

（翁　珏）

文化活动

【概况】 2021年，湖里区深化“悦游湖里”文旅品牌创建，围绕庆祝中国共产党成立100周年举办文体活动25项。率先在全市开展街头艺人才艺展示，并将其融入社区文化艺术节。全年开展全区性文化活动466场；各街道、社区组织举办各类基层文化活动297场次，其中湖里街道31场次、殿前街道43场次、江头街道26场次、禾山街道166场次及金山街道31场次；开展各类读者活动130场，参加读者6万人次。

（翁　珏）

【“三下乡”活动】 2021年，湖里区科技、文化、卫生“三下乡”活动以“留厦过年更有爱”为主题，由区委宣传部牵头，区委组织部、区社科联、区文旅局等单位参与，开展“迎新春送福”活动、“祝福祖国”摄影展、“闽南曲艺说唱新思想”线上展播、“迎新春送爱心”走访慰问等四大主题活动。通过分散式上门服务和现场小型的惠民服务等形式，发放社会主义核心价值观灯笼和窗花1万个（张），义务书写和赠送春联1.4万副；走访慰问居民群众1万余户（人），发放慰问金513.1万元，送出新春礼包1.35万份。

（刘靖虹）

【第十六届厦门元宵民俗文化节】 2021年1月，湖里区举办第十六届厦门元宵民俗文化节，该文化节串联春节、元宵两个节日，通过互动游戏、视频、云展播等多种呈现形式，举办元宵民俗文化节线上特别策划活动、非遗亲子手工课堂、街头文化艺人招募及评选、喜迎新春摄影展等20余项各具特色的文化活动。线上活动总点击量1000余万人次，其中“留厦过年·让爱团圆”电子明信片点击量 48.3 万人次、“团圆点灯闹元宵”线上灯谜会点击量 68.1 万人次，《团圆饭》《致敬留厦城市建设者》等 4 个短视频作品登上“学习强国”学习平台。

（刘靖虹）

【第十三届厦门（湖里）城市诵读节】 2021 年 4 月 24 日至 10 月 31 日，湖里区举办第十三届厦门（湖里）城市诵读节。该届诵读节以庆祝中国共产党成立 100 周年和特区建设 40 周年为主题，结合党史学习教育，开展职工红色经典诵读、第八季诵读沙龙公益培训、读书公园等线下主题活动，创新开展红色留声机、湖警学党史朗读者、双语党史播报站、“青声话党史、全民追‘星’行动”等云上红色诵读活动。

（刘靖虹）

【第十三届社区文化艺术节】 2021 年 4 月 29 日至 2022 年 1 月 4 日，湖里区举办第十三届社区文化艺术节。以“奋斗百年路 启航新征程”为活动主题，结合庆祝中国共产党成立 100 周年、厦门经济特区建设 40 周年等，开展红色舞台剧展播、综合文艺展演、书画展、摄影展等群众性文化活动。

文化艺术节开幕式 4 月 29 日，湖里区第十三届社区文化艺术节开幕式暨街头文化艺人才艺展示集市活动在湖里万达广场举行。首次融入街头文化特色，展示集市设弹唱、茶艺、溜溜球、捏泥人、汉服走秀等 12 个表演区域。

红色舞台剧《神山旗手》上演 6 月 27 日，湖里区出品的大型原创红色舞台剧《神山旗手》在厦门小白鹭艺术中心金荣剧场上演。（详见第 19 页）

街道综合文艺展演 6 月 28 日，金山街道综合展演专场在厦门国际游艇汇五缘广场举行。展演包含快板、歌舞、武术等节目。7 月 20 日，殿前街道综合展演专场在马垅社区文化广场举行。展演包含扇子舞、话剧、葫芦丝合奏、合唱等节目。

社区艺术团风采展演 禾山社区艺术团、祥店社区祥梦艺术团、禾盛馨雅艺术团、禾欣草根朗诵团与濠头社区蔓菁艺术团先后在区文旅中心三楼多功能厅举办不同主题、多种艺术表现形式的综合文艺展演 5 场。

书画摄影展 全年举办庆祝中国共产党成立 100 周年书画摄影作品展 3 次。其中，在区文旅中心六楼展厅举办书画展 2 次，征集书画作品 500 余幅，展出书画作品 202 幅；在厦门市美术馆举办摄影展 1 次，征集摄影作品 200 余幅，展出作品 120 幅。

（翁 珏）

【厦门经济特区建设历史陈列展】 自 2021 年 12 月 21 日，“大厦之门 敢拼会赢”——厦门经济特区建设历史陈列展在厦门经济特区纪念馆举行。此次展览展线长 745 米，展墙面积 2000 平方米，展出图片 627 张、展品 363 组、多媒体展项 33 组、配套视频 41 条。展览分三部分 20 个单元，67 个展组。第一部分“敢向潮头立”（1978—1992 年），包含 8 个单元，简述创办特区前的厦门，重点展示厦门经济特区初创阶段的一系列敢闯敢试、敢为人先的突破和创新事例。第二部分“勇闯新天地”（1993—2012 年），包含 3 个单元，重点展示厦门经济特区增创新优势，科学发展的壮阔历程。第三部分“扬帆新时代”（2012—2021 年），包含 9 个单元，展示厦门经济特区贯彻落实习近平新时代中国特色社会主义思想，建设高素质、高颜值，现代化、国际化城市的辉煌成就。展览融合运用裸眼 3D 大屏、多媒体沙盘、沉浸式空间、触屏互动、音视频放映、滑轨屏互动等多媒体综合展项，再现湖里第一炮、邓小平视察厦门题词、习近平领导的筼筜湖治理等多个厦门经济特区建设历程上的历史场景、标志事件。特设“习近平在厦门”专题，通过“立志做大事”“自讨苦吃”“为事业

2021 年 12 月 21 日，厦门经济特区建设历史陈列展在厦门经济特区纪念馆举行。图为改造后的鹭江号游船 （厦门经济特区纪念馆 供图）

发展计长远”等系列内容，还原习近平在厦门的从政轨迹和领导风范。整体维修“鹭江号”游船，复原船舱内景，在船舱内19扇悬窗位置，设置超精细小间距LED模组，形成沉浸式空间，再现“鹭江号”海上航行效果和鹭江两岸多个历史时期画面。截至12月底，特区馆接待参观群众1433人次，其中未成年人146人次。

（谢典均）

文化产业

【概况】 2021年，湖里区规模以上文化企业57家，文化产业年营业收入213.1亿元。新增注册影视企业197家，注册资本11.64亿元，其中影视专业人才投资注册的企业或工作室73家；立项或出品46部影视作品，总投资3.7亿元，其中湖里区影视企业为第一出品方35部；影视文化招商落地项目109个，总投资80.88亿元。湖里区简化认定流程，缩短兑现周期，助力文化企业纾困减负，全年兑付市级和区级影视产业扶持资金1.48亿元，其中兑付市级影视产业扶持资金0.79亿元、区级0.69亿元。辖区形成先锋影业有限公司、厦门忻时代影视交流服务公司、斯蒂安影视文化传媒（厦门）有限公司、两岸梧桐（厦门）中小企业创业服务有限公司、厦门馨园文化产业园有限公司等7个影视招商平台，其中，忻时代影视交流服务公司升级为市级影视招商平台。全年举办2021红点设计大奖获奖作品展、2021年金鸡百花电影节湖里区配套活动等系列活动；原安联厂房、印华地砖厂、光夏厂房等改造为文化场所。

【文化创意产业园区】 截至2021年底，湖里区有特区·1980湖里创意产业园、国家级闽台（厦门）文化产业试验园核心区；优必德工贸公司、乌石浦油画村2个国家级文化产业示范基地；惠和腾飞园林古建工程公司、万石画艺公司、凤飞服饰设计有限公司、趣游（厦门）网络科技有限公司等7个省级文化产业示范基地；1个省级文化产业重点园区。

【红点设计大奖获奖作品展】 2021年4月27日，红点产品设计大奖获奖作品展在厦门红点设计博物馆开展。此次展览是红点产品设计大奖最新获奖作品的全球首展，在2000平方米的展览空间呈现全球70个国家、400个品牌企业超过500件最新红点产品设计大奖获奖作品。

【华语国际编剧主题论坛】 2021年12月29日，2021华语国际编剧主题论坛在湖里区五缘湾凯悦酒店举行。华语影视顶尖编剧、资深影人、影视行业资深从业者及剧本内容产业头部业者齐聚一堂。在圆桌对谈环节中，第34届金鸡奖最佳编剧赵宁宇、陈枰、余飞围绕《以影视为载体讴歌时代精神、颂扬中国英雄》主题展开讨论，为新主流影视发展建言献策。北京名赫影视总经理、华语国际编剧节副秘书长赵彬与著名编剧彭三源和赵宁宇，就情感题材的创作、青年编剧的自我沉淀、职业发展和规划等话题进行交流。赵彬，知名连锁密室品牌联合创始人、剧本杀连锁品牌创始人、壹玩社剧本发行工作室主理人徐寂夏，国内知名剧本杀连锁品牌——嗷呜创始人、壹玩社联合创始人、著名展会策划人左瑾，知名作者火舞猫等嘉宾就“剧本内容从影视扩列文化娱乐全产业”论题展开探讨。

【中国女性影视高级研讨会】 2021年12月29日，2021中国女性影视高级研讨会在厦门五缘水乡酒店举行，中国电影基金会理事长张丕民，厦门市委宣传部副部长、市文发办主任戴志望，中国电影基金会副理事长兼秘书长阎晓明，中国电

2021年4月27日，湖里区政府在红点设计博物馆举办红点产品设计大奖获奖作品展。图为开幕式

（图片来源：《海峡导报》）

影基金会影视部主任宋宁，中国电影基金女性影视发展专项基金总监王红等领导、嘉宾出席研讨会。研讨会由中国艺术研究院研究员支菲娜主持，以“她力量：光影照进心灵”为主题，聚焦中国女性影视导演、编剧、影评人、学者和媒体人。著名编剧蒋胜男、制片人尹香今等行业代表及电影教育专家交流女性影视的相关议题。研讨会后举行捐赠仪式，中国电影基金会为厦门忻时代公益捐赠颁发荣誉证书并签订战略合作协议；厦门忻时代影视产业运营平台与上海师范大学影视传媒学院就“谢晋杯”学院奖及女性电影研究工作签订战略合作协议，并为女性影视推动工作签订战略合作协议。

【第五届厦门国际影视产业论坛】 2021 年 12 月 23 日，第五届厦门国际影视产业论坛在湖里区七尚酒店举行。论坛聚焦短剧领域，以微短剧赛道的形成和发展、短剧衍生的产业价值、短剧行业动态和平台政策解析为话题。无锡兔狲文化传媒有限公司总经理邱其虎、快手短剧运营人于轲、厦门自娱自乐文化有限公司法人闫驰及盈趣科技代表陈建成等嘉宾出席论坛并参与分享讨论。

（翁　珏）

文化市场管理

【概况】 2021 年，湖里区开展“护苗”“净网”“秋风”等专项行动。开展“扫黄打非”、校园周边文化市场整治、平安文化市场创建、安全生产大整治、非法卫星电视接收设施整治等专项行动。区文化和旅游局联合市文化市场综合执法支队二大队对辖区内歌舞娱乐场所、网吧、电影院和出版物经营单位等开展常态化检查，确保文化行业安全有序。

2021 年 9 月 1 日，厦门市湖里区高崎小学组织观看《护苗·网络安全课》动画视频短片

（区文旅局　供图）

【“护苗”行动】 2021 年，湖里区“扫黄打非”领导小组办公室联合区教育局，指导辖区中小学开展“护苗”教育。加强各中小学“护苗”工作站建设，组织开展“护苗·网络安全课”活动，观看网络动画视频短片《护苗·网络安全课》，全区开展“护苗 2021”专项行动；重点整治校园周边非法出版物，联合市文化市场综合执法支队二大队查堵违禁出版物。整治网络平台，打击网络淫秽色情低俗信息，清除网上“文化垃圾”。

【非法卫星电视接收设施整治】 2021 年，湖里区组织开展非法卫星电视接收设施整治集中行动，加强辖区卫星电视广播地面接收设施的管理，打击非法生产、销售、安装和使用卫星电视地面接收设施的行为。各街道在社区摸底排查卫星地面接收器的数量及位置；宣传使用卫星地面接收器的危害以及相关法律法规。经整治，金湖社区建成无卫星地面接收器社区。

（翁　珏）

文化遗产保护

【概况】 2021 年，湖里区完善文物保护管理机制，开展文物保护修缮项目，完工并验收修缮项目 9 处。开展东部旧村改造片区文物保护专项规划编制工作，在坂美社地块、下边社地块、高林—金林地块、五通金融商务区地块和湖边水库东地块等文物资源相对集中区域，规划打造文物保护样板。下达 2021 年国家非物质文化遗产保护资金，做好第七批省级非物质文化遗产代表性项目、第三批湖里区非物质文化遗产项目和传承人申报工作；组织开展 2019—2020 国家级非遗代表性传承人传承活动评估；举办喜迎新春——非遗亲子手作、闽南新童谣征集等非遗活动；承办厦门市“文化和自然遗产日”主场活动，推动非物质文化遗产传承发展。

【王清祥宅平移】 2021年4月10日，王清祥宅平移工程启动，工程采用国内先进的平移顶升技术，历时31天，平移75米，在不破坏一砖一瓦的前提下，实现平移到位，该工程是厦门市首个文物建筑整体平移项目。王清祥宅建于1931年，原址位于湖里区金山街道五通社区仓后社340号，为二层砖混结构，总重约950吨，建筑面积449平方米，2013年由湖里区人民政府登记公布为不可移动文物。2020年12月7日，湖里区政府批复同意对该宅实施整体平移保护，新址位于金山街道坂美社。

2021年4月10日，王清祥宅平移工程启动　　（区文旅局　供图）

【厦门市“文化和自然遗产日”活动】 2021年6月11—14日，厦门市2021年“文化和自然遗产日”宣传展示活动暨闽台文化交流展演展示活动在湖里区惠和石文化园举行。此次展示活动围绕“人民的非遗　人民共享”主题，以“线上＋线下”相结合的形式，设置活动广场、手作市集、美食市集、非遗展、非遗大舞台等板块。在非遗大舞台上，南音、宋江阵、拍胸舞、跳鼓舞等非遗节目轮流展演；惠和石文化园同步推出厦门市重点非遗项目展、省五批非遗代表性传承人技艺展、台湾手工技艺交流展、湖里区非遗项目集锦暨街头手艺人展演4个展览；开设亲子匠艺市集，集结多位非遗传承人及多项非遗项目，亲子家庭动手制作非遗产品；惠和文化园与厦门老字号协会联动，集结部分老字号商家，推出老字号嘉年华游园活动，以“老字号＋旅游”的模式，推介老字号的保护成果。

（翁　珏）

2021年6月11日，厦门市2021年“文化和自然遗产日”非遗宣传展示暨闽台文化交流展演展示活动启动仪式在惠和石文化园举行。图为拍胸舞表演

（魏克丰　摄）

旅游业

【概况】 2021年，湖里区以休闲度假旅游为主线，优化旅游资源，整合辖区精品旅游线路，提升旅游产业品牌质量。组织辖区旅游企业和重点旅游项目到青岛、临沂、烟台等地区开展营销推介活动，开展“爱心厦门　悦游湖里”主题宣传活动、厦门夏季滨海生活之旅发布活动、线上直播带货活动等，形成文旅大促销格局。加速政策兑现，助力旅游企业纾困减负。加强基础设施建设，新建旅游公厕2座，改建1座。开展节假日旅游市场整治和国际邮轮中心厦鼓码头、五缘湾等重点区域市场整治。全年接待国内外游客1819.33万人次，旅游总收入251.2亿元。

【旅游行业管理】 2021年，湖里区针对不合理低价游、不规范一日游、不规范旅游购物场所三方面，各部门联动打击扰乱旅游市场秩序的违法违规行为。立案关于旅行社和导游违法案件37件，结案36

件；查处旅行社和导游违法案件48件，结案12件，对旅行社开具责令改正通知书2份，责令11家不规范旅游购物场所整改。

【厦门惠和石文化园】 厦门惠和石文化园是国家AAA级景区。园区设有中华石文化长廊、名人石雕艺术长廊、石雕博物馆、金砖影雕、闽南民俗表演等展示区域，是集石雕艺术展示、文化交流、艺术创作、旅游休闲与科普教育于一体的综合性园区。惠和石文化园配套有磐雅苑生活美学空间、磨心咖啡厅、影雕传习中心，开展惠和影雕、石与生活美学、玩石计划、石磨咖啡等系列休闲主题文化体验活动。2021年，接待游客12万余人，旅游收入187万元。

【凌云玉石博物馆】 凌云玉石博物馆是国家AA级景区，位于厦门湖里高新技术园，背靠五缘湾畔，毗邻厦门高崎国际机场。占地8074平方米，总面积3.5万平方米。该馆集玉石艺术展览、文创雅集、文化交流、旅游休闲与亲子研学为一体。设有茶艺空间、禅苑空间、亲子DIY空间、玉石文化长廊、玉石瑶池玉河等。2021年，接待游客5.9万人，旅游收入35万元。

2021年4月11—16日，湖里区在山东省举办“诗意厦门·悦游湖里”文化和旅游推介活动。图为4月14日在山东省临沂市举办的推介活动

（厦旅国际旅行社　供图）

【四季生活之旅推介活动】 2021年4月11—16日，湖里区以2021“诗意厦门·悦游湖里”四季生活之旅为主题，到山东省青岛市、临沂市、烟台市开展推介活动，主推湖里四季生活之旅主题和滨海生活游、康养生活游、特区文创游、文化美食游4条旅游线路。在线上开设全网直播，邀请国内旅游达人同步直播，推广湖里文旅产品。此次推介活动吸引超过280家文旅企业，全网辐射超过1500万人次。着重推广湖里区会展奖励政策，邀请当地企业来厦办展、开会。

【文旅业界献爱心、促旅游主题宣传活动】 2021年5月1—5日，文旅业界献爱心、促旅游主题宣传活动在湖里万达广场举行。活动期间，众多商家奉献爱心，提供爱心捐赠产品，让参与群众购买。重点推介健体无极集团等企业打造的健康运动产品项目、诺斯蒂文化体育公园等企业打造的研学旅游产品项目；结合庆祝中国共产党建党百年等重大时间节点，推出红色党建、亲子畅玩、沉浸式体验“三合一”的五一文旅项目。

（翁　珏）

卫生健康

综　　述

【概况】 2021 年，湖里区有医疗卫生机构 434 家。其中，市管医疗卫生机构 34 家，包括市（属）管医院 17 家，社区卫生服务中心 5 家、分中心 3 家、服务站 8 家，区属市管医疗卫生机构 1 家；区管医疗卫生机构 400 家，包括民营二级综合医院 2 家、一级综合医院 7 家、门诊部 117 家、诊所 181 家，其他医疗卫生机构（医务室、卫生站、护理站、村卫生所）93 家。有床位 5497 张，每千人拥有床位 5.3 张；医师 4859 人，每千人拥有医师 4.68 人；护士 5865 人，每千人拥有护士 5.65 人。

【新冠肺炎疫情防控】 2021 年，湖里区利用“大数据 + 网格化”手段，排查入厦人员的健康信息，进行常态化核酸检测。截至年底，全区累计核实排查溯源系统任务信息 25.13 万条；全区常态化检测重点人群及食品外环境样本 190 万份，其中应检尽检人员样本 148 万份、抽检人员样本 39 万份、食品及环境样本 3 万份，检出新冠病

2021 年湖里区卫生机构基本情况一览表

表 12

项目	单位	总计	医院	区妇幼保健院	基层医疗卫生机构	门诊部	诊所	卫生所、医务室、护理站
机构数	个	434	26	1	16	117	181	93
床位数	张	5497	5380	67	50	0	0	0
工作人员	人	12100	8498	382	656	1806	502	256
卫生技术人员	人	10091	6947	324	602	1477	488	253
执业医师（含执业助理医师）	人	4022	2407	132	302	814	287	80
注册护士	人	4606	3484	135	178	482	163	164
药剂人员	人	541	368	11	32	90	34	6
检验人员	人	717	519	40	89	69	0	0
其他	人	205	169	6	1	22	4	3
其他技术人员	人	462	389	17	41	9	4	2
管理人员	人	910	727	37	13	125	7	1
工勤人员	人	637	435	4	0	195	3	0

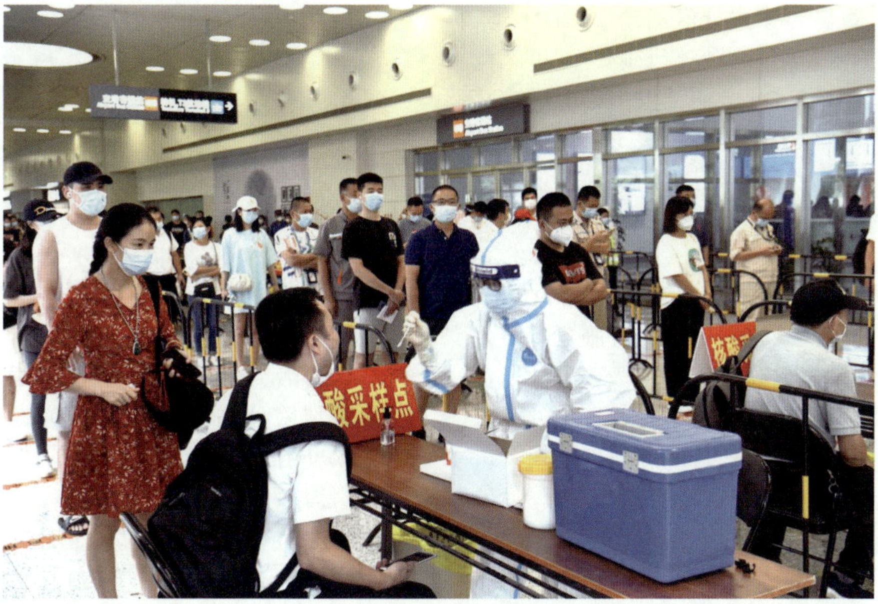

2021年8月7日，湖里区在厦门高崎机场组织旅客进行核酸检测（黄文选　摄）

例161例。9月本土新冠疫情再起，完成全区6轮全员核酸检测任务，累计设置采样点760个、采样台6378个，调配采样人员1.31万人次，采样检测样本547.01万份；完成检测境外入厦、国内重点地区入厦及密接、次密接等人群样本45.76万份；完成区管各行业在岗、在位重点人群5.82万人应检尽检任务，高风险岗位及其他一线人员按时检测率100%，全年累计检测相关人群及食品外环境样本112.84万份。截至12月31日，完成全区12～14岁、15～17岁、18岁以上三类人群的新冠疫苗接种指标，累计接种新冠疫苗209.4万剂次。

2021年，湖里区卫生健康局督促辖区医疗机构、隔离酒店等重点涉疫场所落实疫情防控措施，全年监督检查集中隔离场所592家次、各类医疗机构1515家次。联合市院感专家、第三纪检组、区文旅局等部门多次检查集中隔离场所和医疗机构疫情防控情况，督导医疗机构做好预检分诊、院感管理、按频次进行核酸检测。督导集中隔离场所在传染科设置清洁区、污染区和半污染区、医务人员通道和病人通道，进行闭环管理，按标准进行清洗消毒，处理好涉疫垃圾污水等。

【医疗领域行业乱象整治】 2021年，湖里区卫生健康局开展医疗领域行业乱象整治工作，打击无证行医、超范围诊疗、违反诊疗规范等医疗乱象。全年查处医疗领域违法违规案件65件，暂停医师执业1人，打掉“黑诊所”窝点11个，罚款103.04万元，没收违法所得5.20万元，移送公安机关追究涉嫌刑事责任1人，向其他部门移送和抄告涉嫌违法线索10条，发动辖区236家医疗卫生机构签署“依法执业诚信服务承诺书”。

【驻点检查安兜医院】 2021年，湖里区卫生健康局驻点检查安兜医院，采取自查自纠与监督检查相结合的方式，监督检查医疗服务（含中医）、传染病防控、妇幼计生、职业与放射卫生及其他5个方面27项内容，发现安兜医院存在4个方面21个问题，整理问题清单反馈给医疗机构并提出整改意见，督促整改落实到位。

【专家评估区医疗机构】 2021年，湖里区卫生健康局委托市医学会组织有相关资质的专家，专项评估湖里区医疗机构的院感情况、急诊急

2021年2月1日，厦门市院感专员到湖里天伦医院检查院感工作
（黄文选　摄）

救能力，评估结果作为医疗机构校验、延续、是否作为重点监督对象的参考。全年评估医院 7 家、门诊部 99 家及诊所 166 家，其中 29 家不合格，均在年内完成整改并评估合格。

【爱国卫生运动】 2021 年，湖里区以冬春季爱国卫生运动、爱国卫生月、农贸市场专项整治、新冠肺炎疫情防控等为主题，全年开展 12 轮全区性爱国卫生统一行动，宣传新冠肺炎疫情防控知识和文明健康知识。开展“干部下社区”志愿服务活动，落实环境卫生整治和消毒消杀工作，重点督促农贸市场、大型商场超市、酒店宾馆、医疗机构、学校等人流密集场所落实日常管理及整治。推进控烟工作，落实室内公共场所和工作场所控烟专项行动，加强对法定禁烟场所监督执法检查，全年检查公共场所 1395 家次，处罚 2 起违反禁烟规定的行为；推进无烟单位创建和省级卫生社区建设，年内，有 9 家单位申报无烟单位，8 个社区申报省级卫生社区。

【慢性病综合防控工作】 2021 年，湖里区落实慢性病日常管理，迎接国家慢性病综合防控示范区复审。落实湖里区防治慢性病中长期规划。11 月底，通过国家慢性病综合防控示范区复审国家考评组线上复审验收。

【家庭医生签约服务】 截至 2021 年 12 月 31 日，湖里区家庭医生签约户籍人口 11.6 万人，签约覆盖率 30.63%。其中，65 岁以上老年人签约 1.8 万人，签约覆盖率 80.39%；高血压患者签约 2.04 万人，签约覆盖率 65.89%；糖尿病患者签约 9624 人，签约覆盖率 80.2%。

【百名专家进社区活动】 2021 年，因受新冠肺炎疫情影响，湖里区百名专家进社区活动仅举办 8 场，其中，每个街道各负责 1 场。截至年底，百名专家进社区活动邀请专家 66 人次，服务群众 1624 人次。

【普惠性托育服务试点】 2021 年，湖里区确定馨贝昉托育服务有限公司湖里分公司作为省级普惠性托育试点机构，禾穗金谷托育服务有限公司、祈乐托育服务有限公司、祈乐托育服务有限公司湖里第一分公司为市级社区型普惠性托育试点机构。4 家承建托育机构投入自筹资金 722.41 万元，12 月 2 日，各试点单位通过省、市相关部门验收并招生运营，为辖区育儿家庭提供普惠托位 200 个。

【敬老爱老服务】 2021 年，湖里区推进老年人心理关爱项目试点工作，选取金尚、兴园、金山 3 个社区作为全国老年人心理关爱项目试点；做好老年友好型社区创建工作，统一发放老年人高龄津贴，全年为 80 周岁以上老年人发放高龄津贴 775.34 万元；为辖区年满 60 岁及以上的老年人购买幸福安康保险，截至年底，申请理赔 349 次，赔付总额 213.04 万元。湖里街道康乐社区获 2021 年“全国老年友好型社区”称号。

【厦门市中医院互联网医院开诊】 2021 年 6 月，厦门市中医院获批互联网医院牌照。8 月 14 日，厦门市中医院互联网医院开诊。患者只需用一部智能手机关注“厦门市中医院”服务号，就可完成线上咨询、复诊续方、药师审方、药品调剂、配送到家的“云流程”中医药服务。

（黄剑斌）

疾病防控

【概况】 2021 年，湖里区疾病预防控制中心（以下简称“湖里区疾控中心”）开展流行病学调查处置和密切接触者隔离医学观察，开展艾滋病、结核病、性病与麻风病等传染病防治。全年处置突发公共卫生事件风险评估 12 次，每两月开展 1 次疫苗查漏补种工作，开展健康教育宣传 10 场。开展碘缺乏病监测、产品伤害监测、居民死亡信息报告及死因统计分析等工作。慢性病综合防控工作通过国家复审。

【疾控部门新冠肺炎疫情防控】 2021 年，湖里区疾控中心开展流行病学调查处置和密切接触者隔离医学观察，全年调查处置本土新冠肺炎病例 8 例（在隔离酒店例行核酸检测中发现的密接人员 4 例、由社区全员核酸检测发现 3 例、重点人群“应检尽检”中发现 1 例）、境外输入病例 164 例（国外输入 131 例、台湾地区输入 31 例、新冠肺炎病毒单靶标阳性 1 例、排除病例 1 例）、境外输入关联病例 1 例。全年累计确定（含接收）密切接触者 2725 人（本土 242 人、境外 2483 人）、密接的密接者 991 人、防疫重点人员 207 人，其他相关涉疫人员 415 人，除其他相关涉疫人员外均进行隔离医学观察。调查处置涉疫食（物）品流入湖里区事件 14 起，对可能污染的食（物）品及环境进行核酸检测 356 份，1 份冷库门把手和 2 份食品核酸检测呈阳性，并按要求处置涉疫食（物）品。针对 8 例莆田关联本土病例所在的社区，进行封闭和管控指导，划定封控区和管控区，实行区别管理，阻止疫情扩散和传播。指导全区 16 家定点隔离酒店

2021 年 9 月 25 日，湖里区疾控中心工作人员评价金尚小区病例住家消毒情况

（区疾控中心　供图）

开展消杀工作，病例住家及污染环境疫点消毒面积 245.09 万平方米。组织对集中医学观察场所核酸阳性病例住房及周边环境进行消毒效果评价，全年累计完成相关样本检测 2479 份，检出新冠病毒核酸阳性样本 35 份、新冠病毒核酸单靶标阳性样本 29 份。开展新型冠状病毒核酸检测，全年开展人员新冠病毒核酸检测 36533 份，冷链食品及外环境新冠病毒核酸检测 7347 份，检出新型冠状病毒核酸阳性 5 份。

【传染病防控】 2021 年，湖里区各级医疗机构上报辖区法定传染病病例 4130 例，发病率 392.56/10 万，其中乙类传染病 18 种 1579 例，发病数前三位为梅毒、淋病和乙肝；丙类传染病 4 种 2551 例，发病数前三位为手足口病、其他感染性腹泻和流行性感冒；无甲类传染病、重症急性呼吸综合征（SARS）、炭疽等疑似病例报告。

艾滋病防治　湖里区新增艾滋病（HIV）病例 120 例，截至年底，累计艾滋病病例及感染者 790 例，随访管理率 100%。开展 HIV 自愿咨询检测 938 人次，发现初筛阳性 50 例。开展国家流动人口哨点监测，问卷调查及抽血采样 408 人，发现梅毒阳性 12 人。开展男男同性恋人群哨点监测，问卷调查和采血 75 人，HIV 初筛阳性 1 例和梅毒阳性 10 例。开展各人群干预检测工作，全年干预 19632 人次，检测 1950 人次，检出初筛阳性 33 例；开展各人群宣传教育 888 人次。12 月 1 日，开展“世界艾滋病日”宣传活动，覆盖人群 30 万余人。全年发放宣传折页、礼品和安全套 10694 份，回收电子问卷 6330 份。

结核病防治　湖里区发现疑似肺结核患者 586 人，转诊率 99%，总体到位率 94%。发现活动性肺结核患者 194 例，督导管理率 100%，完成疗程的活动性肺结核患者 271 人，治疗率 95%，系统管理率 98%。开展肺结核防治工作季度督导 4 轮，随访结核病患者 422 人。调查处置学校结核病疫情 3 起，追踪管理学生、教师疑似肺结核患者 77 人，开展学校结核病患者密切接触者筛查 126 人，未发现疑似患者。开展“3・24”世界防治结核病日宣传活动，发放结核病宣传材料 8300 份、宣传品 1800 份，对参与群众进行结核病防治问卷调查，信息知晓率 70%

麻风病防治　湖里区疾控中心组织各街道社区卫生服务中心向辖区公众宣传麻风病防治知识，发放宣传折页 550 份、宣传品 160 份，义诊咨询 90 余人次；对参与群众进行麻风病防治问卷调查，信息知晓率 55%。

【卫生应急】 2021 年，湖里区开展突发公共卫生事件风险评估 12 次，预测重点警惕的病种并提出相应的风险管理建议。调查处置传染病自动预警系统预警信息事件 217 起，及时率 100%。规范处置辖区中小学、托幼机构发生的手足口病、流感、水痘、腮腺炎等传染病疫情和聚集性事件 134 起，其中未分级突发事件 3 起。调查处置疑似食物中毒事件 7 起，其中判定为食物中毒 2 起。

【免疫规划】 2021 年，湖里区户籍人口和流动儿童疫苗接种率均在 98% 以上，各社区卫生服务中心每两月开展 1 次免疫规划疫苗迟种补种工作。湖里区全年报告麻疹监测病例 8 例，实验室检测未出现阳性结果，排除病例 8 例。全区报告 15 岁以下儿童疑似乙肝病例 7 例（排除 6 例），及时调查率 100%。无新生儿破伤风病例。全区报告百日咳病例 7 例，15 岁以下儿童急性弛缓性麻痹 8 例（其中排除病例 1 例及外地病例 3 例），经调查和实验室检测排除脊髓灰质炎病例；搜寻辖区医院急性弛缓性麻痹、乙脑、新生儿破伤风、麻疹等病例，未发现漏报情况。全区报告预防接种疑似异常反应 417 例，其中异常反应 23 例、偶合症 41 例、心因性反应 6 例、待定 15 例，一般反应 332 例。截至 12 月 31 日，12～60 岁人群和 3～11 岁儿童均做到“应种尽种”。12 月 26 日，湖里区 5 个街道社区卫生服务中心开展适龄女生国产双价人乳头瘤病毒疫苗免费接种工作。

【健康教育】 2021 年，湖里区疾控中心坚持健康教育与疾病预防控制并举，以线上活动为主，线下活动为辅，“世界艾滋病日”“世界无烟日”等组织开展宣传活动 10 场，发放宣传折页 2.68 万份，宣传品 1.47 万份，活动覆盖上万人，为 3000 多人提供咨询义诊服务。通过“湖里疾控”微信公众号制作推送以新冠肺炎疫情防控为主题的科普文章 400 篇。开展湖里区居民健康素养监测项目，完成调查问卷 617 人，居民健康素养水平为 30.1%。推进无烟单位创建工作，对厦门市城市管理行政执法局、福建省厦门第二中学无烟单位及湖里区机关单位 1 家和无烟学校 7 家进行创建标准评审，并推荐市级复审。

【慢性病综合防控工作】 2021 年，湖里区慢性病综合防控工作常态化开展，通过国家复审。区疾控中心开展各项慢性病监测，推进健康支持环境建设与维护，完成慢性病监测人群重大慢性病结局随访和癌症防治核心知识知晓率调查。4 月，湖里区通过《厦门市防治慢性病中长期规划（2017—2025 年）》实施情况中期评估；11 月 29 日，通过国家慢性病综合防控示范区建设领导小组办公室对湖里区示范区建设情况的线上复审，并重新确认该区为国家慢性病综合防控示范区。全年管理高血压患者 2.96 万例，其中规范管理 2.63 万例，规范管理率 88.85%；管理糖尿病患者 1.32 万例，任务完成率 110.36%，其中规范管理 1.18 万例，规范管理率 88.79%。

【碘缺乏病防治】 2021 年，湖里区开展碘缺乏病监测工作，监测结果显示：辖区 8～10 岁儿童尿碘中位数 237.18 微克 / 升，其中尿碘小于 50 微克 / 升尿样 7 份，占检测总数的 3.33%；总体合格碘盐覆盖率 95.24%，8～10 岁儿童甲状腺肿大率 4.29%；孕妇合格碘盐食用率 99%，尿碘中位数 160.16 微克 / 升，上述指标均达到消除碘缺乏病技术标准。

【居民死亡信息报告及死因统计分析】 2021 年，湖里区医疗机构网络报告死亡病例 1559 例，其中户籍人口死亡 1012 例，对所有个案均进行死因调查及死因链审核。全年户籍人口死亡率 2.90‰，标化死亡率 4.35‰；人均期望寿命 83.21 岁，其中男性 81.15 岁、女性 85.41 岁。

【心脑血管事件报告登记和肿瘤病例登记随访】 2021 年，湖里区相关医疗机构累计报告急性心脑血管事件 2324 例次，均完成报告信息审核。开展肿瘤病例登记随访，全年报告肿瘤新发病例 3088 例，户籍新增肿瘤确诊病例 1619 例，随访病例 3821 例。

【产品伤害监测】 2021 年，湖里区开展产品伤害监测工作，累计报告产品伤害病例 67542 例。其中，中医院报告 38854 例，儿童医院报告 14393 例，弘爱医院报告 14295 例，报告典型案例 83 例。

【精神疾病患者管理】 2021 年，湖里区有登记在册的严重精神障碍患者 2758 例，患者报告率 2.69‰；年在管患者规范管理率 86.95%、面访率 87.89%；在册患者服药率 89.52%，规律服药率 73.57%；精神分裂症服药率 89.16%，规律服药率 72.86%。

【卫生检验检测与监测】 2021 年，湖里区疾控中心在新型冠状病毒核酸检测外，开展食品类、公共场所类、水质类、病原微生物等检测工作。开展公共场所空气、用品用具微生物检测，出具检测报告 43 份。开展水质类检测，出具生活饮用水水质检测报告 333 份；游泳池水质检测 21 家，合格率 33.33%。食物中毒相关检测样品 21 家，疫情防控集中隔离医学观察定点酒店消毒效果监测 23 家，艾滋病检测 808 人份，梅毒检测 808 人份，丙肝检测 663 人份，麻疹 / 风疹检测 8 例。完成公共场所双随机监测任务 51 家；完成 6 次（含枯水期及丰水期）水质监测采样任务。开展国家公共场所卫生监测，完成 12 家快捷酒店、2 家美发场所、1 家游泳池的监测，收集公共场所基本情况调查表 15 份、从业人员基本情况调查表 147 份。调查放射诊疗机构 7 家，开展工作场所职业病危害因素监测 28 家，协助市疾控中心开展医疗机构辐射项目现场检测 1 家。全年为 5956 名接触职业病危害因素的员工提供职业健康体检，未检出职业病病例。

（罗尚芬　柯素容）

妇幼保健

【概况】 2021 年，湖里区妇幼保健院门（急）诊服务 98.6 万人次（含集体保健），门（急）诊服务人次比上年增长 31.47%；住院 4408 人次，病床平均使用率 69%；业

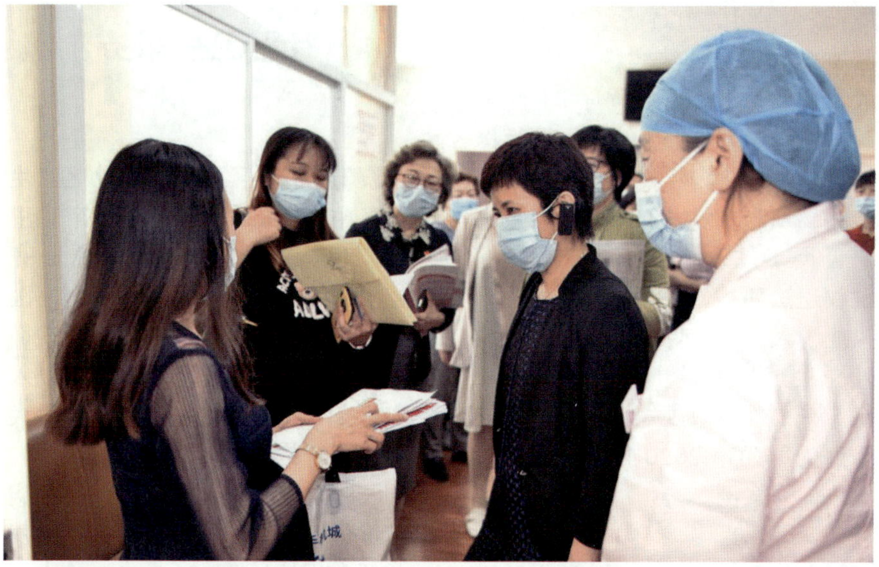

2021 年 4 月 22 日，福建省“两纲”终期评估验收组到区妇幼保健院进行“两纲”终期评估验收 （陈媛媛 摄）

务收入 17100 万元，比上年增长 7.55%。通过省、市级 2011—2020 年《妇女发展纲要》和《儿童发展纲要》终期评估验收。每季度指导辖区医院、街道社区卫生服务中心开展妇幼保健及妇幼信息工作；定期组织召开妇幼保健、围产协作组、儿保协作组例会及母婴保健技术培训。

【孕产妇保健】 2021 年，湖里区户籍产妇 3825 人，活产 3868 人，孕产妇系统管理率 97.39%，早孕检查率 97.62%，早孕建卡率 97.93%，产前检查率 98.89%，产后访视率 98.81%，住院分娩率 100%，高危孕妇检出率 89.07%，高危管理率 100%。低出生体重儿发生率 5.27%，孕产期中重度贫血发生率 0.86%，孕产妇剖宫产率 34.18%，无孕产妇死亡。住院分娩孕产妇孕期接受艾滋病病毒检测率 99.84%，其中孕早期接受艾滋病病毒、梅毒和乙肝检测率均为 85.99%；感染艾滋病、梅毒孕产妇及所生儿童采取预防母婴传播干预措施率均为 100%。辖区助产机构全年分娩活产 9791 人，先心病筛查新生儿 9790 名，筛查率 99.99%；筛查出阳性 215 人，阳性筛出率 2.19%，转诊 164 人。

【儿童保健】 2021 年，湖里区 7 岁以下儿童 35621 人，3 岁以下儿童 14552 人。3 岁以下儿童系统管理率 96.27%，5 岁以下儿童低体重患病率 1.25%，6 个月以下婴儿纯母乳喂养率 56.4%，新生儿访视率 99.53%，5 岁以下儿童死亡率 2.59‰，婴儿死亡率 1.81‰，新生儿死亡率 1.03‰。

【妇幼健康教育】 2021 年，湖里区妇幼保健院在全国爱耳日、世界卫生日、爱国卫生月、世界地贫日、全国母乳喂养日、全国爱眼日、六一儿童节等时间开展一系列义诊咨询和宣讲活动 88 场，覆盖 4 万多人次；到社区、工厂、学校、幼儿园、企事业单位举办讲座 196 场次，服务 2.28 万人次。开展百名专家进社区活动 7 场，服务 1300 多人次；拍摄全民营养周科普、身高促进等健康知识宣传视频；举办中国预防出生缺陷日、服务百姓健康行动、粉红丝带月等线上义诊和宣讲活动。健康教育学校新增标本采集课程及曼陀罗绘画心理分析课程，开展线上线下讲座 291 场，听讲 23263 人次；开设非药物性阵痛分娩（音乐阵痛分娩）、无痛分娩、产褥期保健、母乳喂养等线下必修课程 132 堂。在禾山、金山、湖里、殿前、江头社区卫生服务中心开办健康教育学校分校 5 个，举办免费公益妇幼大讲堂 11 场。

（朱春雷）

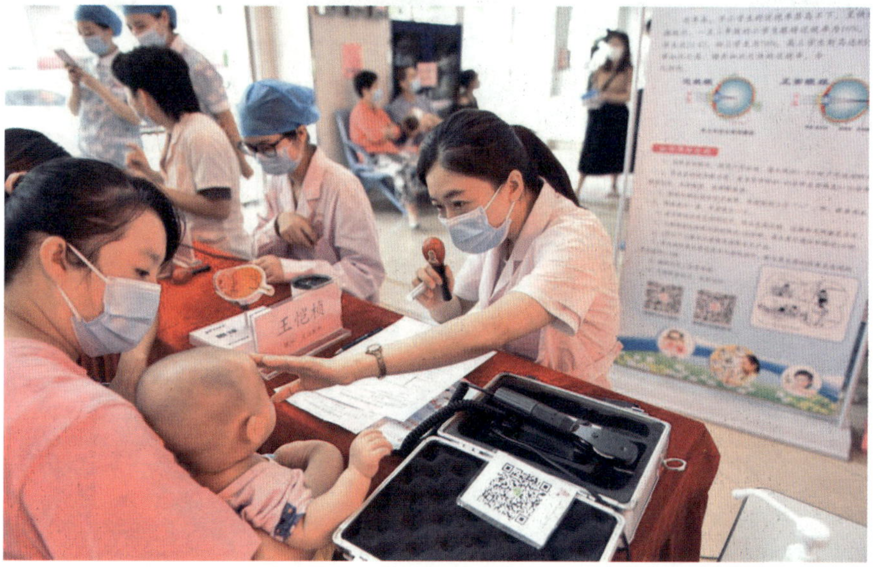

2021 年 6 月 6 日，湖里区妇幼保健院在一楼门诊大厅开展“关注普遍的眼健康”义诊咨询活动 （陈媛媛 摄）

卫生监督

【概况】 2021年底，湖里区卫生和计划生育监督所（以下简称“湖里区卫监所”）监管公共场所2292家、生活饮用水单位443家、中小学校63所、医疗机构859家、放射诊疗机构92家、传染病防治机构577家、妇幼健康机构11家、餐饮具集中消毒单位4家、职业病危害企业138家。全年查处各类违法案件92件，受理群众投诉309件，受理行政许可3663件。

【行政许可】 2021年，湖里区卫监所受理行政许可3663件，其中医疗机构许可502件、公共场所卫生许可874件、医师注册1250件、护士注册941件、工作场所职业病危害申报备案72件、除“四害”机构备案24家。全年审查医疗机构753家次，审查公共场所488家次。

【行政查处】 2021年，湖里区卫监所查处各类违法案件92件（一般程序61件，简易程序31件），其中医疗监督类52件（无证行医13件）、传染病防治监督类15件、公共场所监督类24件、职业卫生监督类1件，罚款103.85万元，没收违法所得5.2万元，暂停医师执业1人。对9件逾期不履行行政处罚决定的案件申请法院强制执行。有3件行政处罚案件被市卫健委评为厦门市2020年度卫生健康执法优秀案例。

【投诉处理】 2021年，湖里区卫监所受理群众举报、政务热线、交办件、信访件等各类投诉件309件，行政处罚42件，其中，涉及公共场所投诉61件、医疗机构投诉149件、无证行医投诉69件、职业卫生投诉7件、二次供水投诉1件、求助类及其他22件。投诉受理率、调查处理率、反馈率均为100%。

（谢玉霞）

2021年7月20日，湖里区卫监所突击查处辖区非法行医行为。图为检查殿前社云贵苗药理疗店　（钟海华　摄）

社区卫生服务

【厦门市湖里区湖里街道社区卫生服务中心】 2021年，厦门市湖里区湖里街道社区卫生服务中心完成门诊23.11万人次。完成家庭医生签约3.30万人，签约服务覆盖率30.23%，为80岁以上老年人提供入户服务671人次。开展社区居民大肠癌筛查5442例、冠心病筛查2317例及肺功能筛查473人次，糖尿病精细化管理随访622人次。0～6岁儿童常规接种49428人次。其中一类疫苗接种11种29678人次，二类疫苗接种19种19750人次。

2021年，新建居民健康档案1.1万份；完成辖区65岁以上常住老年人体检2597人；在管高血压患者6509人，随访7.22万人次；在管糖尿病患者3000人，随访3.87万人次。开展多项中医药适宜技术，有中成药基药123种、中成药非基药80种和草药325种。完成65岁以上老年人中医药健康管理服务中医体质辨识8469人，0～36个月龄儿童中医药健康保健指导4620人。辖区户籍人口产妇848人，建卡836人，产前检查率98.72%，产后访视率98.49%。3岁以下儿童系统管理率96.15%，新生儿访视率98.02%。新增肺结核病例30例，累计督导管理肺结核病例66例，随访1343人次。新登记艾滋病病毒感染者/病人11例，累计管理艾滋病病例159例。年内，报告传染病例4例，乙型肝炎、手足口病例各2例。完成辖区严重精神障碍疾病线索调查72人，录入国家严重精神障碍疾病管理网络609人，重性精神病规范管理522人，规范管理率85.5%。

（董　佳）

【厦门市湖里区殿前街道社区卫生服务中心】 2021年，厦门市湖里区殿前街道社区卫生服务中心门诊19.98万人次，比上年下降1.52%；门诊收入3698.06万元，增长2.78%。配备西药397种、中成药160种和中药379种；开出处方14.88万张，其中，中药处方量1.13万张、中医非药物处方5.18万张。向上转诊病人714人，收到下转病人89人，协同中医院完成远程心电图1922人次、动态心电图117人次。管理高血压病患5823人、糖尿病病患2262人。家庭医生签约14317人，签约覆盖率32.07%。完成大肠癌筛查6637人次、肺功能筛查26人次、冠心病评估1569人次。推进责任医生分片网格化管理，推出个性化家庭医生签约服务包。

2021年，管理辖区居民健康档案17.76万份。接种常规免疫规划苗（一类苗）3.04万针次，非免疫规划苗（二类苗）3.44万针次。孕产妇建卡1663人，其中早孕建卡1498人，早孕建卡率90.08%；产后访视1649人，产后访视率99.16%。开展0～6岁儿童体检1.19万人次，开展新生儿访视1595人次；0～36个月龄儿童中医药健康管理3996人次。开展65岁以上老年人免费体检2215人次；老年人中医药健康管理3760人。管理高血压患者、2型糖尿病患者分别为5644人和2264人。举办健康教育活动12次，开办健康讲座24次，覆盖人群4454人次。在册严重精神障碍患者483人，规范管理428人。管理肺结核患者74人，完成治疗肺结核患者67人，患者规则服药率97%。填报传染病报告卡21例。

（郭樱樟）

【厦门市湖里区江头街道社区卫生服务中心】 2021年，厦门市湖里区江头街道社区卫生服务中心医疗门诊20.9万人次，比上年下降7.55%。开展血常规、尿常规、生化全套、肿瘤标志物检查等常规项目检测服务。配备基本药物725种，其中中草药324种、中成药147种、西药254种。免疫规划疫苗接种3.26万人次；接种非免疫规划疫苗24种3.6万人次。对接上级医院，做好慢阻肺、慢性胃肠病防治工作；大肠癌免费筛查1328例，冠心病筛查823人。筛查慢性肾脏病高危病人855人。完成家庭医生签约2.3万人，签约覆盖率30.64%。双向转诊1637人次，其中上转1337人次、下转300人次。

2021年，新增、完善档案4230份。免费为0～3岁儿童提供健康体检。服务辖区内3岁以下儿童系统管理2751人，系统管理率96.1%。产妇在社区建卡1340人，产后访视1719人次。开展预防艾滋病、梅毒和乙肝母婴传播健康教育活动。落实35岁以上首诊病人测血压制度，新发现并纳入管理高血压患者743人。筛查新发现并纳入管理糖尿病患者311人。服务65岁及以上老年人10596人，完成健康管理4631人，完整体检4022人，中医体质辨识7303人次。未发现甲类传染病，报告乙类、丙类及其他传染病18例。纳入服务范围的艾滋病患者204人，其中转出17人，实际管理187人。跟踪疑似结核病病人109人，到位100人。管理肺结核病人118人。建设中医馆，设立独立的中医诊室，开展雷火灸、督灸等特色中医服务。中医药健康服务65岁以上老年人7303人，0～36个月儿童中医药健康管理服务4481人，中医非药物处方7974个，中医药处方7.46万个。

（周　凌）

2021年2月3日，禾山街道社区卫生服务中心新址投入使用

（禾山街道社区卫生服务中心　供图）

【厦门市湖里区禾山街道社区卫生服务中心】 2021年，厦门市湖里区禾山街道社区卫生服务中心门诊24.4万人次，比上年增长0.2%，门诊收入4668.97万元，增长2.08%。驻点隔离酒店5家，参与全员核酸采样工作，检测核酸样本159万人

次；完成新冠疫苗接种 39.39 万针次。完成家庭医生签约 2.71 万人次，签约覆盖率 30.54%。双向转诊 1723 人次，其中向上转诊 1667 人次、向下转诊 56 人次。

基本公共卫生服务　累计建立居民健康档案 24.63 万份，电子建档率 79.36%。全年举办健康教育活动 40 次，更换宣传栏 40 期，参加健康宣传活动及接受健康教育咨询约 9049 人次。常规免疫接种 49608 人次，建卡接种率 100%。开展 0～6 岁儿童体检 2.06 万人次，规范管理率 97.41%。孕产妇 5328 人，系统管理率 96.1%；产前管理 1964 人次，产后访视 4005 人次。65 岁以上老年人体检 3839 人次，规范管理率 40.43%。在管高血压 7038 人，随访管理高血压患者 4.92 万人次，血压控制率 75.9%；在管糖尿病患者 3422 人，随访 2.82 万人次，血糖控制率 71.2%；重性精神疾病患者规范管理 553 人，规范管理率 84.97%。在管肺结核患者 89 人，患者规则服药率 82.02%。填报传染病报告卡 19 例，报告及时率 100%。

禾山街道社区卫生服务中心新址投入使用　2021 年 2 月 3 日，新址投入使用，位于五缘西二里 62 号，业务用房面积 5300 平方米，设有六层，开设全科、中医科、儿科、理疗科、骨伤科等临床及辅助检查科室。

（禾山街道社区卫生服务中心供稿）

【厦门市湖里区金山街道社区卫生服务中心】 2021 年，厦门市湖里区金山街道社区卫生服务中心完成门诊 15.05 万人次，门诊收入 3093.97 万元，比上年增长 8.9%。完成专病冠心病筛查 923 例，大肠癌筛查 1476 例，大便隐血试验阳性 14 例，评估阳性 86 例，双阳性 3 例，阳性 97 例。为慢阻肺患者

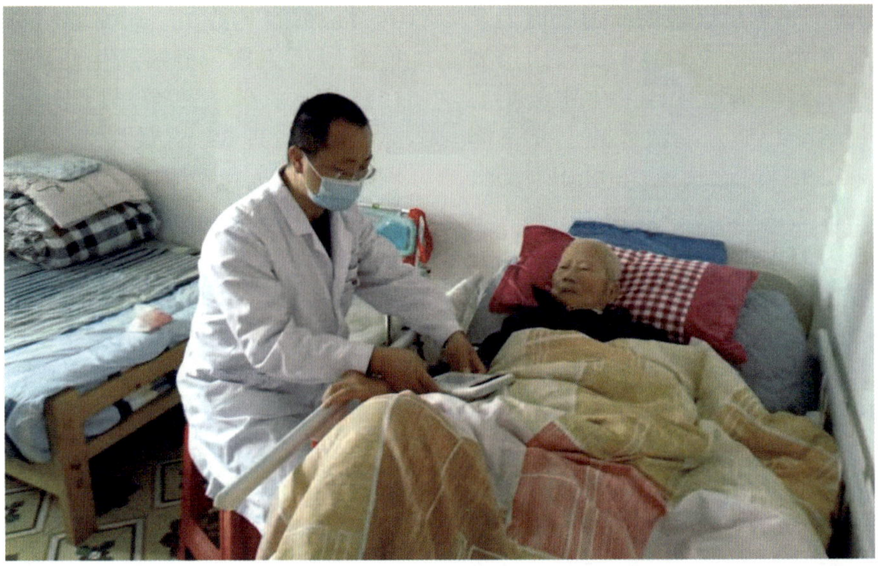

2021 年 12 月 8 日，金山街道社区卫生服务中心医师洪剑辉入户为吴火源做健康随访

（孙明标　摄）

提供后续健康管理服务 42 例。为居民提供免费志愿的乙型肝炎表面抗原、抗体快速检测等优化检测，全年筛查 33 人。完成金山街道 6 轮 23 个点位全民核酸采样，先后负责 4 个密接隔离酒店、抗疫物资的全天候保障。全年参与防控监测观察 2.3 万人次，采集咽拭子 4.77 万人次，血清抗体检测 2.44 万人次。家庭医生签约 18243 例，签约率 31.34%。

2021 年，新建健康档案 9880 份。一类疫苗接种 2.18 万人次，二类疫苗接种 2.03 万人次；新冠疫苗完成接种 1.21 万人次。查漏补种疫苗 3158 人次。孕产妇建卡 789 人，产后访视 1165 人，产后 42 天检查 422 人。3 岁以下儿童系统管理 2430 人、系统管理率 96.01%。全年接报传染病 6 例，其中慢性乙型肝炎 1 例、手足口病 2 例、其他类感染性腹泻病 3 例。管理艾滋病病人 144 人，完成首次克罗恩病检测 129 人，进行抗病毒治疗 133 人；完成配偶艾滋病检测 20 人。管理肺结核病人 61 人。在册严重精神障碍患者 489 人，每年每人至少随访 4 次，全年处理 8 例应急医疗事件。规范管理糖尿病患者、高血压病患者分别为 2387 人和 5321 人。为 65 岁以上老年人提供免费体检 2813 人。

（孙明标）

驻区医疗机构

【厦门市中医院】 2021 年，厦门市中医院有职工 1839 名，其中，享受国务院政府特殊津贴专家 5 名、全国名老中医药专家学术继承指导老师 5 名、省级名老中医药专家学术继承指导老师 8 名；北京中医药大学博士研究生导师 4 人、硕士研究生导师 10 人；福建中医药大学博士研究生导师 4 人、硕士研究生导师 51 人；厦门大学博士研究生导师 1 人；具有博士学位 32 人、硕士学位 408 人；具有高级专业技术职称 399 人。全年门（急）诊 211.7 万人次，出院 4.3 万人次。

医院有国家中医药管理局重点研究室建设单位 1 个、重点学科建设单位 1 个、国家临床重点专科

2021 年 4 月 10 日，国家级“中医疫病学传承创新团队”临床基地签约仪式在厦门市中医院举行　　（厦门市中医院　供图）

建设单位 2 个、“十一五”中医专科 4 个、“十二五”重点专科建设单位 2 个，省中医重点专科（病）7 个、医疗“创双高”建设省级临床重点专科（中医类）建设项目 5 个、第七批中医重点专科建设项目 1 个、省中医重点专科培育项目 2 个。国家级名老中医工作室 3 个、省名中医工作室建设项目 2 个、省中医学术流派传承工作室建设项目 1 个、达到部颁二级标准的重点实验室 1 个、药品临床试验管理规范（GCP）专业 18 个。牵头建设北京中医药大学肝病、儿科、中医外科研究所。承办艾力彼全国中医药特色发展论坛，国家级“中医疫病学传承创新团队”临床基地落户该院。

（李　沫）

【厦门医学院附属口腔医院】 2021 年，厦门医学院附属口腔医院固定资产 2.08 亿元，医疗设备总价值 0.99 亿元，配置口腔 CT 机、口腔全景机、双波长铵铒激光牙科治疗仪、三维表面成像系统、美国史赛克医用内窥镜等精密仪器设备。全院设有 19 个临床科室，职工 532 人，其中硕士生导师 3 人，具有博士学位 25 人、硕士学位 153 人，具有高级专业技术人员职称 121 人。门（急）诊（含核酸检测）50.59 万人次，其中门诊 47.74 万人次，核酸检测 2.75 万人次。

（廖芳练）

【厦门弘爱医院】 2021 年，厦门弘爱医院开设 43 个临床医技科室，临床上聚焦特色专病、急危重症、健康管理三大方向，推进中国首台加速器硼中子俘获治疗技术装置（AB-BNCT）的建设及临床试验等医学前沿研究工作。医院拥有担任或曾任国家一级协会专业委员会副主委职务专家 9 名，博士生导师 8 名，享受国务院政府特殊津贴专家 7 人，教授 26 名。服务门（急）诊患者 73 万人次，出院 3 万人次，抢救急救患者 7070 人；手术 0.82 万例次；新生儿 4390 人。通过药物临床试验质量管理规范资质评审，取得药物临床试验管理规范二期、三期临床试验资格；医院肿瘤科获评厦门市临床重点建设专科；成为厦门市首家“互联网 +”医保服务定点医院；获评福建省医疗器械唯一标识系统试点示范单位、医院院内医药商品物流一体化（SPD）规范团体标准试点单位。中国疾病预防控制中心辐射防护与核安全医学所、福建省职业病与化学中毒预防控制中心、厦门弘爱医院和中硼医疗达成中子俘获治疗技术（BNCT）临床应用与放射卫生协同创新战略合作；11 月，中子俘获治疗技术首次动物实验完成。弘爱医院医务人员 2 次到同安封控管控区，为 400 余名患者送去慢病药物。

（厦门弘爱医院供稿）

【厦门市儿童医院】 2021 年，复旦大学附属儿科医院厦门医院开

2021 年 7 月 19 日，中子俘获治疗技术临床应用与放射卫生协同创新战略合作协议签署仪式在厦门弘爱医院举行　　（厦门弘爱医院　供图）

设24小时急诊、新生儿医学、儿童重症医学等41个临床医技科室，完成内外科二级分科。全年门（急）诊59.87万人次，出院1.89万人次，手术5843例。救治34周、体重2.3千克的早产儿；右腋下切口体外循环先天性心脏病纠治术、微创治疗骨折技术、输尿管软镜下双侧肾输尿管结石激光碎石手术、微创治疗后纵隔神经母细胞瘤、婴儿大脑半球离断术等多项技术填补闽南地区儿童救治空白。该院跻身2021年艾力彼中国医院竞争力排行榜“全国儿童医院50强”；获批第二批国家儿童区域医疗中心试点项目单位，获评“中国医院管理奖”学科管理区域优秀奖医院，“基于三元融合构建早产儿救治体系提升早产儿预后”项目上榜2020年厦门市科技进步奖；新生儿危重症救治获评临床重点专科。

（蔡惠州）

【复旦大学附属中山医院厦门医院】

2021年，复旦大学附属中山医院厦门医院有床位550张，门急诊69.15万人次，比上年增长55.28%；出院患者2.96万人次，增长35.25%；手术1.29万例，增长29.91%。配有医用直线加速器、320排螺旋CT、3.0T磁共振、正电子发射计算机断层显像（PET-CT）、单光子发射计算机断层成像、复合手术室等先进设备。医院有职工974人，其中博士生导师9名、硕士生导师20名，博士研究生73人，硕士研究生257人。该院被国家卫生健康委员会评为“建立健全现代医院管理制度试点医院”。新增3个名医工作室，截至年底，有名医工作室15个、名医160余人。有省科技计划项目4个、省卫健委项目7个、市科技计划指导性项目30个获批立项。发表论文88篇，其中在科学引文索引发表20篇。全年获得授权专利44件、软件著作权4件。

（复旦大学附属中山医院厦门医院供稿）

【厦门大学附属心血管病医院】

2021年，厦门大学附属心血管病医院有床位600张，设有心内科、心外科、胸痛中心、导管室、心脏病重症监护病房、手术室等科室。其中，心内科为国家临床重点专科，心外科为省级临床重点专科。厦心医院引进北京大学医学院、北京协和医学院等医学院校博士生7名、博士后1名。截至年底，具有副高以上职称119人（含教授和副教授8人），具有硕士以上学历227人，拥有硕士生和博士生导师11人，承担厦门大学医学院多项临床专业课程，也是厦门大学博士、硕士研究生培养单位。全年门（急）诊18.45万人次，手术14604台。5月，厦心医院完成国产自主研发的经导管二尖瓣钳夹系统全国首例植入；12月，完成全国首个自主研发的国产心房分流器系统全部可行性临床试验入组。全年完成结构性心脏病介入手术122台。

医疗科研　2021年，厦心医院各级各类科研立项28项，获得下拨资助经费568万元；其中获批国家自然科学基金项目6个（面上项目2个、青年基金项目4个），获得资助经费211万元。获批专利18项，发表在科学引文索引论文32篇，参编著作3部。

医院建设　2021年4月，厦心医院设有国家心血管病区域医疗中心、国家心血管疾病临床医学研究中心分中心。增设心衰病区；与厦门大学公共卫生学院、分子影像暨转化医学研究中心分别共建检验中心、数字减影血管造影实验室等。6月，获批心脏移植执业资格，开展多例高难、高危心脏移植手术，完成省内首例、国内领先的微创（多支）冠脉搭桥手术。12月，厦心医院开展的“经导管主动脉瓣置换术”和“保留主动脉瓣的主动脉根部替换术”，获评厦门市2020—2021年度“十大”医疗创新技术项目。

（刘云芳）

体　育

综　述

【概况】 2021年，湖里区下拨体彩公益金735万元，用于国民体质监测服务，学校场地对外开放管理，老年人健身康乐家园创建，基层体育设施、智慧体育健身房建设，湖里区射箭运动馆建设和体育品牌赛事打造，推动竞技体育后备人才基地建设、体育传统项目学校等体育项目实施。完成区街国民体质监测点布点，禾盛社区体医融合工作进展顺利，对接金山街道社区卫生服务中心，配置国民体质监测一体机，推进金山街道体医融合工作。成立区射箭协会、区手球协会，填补该区空白。培育“禾山杯”社区足球赛、“胜元杯”篮球赛、名校大学生篮球邀请赛、时尚篮球赛等品牌赛事，引进华东南射箭邀请赛暨射箭运动推广理事会射箭俱乐部联赛、新创“闪耀天命杯”篮球邀请赛等品牌，依托街道、社区、体育协会举办体育赛事61场，参与1.2万人次。8月，区少年儿童业余体育学校（以下简称“区少体校”）篮球男子丙组、足球女子丙组代表厦门市参加2021年福建省青少年篮球锦标赛、2021年福建省少儿足球锦标赛，并双双夺冠。

【体育示范产业培育】 2021年，湖里区文化和旅游局指导厦门金华南进出口有限公司、厦门路桥体育场馆有限公司和厦门五缘游艇文化发展有限公司对照市级体育产业示范要求，申报体育示范产业，厦门金华南进出口有限公司、厦门路桥体育场馆有限公司被认定为厦门市体育产业示范单位，五缘湾游艇帆船港帆船体验被认定为厦门市体育产业示范项目。

【体校项目布点】 2021年，湖里区少体校开展青少年体育训练工作，指导体校项目布点并予以补助。全区有厦门市金林湾实验学校的武术、击剑，厦门市天安小学的游泳项目。3所厦门市竞技体育后备人才培养基地校接受并通过评估检查认定。在册运动员902名，向上一级体校输送运动员23人。

【湖里区射箭协会成立】 2021年2月3日，湖里区射箭协会成立。协会主要负责推广射箭运动；举办和承办射箭活动；培养运动员、教练员、裁判员申报各类技术人员等级称号，并参加各类比赛。4月17—18日，厦门射箭精英赛暨首届中国射箭协会认证达级赛在思明区举行，湖里区射箭协会夺得复合弓项目男子个人、女子个人、混合团体的排位赛和淘汰赛全部金牌。7月，给予东渡小学射箭队技术支持，该小学夺得厦门市中小学生射箭锦标赛总冠军。

【湖里区手球协会成立】 2021年10月21日，湖里区手球协会成立。主要负责手球运动宣传、推广、普及；手球运动赛事组织；手球公益活动开展；手球教练员、裁判员、运动员培养；手球运动训练与发展趋势研究。参与“让百万儿童爱上运动”系列公益活动之手球进万园公益捐赠活动，举办手球教练E级证书培训班，对近40名幼儿园老师进行培训及考核，主办湖里区首届手球教练员、裁判员培训班，辖区小学体育教师及手球爱好者20余人参加，在全市多家幼儿园、小学等开展手球体验课。

（翁　珏）

体育场地

【概况】 2021年，湖里区下拨完善基层体育设施项目经费635.65万元，推进智慧健身房建设和学校体育设施对外开放。截至年底，湖里区有体育场地面积132.5万平方

厦门体育智慧健身房湖里街道站　（湖里街道供图　2021 年摄）

米、体育场地 1631 块，其中室外运动场地 977 块、室内运动场地 654 块；足球场地 61 块、篮球场地 267 块、射击馆 2 座、射箭馆 2 座。全区有国家级体育产业示范单位 1 家、示范项目 2 个，省级体育产业示范项目 2 个，市级体育产业示范单位 2 家、示范项目 1 个。

【基层体育设施建设】 2021 年，湖里区南山社区老年室内健身房改造完成，完成南山苑小公园棋牌区、祥店福满楼羽毛球场、枋湖社区居委会健身房建设，以及湖边花园 B 区龙湫二里全民健身路径、高林一里小区半场篮球场等基层体育场地设施建设。

【智慧健身房建设】 2021 年，湖里区建成智慧健身房 7 个。其中，政府投资建设的智慧健身房 5 个，分别为厦门体育智慧健身房湖里街道站、湖里嘉福站、金尚社区工作站、湖里禾盛站、金安社区工作站；社会性智慧健身房 2 个，分别是沸城健身高林店和诺斯蒂健身馆。

【学校体育场地设施对外开放】 2021 年，湖里区推进学校体育设施对外开放，改造提升天安小学、吕岭小学、康乐小学的体育场地设施，实现与教学区域的相对物理隔离，完善学校的照明设施、公共卫生设施，完备学校的视频监控设备。截至年底，全区有厦门市金尚小学、厦门市东渡小学、厦门市湖里中心小学等 15 所学校的体育场地对公众开放。

（翁　珏）

群众体育

【概况】 2021 年，湖里区举办各类群众性体育活动 58 场，其中健步行活动 26 场、培训及夏令营活动 9 场、棋类比赛 8 场、球类比赛 10 场、运动会 3 场、游泳比赛 1 场、射箭比赛 1 场。

【健步行活动】 2021 年，湖里区举办厦门市万名老年人新春健步行湖里区分会场活动、全民健身国际三八妇女节健步行活动以及各社区组织的健步行活动 26 场，参加活动老年人 563 名。

【群众体育培训】 2021 年，湖里区举办太极拳、太极剑培训，职工健身培训（2 期），全民健身运动之职工培训，区老体协舞操专委会骨干培训，可乐球规定套路培训，老年人健身球操规定套路培训，老年人 28 式健身功气球套路培训。参加培训群众 620 人次。

【湖里区青少年公益夏令营】 2021 年 7 月 28—30 日，湖里区青少年公益夏令营在厦门市天竺山森林营地举行。此次夏令营有 40 名青少年参加，活动内容包括团队建设，学习党的团结精神；溯溪穿越挑战，重走“长征路”，感悟长征精神；了解先锋工程构建知识，团队协作搭建罗马炮架，学习野外帐篷搭建，动手搭建帐篷。

【湖里区水上安全夏令营】 2021 年 7 月 5 日至 9 月 12 日，湖里区水上安全夏令营在海悦山庄酒店举行。此次夏令营分 5 期，总参加人数 141 人，活动内容包括：游泳技能提升，水上安全知识理论讲座，韵律呼吸、漂浮自救、抽筋自解、衣物自救、踩水训练等自救技能，水上救援技能实操训练（借物救生部分），呼吸管使用、蛙鞋使用、躬身下潜浮潜入门知识，团队协作能力培训、团队竞争意识训练等团队建设课程，水中团队游戏（水球团队赛），船艇意外翻覆落水自救模拟训练，户外意外落水衣物自救训练，漂浮自救训练（体力不支情况下的自救），常用急救法。

【棋牌类比赛】 2021 年，湖里区举办首届厦门市国际象棋闪电战、厦门市（湖里区）第 21 届青少年

2021 年 6 月 10 日，湖里区第 17 届中学生暨第 32 届小学生田径运动会开幕式在厦门三中举行　（区教育局　供图）

业余围棋段级位赛、湖里区中小学生棋类锦标赛暨厦门市中小学生棋类选拔赛、厦门市（湖里区）第 22 届青少年业余围棋段级位赛、康泰社区喜迎“七一”八十分暨象棋大赛、厦门市国际象棋等级赛湖里分区赛、厦门市（湖里区）第 23 届青少年业余围棋段级位赛群众性棋类比赛 7 场。参加各类比赛青少年 3902 人。

【群众性球类比赛】 2021 年，湖里区举办湖里区中小学生乒乓球锦标赛暨厦门市中小学生乒乓球选拔赛、金尚社区献礼百年华诞·乒乓球友谊赛、湖里区中小学生羽毛球锦标赛暨厦门市中小学生羽毛球选拔赛、禾山街道青少年足球邀请赛、第三届“东渡杯”门球邀请赛、徐厝社区第五届老年地掷球比赛、“龙栖山泉杯”2021 年福建省青少年手球锦标赛、区总工会举办的气排球比赛等群众性球类比赛 10 场。

【第 17 届中学生暨第 32 届小学生田径运动会】 2021 年 6 月 10—12 日，湖里区第 17 届中学生暨第 32 届小学生田径运动会在厦门市第三中学举行。此次运动会参赛学校 40 所、运动员 1470 人，比赛设 60 米、100 米、200 米、400 米、800 米、1500 米、100 米栏、跳高、跳远、三级跳远、铅球、垒球、4×100 米接力、4×400 米接力 14 个比赛项目。破区级纪录项目 4 个：湖里实验小学教育集团附小校区陈金诺破小学男子甲组 400 米纪录；天安小学蔡玟、世纪学校郑子德破小学男子甲组垒球纪录；江头中心小学上官嘉毅破小学男子甲组跳远纪录；湖里区教师进修学校第二附属小学钟含灵破小学女子甲组 400 米纪录。

（翁　珏）

体育赛事

【概况】 2021 年，湖里区培育中国俱乐部杯帆船挑战赛、“禾山杯”社区足球赛、“胜元杯”篮球赛、名校大学生篮球邀请赛、时尚篮球赛等品牌赛事；引进华东南射箭邀请赛暨全国射箭推广理事会 2021 年厦门站射箭俱乐部联赛，创设“闪耀天命杯”篮球邀请赛等品牌活动；依托街道、社区、体育协会举办体育赛事 61 场。

【厦门市第六届“禾山杯”社区足球赛】 2021 年 8 月 28 日至 11 月 7 日，2021 厦门市第六届“禾山杯”社区足球赛在诺斯蒂文化体育公园举行。此次比赛吸引厦门市

2021 年 8 月 28 日至 11 月 7 日，厦门市第六届“禾山杯”社区足球赛在诺斯蒂文化体育公园举行。图为 11 月 7 日，禾欣社区代表队与莲亭社区代表队的第三、四名争夺赛　（湖里区青联体育协会　供图）

2021 年 12 月 18 日，湖里区在五缘湾音乐岛举办第五届华东南射箭邀请赛

（区文旅局　供图）

16 支社区足球队，超过 300 名球员参赛。经角逐，湖里区江华社区代表队获得冠军，湖里区湖里社区和集美区莲亭社区代表队分获亚军和季军。

【第七届“胜元杯”篮球赛】 2021 年 9 月 4—12 日，殿前街道在厦门第三中学篮球馆举办第七届“胜元杯”篮球赛。此次赛事有 12 支队伍参赛，湖里文旅篮球队获得冠军，神山阿朴哥篮球队和元翔安检篮球队分获亚军和季军。

【“体彩杯”第七届厦门时尚三人篮球挑战赛】 2021 年 10 月 23 日至 11 月 7 日，“体彩杯”2021 年第七届厦门时尚三人篮球挑战赛在后埔社区篮球场举行。此次赛事有 48 支队伍参赛，“投降输一半”篮球队、福安商会篮球队、A_one 篮球队分获男子组冠、亚、季军；国民闺女篮球队、炫锋花木兰篮球队、星星语州篮球队分获女子组冠、亚、季军。

【厦门第七届名校大学生篮球邀请赛】 2021 年 11 月 29 日至 12 月 3 日，“体彩杯”2021 年厦门第七届名校大学生篮球邀请赛在湖里区青少年校外体育活动中心举行。此次赛事有 4 支队伍参加比赛，厦门大学代表队获得冠军，华侨大学、武汉理工大学代表队分获亚军和季军。

【“体彩杯”第五届华东南射箭邀请赛】 2021 年 12 月 18 日，“体彩杯”第五届华东南射箭邀请赛在湖里区五缘湾音乐岛举行。来自福建省内的射箭俱乐部和射箭馆，以及居住和工作在福建省内的射箭爱好者 65 人参赛，比赛设置反曲弓、复合弓、传统弓 3 个项目 13 个组别。反曲弓组别前三名依次由湖里区射箭协会陈立乾、福州皓阳射箭馆占靖昕、湖里区射箭协会段鑫彤获得，复合弓组别前三名依次被湖里区射箭协会阮华栋、厦门市 719 射箭俱乐部郭军煌、福州奥体中心射箭馆何瑛获得，传统弓组别前三名依次被泉州射箭协会刘朝仁、漳州市荣云射箭馆李炎祥、泉州射箭协会陈许荣获得。

（翁　珏）

社会民生

人口和居民生活

【人口】 2021年，湖里区常住人口102.5万人，人口出生率8.85‰，人口死亡率2.89‰，人口自然增长率5.96‰。全区户籍人口115118户、39.21万人，其中男性人口19.36万人、女性人口19.85万人。

（周　翔）

【儿童早期发展服务】 2021年，湖里区投入经费10万元（其中市计生协会5万元），增设岭下社区等6个早教市、区项目点。在区儿童早期发展中心先后举办2期培训班，培训师资86名，其中计生

2021年湖里区户籍人口情况一览表

表13　　单位：人

项目			湖里区	殿前街道	江头街道	湖里街道	禾山街道	金山街道
年末总户数（户）			115118	11898	25126	32428	26005	19661
年末总人口	合计		392089	47233	77257	112447	93796	61356
	性别	男	193610	24895	37487	55428	45859	29941
		女	198479	22338	39770	57019	47937	31415
	年龄	0～17岁	98470	10485	17614	26355	28808	15208
		18～34岁	96365	15482	17558	25406	24412	13507
		35～59岁	149900	16489	30787	45775	32262	24587
		60岁及以上	47354	4777	11298	14911	8314	8054
本年度人口变动	出生	合计	5277	629	1015	1320	1479	834
		男	2869	339	569	705	800	456
		女	2408	290	446	615	679	378
	死亡	合计	902	115	222	256	131	178
		男	541	69	128	155	83	106
		女	361	46	94	101	48	72
	迁入	省内迁入	20089	2313	4250	5257	5471	2798
		省外迁入	3937	670	430	1084	1274	479
	迁出	迁往省内	13580	2300	2959	3831	2624	1866
		迁往省外	1463	353	194	365	397	154

小组长5名。各街道、社区利用“5·29”会员活动日及节假日举办儿童早期发展教育、趣味运动、育儿知识讲座等110场次，覆盖家庭1800多个。培育馨贝昉湖里校区、禾山社区小禾苗亲子园为区计生协会“向日葵亲子小屋”项目点。

（徐宇平）

【居民生活】 2021年，湖里区城镇居民人均可支配收入66226元，比上年增长9.9%。城镇居民人均消费性支出40821元，比上年增长13.3%。

（杨 菲）

计划生育服务

【概况】 截至2021年12月31日，湖里区新出生人口9510人，其中常住人口出生4137人、流动人口出生5373人。常住出生人口中，一孩2069人、二孩1782人、多孩286人；人口信息统计准确率97.55%。全年发放福建省城镇部分计划生育各类奖励扶助项目资金4030.75万元，兑现率100%。吕岭社区暖心家园、金色阳光暖心厨房志愿服务队分别被中国计划生育协会评定为“暖心家园”示范点和“暖心之星”志愿者团队。

（黄剑斌）

2021年湖里区常住人口出生情况表

表14　　单位：人

单位			湖里区	湖里街道	殿前街道	禾山街道	江头街道	金山街道
年内出生	合计	总计	4137	978	722	1135	669	633
		男	2253	501	391	645	374	342
		女	1884	477	331	490	295	291
	一孩	小计	2069	504	428	521	333	283
		男	1074	249	225	277	178	145
		女	995	255	203	244	155	138
	二孩	小计	1782	417	258	505	295	307
		男	991	219	141	294	168	169
		女	791	198	117	211	127	138
	多孩	小计	286	57	36	109	41	43
		男	188	33	25	74	28	28
		女	98	24	11	35	13	15
年内计划内出生	合计	小计	4026	967	715	1069	657	618
		男	2179	495	386	600	366	332
		女	1847	472	329	469	291	286
	一孩	小计	2061	504	428	516	332	281
		男	1069	249	225	273	178	144
		女	992	255	203	243	154	137
	二孩	小计	1773	417	258	499	294	305
		男	988	219	141	292	168	168
		女	785	198	117	207	126	137
	多孩	小计	192	46	29	54	31	32
		男	122	27	20	35	20	20
		女	70	19	9	19	11	12

【计生家庭奖励扶助】 截至2021年12月31日，湖里区发放福建省城镇部分计划生育家庭奖励扶助、特殊家庭扶助、困难女孩家庭帮扶等各类奖励扶助项目资金4030.75万元。其中，发放计划生育特殊家庭384户、780人，失独家庭146户、207人，伤残家庭238户、573人（伤残独生子女201人），发放扶助金849.48万元；发放福建省城镇部分计划生育家庭奖励扶助16718人、3014.28万元；发放湖里区独生子女家庭奖励扶持351人、100.80万元；元旦春节期间，慰问计生困难家庭，发放慰问金25.1万元；发放办理独生子女证奖励金16.59万元，计划生育低保户增加低保金17.5万元；帮扶困难女孩26人，向困难女孩家庭发放帮扶资金7万元。

（黄剑斌）

【计生家庭意外保障】 2021年，湖里区调整计划生育家庭意外伤害保险参保对象，由原来的18周岁以下独生子女家庭扩大到所有独生子女家庭，惠及4.68万个家庭。全年投入保险经费478.68万元，为独生子女普通家庭4.65万户、特殊家庭300户投保。独生子女普通家庭每户保费100元，特殊家庭每户保费400元。

（徐宇平）

劳动就业

【概况】 2021年，湖里区通过劳动技能培训、推荐就业、举办招聘会等方式促进失业人员、城镇就业困难人员等就业。全年完成职业技能培训2658人；开发公益性岗位298个；完成失业人员再就业22109人、城镇困难对象再就业2633人。

【就业服务】 2021年，湖里区加强精准就业服务，督促落实对湖里区失业人员、高校毕业生每年上门走访1次以上，对有培训意愿的人员每年安排1种以上技能培训，对有就业创业意愿的人员进行2次以上岗位推荐及创业扶持的“112”就业服务，各社区居委会走访服务2.82万人次，精准人岗匹配并推荐就业2644人次，实现就业283人。采取成立物业公司解决一批，技岗双向匹配解决一批，提供优质岗位解决一批，挖掘编外岗位解决一批，开发公益性岗位解决一批，开发家庭手工业岗位解决一批，开展技能培训帮扶解决一批，扶持创业解决一批，转变思想观念解决一批，探索提供实习岗位解决一批系列措施，促成东部旧村改造被征收人员转移就业762人，创业38人，参与技能培训470人。完成技岗双向匹配促进就业302人，提供优质岗位促进就业37人，开发国企公益性岗位安置就业51人，开发家庭手工业促成对接意向26人。探索开展灵活性就业促进工作，丰富就业形式，开发厦门姚明织带饰品有限公司、曹操专车、顺丰速运有限公司等企业的灵活性就业岗位，在基层举办推广对接活动2场，收集对接意愿26人，促进必须兼顾家庭而无法正规就业的失业人员就近、居家灵活性就业，居民收入得以提高。

【就业优惠政策落实】 2021年，湖里区实施促进就业扶持政策，扩大优惠政策宣传力度，兑现各项促进就业政策优惠资金5382.99万元。其中，审核办理惠企政策补贴3861.6万元，涉及11078家用人单位的50271人次；惠民政策补贴690.72万元，涉及1137家用人单位的6651人次；支付甘肃省东乡县扶贫政策优惠资金534.64万元；兑现职业技能培训补贴267.84万元；向241人次发放高技能人才政府津贴26.49万元；兑现技能等级提升奖励8人次1.7万元。兑现539人次就业困难对象就业工资性补贴48.78万元。截至年底，全区有灵活就业人员5236人，全年发放灵活就业人员社保补贴22173人次4573.6万元，由市失业保险基金支付。

【劳动力技能培训】 2021年，湖里区结合市场和居民需求，优选培训工种，开展重点群体项目定制培训，开设小儿推拿、茶艺师、腰椎康复理疗、手机摄影、烘焙等工种的培训71期，培训学员2658人。宣传和推广“一企一策”培训政策，发动辖区重点企业开展“一企一策”培训，协助辖区40家企业获取培训资质。走访厦门太古发动机服务有限公司、厦门金鹭特种合金有限公司等辖区企业，鼓励企业开展职业技能等级认定，提升企业员工技能水平，服务产业发展所需。

【企业用工服务】 2021年，湖里区举办线上线下招聘活动5场，服务企业175家次，促成就业800余人；组织企业参与市人社局赴贵州毕节、铜仁、湖南湘西等线路的外出招聘活动；开展春节期间重点企业不停产、重点工程不停工、联系企业不断线，访重点企业、访重点工程、访苦难职工和群众的“三不三访”稳岗返岗工作，受理兑现34家企业8571人的春节开工补贴278.52万元，协助企业开工稳岗。

【闽宁劳务协作】 2021年，湖里区出台宁夏回族自治区银川市永宁

2021 年 11 月 29 日，湖里区在泉州信息工程学院举办校园招聘活动

（区人才服务中心　供图）

县闽宁镇对口帮扶政策，拟定操作办法，收集整理宁夏籍人员在厦就业人员情况，指导督促用工企业“以工代训”。湖里区全年对来厦务工宁夏籍农村劳动力开展“以工代训”120 人。帮助宁夏农村劳动力劳务输转 410 人、技能培训 120 人。其中，帮助宁夏籍劳动力到湖里区企业就业 156 人（其中脱贫劳动力 23 人），在宁夏就近就业 235 人（其中脱贫劳动力 97 人），到第三地就业 19 人（其中脱贫劳动力 1 人）。

【就业人才工作专班成立】 2021 年 7 月，湖里区人社局整合内部各科室、事业单位资源，成立就业人才工作专班，下设企业服务、居民服务、技能培训 3 个工作组。企业服务组走访企业，了解企业用工需求，居民服务组掌握辖区有就业意向的居民基本情况，技能培训组根据企业用工需求，定制培训项目，招收有就业意向的居民进行培训，实现送工进企业，送岗位给居民。

（高颖玲）

和谐劳动关系创建

【概况】 2021 年，湖里区加强用工巡查，查处用工违法案件。全年监察用人单位 729 家次，其中双随机抽查 406 家，书面审查 52 家，接待来电来信来访咨询 1 万余次。办结行政调解件 2431 件，涉及员工 2726 人，金额 1259.55 万元；行政处罚 7 件，罚款 5.17 万元，案件办结率 100%；在办结的各类劳动纠纷中，“12345”便民服务平台转办件 1075 件。出警处置“110”联动警情 111 起，比上年下降 26.49%，其中，建筑工地警情 90 起，约占 81.08%，下降 26.35%。办结国家欠薪线索件 568 件，追回 515 人工资 295.99 万元，实现案件“动态清零”。加强简易劳资纠纷立接即处，接待申请快速处理纠纷 364 起，当场调处成功 248 起，成功率 68.13%。开展劳动保障守法诚信和工资支付信用等级评价，评出 2020 年度 A 级守信红名单企业 221 家、B 级一般失信企业 3 家、C 级严重失信黑名单企业 3 家，报送市人社局并向社会公布，同时推送到信用中国（福建厦门）平台实施联合激励和惩戒。全年立案受理劳动争议案件 1499 件，其中 10 人以上集体案件 27 件，结案 1469 件，其中调解及撤回仲裁申请结案 1155 件，调撤率 78.6%。认定工伤 1004 件，准予行政许可 373 件。“劳动关系调节数字云”系统被福建省人社厅确认为“湖里模式”，获评厦门市 2021 年度改革创新最佳案例和全国政法智能化建设智慧司法创新案例，是全国人社系统中唯一的获评案例。该系统作为模板改造升级为全省系统，在全省部署运行。湖里区开展劳动关系“和谐同行”能力提升三年行动计划相关工作，是年该区获评“福建省和谐劳动关系示范区”。全年服务新注册企业 80 家，培育劳动关系协调员 20 名；5 个社区居委会和 15 家企业被评为“2021 年度厦门市劳动关系和谐单位”。

【用工联合专项整治】 2021 年，湖里区人力资源和社会保障局（以下简称“湖里区人社局”）联合湖里公安分局、区市场监督管理局及各街道办开展劳务中介专项整治、规范劳动用工专项行动、规范用工市场行为专项整治等劳动力市场专项检查，出动检查人员 170 人次，检查企业 690 家次，其中检查人力资源服务机构 340 家次，其他用人单位 350 家次。查处违法用工案件 7 件，其中，处罚未对未成年工定期健康体检 1 件，罚款 3000 元；处罚违法使用童工案件 5 件，罚款 4.5 万元；处罚以押金名义向劳动者收取财物案件 1 件，罚款 3700 元。区人社局联合湖里区市场监督管理局、区教育局检查校外培训机构 11 家次，约谈纠纷较多的人力资源服务机构9家。开展落实高温津贴规定情况专项检查，印制宣传材料5000份，向306家单位发放自查自纠表，检查各类用人单位和在建工地201家次。开展女职工产假等权益专项执法行动，出动执法人员36人次，检查用人单位168家，涉及女职工937人。

【欠薪根治】 2021年，湖里区人社局加大根治欠薪工作力度，创新在建项目开（复）工后一次指导、每月整理一次台账、每月开展一次清查、每季度组织一次“回头看”、每季度组织一次根治欠薪工作调度会、每半年组织一次总结大会、项目完（停）工前组织一次审查的根治欠薪“七个一”常态化监管机制，湖里区属的23个在建工程项目开展11次常态化检查。区人社局联合区建设局和各街道等部门开展联合执法检查5次，规范指导新开工的16个项目，实现区属在建工程项目全覆盖，确保《保障农民工工资支付条例》制度落实到位。依托福建省劳动监测预警和智慧就业大数据平台和劳动保障监察“两网化”管理，开展“迎中国共产党成立百年，为百姓护薪”结对共建活动、“大数据＋根治欠薪”专项行动、“根治欠薪冬季专项行动”，线上线下排查预警欠薪隐患，联合约谈5个在建项目的建设和施工单位29家。推进区属在建工地“无欠薪项目部”创建，创建率100%；根据“无欠薪标杆项目”创建标准，评定出“无欠薪标杆项目”6个。湖里区连续四年在市对区保障农民工工资支付工作考核中被评为A级。

【劳动相关法律法规宣传】 2021年，湖里区开展每季一主题的劳动保障法律法规专场宣传活动，将《保障农民工工资支付条例》宣传纳入年度宣传重点，根据新冠肺炎疫情实际，通过网络培训、设点咨询、上门走访、现场讲座等形式，加强线上线下多样化宣传，用人单位和农民工对劳动法律法规的知晓率得到提高。全年开展劳动法律宣传26场，开展专题教育培训2场，电子屏幕滚动播放欠薪治理视频7条，《中国劳动保障报》《厦门日报》报道湖里区根治欠薪信息各1篇。

2021年12月11日，湖里区根治欠薪法治宣传暨集中接访日活动在后坑社区举行

（区劳动保障监察大队　供图）

【基层劳资纠纷调处机制建设】 截至2021年底，湖里区有街道、社区、行业商圈、企业四级基层劳动争议调解组织307家、调解员1793名。基层调解组织全年调解成功劳动争议654件，调解成功率75.69%，实现全区72%的劳动争议化解在基层。培育市级金牌劳动争议调解组织2家、金牌协调劳动关系社会组织1家、金牌劳动关系协调员5名。江头街道劳动争议调解中心被省人社厅推荐参评全国金牌劳动争议调解组织。

（高颖玲）

社会保障

【概况】 截至2021年底，湖里区经办的“五险”人数均突破69万人，其中，养老保险69.99万人、失业保险71.5万人、工伤保险71.67万人。被征地人员养老保险累计参保20641人，城乡居民养老保险参保2003人。社保待遇审核支付办结率保持100%。全区社会化管理退休人员50614人，比上年增长8.15%，社会化管理率100%。

【社保待遇办理】 2021年，湖里区简化社保待遇办事流程，提升待遇兑现效率，全年审核支付养老、工伤、失业保险待遇金19505.23万元，各项待遇的审核支付办结率100%。其中，办结各类养老退休、退养2315人，受理退保160人次，受理养老保险继承和一次性丧葬补助541人；核发工伤保险待遇1465笔；审批失业保险待遇7831人次；办理社会保险关系转移13218件；发放2020年度企业普惠性稳岗返还20964家次、830.04万元；核发职工提升技能补贴4645笔、807.36万元。

【社保基金安全管理】 2021年，湖里区社会保险中心建立社保基金常态化内控检查机制，抽调业务骨干组建内控稽核专项小组，负责日常业务内控检查，重点做好社保待遇稽核追缴、自查台账收集整理、指南梳理完善等工作。清理系统业务权限，确保岗位和业务环节之间相互监督、相互制衡。不相容岗位分离，从根本上消除业务风险点、提升内控执行力。截至年底，累计自查全年经办的业务10858笔；自查2019年7月至2020年底养老保险业务84笔、工伤保险业务105笔、失业保险业务126笔，均未发现违规问题。

【社保服务效能提升】 2021年，湖里区按照全省政务事项“五级十五同”工作要求，社会保险中心权责事项由29项拆分为64项，精简证明材料13份，平均压缩法定办理时限90.07%；实现“全程网办”53项，占82.81%；实现“一趟不用跑”61项，占95.31%。年初，转移接续业务可全程网办，取消参保缴费凭证，参保人员可直接在国家社会保险公共服务平台申请转移并可实时查询办理进度；5月起，4项“一件事”（流程相似、材料相近、结果关联的一些事项打包成“一件事”集成办理）陆续上线，梳理集成办理事项24个，精简申请材料43份；9月17日至10月7日本土新冠肺炎疫情期间，窗口暂停对外开放，通过网上受理社保业务956笔，受理邮寄材料117份。

【企业离退休人员服务】 2021年，湖里区坚持“两节有慰问、住院有探望、困难有帮扶”等退休人员管理服务举措，推进简政便民服务，落实各项惠民政策。全年投入慰问经费、活动经费等1767.45万元，慰问退休人员10.72万人次；为4459名退休人员免除管理活动费267.54万元。接收退休人员档案1984卷，受理查档96人次。开展以人脸识别为主的多渠道领取养老金资格认证工作，全年认证退休人员46622人、遗属抚恤人员254人，认证率100%。以“情暖人社·温馨退服”为主题，开展退休人员送技能、送健康、送欢乐（以下简称“三送”）服务活动，“三送”服务活动包括退休人员健康知识讲座36场、智能手机应用培训36场、文艺演出4场和文体活动1场。

（高颖玲）

社会救助

【概况】 2021年，湖里区贯彻落实《厦门市困难群众基本生活保障办法》及《厦门市民政局　厦门市财政局　关于进一步完善困难群众基本生活保障的通知》精神，健全完善社会救助体系，提高低保对象和特困人员救助供养标准，城市低保实现应保尽保。全年开展低保救助、特困人员供养、临时救助等多项救助，发放各类社会救助金3220.13万元，帮扶困难群众2.5万人次。

【困难群众摸底排查】 2021年，湖里区民政局开展困难群众摸底排查工作，重点排查2020年以来新增的重度残疾人、医疗费用自费4万以上未纳入救助的对象及社会救助类信访对象的生活状况。截至年底，排查各类困难群众3142人，了解其家庭困难情况，落实各项救助帮扶政策，将符合条件的群众纳入兜底保障，确保“不落一人、不漏一户”。利用“厦门社会救助服务平台”预警及社区主动发现等方式精准识别救助对象，实行动态管理，全年新增最低生活保障对象129人，新增特困供养人员28人。

【精准救助】 2021年，湖里区民政局将部分精神疾病纳入可以单独申请低保重病病种范围，加大老年人抚养义务豁免，提高赡养（抚养）费起算标准，扩大保障范围、放宽认定条件。全年实施低保救助7627户次11372人次，发放低保金1028.85万元；实施特困人员救助供养1315人次，发放供养金254.44万元，做到“应保尽保”。对遭遇突发事件、意外伤害、重大疾病或其他特殊原因导致基本生活陷入困境的家庭及个人给予临时救助，全年实施临时救助604人次，发放临时救助金299.93万元。组织开展走访慰问困难群众工作，全年为特困人员、低保对象、低收入家庭等对象发放节日慰问金251.17万元，惠及3345人次。

【新冠肺炎疫情期间困难群众基本生活保障】 2021年，湖里区落实《厦门市民政局　厦门市财政局关于进一步做好受疫情影响困难群众基本生活保障工作的通知》精神，全年为辖区内分散供养特困人员、低保对象、低收入家庭成员等1367名困难群众发放疫情一次性临时生活补贴30.98万元。

【慈善救助】 2021年，湖里区开展“情暖湖里迎新春”“雨露育青苗”“重阳助老”等慈善帮扶活动，做好济困、助病、帮残、安老、扶孤等方面的慈善救助，全年募集慈

2021 年 6 月 19 日，湖里区第十届“雨露育青苗”结对帮扶公益活动在建发湾悦城举行 （陈璐　摄）

善款物 1159 万元，发放 906 万元，帮扶各类困难群众 1 万余人次。

【社会福利】 2021 年，湖里区落实儿童福利政策，组织开展“儿童关爱保护政策进社区”和未成年人保护法宣讲活动，落实事实无人抚养儿童保障，多次开展事实无人抚养儿童摸排工作；全年为 81 名孤儿发放孤儿基本生活费 16.8 万元，为 433 名事实无人抚养儿童发放儿童基本生活补贴 92.02 万元。做好困难残疾人和重点残疾人困难救助，按时发放残疾人“两项”补贴，其中，困难残疾人生活补贴 374.36 万元，重度残疾人护理补贴 1208.6 万元。

（王　珺）

社区治理

【概况】 2021 年，湖里区完成社区居委会党组织和居委会班子的换届选举工作，实现“社区党组织换届选举一次性选举成功率 100%，100% 的社区于选举当天产生出社区党组织书记，社区居委会换届一次性选举成功率 100%，社区党组织书记与居委会主任一肩挑比例 100%，社区主干选举 100% 符合组织意图”的 5 个 100% 目标。召开小区治理表彰座谈会。壮大社区工作者队伍，完善队伍建设管理，新招社区工作者 345 人，截至年底，全区有社区工作者 1828 人。探索近邻服务“湖里模式”，实行以奖代补；完善社区民主协商机制，拓展政府购买社会工作服务领域，开展对台交流。

2021 年 12 月 11 日，禾山社区居委会举行换届选举，图为凯悦新城投票点 （洪悦　摄）

【社区换届选举】 2021 年，湖里区 57 个社区居委会进行换届选举，一次性选举产生党组织书记兼居委会主任 57 名、副书记 57 名和社区“两委”487 名，其中交叉任职 207 人。“两委”中党员 456 名，占 93.63%；大专以上学历 469 人（其中研究生学历 5 人），占 96.3%；社区居委会党组织书记平均年龄 41.57 岁，“两委”平均年龄 37.33 岁。“两委”换届实现 5 个 100% 的既定目标。

【社区疫情防控】 2021 年，湖里区民政局制订“湖里区小区封闭管理预案”。9 月本土新冠肺炎疫情期间，规范做好小区封控管控工作，完成全区 5 个小区 4000 多户居民的疫情防控封闭管理。全区社区工作者实现新冠肺炎疫苗接种应种尽种。

【社区工作者队伍建设】 2021年，湖里区面向社会公开招考服务岗位社区工作者（网格员）345名。提高社区工作者的待遇，在全市社区工作者每人每月1000元补贴的基础上，为辖区内的服务岗位社区工作者（网格员）配套发放每人每月500元的工作补贴。8月26—27日，在区委党校举行社区后备干部专题培训，全区123名社区后备干部参加培训，通过“传经验、帮业务、带作风”培育优秀社区后备干部。

【近邻服务】 2021年，湖里区制订《湖里区全面推行社区近邻服务行动方案》，确定金安、嘉福、禾山等8个社区为省级近邻服务试点社区，以点带面推动全区铺开近邻服务。下发《关于打造近邻服务示范项目的通知》，以奖代补，为全区7个近邻服务示范项目投入财政资金160万元。

【社工服务】 2021年，湖里区修订出台《湖里区政府购买社会工作服务项目评估实施办法（修订）》，以制度形式明确项目结余资金比例、项目续约等问题。完成政府购买社会工作（以下简称“社工”）服务项目69个，投入经费1685.15万元，服务老年人、妇女、残疾人、企业职工、流动儿童及其家庭、台胞台属等特殊群体。建立由42名专家组成的区级社工专家库和由51名人才组成的社工实务人才库，有7名社会工作者被认定为第三批湖里区资深型社会工作者。

【小区治理表彰座谈会】 2021年12月21日，湖里区在区行政中心召开小区治理表彰座谈会，对小区治理十佳小区业委会、十佳小区物业、十佳小区治理特色品牌、十佳最美小区人（以下简称“四十佳”）给予通报表扬。会上，“四十佳”代表分享各自小区治理工作经验，并就今后如何深化提升基层社会治理水平进行研讨。

（王　珺）

社会组织建设管理

【社会组织建设】 2021年，湖里区新增登记成立社会组织20家，截至年底，有社会组织367家，其中社会团体80家、民办非企业组织287家。规范社会组织党建服务中心工作，坚持夯实红色根基，确保社会组织党组织建起来；坚持红色引领，确保社会组织党组织强起来；搭建红色平台，确保社会组织党组织活起来的基层党建工作法，确保社会组织党组织“建得起，立得住，融得进”。截至年底，全区成立社会组织党支部141家，覆盖社会组织199家，党建工作覆盖率100%。组织开展社会组织党组织党建活动和党史学习教育，以党建促进社会组织健康发展。

【社会组织管理】 2021年，湖里区完成社会组织年检287家、等级评估29家、财务审计抽查74家、双随机抽查38家；配合区教育局规范和整治校外培训机构7家。

【社会组织贡献】 2021年，湖里区社会组织参与新冠肺炎疫情防控、复工复产、东西部扶贫协作和山海扶贫协作。9月新冠肺炎疫情期间，依托社会组织服务园入驻机构链接社会爱心资源，累计为各核酸采集点义务配送冰块3.05万千克，筹集口罩55.96万个等急需物资。开放心理咨询热线20条。区慈善会等5家社会组织结对帮扶闽宁镇，提供帮扶乡村振兴资金20万元。

（王　珺）

社会事务管理

【婚姻登记】 2021年，湖里区规范开展婚姻登记服务，全年办理国内公民结婚登记3541对；接收离婚

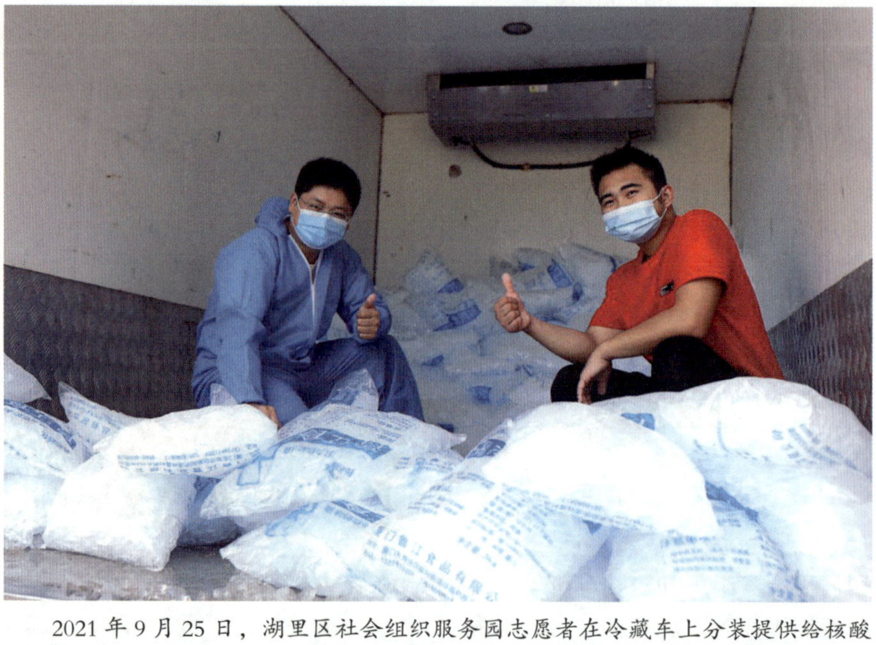

2021年9月25日，湖里区社会组织服务园志愿者在冷藏车上分装提供给核酸采集点的冰块

（崔丽　摄）

登记申请1543对，办理离婚登记864对，登记合格率100%。补领结婚证书175对、离婚证书76对。

【收养、殡葬及流浪救助】 2021年，湖里区依法开展收养登记工作，做好收养政策宣传解读；为7名困难群众办理火化费减免，减免费用1.15万元；开展流浪乞讨人员巡查96次，发现流浪乞讨人员192人次，劝导82人次，护送流浪乞讨人员到市救助站和仙岳医院接受救助和治疗10人次。

【地名管理】 2021年，湖里区规范开展地名路牌工作，新增梯位牌925块，截至年底，全区有梯位牌10.53万块；新增室牌2.19万块，补牌3569块，全区有室牌90.59万块；命名道路32条。在中国共产党成立100周年庆祝活动与国庆节期间，更换公益广告900多条。

【公共场所双语标识标志规范排查整改】 2021年，湖里区外事部门牵头各职能部门开展辖区公共场所双语标识标志规范整改排查工作。排查全区道路名牌和交通标识2582个，旅游景区、公共文化场所、体育场馆、酒店住所标识标志911个，公共卫生场所524个，学校教育场所12040个，排查出需整改问题325个，全部督促整改落实到位。

【保障性住房服务】 2021年，湖里区加强保障性住房政策宣传、咨询、申请、受理与审核等各项工作，全年受理居民保障性住房变更申请75户；发放保障性租赁房租金3231户、1963万元；指导街道做好保障性住房的日常监管，做好保障性租赁房、商品房审核、协查，完成续租审核249户。

（王　珺）

老龄事业

【概况】 截至2021年底，湖里区60周岁以上户籍老年人4.7万人和常住老年人7.5万人；户籍人口老龄化率12.08%，常住人口老龄化率7.2%。该区按照鼓励发展、政策扶持、规范管理、加强监督、提供服务的工作原则，支持、鼓励社会力量兴办养老机构。全区有社会养老机构8家，总建筑面积18.3万平方米、床位3695张，平均每千名老年人养老床位80张（厦门市标准为40张/千名），总床位数排名及床位比例排名均位居全市各区首位。年内，新建成湖里街道（濠头）养老服务照料中心和江头街道（园山）养老服务照料中心，截至年底，有街道养老服务照料中心7家，总建筑面积1.31万平方米、床位221张；有社区居家养老服务站57座、敬老餐厅（助餐点）27家、各类小区养老服务设施90处。全年用于购买社区居家助老员服务费855万元。

【2家街道养老服务照料中心开业】 2021年，湖里区投资300万元，新建成建筑面积2000平方米的湖里街道（濠头）养老服务照料中心和建筑面积600平方米的江头街道（园山）养老服务照料中心。2家街道养老服务照料中心均于年内开业运营，为老年人提供健康餐饮、居家照料、托养服务、医疗康复、便民服务、文化娱乐、老年教育等服务。提供床位40张。

【社区居家养老服务】 2021年，湖里区深化社区居家养老服务，全年用于购买社区居家助老员服务费用855万元。加强社区居家养老服务站规范化建设，为辖区57个社区提供社区居家养老工作经费10万元/个。投入315万元用于提升改造14个社区的养老服务设施，对部分低保户、特困户家庭进行适老化改造，解决社区居家养老“最后一公里”难题。对辖区57个社区购买的养老服务项目开展评估，养老服务专业化水平得到提升。

（王　珺）

2021年7月1日，江头街道（园山）养老服务照料中心开业　（卢昱　摄）

民族与宗教事务管理

【概况】 2021年，湖里区民族宗教事务局（以下简称“湖里区民宗局”）学习贯彻中共十九大和十九届历次全会精神、中央民族工作会议精神和全国宗教工作会议精神，落实上级关于民族宗教工作的决策部署。举办宗教工作业务暨《福建省宗教事务条例》培训，开展庆祝中国共产党成立100周年系列活动，开展宗教活动场所安全检查及消防安全综合应急演练。辖区7家宗教场所完成消防安全标准化达标创建验收，完成率、优秀率均为100%。区民宗局被福建省政府授予“全省民族团结进步模范集体”称号。

【区佛教协会第三届第一次会员代表大会召开】 2021年3月26日，湖里区佛教协会在天竺岩寺召开第三届第一次会员代表大会，全区佛教协会会员代表60余人参会。区委统战部副部长、区民宗局局长叶毓青出席会议并致辞。会议总结湖里区佛教协会第二届理事会工作，审议通过新修订的《厦门市湖里区佛教协会章程（草案）》，选举产生第三届理事会和以释明德为会长的新一届领导班子，通过《湖里区佛教协会第三届第一次代表大会决议》。

【宗教工作业务暨《福建省宗教事务条例》学习培训】 2021年4月14日，宗教工作业务暨《福建省宗教事务条例》学习培训在区行政中心举行，区委常委、统战部部长刘云标，区宗教工作领导小组成员单位分管领导，辖区各街道办、社区居委会宗教工作分管领导与工作人员，以及各派出所分管领导等100多人参加培训。培训主要内容为学习贯彻习近平总书记关于宗教工作的重要论述精神；湖里街道办党工委委员、办事处副主任邓美雄分享街道办开展宗教工作经验；湖里公安分局国保大队大队长李雄讲解如何做好基层宗教工作；区委统战部副部长、区民宗局局长叶毓青以“坚持我国宗教中国化方向，提高我区宗教工作法治化水平”为题，结合《福建省宗教事务条例》的解读，就新形势下做好基层宗教工作的现实意义、政策法规依据、街道社区工作职责、基层工作方法手段及具体工作要求作专题辅导。

【湖里区佛教界人士赴古田会议旧址开展党史学习教育】 2021年4月21日，湖里区佛教协会组织开展“踏寻革命足迹，弘扬革命精神”党史学习教育，区佛教协会及佛教界人士40余人到龙岩市上杭县古田会议旧址参观学习。区委统战部副部长、区民宗局局长叶毓青参加此次活动。

【辖区各民族庆祝中国共产党成立100周年系列活动】 2021年6月11—12日，湖里区委宣传部、区委统战部、区民宗局在社区共同举办“铸牢中华民族共同体意识，庆祝中国共产党成立100周年”系列活动。11日，湖里区委统战部联合徐厝社区在党群活动室举办端午节包粽子活动，社区各民族同胞穿着本民族服饰欢聚一堂，包粽子，共叙民族团结之情，共迎端午佳节，共庆中国共产党成立100周年。12日，区委统战部携手钟宅畲族（新）社区在钟宅新家园开展“畲歌颂党恩　粽香新家园”文艺汇演，包含独唱、民族舞、诗歌朗诵、架子鼓等文艺表演和畲族民族服饰展示、包畲家乌米粽、端午特色香包展示、畲苗话端午、趣味划龙舟等富有民族特色的主题活动。

【宗教领域党史学习教育专题会议】 2021年6月15日，湖里区委统战部、区民宗局在区行政中心召开宗教领域党史学习教育暨安全工作专题会议，全区宗教活动场所和民间信仰重点活动场所主要负责人、各街道办有关负责人参加会议。区委常委、统战部部长刘云标作党史授课辅导，区委统战部副部长、区民宗局局长叶毓青部署具体工作。

【宗教场所消防安全达标创建经验交流会】 2021年6月24日，湖

2021年6月24日，湖里区在基督教新区堂举办宗教场所消防安全综合应急演练

（区民宗局　供图）

里区宗教场所消防安全达标创建经验交流会暨消防安全综合应急演练在湖里区基督教新区堂举行，厦门市民宗局相关处室、湖里消防救援大队、辖区各街道办、钻嘉安全技术公司、辖区宗教活动场所及重点民间信仰场所负责人参加会议。区委统战部副部长、区民宗局局长叶毓青主持会议并部署具体工作，市基督教会主席、基督教新区堂负责人李丽辉就达标创建工作经验作交流发言，钻嘉安全技术公司工程师朱育志作专题培训。与会人员观摩基督教新区堂消防安全等方面标准化、规范化建设成效并开展灭火实战演练。

【民族团结进步宣传教育活动】 2021年7月，湖里区以“同心筑梦跟党走　感恩奋进谱新篇”为题的民族团结进步宣传教育活动在各街道举行。举办文艺晚会、座谈会和夏令营等活动，组织各族群众畅谈学习习近平总书记“七一”重要讲话精神的心得体会。

【宗教场所专项检查】 2021年9月8日，湖里区委常委、统战部部长刘云标带队到仙岳山天竺岩寺、土地公庙和观音寺检查“9·8”厦洽会期间宗教及民间信仰场所安全防护、新冠肺炎疫情防控和文明创建等工作开展情况。检查组为各场所送去《中华人民共和国民法典》《宗教事务条例》《福建省宗教事务条例》以及社会主义核心价值观、文明城市创建宣传折页等相关资料。

【仙岳山土地公庙爱心捐赠仪式举行】 2021年9月22日，仙岳山土地公庙爱心捐赠仪式在湖里区行政中心举行。仙岳山土地公庙向区慈善会捐赠抗疫爱心款100万元，专项用于湖里区新冠肺炎疫情防控工作。区委常委、统战部部长刘云标，区委统战部常务副部长方均纪，区委统战部副部长、区民宗局局长叶毓青，区慈善会会长刘芳坤，仙岳山土地公庙理事会会长、区福德文化联谊会会长林福寿出席捐赠仪式。

【民族宗教工作专题会议】 2021年11月9日，湖里区民宗局在天竺岩寺召开民族宗教工作专题会议，并举办2021年“119”消防安全宣传月培训演练。会议通过播放视频、专家讲解、发放资料等方式，开展消防安全、反邪教等教育培训，并组织与会人员参加消防实战演练。区民宗局、区消防大队、森林消防队、辖区各街道办负责人、各宗教活动场所和重点民间信仰活动场所负责人等有关工作人员近70人参加会议和培训演练。

【徐厝社区石榴园投入使用】 2021年，湖里区委统战部投入8万元建设徐厝社区石榴园。12月，该园完成建设并投入使用。石榴园中镌刻有习近平总书记关于民族工作的重要讲话，设有民族团结进步宣传展板及石榴造型的塑胶地板等设施。

（吴伊宁）

湖里街道

【概况】 2021年，湖里街道辖区面积12平方千米，下辖18个社区198个小区；常住人口23.6万人，其中户籍人口10.9万人，外来人口12.7万人。街道财政总收入26.63亿元，本级财政收入1.7亿元。规模以上工业产值75.98亿元；限额以上批发零售企业销售额1697.2亿元，比上年增长18%；限额以上社会零售业销售额35.42亿元，增长1.4%；限额以上餐饮业营业收入6606.9万元，增长11.8%；限额以上住宿业营业收入2.83亿元，增长15.8%；固定资产投资29.2亿元；房地产销售面积7.48万平方米，增长376.4%；实际利用外资671万美元。

【招商引资】 2021年，湖里街道开展中介招商、以商引商工作，引入计量院项目、动车组制动闸片项目、T3出行项目、大唐第二投资服务项目、思凯文化传媒有限公司文创项目等200余个项目，注册资金122.96亿元。其中，参加金砖创新基地签约项目2个，参加省市级签约项目1个，参加区级签约项目2个。

【街区建设】 2021年，湖里街道辖区内有涉及占用林地整改图斑16处，面积4.86万平方米，主要分布在仙岳山、狐尾山、石头皮山、双狮山、悦华后山、佛祖山等山体，均完成整治复绿或手续补办。4月15日至5月19日，开展石头皮山“两违”整治，完成35处1.32万平方米的违建拆除和4处1171.78平方米的停车场硬化整治，涉及企业27家、租户430家、人员725人，用“最小代价、最快速度”实现“零补偿奖励、零信访投诉、零阻挠拆除”的和谐拆除违建，获评全市“我为群众办实事”“十佳”优秀案例。

推进老旧小区改造和二次供水改造，组织实施金海花园、象屿花园、榕海花园等13个老旧小区改造项目和商检宿舍、金海花园等4个小区的二次供水改造。以数字湖里公共管理集成平台为基础，促进社区治理水平提升，截至年底，数字湖里集成平台接收案件2.04万件，办结2.01万件。

【文明城区创建】 2021年，湖里街道做好全国文明城市迎检工作，成立11个工作组，对照考察测评体系内容和街道迎检的63个点位，

2021年7月10日，湖里区召开石头皮山“两违”专项整治暨石头皮山公园建设为民办实事项目推进现场会
（湖里街道　供图）

针对街道各迎检点存在的主要问题，制定下发责任清单，明确创建责任，形成创建合力。成立保洁、市容整治、入户检查3支应急队伍。创新城市生活垃圾分类工作思路，推进“撤桶并点”模式，在辖区97个生活小区实施“定时定点”、分类投放垃圾。

【平安街道创建】 2021年，湖里街道实施扫黑除恶专项斗争，加快“五安”工程（家安、路安、食安、业安、心安）和“雪亮工程”建设。

街道联动辖区派出所整治无证旅馆，出动2342人次，入户访查2035家。摸排出无证经营旅馆34家，取缔32家，督促自行关闭2家；行政处罚32家，拘留22人，罚款0.88万元，兑现群众举报奖励1.15万元。

街道推进智慧安防工程建设，截至年底，完成“雪亮社区”监控建设，实现监控设备全覆盖。

街道全年累计完成18岁以上人群新冠疫苗第一针接种14.41万人，覆盖率99.2%；全程接种14.05万人，覆盖率96.75%。制订“小区封闭管理整体方案”和“核酸采样点实施方案”；9月，本土新冠肺炎疫情再次来袭，组织开展6轮全员核酸检测，落实各项小区闭环管控措施。

【民生保障】 2021年，湖里街道按时发放各类低保金、救助金、高龄补贴、残疾人补助金、退役军人定期补助等。发放社会救助金2711户次、329.76万元，发放高龄补贴2.07万人次、233.05万元，发放残疾儿童康复补助156人次、170万元，发放退伍军人各项补助金，向辖区低保户、低收入户等困难群体77户发放慰问金8.06万元。和通社区探索适合的党建领和、组织融通，资源聚和、力量联通，智慧促和、办事畅通，社区协和、爱心相通，文化育和、近邻互通的“五和五通”近邻模式，获评省级近邻服务试点；成立馨贝昉省级托育示范中心，为辖区内3岁以下婴幼儿提供全日托、半日托、计时托、临时托等多样化婴幼儿照护服务；启动湖里街道智慧健身房建设项目，选址在竹坑路18号湖里街道综合文化站，项目建筑面积115平方米，总投资60万元。

【社区换届】 2021年，湖里街道完成18个社区的党组织换届选举工作，选举产生社区党组织委员100名，选举出18个社区新一届书记和副书记36人。

【基层党建】 2021年，湖里街道新成立党组织13个。截至年底，有党组织354个，其中完成换届党组织133个，降格党组织1个，撤销党支部6个，撤销非公企业软弱涣散党组织1个。街道4579名党员全部纳入网络统一管理，“党建e家”平台接转党员220名，确定入党积极分子38名，吸收预备党员31名，按期转正预备党员48名，取消预备党员资格1名，自行脱党除名党员15名，落实“三会一课”（定期召开支部党员大会、支部委员会、党小组会，按时上好党课）和工作台账。

制订《湖里街道开展党史学习教育实施方案》，各级党组织开展专题学习286场，组织理论宣讲110场、到红色阵地参观29批次，在华美文创园区设计沉浸式党史学习教育路线1条。在海峡建筑文创园举办主题日活动。党工委理论学习中心组组织学习20次、专业能力提升9次，开展“学习贯彻党的十九届五中全会精神”“党史学习教育”“在特区·忆特区”等主题宣讲135场。在微信公众平台上开设“湖里加速度”“学党史·办实事”“学党史·铭初心”“学党史·我行动”“学党史·谋发展”等专栏，发表微信推文878篇，其中原创推文265篇。

制定落实全面从严治党主体责任清单。5月10—28日，湖里区委第一巡察组对湖里街道党工委开展巡察“回头看”，街道完成巡察组指出的问题和意见整改。全年党纪立案8件、开除党籍5人、党

2021年6月18日，湖里街道在海峡建筑文创园举办“文量特区变迁　共话百年党史”主题党日活动

（湖里街道　供图）

2021 年 6 月 30 日，湖里街道商会成立大会暨招商大会在悦华酒店举行

（湖里街道　供图）

内严重警告 1 人、党内警告处分 2 人；函询 3 人次，谈话 12 人次，其中提醒谈话 5 人次、批评教育 7 人次。效能问责 11 人次，其中通报批评 4 人次、诫勉教育 7 人次。

以“特区先锋”城市基层党建品牌引领区域党建发展，实现“支部建在小区上”全覆盖，东兴小区“东邻西舍，兴家立业”和东渡三航小区“五心惠邻”等党建品牌被评为市、区小区治理示范党建品牌。

【“两胞一属”关爱】 2021 年，湖里街道走访慰问辖区内的台胞、金门同胞、台湾籍同胞家属（以下简称“两胞一属”）。重阳节慰问 75 周岁以上的“两胞一属”44 人，发放慰问礼包 44 份；春节期间慰问贫困“两胞一属”10 人，发放慰问金 6000 元。辖区内有 5 个社区聘请热心社区工作的台胞各 1 名作为社区主任助理。全年办理台湾青年创业扶持补助金 85.64 万元。

【第六届职工趣味运动会】 2021 年 5 月 9 日，湖里街道工会委员会在湖里中学举办以“奋斗百年路　特区新征程”为主题的第六届湖里街道职工趣味运动会。35 个代表队参赛，设置“同心协力”“勇渡乌江”“飞盘夺宝”3 个比赛项目，经角逐，产生一等奖 13 个、二等奖 25 个、三等奖 33 个。

【湖里街道商会成立】 2021 年 6 月 30 日，湖里街道商会成立大会暨招商大会在悦华酒店举行。会上选举产生湖里街道商会第一届理事会和第一届监事会，产生会长 1 名、副会长 5 名、秘书长 1 名、监事长 1 名，有会员 53 名。

（刘爱军　崔　翔）

殿前街道

【概况】 2021 年，殿前街道常住人口 21.52 万人，其中户籍人口 1.19 万户 4.72 万人、外来人口 16.8 万人。街道主要经济考核指标中有 8 项高于省、市平均增速。街道财政总收入 13.99 亿元，比上年增长 14.25%，总量和增速均位居全区第一；限额以上住宿业营业收入 3.4 亿元，增长 33.8%，增速位居全区第一；限额以上餐饮业营业收入 5.5 亿元，占全区的 53%，增长 32.2%；限额以上社会零售业营业收入 134.2 亿元，占全区的 44%，增长 14.3%。全年策划生成招商项目 273 个，总投资额 346.19 亿元；落地项目 265 个，投资额 728.05 亿元，落地项目注册资本总额 262.35 亿元。其中，引进高能级招商项目 17 个，总投资额 41.79 亿元；落地高能级项目 14 个，投资总额 194.14 亿元，注册资本 67.22 亿元。

【街区建设】 2021 年，殿前街道开展第二东通道、港中路下穿配套工程、轨道平衡用地、厦门大桥拓宽工程等 17 个省、市、区重点项目的跟踪协调和征地拆迁工作，确保第二西通道、厦门大桥、高崎滨海路等主要干道和桥梁通车。完成签约交地面积 3.13 万平方米、建筑面积 2.26 万平方米；搬迁企业 48 家，拆除建筑面积 4571 平方米，交地面积 7686.71 平方米，拨付各项目征收资金 9975 万元；完成轨道塘边站 171 户 190 套安置房返迁交房，返迁率 100%。

街道创建零新增违建街区，开展“两违”整治行动，全年拆除违章建筑物 3.46 万平方米，完成年度拆违任务目标的 173.14%；拆除广告店招 4161 块，拆除面积 7058.56 平方米，劝导及查处占道经营 2.2 万起。

街道完成高殿工业区和马垅、兴园、兴隆等社区周边 15 条道路和 40 个小区、工业园区、商务楼、渔港西路片区等管网的溯源排查；实施兴湖路应急处理站流域混接排查改造截污工程，工程覆盖翔鹭、长乐、高殿等社区的 18 个小区，新建泵站 2 个；建成污水管网一期和二期工程，覆盖高殿社区高崎社等 13 条道路，长约 5300 米，新建泵站 1 个。

街道投资建设垃圾屋和垃圾亭 35 座，实行沿街商户垃圾收运方式，定制村改居专门垃圾转运车，实现收运体系全覆盖；引入“人脸识别”监控系统，作为垃圾分类非督导时间的补充监管。街道代表湖里区参加 2021 年省级垃圾分类示范片区评估，打造兴隆、兴园 2 个生活垃圾分类样板社区。神山三航小区、兴隆科技村小区获评 2021 年厦门市“最干净小区”。依托“数字湖里”公共管理集成平台，落实城市网格精细化管理，案件处置率 97.86%。

【平安街道创建】 2021 年，殿前街道推进“平安殿前”建设，排查化解矛盾纠纷 1039 起，推进调解组织建设，新建流动评理室 4 个，实现社区信访评理室建设全覆盖；在殿前派出所设立“警民联调工作室”，开展矛盾纠纷多元调解。落实重点人员稳控措施，街道全年未出现重点人员脱管现象。翔鹭花城三期、长乐村二期、神山公寓等 19 个小区获评全市首批五星级平安小区。

街道在全市率先开展“智慧海防”试点建设，创新运用“人脸识别系统 + 船主实名制登记”海域管控措施，推进平安海域建设，安装高清视频监控 39 路，67 艘乡镇船舶安装小型船舶防越位定位系统，安装率 100%，严防非法入境。建立全区第一支由渔民发起并配有船舶、救援器材的海上义务救援队——“九九五海上救援队”，全年实施救援任务 3 次。

街道对辖区三大批发市场、物流行业涉黑涉恶线索开展滚动摸排，加强对大桥果品市场的联合检查执法力度。整治恶意哄抬房租行为，全年排查辖区出租房 5872 栋（含二房东管理的出租房 2329 栋）、二房东 851 人，重点对承租 10 栋以上的二房东 26 人登记造册，督促房东、二房东签订出租房房东责任书 5000 多份。开展无证旅馆专项整治，关停无证旅馆 49 家，行政拘留 13 人。

街道开展安全生产专项整治三年行动，出动 2383 人次对辖区 8480 余家生产经营单位进行全面隐患排查和治理。开展“除隐患、保安全、迎中国共产党成立百年”安全生产集中攻坚专项行动，出动 759 人次，检查相关场所 2807 家，落实隐患整改 415 处。排查整治废品回收单位 135 家，依法取缔 23 家。

街道加强电动自行车消防安全管理，建成电动车集中充电桩 276 处、充电口 2130 余个，可集中停车 3900 多辆；在 32 处电动自行车集中停放点安装固定式感温自启动干粉灭火装置 170 个、固定式感温自启动水基型灭火装置 242 个和简易喷淋装置 2 个。在辖区的 10 栋高层建筑电梯和 1 处物业小区安装 33 个禁止电动自行车进入电梯的安全装置。完善社区微型消防站建设，改造提升辖区 40 个小区的消防设施，增设灭火箱 215 个、灭火器 536 个。

9 月本土新冠肺炎疫情再度来袭，殿前街道将辖区 9 个社区划分为 150 个管理网格，建立由包保干部、政法干警、医务人员、志愿者、网格员共同负责 1 个网格的“五包一”疫情防控责任网格机制。城市社区 31 个居民小区全部实行半封闭管理；村改居社区 7 个自然社通过“一锁二围三加固”（“一锁”指对出入口大门进行锁闭；“二围”指对开放式出入口进行临时围挡封堵，仅保留个别生产生活必要出入口；“三加固”指对个别围挡进行增高加固以防翻越破坏）的方式，围挡封堵出入口，安装 202 路高清监控及 5 路车辆卡口抓拍监控。组织 6 轮全员核酸检测，创新成立数字指挥中心，平均每轮核酸检测下沉街道干部 100 多人、社区工作人员 450 多人、志愿者 3500 多人。

【社区建设】 2021 年，殿前街道完成 31 个小区典型点巩固提升工作，探索小组治理工作，投入改造资金近 150 万元，发动居民自筹

2021 年 6 月 25 日，马垅社内古榕树公园改造完成　（殿前街道　供图）

30余万元，完成小组典型点打造1个和小区治理小额“以奖代补”项目工程10个。居民自筹600余万元，改造提升污水管网等小区基础设施。推进近邻党建引领基层治理工作，小区党支部书记、业委会主任“一肩挑”占77.3%，“红色”业委会占66.7%。收集群众意见建议，精选100个“我为群众办实事”项目，发动近邻各方共同参与，完成率100%。

街道启动新一轮老旧小区改造，完成樱花山庄、温馨家园、长乐一期等9个小区改造工程，涉及76栋楼宇3188户，建筑面积21.5万平方米，总投资4013.5万元。完成长乐一期、二期、三期和悦馨庄园、永乐阁、中汽东南花园、樱花山庄7个小区的燃气“瓶改管”工程，涉及1831户。推进城中村综合整治，以殿前、寨上社为试点，实施弱电缆线整治工程，全年整治凌乱弱电缆线5千米。打造殿前东山岩观音寺游园、高崎社口袋公园、马垅社内古榕树公园3个“口袋公园”。开展文物建筑保护工作，街道有不可移动文物建筑31处，其中5处建筑等级鉴定为C级；对陈水得宅不可移动文物开展抢救性修缮工作，工程投资44.57万元。

2021年，殿前街道开展“知心姐姐”进校园活动。图为4月26日在厦门三中举办正面管教讲座

（殿前街道　供图）

【民生建设】 2021年，殿前街道为低保户、特困对象等特殊群体发放慰问金、补助款等320余万元。开展“护蕾‘前’行，让爱沉‘殿’”困境儿童关爱行动，为62名困境儿童建立档案。

街道加强就业服务保障，对接辖区内300余家企业，挖掘缺工岗位；建立辖区内高校毕业生求职信息库，召开专场招聘会11场，接收高校毕业生5800余名。兑现13家“双百”人才（高层次创新人才和领军型创业人才）企业营业场所租金、人才住房等补贴约500万元；兑现社工人才激励政策，每月为111名社工人才发放补贴2.67万元。新增认定灵活就业登记169人，全年向9743人次灵活就业人员发放社会保险补贴704.7万元。创建和谐劳动关系，实现辖区在建工程项目“无欠薪项目部”创建率100%。

“知心姐姐”谈心室关注青少年心理健康，为43个家庭162人次提供服务；组建“知心姐姐”讲师团，进校园开展专题讲座17场，惠及师生3500名。街道开展校园及周边安全专项整治行动，启动由派出所、交警中队、城管中队、市场监督所、社区、学校“六合一”的即时协作联动模式，开展联合执法，消除校园周边安全隐患37处。落实“双减”政策，整治校外培训机构，规范辖区校外培训机构办学行为，关闭培训机构23家。

【街道涉台工作】 2021年，殿前街道创新“以台引台，以台帮台，以台惠台”运营模式，依托国家级海峡两岸青年创业基地、云创智谷、两岸集成电路产业园等平台，打造台湾青年登“陆”第一站。截至年底，云创智谷基地累计入驻台湾企业158家、台湾青年261人；两岸集成电路产业园累计入驻集成电路产业链企业175家，引进厦门市“双百”计划人才企业10家，享受国务院政府特殊津贴专家2人；该园区获得国家级科技企业孵化器认定。兑现台湾青年创业启动扶持资金1家6万元、经营场所租金补贴8家18.46万元、居住用房租金补贴9家12.64万元。推动“筑梦鹭岛”翔鹭社区台湾青年创业就业综合服务项目，搭建两岸青年就业创业服务平台，通过活动开展、资源推介、政策咨询等方式，为台湾青年提供创业指导和资源支持，全年该服务项目开展活动11次，服务台胞100余人次。

【社区换届】 2021年，殿前街道开展社区“两委”换届工作，选拔“两委”72名，其中新选拔“两委”42名，占58.33%；书记5名、35岁以下年轻干部21名。

2021年10月16日，殿前街道志愿者清理嘉福社区全民健身广场

（殿前街道　供图）

近2万人次参与。整改小区内环境脏乱、楼道堆放杂物、车辆乱停放、乱晾晒等问题3700多个，修缮、新增公益广告近700多处，清运垃圾杂物230多车，发放宣传材料4万余份。

街道建设新时代文明实践所，支持9个社区新时代文明实践站开展文明旅游、文明餐桌、网络文明、“我们的节日”等精神文明传播活动。嘉福社区新时代文明实践站被市委文明办确定为“首批厦门市新时代文明实践示范站”。高殿社区居委会获评2021年度全省学雷锋志愿服务“五个最美”先进典型；高殿社区居民杜淑惠当选为厦门市第八届孝老爱亲道德模范。嘉福社区文明园被市委文明办确定为2021年第一批厦门市文明创建特色项目。街道志愿者获评厦门市三星级志愿者2名、二星级志愿者10名、一星级志愿者15名，获评湖里区最美疫情防控志愿者3名。

【基层党建】 2021年，殿前街道各党组织召开党员大会2949场，上党课552堂，举办主题党日活动1656场，“党建e家”积分优良率超89%。新成立党支部13个，发展党员29名。启用厦门航空工业园党群活动服务中心，成立“引航者”党建联盟。

街道开展党史专题理论宣讲和“再学习、再调研、再落实”活动495场，举办庆祝中国共产党成立100周年系列活动106场，举办“打卡红色地标，筑梦红色青春”主题活动，设计制作“红色殿小二”专属盲盒。完成“军地联学共建神山教育基地”和马垅军民团结大榕树红色文化阵地改造提升工作，接待全市机关事业单位参观学习89批次2079人次。

街道开展“百个小区的幸福链接”活动，小区、小组党支部上报项目24个，完成24个。其中，“让微信‘小窗口’提供‘大服务’”等5个项目被列为区组重点跟踪项目。落实一个党组织至少为民办一件实事，开展“新年开门办一件实事”活动，辖区9个社区完成“新年开门办一件实事”105件，30个小区党支部完成145件，5133名在职党员参与社区和小区（组）志愿服务活动。

【精神文明建设】 2021年，殿前街道开展“迎新春　美家园”和“文明健康　洁净家园”等主题志愿活动，辖区共建单位110多家、

【“殿小二”服务】 2021年，殿前街道落实街道领导挂钩联系重点企业制度，组建“殿小二”招商团。开展“殿小二”会客厅活动，联合职能部门走进重点园区，为辖区

2021年4月22日，航空产业的服务与发展集中问诊会在殿前街道“殿小二”会客厅举行

（殿前街道　供图）

内园区和企业解决实际问题300多个。设立“殿小二”直播间，为辖区企业公益提供“直播带货”空间，引导辖区内餐饮、汽车销售等商贸企业开展优惠减免和电商直播等线上线下主题促消费活动，拉动渔港片区餐饮消费增长33.75%。开办直播电商公开课、制定精准营销战术等“殿小二”微课堂，全年举办讲座4场，惠及216名人才、105家企业。“殿小二”服务企业品牌在2021年获评首届厦门基层政务及公共服务十大经典案例，获评厦门市第二批“我为群众办实事”“十佳”创新案例，入选福建省《党史学习教育“我为群众办实事”实践活动案例选编》。

【航空工业服务发展集中问诊活动】 2021年4月22日，殿前街道在厦门航空商务广场内的梧桐栖党群活动服务中心设置“殿小二”会客厅。湖里区相关职能部门、殿前街道党员干部与园区企业代表面对面，开展针对航空工业服务发展的集中问诊活动，为企业解决政策兑现、人才招聘等在增资扩产中遇到的问题。

【“九九五”海上救援队成立】 2021年6月11日，殿前街道“九九五”海上义务救援队授旗成立。该队由辖区渔船民自发组建而成，是街道的1支海上公益救援新力量，配合消防、公安等部门进行海域巡查管控，探索与厦门消防支队建立抢险救援联运机制，掌握救援任务，进行近岸海域救援。全年救起跳海轻生人员3名，获评2021年度厦门“十大平民英雄”。

【殿前街道“七一”颁奖典礼】 2021年6月28日，殿前街道在翔鹭国际大酒店举办殿前街道“七一”颁奖典礼。现场为获评福建省、厦门市、湖里区以及殿前街道“两优一先”的优秀党员、优秀党务工作者、先进基层党组织颁奖，并为街道50年以上党龄的老党员佩戴“光荣在党50年”纪念章。

（林思徽）

江头街道

【概况】 2021年，江头街道辖区面积10.41平方千米，下辖10个社区；辖区常住人口18.28万人，其中户籍人口7.61万人，流动人口10.67万人。街道财政总收入21.61亿元，比上年下降17.18%；本级财政收入1.38亿元，下降16.56%；规模以上工业产值完成8.27亿元，增长1.6%；固定资产投资完成68亿元，下降16.52%；限额以上批发零售业销售额188.57亿元，增长27.6%；限额以上社会零售业销售额33.03亿元，增长8.3%；实际利用外资0.16亿美元。

【街区建设】 2021年，江头街道蔡塘片区东部旧村改造工作签约、交房911栋，占总交房量的99%，拆除房屋896栋，占待拆房屋总量的98%；全年发放征迁补偿款46.04亿元，占总拆迁补偿款的83.71%；完成忠仑花园安置房项目的提升改造工作，基本完成安置返迁；蔡塘古地石安置房一期项目完成竣工验收，4条市政道路进场施工。完成嘉景公寓一期工程、园山小区和百果山小区提升改造项目收尾工作；吕岭花园、太薇花园、福龙天宝等9个项目改造工程启动，其中开工项目3个。

街道办围绕辖区内市容环境较差的区域，牵头组织职能部门开展整治行动，劝导纠正流动摊贩占道经营行为6300起，暂扣物品578件，实施行政处罚43起，罚款金额2150元；纠正跨店经营1.05万起，暂扣各类违规煤气瓶16瓶；车辆乱停放劝离21起；引导共享单车有序停放1.24万辆。打造垃圾分类省级示范片区，江头街道在全省生活垃圾示范片区创建评比考核中获得第一名；“江头街道餐厨就地资源化处理”案例入选由环卫科技网主办的“2021全国垃圾分类案例汇编”。

【营商环境优化】 2021年，江头街道走访辖区企业273家、467次，为企业提供政策咨询和协助梳理材料等服务，协调解决生产经营、员工子女教育等实际问题。协调雷霆网络科技有限公司五缘湾总部大楼电力增容问题，办理利德集团有限公司、夏商农产品集团有限公司、厦门润良商业有限公司等纳税大户和重点限额以上企业高管子女政策性就学事宜；向勇仕网络科技有限公司、雷霆网络科技有限公司等11家企业发放各类扶持资金61万余元；给予厦门千时科技有限公司转型政策指导。通过调取金库税收数据，排查纳税较多但未纳统的企业，全年对接潜力企业115家，推动企业申报纳统，有纳统意愿企业28家，其中，国药供应链管理有限公司、天地供应链管理有限公司等7家企业提交纳统材料；跟踪新入统企业业务发展情况，确保应统尽统，新增入统企业24家，新增入统企业贡献营业收入增量13.76亿元。

【招商引资】 2021年，江头街道加强与中介机构、行业协会、各地商会以及社会贤达人士的联系，拓宽招商渠道，加大金融、类金融项目的招商力度，促进私募证券基金集聚，全年引入项目119个，注册资金 64.03 亿元。实际利用外资 0.16 亿美元。

【平安街道创建】 2021 年，江头街道推进“平安江头”“法治江头”建设，全年接到刑事类警情 466 起，比上年增长 1.75%；破获各类违法案件 39 件，抓获重点人员 16 人。动员居民群众和群防群治工作者参与“平安三率”宣传以及“八五”普法、扫黑除恶常态化管理等工作，全年开展集中宣传活动 40 余场次。

群防群治工作者开展社会矛盾纠纷排查，全年排查社会矛盾纠纷 714 起，调解成功 711 起，调解成功率 99.6%。打击整治经营无证旅馆的业主和偷（私）渡人员，全年排查发现无证旅馆 52 家，整改安全隐患 36 处；行政处理案件 32 件，治安拘留 15 人，刑事拘留 1 人。

网格员配合辖区派出所做实信息采集，推进“一标三实”（标准地址数据、实有房屋、实有人口、实有单位）工作。协同江头派出所严格按照“人脸 + 证件 + 手机”三维认证信息采集标准，推进“智慧安防小区”建设，健全完善社会治安防控体系。截至 12 月底，江头街道完成安防建设小区 116 个，完成年度任务 114.85%。

街道开展安全检查、隐患治理、专项整治、消防安全基础建设、宣传教育等工作，全年检查企业 1.81 万家次，其中安全生产专项检查 1.3 万家次、经营场所燃气安全检查 5129 家次，发现隐患 4144 处，完成整改 4117 处，限期整改 27 处，隐患整治率 100%，隐患整改率 99.3%。

街道做好人员排查、信息采集等新冠肺炎疫情防控工作；实行“五包一”（一名街道干部、一名社区网格员、一名基层医疗卫生机构服务人员、一名公安民警、一名及以上志愿者的防控措施）疫情防控工作机制，强化监测预警风险防范、人员追踪、网格责任、小区管控等方面的工作。9 月，吕岭社区彩虹花园被列为中风险地区，金尚小区被列为封控区，确保 2 处均无人感染；派出街道党员干部、工作人员 40 人到同安支援疫情防控。

【民生建设】 2021 年，江头街道办为 1313 户次低保家庭发放低保补助金 152 万元，惠及 1808 人次；发放特困供养人员补助金 59 万元，惠及特困人员 332 人次；为 34 户困难家庭发放困难家庭临时救助金 49 万元，惠及 80 人。

街道办帮助 1182 名失业登记人员领取失业补助金，并提供推荐就业和技能培训服务；发放就业创业证 401 本，帮助失业人员 3726 人（含就业困难人员 464 人）实现再就业，协助 172 家重点企业接收高校毕业生 1326 人，解决东部旧村改造中蔡塘片区被征地人员就业 55 人，上报柔性人才 50 人；落实 8311 人次的灵活就业社保补贴 1481.79 万元，兑现 36 人次的就业工资性补贴 3.51 万元，兑现 11 人次的创业补贴 6.06 万元；调解劳资纠纷 251 起，涉及员工 636 人，涉及金额 988 万元，处理群体性纠纷 21 起。

街道办推进禾山中学改扩建、新建金尚学校和华东师范大学希平双语学校等教育建设项目；新开办玉岭实验幼儿园，新增幼儿学位 450 个；配合蔡塘拆迁指挥部、区教育局做好蔡塘拆迁片区内幼儿园幼儿分流工作；投入 150 万元用于乌石浦小学校园安全隐患整改及环境改造提升；向蔡塘幼儿园、后埔幼儿园分别拨付园舍租金专项经费补助 60 万元和 70 万元，保障 2 所集体办幼儿园在疫情期间稳定发展。

街道办先后举办 2 次中老年人文体比赛，400 余名老年人参赛；组织 180 名老年人参加庆祝中国共产党成立 100 周年厦门市老年人体育健身展演；指导辖区开展庆祝中国共产党成立 100 年文艺演出 26 场次；选送 20 余幅作品参加湖里区文化馆组织的书画美术摄影展；街道中老年代表队参加区老年人体育协会乒乓球交流活动并获银奖。

【基层党建】 2021 年，江头街道有 123 个小区，其中 98 个小区成立独立或兼合式小区党支部。打造近邻党建示范点 3 个。实现党的工作、党的组织“两个”覆盖，新组建非公党组织 11 个，完成年度组建任务，非公有制企业党组织覆盖率 93.2%，社会组织党组织覆盖率 100%。培育打造国投商务中心楼宇党建典型，探索楼宇、社区、国企和非公企业综合体党建新路径。

街道办完成党组织换届工作，选出街道本级党代表 109 名和出席中共湖里区第九次代表大会代表 27 名；10 个社区党委实现换届选举，主官 100% 实现“一肩挑”；86 个党支部完成换届工作。开展庆祝中国共产党成立 100 周年系列活动，为 175 名党龄超过 50 年的老党员颁发“光荣在党 50 年”纪念章，表彰优秀共产党员 40 名、优秀党务工作者 30 名、先进基层党组织 28 个。

【精神文明建设】 2021 年，江头街道办开展爱国卫生运动，发动辖区居民、志愿者打扫房前屋后的卫生，开展“最干净小区”和“文明楼道”创建活动；开展使用公筷公勺宣传活动，普及健康知识；开展“‘八不’行为规范，做文明公民”活动。全年开展文明交通、文明餐桌、文明上网、垃圾分类等志愿服务活动220余场次，参与志愿者1.5万人次。

街道打造“一居一品”文明实践品牌，吕厝社区打造的“好厝边”闽南角，被教育部评为“2021年终身学习品牌项目”；江村、吕岭、祥店、后埔、江头、园山、蔡塘7个社区分别打造心悦成长——青少年心理课堂、敬老志愿服务品牌、诚信讲堂、传承闽南非物质文化遗产讲堂、邻里讲堂、爱心妈妈讲堂、百姓法律讲堂。

街道办发挥文明单位的示范带动作用，开展文明城市（区）创建活动，成立指挥协调组、督导组、综合执法组、应急保障组等6个专项小组，落实文明创建工作。全年制作各类公益广告1500条、精神文明宣传栏板150余块，发放“致湖里区居民朋友的一封信”和“创建文明城市应知应会”宣传单，通过小区微信群、QQ群发送“文明停车”和“文明养犬”等温馨提示信息。

2021年6月17日，江头街道祥店社区打造的全市第一辆垃圾分类小火车投入使用

（江头街道　供图）

【垃圾分类小火车投入使用】2021年6月17日，江头街道祥店社区打造的全市第一辆垃圾分类小火车投入使用。小火车车头安装电子显示屏，可以通过画面、声音宣传垃圾分类知识；火车的四节车厢分别为可回收物、厨余垃圾、有害垃圾及其他垃圾的投放箱；车厢外部设置移动广告牌，注明回收的类别和简要使用说明，指导市民开展垃圾分类。小火车作为可移动的垃圾分类投放箱，在指定的投放时间出现在投放点，是“定时定点”投放工作的全新尝试。

2021年7月20—22日，江头街道吕厝社区举办青少年模拟法庭夏令营活动。图为20日举行的开营仪式

（江头街道　供图）

【青少年模拟法庭夏令营】2021年7月20—22日，湖里区新时代文明实践中心、江头街道新时代文明实践所、吕厝社区共同举办青少年模拟法庭夏令营，45位青少年参加夏令营。营员们到区检察院参观沙盘游戏疏导室、“凤湖未来”家庭教育指导联动站，观看法制宣传片《夜空中最亮的星》。聆听“法伴成长，青春护航”主题讲座。角色扮演，体验模拟法庭。

（白堋鑫）

禾山街道

【概况】2021年，禾山街道辖区总面积16.04平方千米（含五缘湾水城），常住人口31.04万人，其中户籍人口9.28万人；下辖钟宅畲族、枋湖、坂尚、岭下、围里5个“村改居”社区；禾欣、禾盛、禾山、禾缘、五缘湾北、枋湖南6

个城市社区及禾美社区筹备组。围绕党建、民生等主题，生成街道年度 100 项“使命清单”，制订项目督办机制，完成项目 100 个。更新梳理“我为群众办实事”项目四批次 149 项，完成率 100%。全年禾山街道规模以上工业总产值 1426.20 亿元，比上年增长 11.4%；社会消费品零售总额 43.41 亿元，下降 6%；财政总收入 27.84 亿元，本级财政收入 1.64 亿元。

【经济发展】 2021 年，禾山街道聚焦软件信息、人工智能、大数据等高新技术前沿产业和建安、电子商务等较具规模的传统行业，引入广州新一代计算机技术有限公司、飞鱼星空科技有限公司、艾拉物联有限公司、华能清洁能源有限责任公司、盛德东南（福建）新能源科技有限公司等企业的优质项目，引进高能级项目 3 个。截至年底，辖区有“三高”企业 80 家，比上年新增 12 家，“三高”企业数位居湖里区第一位，全年实现营业收入 379 亿元。推动厦门普普文化股份有限公司、朝聚眼科医疗控股有限公司在境外上市；推动立达信物联科技股份有限公司在国内 A 股上市。太古可口可乐有限公司投资 1.58 亿元，扩建生产线及产品仓库。

组织开展“金秋安兜购”“禾商暖冬购”活动，落实助力商家纾困减负增收举措，为商铺消费者提供消费补贴券，降低新冠肺炎疫情给商家造成的损失，帮助安兜商家走出疫情困境。全年组织走访重点企业和“三高”企业 166 家、重点项目在建工地 11 个；正大农牧有限公司、昕诺飞电子（厦门）有限公司等 9 家企业春节期间不停产，19 家规模以上工业企业的 1122 名员工留厦过年。

“9·8”投洽会期间，街道邀请企业 6 家、客商 23 位到辖区考察，签约合同项目 4 个，总投资额 9.18 亿元，促进 3 个项目开工开业。全年完成落地项目 155 个，注册资本 194 亿元，投资总额 238 亿元；有 7 个经济指标高于全省平均增速。

【街区建设】 2021 年，禾山街道“数字湖里”平台接件 2.09 万件，日均受理城市管理事件 57 件，结案率 99.86%。完成轨道平衡用地林后周边和枋湖商务中心南地块征收，钟宅北苑安置房一期开工建设，全年征收房屋面积 12.92 万平方米，拆除房屋面积 17.18 万平方米。由建发房产代建的枋湖梧桐新城安置房交房，提供安置房源 724 套。

街道开展枋湖南路“二手车”占道整治和快速公交沿线非机动车占道整治工作；纠正劝离占道经营、跨店经营 1.02 万起，设置临时“摊规点”13 个。排查“门前三包”责任商家 2534 家，整治违规行为 6500 余起，处罚 139 起。新增绿化面积 5200 平方米，完成安兜社被占用林地等 4 处地块的绿化补植复绿，对 23 棵古树名木重新挂牌编号。推行物业负责人垃圾分类督查问责与志愿巡查机制，出台街道垃圾分类志愿者管理办法，改造提升垃圾屋 41 座；垃圾分类知晓率 100%，参与率 93.5%，准确率 90%。年内，街道在湖里区垃圾分类考评中获得第一名 2 次、区级城市精细化管理考评第一名 2 次。

街道开展城中村综合治理，出动工作人员 1393 人次、三轮车 524 辆次，清扫“村改居”道路 52 次，清理小广告 1545 处，拆除“两违”建筑面积 20.56 万平方米。建成穆厝大榕树广场，开展安兜农贸市场整治。完成围里社空中缆线整治。立面改造枋湖北二路和云顶北路的 51 栋建筑物、45 块店面招牌、66 块空调格栅和 1 个配电箱，整治面积 3.7 万平方米。在坂尚、围里、枋湖 3 个社区增设变压器 14 台，解决城中村电力超载问题。对城中村消防通道黄色区域内违规停车立案 11941 起，罚款 150 万元。

【平安街道创建】 2021 年，禾山街道建设宸鸿智慧警务室，安装监控 52 路，建设智慧安防小区 38 个；取缔无证旅馆 57 家，转化邪教人员 5 名，为辖区内 38 名既往 3～5 级精神病人建档。提升海防监控项目，整治“三无”（无船名船号、无船舶证书、无船籍港）船舶 3 艘。全年刑事警情 2635 起，比上年下降 4.28%，破案 398 起。

街道办约谈恶意驱赶租客、起诉解约的一房东及抱团涨租、闹事的二房东，做好辖区内“城中村”一房东与二房东之间涨租纠纷的协调处置工作。截至年底，受理一房东与二房东的房屋租赁涨租纠纷 38 起，调处成功 38 起，未发生群体冲突及上访事件。进行护村队改革，在全市范围内率先组建街道应急处突巡防大队，制订《应急处突巡防大队建设实施方案》，巡防大队全年处理突发事件 100 余起，配合派出所处理警情 68 起，扑灭辖区突发火情 30 起。

制订《安全生产隐患大排查大整治暨百日攻坚行动方案》，开展景区和非景区景点安全管理专项整治，组织安全联合执法 42 次，检查生产经营单位 7750 家，发现隐患 3576 处，整改率 100%；查处各类交通违法行为 4.38 万起；约谈火灾隐患场所负责人 34 人，全年发生火警 93 起，比上年下降 1.06%。新增电动自行车集中充电点 285 处、充电桩（口）2913 个、“保命墙”107 面，可容纳 4747 部

2021 年 5 月 21 日，禾山街道办在五缘湾北社区建发湾悦城永辉超市开展安全生产工作检查（禾山街道 供图）

电动自行车同时充电。完成自然灾害房屋普查 8687 栋，完成比例 99.4%。除不可移动文物外，辖区 D 级危房解危 82 栋，处置率 100%；C 级危房解危 9 栋。启用派出所警民联调室，分流非警务类报警求助，调解各类矛盾纠纷 776 件，成功调处 774 件，成功率 99.74%。

禾山街道信访评理室全年开门接访 178 批次 724 人次，进门约访 80 批 104 人次，登门走访 36 批 61 人次，上门回访 37 批 48 人次；受理信访事项 3955 件，办结率 99.32%，满意率 99.62%；受理各类民间纠纷 1560 件，成功调解 1530 件，成功率 98%。化解重点信访积案 4 件。

【民生建设】 2021 年，禾山街道开办禾穆、湖里实验幼儿园湖桐分园和嘉禾学校幼教部 3 所公办幼儿园，审批通过晶珑、英吉尔、松果宝宝 3 所民办幼儿园，梧桐实验学校、长菁外籍人员子女学校投入使用，新增学位 3100 个（不含长菁外籍学校）。宣传“双减”（减轻义务教育阶段学生作业负担和校外培训负担）政策，劝导关停学科类培训机构 8 家，转型非学科类培训机构 10 家。打造小区综合服务中心，推动小区“四点半学堂”建设，解决“养老托幼”“孩子放学早、家长没下班”等群众关心的生活保障问题，打造“龙郡学堂”等 5 个课后学堂。

街道办举办重点群体技能培训 11 期，参加培训 431 人次。推动失业人员再就业 3953 人，就业困难人员再就业 474 人。开展根治欠薪行动，调解各类劳资纠纷 87 起，化解群体性劳资纠纷 13 起。购买社区社工项目 11 个，购买金额 225 万元；落实特困、低保、残疾、高龄、优抚、计生奖扶金等补助工作，全年发放各项补助资金 1835 万元；建成新的禾山街道社区卫生服务中心，签订 2021—2022 年度居家养老服务合同，合同金额 172.5 万元；提升改造街道日间照料中心，3 个社区的居家养老服务站完成适老化改造升级；提供困境儿童关爱服务。

【社区治理】 2021 年，禾山街道修订《禾山街道“村改居”社区集体资金资产资源管理实施细则（试行）》及《禾山街道关于进一步规范“村改居”社区集体经济组织“三重一大”事项处置程序的通知》，监督管理集体经济组织活动，促进“三资”（资产、资金、资源）管理制度化、规范化、信息化。制定《提升业委会和物业规范化管理意见》，加强对小区业委会建设和物业管理的事前介入、事中监管和事后救济。指导 19 个小区按程序开展业委会筹备和换届；监督考核 55 个物业服务单位，辖区获评四星级和五星级的服务单位 27 个，占物业服务单位的 49%。

街道健全网格化管理服务体系，将 11 个社区划分为 265 个物理网格，推进管理服务业务建设、网格员队伍建设和指挥动员组织体系建设。细化近邻党建网格 80 个，完成辖区内枋湖新村、金尚嘉园、翠湖庄园、东海山庄的治理“以奖代补”项目，对接 34 个共建党组织资源，推动 57 个小区的 76 个项目落地。2185 名在职党员认领小区服务项目，解决一批群众“急难愁盼”问题；完成幸福链接项目 19 个，建成全市第一个近邻主题公园；新景龙郡、五缘湾 1 号、武警水电 3 个小区获评省级“近邻党建”示范点。投入 1846 万元，修缮不可移动文物 18 处；打造禾山社区未成年人社会实践指导站；全年开展各类文体活动 125 场。

【禾缘社区“五缘”工作法入选全省优秀社区工作法】 2021 年，禾缘社区“五缘”社区工作法入选全省优秀社区工作法。该工作法包括整合“缘组织”，协调各物业企业联合成立社区大联防队，为辖区治安提供保障；发挥湖里创新园、五缘商业街和红星美凯龙等社会资源优势，为社区活动提供后勤保障和资金支持；形成以党支部引领、业主自治、物业服务、社区介入和居民参与的“五位一体”的社区治理新格局；建立志愿服务一体化运作平台，成立10个志愿服务队，引导居民与社会组织互动，挖掘社区领袖，培育社区居民公益意识和参与社区自治意识。集聚“缘力量”，建立由社区、派出所、物业、社区社会组织和志愿者组成的“五级”联动机制，联动执法中队、市场监督管理所等多方力量，完善源昌宝墅湾智慧小区管理平台；开展在职党员座谈会15场，开展引进资源活动19场，为鑫光宝贝图书角捐赠图书1000多册；设立社区书记流动办公室，设置“益建箱”。深化“缘治理”，打造以“1号先锋”党建品牌为核心的小区治理综合体，解决小区建设发展难题；为4个生活小区建设室外健身路径，解决中铁元湾、缘美公寓小区垃圾分类高层撤桶难题；处理国贸润园幼儿园入学派位及宝墅湾市政高架桥施工群访问题。打造“缘文化”，开辟红色讲坛、鑫心小论坛，定期邀请社区党委成员到小区上党课，开展形式多样的宣传教育推广活动；成立社区书院、“绿禾缘”青年艺术团，开展冬令营、夏令营和科普活动100余场，组织百人净滩活动50余场。培育“缘品牌”，成立“AI禾缘志愿者”“水上义务救援队”“绿禾缘快乐环保社”等10个志愿服务队，开展“门前三包”、交通督导和水上救援等志愿服务100余场；打造“百草园”科普基地和新景国际外滩众筹樱花园，完善幼儿园、小学、初高中教育全配套，引入夏商超市等商户入驻社区。

【基层党建】 2021年，禾山街道成立党史学习教育领导小组，制订党史学习教育实施方案。街道党工委组织党员领导干部到高山党校开展党史学习教育头脑风暴会和动员部署会，实现街道—社区—小区三级同步动员。制订街道“红色赋能”系列宣传培训方案和“全民追红星”系列宣传方案，首创线上直播党史学习活动，拍摄“追星三部曲”。截至年底，开展专题研讨7次，带动各党组学习研讨200多次，赠送“红色加油包”179份，开展宣讲解读50余场。制定《街道领导班子学习安排表》《街道领导班子成员调研清单》《基层党组织党史学习教育活动安排表》等系列清单。组织94人参加基层党支部书记轮训，利用红色阵地开展多种形式学习教育；截至年底，各党组织开展主题党日活动122场、专题组织生活会159场，党组织书记上党课176场。开展重温入党誓词活动，学习交流分享“七一”重要讲话精神。

辖区获评省、市、区、街四级先进基层党组织27个、优秀党员和党务工作者70名；推选街道“党建e家”优秀管理员10名，为103人颁发“光荣在党50年”纪念章，组织97个小区（小组）党支部开展小区红歌赛。举办“永远跟党走　奋进新时代”庆祝中国共产党成立100周年文艺晚会。

【社区换届】 2021年，禾山街道办成立社区“两委”换届选举工作领导小组，制订换届选举工作、“两推一选”等方案。辖区11个社区选出新一届党组织班子成员68人、居民代表596人；新选出的社区党组织班子成员呈现年轻化、高素质等特点，党组织委员平均年龄38.3岁，居委会委员平均年龄37.63岁，35岁以下“两委”成员38人；女性委员占41.49%，大专以上文化程度占95.6%。

【精神文明建设】 2021年，禾山街道构建文明创建常态长效机制，投入315万元，开展各类志愿服务活动1000余场，上万人次参与。解决“城中村”停车难、空中乱拉缆线、环境卫生差等重点问题，督促整改问题257个。聘用第三方服务人员60名，配合城管执法中队开展电动车乱停放问题整治。开展精神文明建设相关宣传报道302次，举办道德模范进基层宣讲活动

2021年6月7日，湖里区新时代文明实践诵读活动在禾山街道禾盛社区新时代文明实践站举行。图为林俊杰表演诗朗诵　（禾山街道　供图）

3场，推选“身边好人”3名。开展庆祝中国共产党成立100周年诵读活动。

【招商大会】 2021年3月31日，禾山街道办召开招商大会，湖里区商务局、区财政局、区发改局、区工信局、区工业园区管委会、区工商联、区市场监督管理局、区税务局等单位代表以及重点企业代表150人参加会议。会上，街道办事处主任张国平从招商空间、重点产业、政策扶持等方面介绍禾山的投资营商环境；聘请辖区14名企业家担任街道招商顾问。

【厦门体育智慧健身房禾盛社区工作站建成】 2021年12月，厦门体育智慧健身房禾盛社区工作站建成并投入使用。该站位于禾盛社区居委会4楼，面积55平方米，分为有氧区、固定力量区、自由力量区，配备9种健身器材。工作站开放时间为每日上午8点—12点，下午3点—6点。

（陈伟凌）

金山街道

【概况】 2021年，金山街道辖区面积13.8平方千米，下辖9个社区，常住人口13.5万人，其中户籍人口5.98万人。全年财政收入38.18亿元，本级财政收入2.38亿元，12项区对街考核经济指标中有6项达标，全年招商引资实绩竞赛综合排名居全区第一位。升级企业公馆平台3.0版，打造“企聚金山，鑫鑫向荣”品牌，成立街道商会，引进高能级项目35个，全年落地项目370个，投资893亿元，实现规模以上工业企业、资质等级建筑业企业、限额以上批发零售住宿餐饮企业、规模以上服务业企业库扩容22%，在库企业增至150家。辖区地处两岸金融中心湖里片区，有集团企业7个。规模以上工业总产值47.08亿元，比上年增长27.8%；社会消费品零售总额138.48亿元，增长20%。

（邱钊蓉）

【街区建设】 2021年，金山街道完成房屋征收签约面积64.17万平方米，搬迁交房面积76.75万平方米，拆除面积75.49万平方米，交地126.03万平方米，可出让地块40幅。推进立项道路建设项目21个，道路里程10.3千米，年内开工建设项目15个，打通断头路4条，完善城市交通路网。利用闲置土地建成“口袋公园”3个。

街道推动“大城管”机制创新，打造后坑社区前、后社城中村建设样板，推进后坑商业一条街改造升级，完善城中村智慧公寓建设。纠正各类占道、跨店经营2.14万起，推进2处75个“摊规点”建设，规范设置电动自行车安全充电点位37处、充电插口2047个。拆除“两违”建筑1057处，面积98.29万平方米。街道办协同环卫、社区建立三方联动机制，推行垃圾错峰直运，全年开展洁净家园统一行动17次。落实占用林地整改复绿，在金山山顶、莲花山护林站裸露空地种植树木112棵。开展防汛“百日安全”风险隐患大排查，预置抢险队员384人，排查危房43栋、地下空间80处、下穿通道18个、地铁站点4个。出台《金山街道住宅小区物业管理考评办法》，建立奖惩机制，采用“以奖代补”“加码惩罚”方法，物业服务质量得到提高。

（邱钊蓉）

【平安金山创建】 2021年，金山街道解决综治乱点乱象8个，梳理核实涉黑涉恶涉乱源头线索2条。年度刑事类案件比上年下降12.3%，诈骗案件下降28.3%。实现229名吸毒人员社区康复零复吸。采用政府购买服务方式，聘用32人在主要交通路口和重点区域劝导电动车骑手佩戴头盔，年度亡人事故下降75%。落实“外防输入”要求，出海船舶“人、船”统一，落实渔民7日核酸和疫苗接种，发挥109个岸线视频监控和141艘乡镇船舶外延视角作用，织密海岸线疫情防控网络；查处无证旅馆89家，行政拘留33人，破获偷（私）渡案件1件。推进智慧安防小区、智慧社区建设，完成27个小区标准化建设，建成智能门禁614套、车辆微卡口75个。推进线上答复和信访评理室试点工作，办结各类信访件2762件，办结率100%，解决重难点信访件5件，通过干部工作在一线，司法调解在一线，信访评理在一线工作法，处理因征迁引发的信访件8件；聘请专业律师团队定期驻点服务群众；以厦门市法律援助中心、金山派出所和金山司法所为平台创新多元调解，引入“公证+”调解体系，调解矛盾纠纷1400余起，调解成功率99%。

（邱钊蓉）

【民生建设】 2021年，金山街道高标准建设街道养老服务照料中心，采取公建民营模式，实现“医养康护乐”相结合，解决社区居家老人用餐难题，惠及辖区老年人7505名，累计供餐23152人次。规划安置房项目19个，完成东宅安置房（东宅社）返迁；规划社区发展用地项目5个，总用地面积11万平方米，高林—金林社区发展中心完成主体结构封顶，获得中

2021 年 11 月 7 日，金山街道金安社区召开党员大会。图为党员投票选举社区党委委员（金山街道　供图）

集体“三资”管理范畴。投入 181 万元购买社区治理、家庭教育、助力残疾等 8 个社工服务项目，为辖区各项工作提供专业社工服务。

街道明确网格物理边界、固化网格力量、摸清网格底数、健全网格工作机制，建立 1 个街道社会治理综合网格建设工作领导小组、9 个社区总网格、77 个网格和 N 个线上指挥工作群网格化社会治理体系。组建应急处突巡防大队，下辖 1 个海防中队、1 个森林防火中队和 9 个社区网格中队，建立网格应急信息预警处置和网格信息动态采集报告等制度。

（邱钊蓉）

央财政补助 1.26 亿元，五通、后坑、金湖、湖边 4 个社区发展用地完成征地拆迁。做好民生兜底保障，全省首家“爱心助残驿站”建成揭牌，开展“爱心助残”各项服务，救助低保户、残疾人、困境儿童等困难对象 19022 人次，发放各类救助金 1622.27 万元，救助金额比上年增长 20.17%。关注疫情后用工困难问题，走访辖区失业未就业人员 4876 人次，组织失业人员职业技能培训 10 期，举办线上招聘会 8 场、政策咨询宣传 4 场。摸底式排查辖区内所有在建工地，建立无欠薪工地项目部 5 个；劳动监察受理案件 228 件，涉及农民工 848 人，涉及金额 2018 万元。开展为期 5 个月的终身教育之“我们一起成长”家庭心理健康教育主题活动，开展文体活动 50 余场。

（邱钊蓉）

【社区换届】 2021 年，金山街道完成社区换届选举工作，选配 88 名社区“两委”，其中，党组织成员 52 名、居委会委员 63 名，交叉任职 27 名；大专及以上学历 52 人。新一届“两委”平均年龄比上届减少 6.9 岁。

【社区治理】 2021 年，金山街道调研 6 个“村改居”社区集体“三资”管理情况，制定《金山街道“村改居”社区集体资金资产资源管理办法实施细则》，确定集体经济组织重大经济组织事项、重要干部任免、重大项目投资，大额资金使用事项内容、标准与限额，将宫庙宗祠等民族宗教场所征迁款纳入

【基层党建】 2021 年，金山街道党工委下属党组织 178 个，其中党委 10 个、党总支 3 个、党支部 158 个，党员 2496 名。开展党史学习教育，结合庆祝中国共产党成立 100 周年开展一场团队竞赛、一次扬帆航行、一系列“金山红”氛围布置、一幅百米画卷、一场文艺晚会、一场表彰大会、一次揭牌仪式的“七个一”宣传庆祝活动 30 场次；推出“金山榜样力量”“党

2021 年 6 月 24 日，少儿百米画卷绘画大赛暨庆祝中国共产党成立 100 周年活动在金安社区举行（金山街道　供图）

的百岁生日，七种深情表白”等系列报道，构建“外部专家讲党史、内部轻骑兵说党史、党政领导宣讲话党史”宣讲体系，开展党史理论宣讲190余场次。深挖习近平总书记到访金安社区红色资源，打造“奋斗幸福里”展厅，成为全市党群政治生活新地标。打造15分钟近邻生活服务圈，金安社区“习习春风”党群活动中心成为党建引领“一老一少”服务典型；创新企业公馆金牌服务队、金点子智库、金算盘评估、金种子基地、金融后援团、金凤凰计划的“六金”服务新模式。在疫情防控、文明创建中发挥党员先锋模范作用。

（邱钊蓉）

2021年12月21日，金山街道老年人在长者餐厅用餐　（金山街道　供图）

【精神文明建设】 2021年，金山街道突出“发现问题、整改问题”常态化，运行网格责任、问题清单销号、工作专班、常态督导4个工作机制，打造工作闭环，推进文明创建常态化，完成文明典范城市考核验收任务。按照“网格吹哨、各方报到”原则，发挥网格内公安、城管、环卫等力量，依靠配备网格力量解决网格问题。落实每周一次督导情况通报，将督导发现问题统一制成问题清单，明确责任、限期整改，形成问题发现、整改、回头看工作闭环。成立万达商圈、高林农贸市场等6个整治工作专班，专项整治问题频发、整改成效差的重点区域，解决后移交网格进行后续维护。开展道德模范、身边好人、最美防疫志愿者等推荐评选，开展帮扶共建、移风易俗、未成年人思想道德建设、志愿服务等多类型活动，打造新时代文明实践阵地，全年开展实践课程等活动370多场，惠及群众2000人次以上。

（邱钊蓉）

【金山街道长者餐厅】 2021年，金山街道养老服务照料中心的长者餐厅为金山街道辖区内60周岁以上老人提供健康优惠餐食和助餐配餐服务，利用人脸识别智能结算终端实现抬头“刷脸”自动结算，方便老人用餐。全年为金山街道9个社区的老人供餐39278份。

（邱钊蓉）

【新春“云招商”】 2021年春节期间，金山街道创新招商渠道，在“企业公馆”平台的支持下，以“云”为媒，以“网”为桥，召开金山街道2021年度新春“云招商”“云签约”“云座谈”活动，保障春节期间疫情防控和招商引资工作同步进行。在线上对接会上，对接8个招商项目，与北京信维科技股份有限公司举行“云签约”。

（黄凯瑜）

【“奋斗幸福里”展厅设置】 2021年7月2日，金山街道以习近平总书记的“奋斗幸福观”为主题，在金安社区高林一里小区，设置“奋斗幸福里”展厅。展厅围绕“记忆”“奋斗”“幸福”三大篇章，通过历史图文、经验展示、场景体验等形式，运用裸眼3D、全息影像等技术，再现习近平总书记到访金安社区、慰问居民、与群众亲切互动的场景。

（黄凯瑜）

先进人物

【刘　斯】　全国脱贫攻坚先进个人。1964 年 9 月出生，女，2012—2019 年，担任创建国家级示范校重点专业建设项目和省示范性现代职业院校文创专业群建设项目负责人，完成多项科研成果，2 次获得国家级教学成果二等奖；主编出版专业教材 10 余本，指导学生获全国技能大赛 1 金 4 银优异成绩。

2016 年 6 月，刘斯自愿申请参加福建省第八批援藏工作，担任昌都市左贡县教育局第一副局长，分管教师发展和教育科研工作。她针对全县教师教研薄弱问题，发挥自身专业优势，为左贡县骨干教师举办多场课题专题讲座。帮助该县教师完成 4 个市级课题、18 个县级规划课题立项，指导完成的《珠然课堂教学改革》获西藏自治区首届教学成果二等奖。承担左贡县中学信息技术教学工作，多次为当地教师举办信息技术培训。

2019 年 8 月，刘斯再次主动申请参加福建省第二批"组团式"教育援藏工作，成为援藏教师中年龄最大的一位。任昌都市卡若区第二初级中学教科室副主任。她领衔组建援藏名师工作室，开展送教下乡、教学视导等活动，举办 30 多场专题讲座。结对帮带青年教师，指导当地教师在省市级各项教学技能大赛中获得一等奖 11 项，指导完成 17 项省市级课题的立项与研究工作。

援藏期间，刘斯援助低保户四郎曲宗家的扎西江村和向巴曲珍兄妹。哥哥扎西江村考入西藏民族大学，妹妹向巴曲珍以左贡县中学中考第一名的成绩考上成都西藏中学。自费购买 2000 余册课外书籍捐赠给当地学生。她先后被评为福建省优秀援藏干部人才、福建省优秀教师、厦门市第四届中小学杰出教师、厦门市劳动模范和厦门市第九批拔尖人才。2021 年 2 月被中共中央、国务院授予"全国脱贫攻坚先进个人"称号。

（厦门信息学校供稿）

【吴丽敏】　全国优秀党务工作者。1978 年 1 月出生，女，大学本科学历。湖里区金山街道金安社区党委书记。

2003 年，她通过公开招考成为社区工作者。从事社区工作十多年，吴丽敏一步一个脚印，从一名普通的社区工作者成长为一名社区书记，与社区居民结下深厚的感情。她所在的金安社区是厦门市最大的纯保障性住房小区，社区以中低收入家庭为主，困难家庭比较多。作为社区领导，她把群众的疾苦放在心上，到居民群众家中了解其困难，帮助居民解决实际问题。

在推动城市基层党建中，吴丽敏践行湖里区小区治理文件精神，探索打造金安社区政治引领"有态度"、社区治理"有力度"、服务群众"有温度"的"三有"幸福党建和"1314"近邻党建模式，发挥小区党支部和党员的作用，筑牢筑强基层战斗堡垒。楼道党员自发组织"楼道自管小组"，针对阳台安全隐患问题，协调相关单位为 4000 多户辖区居民改造阳台；带动居民邻里集中清理楼道堆杂 1200 余处，确保"生命通道"畅通。

在创新社会治理中，吴丽敏率先提出"党建 + 志愿"服务模式，将志愿服务的品牌项目与提升服务居民水平相结合，打造"金哥安妹"斗阵行、"党员 135 向前冲"等品牌。至年底，金安社区有志愿者 3600 余人，开展志愿服务活动 2000 余场次，服务群众 30 多万人次。

2020 年，面对突如其来的新冠肺炎疫情，吴丽敏团结带领社区全体人员和党员、居民志愿者想在前、冲在前、干在前，创新实施"1+N"联防工作机制（金安社区党委成立“防疫应急指挥部”，下设联络协调组等多个小组），统筹打好“线上+线下”立体防控疫情战，召集发动党员、志愿者324名参与防控工作，织牢织密疫情防控网。依托智慧社区开展线上排查，依靠居民群众，上下联动合力开展疫情防控。她坚持一个小喇叭、一块宣传板、一份登记表、一套温度计、一套消毒装备、一支防控队伍“六个一”工作法，群防群控成效受到国务院联防联控机制工作指导组的肯定，并作为唯一基层代表参加省新冠肺炎疫情联防联控工作记者见面会。

吴丽敏先后获全国“三八”红旗手、全国抗击新冠肺炎疫情优秀城乡社区工作者、福建省抗击新冠肺炎疫情先进个人、福建省优秀共产党员、福建省优秀社会工作人才、厦门市优秀党务工作者、湖里区拔尖人才等荣誉称号。2021年6月29日，她被中共中央评为“全国优秀党务工作者”，并到北京参加全国“两优一先”表彰大会。

（邱钊蓉）

【林碧玲】 全国五一奖章获得者。1974年3月出生，女，大学本科学历、中共党员、高级教师。厦门市五缘实验幼儿园园长、书记。

林碧玲爱岗敬业，努力工作任劳任怨。在幼教行业耕耘29载，任园长23年，曾同时担任吕岭幼儿园、五通分园、金安里分园、五缘实验幼儿园4所幼儿园的园长，实行“一园三址”的管理模式，其间同时承担筹办新园和民办园回收改造提升的双重任务。她坚持干在实处、站在前沿，勇于创新，勇于实践，无数日夜耕耘，新园创办效果惊艳，被称为创新办园的“疯子园长”，抗击“莫兰蒂”台风的“汉子园长”，被授予省骨干园长、省五一劳动奖章。

她勇立潮头，精心锻造幼教典范。作为“厦门市学科带头人”“厦门市林碧玲劳模创新工作室”和“林碧玲名师工作室”的领头人，她内强素质，外树形象，科研兴园。她紧盯幼教前沿，聚焦办园内涵，打造品牌示范。她主持课题研究并结题7个，获市级教科研成果奖3个，在国内公开出版刊物发表论文5篇。被聘为教育部园长培训中心教学实践指导专家、集美大学教师学院客座教授，承担片长任务，带动片区88所公民办园提质。其个人被授予市级“林碧玲党员名师先锋岗”称号，幼儿园被评为2021年福建省三八红旗手集体。

她不辱使命，重大任务完成出色。2017年国际金砖会晤期间，该园作为基础教育唯一接待单位，她迎难而上、全力以赴、精心筹备，带领全园教职工上下拧成一股劲，以中国风为主题，巧心设计每个活动，用心布置每个角落，接待各国领袖夫人们的参观，用高质量的幼儿教育，向世界各国展示中国文化、中国魅力，获得领袖夫人们的赞誉和各界首肯。五缘实验幼儿园被厦门市委、市政府授予“金砖国家领导人厦门会晤筹备及服务保障工作先进集体”称号，林碧玲个人获省委、省政府颁发“金砖国家领导人第九次会晤筹备和服务保障工作”优秀证书。

她乐于助人，示范帮带桃李满园。秉承“百花齐放方是春”的教育理念，在抓好本园骨干教师业务帮带的同时，倾心尽力做好扶贫帮带、山海结对等区域性园长和骨干教师的培养和教学工作。先后为福建省武平县、安溪县、浦城县幼儿园园长队伍创造跟班学习、上门培训的学习条件，教学中注重实操，授之以渔。先后接待参观学习124场，6000余人次，授课教学56次，培养园长、骨干教师12人，起到示范引领作用。2021年4月，她被全国总工会授予全国五一劳动奖章。

（林舒婕）

【曹梅媛】 全国普法工作先进个人。1984年8月27日出生，女，大学本科学历，汉语言文学、法学双学历。湖里区江头街道党政办主任。2011年，通过招考她进入湖里区司法局，长期从事普法宣传教育工作，特别是2016年5月至2020年10月在普法宣传科工作期间，她始终秉承“全心全意为人民服务”的宗旨，主动作为，不断创新普法宣传工作方式，在加强全区法治宣传教育、提升全民法治素质等方面做出很大贡献。“七五”普法期间，她推动湖里区在全市率先落实领导干部任职前法律知识考试制度，首次梳理普法责任清单，夯实法治文化建设基地，打造公共法律服务线上平台，开展形式多样的法律“六进”线下活动，扩大普法宣传教育受众面，让百姓感受到“法在身边”的氛围，享受“法润万家”的成果，完成“七五”普法的各项任务。她曾被评为全省“七五”中期普法工作先进个人、湖里区2019年度优秀公务员。2021年12月，她被中共中央宣传部、司法部评为全国普法工作先进个人。

（曹梅媛）

【刘　洲】 全国政法系统7月平安之星。1974年11月出生。福建省厦门市湖里区人民法院刑事审判庭庭长、四级高级法官。他是“办案能手”。25年的法官生涯，18年都是在刑庭，在他看来，惩罚不是刑罚的目的，教化和救赎才是，审判就是给犯人重新做人的机会。他认为，每一个刑事案件，对于犯罪嫌疑人来说，是他们一生中对其影响最大的事情，是他们人生最关键的转折点。办案人员要秉持这种办案理念，谨慎地对待每个案件，准确认定罪与非罪，确保罚当其罪。在审理全国首例全案适用认罪认罚从宽制度的涉黑案件时，面对204册卷宗，时间跨度长达10余年的案件材料，在他的带领下，办案人员仅用3天时间就完成庭审全部工作。由于庭审前期做了大量工作，证据扎实，24名被告人辩无可辩，全部认罪。此案为相关案件提供可复制的经验做法。2021年9月，他被中共中央政法委评为全国政法系统7月平安之星。

（杨莉苹）

【李淑莲】 全国实施“妇女儿童发展纲要”先进个人。1972年12月出生，女。湖里区妇幼保健院书记、院长。在主持该院工作中，贯彻执行党和国家关于妇女儿童的方针政策，兢兢业业，湖里区10万育龄妇女和7岁以下的3万儿童各项公共卫生指标完成情况位列全市前列。在她带领下，全院职工秉承“感恩、厚德、仁爱、创新”的院训，倡导和落实政府公益职能，率先在全省范围内打造一系列公益惠民和特色亮点突出项目：率先成立免费母婴护理师培训中心，实现“一个人培训，两代人健康，全家人幸福”，同时让一批“专业素质高，技术能力强”的高级月嫂在社会上脱颖而出，成为提高人口素质、保障母婴平安的健康守护者；率先推出医院37度母爱关怀项目——“益母计划”，涵盖生命最初1000天服务；率先成立“儿童早教中心”，为湖里区儿童早期教育的发展奠定基础；率先开展免费孕期营养监测、产科音乐镇痛导乐分娩、儿童早期康复、产后康复、中医+妇幼保健、省级小儿推拿重点专科、全省首个儿童“1+N”身高管理项目等特色新项目；率先开展“免费婚检、婚姻登记一站式服务”，并成为先进典型在全省范围推广。她以院为家，以梦为马，实现妇幼蓝图，带领全院职工创“二甲”、建基地、推特色、拓业务、谋发展，将湖里区妇幼保健院建设为全国县（区）级妇幼保健院领头羊和佼佼者。她多次代表医院在全省和全国大会上进行经验交流与推广。2021年3月，她被推选为首届全省县（区）级妇幼保健工作委员会主任委员，是福建省县（区）级妇幼保健院院长中名副其实的“行业领军人”。同年12月，被国务院妇女儿童工作委员会评为全国实施“妇女儿童发展纲要”先进个人。

（朱春雷）

【魏生荣】 第七次全国人口普查先进个人。1981年7月23日出生。湖里区统计局工作人员。2020年11月1日，第七次全国人口普查（以下简称“七人普”）工作启动，魏生荣从组织制度建立、方案预案制定、物资人员经费保障到区划绘图，再到“两员”选聘培训、宣传动员、入户摸底、正式登记、事后质量抽查等普查实施的各项环节，他都事无巨细亲力亲为。在他的筹划、组织协调下，全区58个普查区、5008个普查小区各项普查工作有条不紊地进行。“干在实处，走在前列”是他一直恪守的工作作风。在业务上，他虚心学习，勤学好问，刻苦钻研，弄懂电子采集、平台操作每一步流程、学透每一个指标解释。创新建立问题解答微信工作群，24小时解答“两员”提出的各类问题，针对共性问题汇总下发问题指南。在工作推进上，他积极汇报，事无巨细，勤于督导，一心扑在工作上，加班加点成工作常态。自“七人普”开展以来，他经常出现在人口摸底调查难度大的小区、工地、城乡接合部等处。他组织牵头召开50多场各类调研协调推进会，累计下社区40多次，现场发现解决问题100多个。普查工作中他坚持原则，严格按照普查方案开展工作，下发公安、计生、民政等部门台账，牵头梳理解决重难点共性问题26个，确保“区不漏房、房不漏户、户不漏人”。绘图阶段，他和普查员一起走街串巷，核对标绘每一栋建筑物，确认是否有人居住。登记阶段，他亲自牵头入户抽查100多户，对一些重要指标认真询问核对，发现错误的要求普查员立即修改，对错误率高的要求该普查小区重新登记。全区人口普查质量抽查验收合格率100%。2021年9月，他被国务院第七次全国人口普查领导小组评为第七次全国人口普查先进个人。

（陈豪伟）

【蓝雅婷】 中央纪委国家监委新闻传播中心优秀通讯员。1991年4月27日出生，女。湖里区纪委监委组宣部四级主任科员。她主要负责全区纪检监察新闻宣传工作，累计在《中国纪检监察报》《中国纪检监察》等中央级纸媒发表稿件100余篇，集中报道湖里区公开澄清机制、基层减负增效、抓实政治监督等工作亮点。她在工作上主动创新，灵活运用微信公众号、漫画长图、微视频等新媒体宣传形式，开展廉政宣传活动。策划编写制作“漫说入党纪律”系列漫画，在中央纪委国家监委网站刊发，与市纪委监委宣传部合作拍摄红色主题微视频《一棵古榕树见证的军民深情》。发掘湖里区孝廉文化资源，推动湖里区“一镇一孝廉”工作开展，参与江头公园“清风浴德”廉洁文化苑的提升改造工程，并在中央省市媒体发表多篇文章，宣传湖里本土孝廉历史人物池浴德的勤廉事迹，扩大廉洁文化影响力。2021年8月获“中央纪委国家监委新闻传播中心优秀通讯员”称号。

（彭婷婷）

【黄双凤】 全国优秀工会工作者。1962年11月出生，女。湖里区总工会常务副主席。2016年11月至2021年8月，她先后组织区、街工会主席、工会干部130多人次参加上级组织的各类专题培训班；成立工会主席宣讲团和劳模宣讲小分队，到社区、企业、车间、班组宣讲中共十九大精神和习近平新时代中国特色社会主义思想30余场，引领广大职工干部听党话、跟党走。她推动开展“中国梦 · 劳动美”主题实践活动，举办厦门职工春晚湖里区专场、以“匠心筑梦”为主题的职工摄影大赛、职工书画展、建党98周年“唱红歌猜红歌”等活动，举办四届“回家的路”征文活动，举办多场大型职工交友联谊会，以文体活动团结职工群众。她将基层工会创造性地划分为“5个街道+2个园区”，推动基层工会规范化建设。在全国首创共享职工之家，通过购买服务引入社会组织，形成工会搭台、企业参与、职工共享的创新型综合服务平台，实现“会、站、家”一体化运作，打通服务职工群众“最后一公里”，该做法，被全市、全省推广。每年元旦、春节走访慰问困难职工、一线职工，做好外来职工平安返厦交通补贴工作。推进职工医疗互助保障工作，开展“夏送清凉”活动，慰问建筑、物流、环卫等高温作业企业和重点工程项目单位职工。推动开展“名师带高徒”活动。每年组织职工技术竞赛。打造“欢乐周末”职工素质提升营，引导企业技术骨干参与“五小”创新、技术改造活动。组织职工参与“求学圆梦”学历与能力提升行动。每年组织开展法律公益讲座、禁毒宣传等，开展服务农民工公益法律服务集中行动。落实工会主席信访接待日制度，创新“工会+法院”“工会+人社”联动工作机制，推进企业劳动法律监督员持证上岗，开展“安康杯”竞赛活动。推进以职代会为基本形式的企事业单位民主管理制度，推进企业工资集体协商制度。2019—2021年，参与调解劳动争议、劳务合同案件84起，涉及职工1500多人，金额约3810万元。2021年1月被中华全国总工会评为“全国优秀工会工作者”。

（林舒婕）

【赵亚娟】 全国巾帼志愿服务“十大感动人物”。1970年3月出生，女，厦门市湖里区江头街道久久爱心志愿服务协会会长。2007年，厦门首次开展“情满空巢——平安铃”活动，一直想当志愿者的赵亚娟立刻报名，与一名空巢老人结对，就近提供帮助。2010年底，赵亚娟通过媒体向社会招募8名为老人理发的志愿者，并为这个志愿服务队取名久久爱心志愿服务队。2014年12月，她带领团队启动“温暖星期三”项目，厦门100余家美发、咨询、瑜伽、保健等机构，每周三免费为全市65岁以上老人以及残疾人和环卫工人提供理发、中医义诊、心理慰藉、老人瑜伽等服务。设有爱心理发、素食分享和婚纱摄影等10个项目，每月服务上千名老人。服务对象由原来的老人扩大到孤儿、自闭症儿童、残疾人等社会弱势群体。至2021年底，久久爱心志愿服务队参与志愿者3000多名，每月有常驻志愿者100多人，每月至少为1000多老人免费理发。

赵亚娟先后获“全国助人为乐身边好人”“全国最美志愿者”“福建省三八红旗手”“新中国70周年厦门70位优秀女性”“厦门市十大感动人物”“厦门市道德模范”“厦门市基层最美志愿者”等多个称号。2021年3月，她当选全国巾帼志愿服务“十大感动人物”。

（白堌鑫）

【陈向奎】 全国检察机关扫黑除恶专项斗争优秀个人。1979年5月出生。厦门市湖里区人民检察院党组成员、副检察长。2000年—2021年，他始终坚守检察工作，受理审查逮捕、审查起诉案件1000余件。自2018年，他带领第一检察部深化开展扫黑除恶专项斗争并持续常态化开展，提前介入黑恶案件21件，参与会商31次，带领办案组审查批捕涉黑案件21件111人，起诉26件152人，参与办理的颜某敏等24人涉黑案件系《中华人民共和国刑事诉讼法》修订后全国首例全案认罪认罚的涉黑案件。他忠诚履职，推动建立侦捕诉紧密衔接的“闭环式”监督管理工作机制，他坚决贯彻司法为民，带领部门干警开展推进“养老诈骗”“医保诈骗系列案件”“断卡”等多个专项活动，办理福建省首例旅游养老诈骗案，实现全案21人认罪认罚，追赃并挽回经济损失700余万元，通过检察建议推动“套路游”市场整治。他推动延伸治理，带领部门干警加大对涉企案件办理的刑事检察监督力度，开展送法进企业活动15场，发出涉企检察建议25份。他带领的湖里区人民检察院第一检察部获2021年度全国三八红旗集体、2021年福建省人民检察院系统打击洗钱犯罪有功集体称号。2011年12月，他被福建省人民检察院评为“2008—2010年全省检察机关先进个人”，2012年6月被湖里区委、区政府记三等功一次，同年7月被最高人民检察院等八部委嘉奖1次。2021年4月被最高人民检察院评为“全国检察机关扫黑除恶专项斗争优秀个人”。

（林惠嫔）

【苏静雅】 全国残疾人就业服务机构工作人员职业指导模范。1981年9月23日出生，女，湖里区禾山街道禾盛社区残疾人联络员。2012年她入职禾山街道禾盛社区，担任社区残疾人联络员。作为一名服务残疾人的基层工作者，她爱岗敬业，乐于助人，真诚善待身边每一位残疾人，在生活中帮助残疾人重拾生活的信心，激发生活的动力。通过入户走访，倾听残疾人心声，知残疾人所难，解残疾人所困，关注老弱病残，在数次的走访慰问中送暖问寒。她参加厦门市残疾人职业指导竞赛，在竞赛活动中通过培训、辅导、选拔，入围国家总决赛，在案例分享环节阐述指导用人单位开发残疾人岗位方面的探索，最终获“2021年全国残疾人就业服务机构工作人员职业指导竞赛”分组赛第一名。2021年10月，她被中国残疾人联合会就业服务指导中心评为“2021年全国残疾人就业服务机构工作人员职业指导模范”。

（王瑞雯）

新闻人物

【陈思恩】 金鸥奖年度创新人物。男，1980年出生，科技谷（厦门）信息技术有限公司创始人，厦门大学管理学院管理科学系博士、统计学博士后；英国曼彻斯特大学工商管理学博士，美国科罗拉多博尔德分校访问学者，厦门大学、美国圣何塞州立大学博士后研究员，曾任美国某大数据公司中国首席代表，在央企民航信息系统建设领域有近十年的工作经验，擅长挖掘民航、交通等行业大数据需求，整合行业资源，构建支撑行业运营管理系统。个人拥有5项大数据软件著作权和1项发明专利。作为科技谷总裁兼首席执行官，在公司成立一年时间内，他就带领团队将自主研发的大数据产品做成品牌、形成规模效益，运用到交通领域。

陈思恩先后被评为国家高级项目经理、高级工程师、微软认证讲师（MCT）、美国国际项目管理协会采购经理指数会员及项目管理专业人士资格认证、航空运输管理杂志国际期刊审稿人；兼任厦门大学国际关系学院客座教授、厦门信息产业和信息化研究院特聘研究员及产业咨询委员会委员、厦门市大数据产业协会秘书长、厦门信息产业与信息化研究院专委会委员、厦门大学厦门校友会副会长、福建海峡社会发展研究院成员、数字福建大数据和人工智能基础技术研究院副院长、福建省北斗导航与智能交通协同创新中心客座研究员、广东省大数据创新联盟专委会成员、中国人工智能和大数据百人会专家、中国首席数据官联盟专委会委员、中国大数据产业生态联盟专家委员会专家委员、中国云体系产业创新战略联盟理事会常务理事、中国科技创业领军人才联盟理事会常务理事、中航联创科技有限公司人工智能首席科学家、英国曼彻斯特大学决策与认识科学研究中心研究员等职务。曾作为第一完成人获得厦门市科技局科技成果鉴定，获得厦门市科学技术进步奖三等奖、厦门市技术市场协会金桥奖、第三届金博奖创业突出贡献奖，获得2016年福建省非公有制经济优秀建设者及福建省互联网经济优秀人才称号，入选厦门市第六批“双百计划”大数据领军型创业人才、第五批福建省引才、厦门市重点人才、2016—2017年度“中国大数据创新百人榜单”，在2016年中国软件大会上被评为中国大数据产业“十大领军人物”，并荣登2017中国数据英雄榜。2021年，被评为金鸥奖年度创新人物。

（科技谷信息技术有限公司供稿）

逝世人物

【张树彭】（1945—2021）男，1945年5月出生于河北省黄骅市，1967年7月参加工作，1970年5月加入中国共产党，在职大专学历，三级高级法官。1967年8月至1968年3月，担任福建森林工业局南平机械工程处会计；1968年3月至1979年10月，在部队服役；1979年10月至1993年9月，先后担任厦门市中级人民法院审判员、审判庭副庭长、庭长、副县级审判员；1993年9月至1999年1月，先后担任湖里区人民法院副院长、院长；1999年1月起担任湖里区政协副主席，2005年5月退休。2021年8月3日，因病去世，享年76岁。

张树彭生前在各工作岗位上，贯彻执行党的路线、方针、政策，尽心尽职为党工作。他在部队服役10多年，曾经执行过对越自卫反击保卫边疆作战任务，经受住锤炼和考验，完成上级交办的各项任务。从部队转业后，在法院系统工作20年，他坚持以身作则、率先垂范地践行党的宗旨，忠实地执行宪法和法律，维护法律尊严，为政法事业做出无私的奉献。1999年担任湖里区政协副主席后，在政协工作中能突出党的领导，围绕区委、区政府中心工作，发挥好政协政治协商、民主监督的作用，重视调查研究、建言献策，为湖里区政协事业和经济社会发展做出贡献。

张树彭退休后，一如既往关心国家大事，关心厦门市和湖里区的建设和发展，2008—2018年担任湖里区慈善会常务副会长职务，投身慈善事业。在他的努力下，湖里区慈善会的工作业绩突出，社会影响力增强，扶贫济困的作用发挥明显。

（孙天锡）

先进人物和先进集体

2021年湖里区先进人物一览表

表15

姓名	性别	荣誉名称	所在单位	授予单位	授予时间
刘　斯	女	全国脱贫攻坚先进个人	厦门信息学校	中共中央 国务院	2021年2月
吴丽敏	女	全国优秀党务工作者	湖里区金山街道金安社区居委会	中共中央	2021年6月
曹梅媛	女	2016—2020年全国普法工作先进个人	湖里区江头街道党政办	中共中央宣传部 司法部	2021年12月
刘　洲	男	全国政法系统7月平安之星	湖里区法院	中共中央政法委	2021年9月
李淑莲	女	全国实施“妇女儿童发展纲要”先进个人	湖里区妇幼保健院	国务院妇女儿童工作委员会	2021年12月
魏生荣	男	第七次全国人口普查先进个人	湖里区统计局	国务院第七次全国人口普查领导小组	2021年9月
蓝雅婷	女	2021年度中央纪委国家监委新闻传播中心优秀通讯员	湖里区纪委监委	中央纪委国家监委新闻传播中心	2021年8月
林碧玲	女	全国五一劳动奖章	五缘实验幼儿园	中华全国总工会	2021年4月
黄双凤	女	全国优秀工会工作者	湖里区总工会	中华全国总工会	2021年1月
赵亚娟	女	全国巾帼志愿服务“十大感动人物”	厦门“久久爱心”志愿团队	中华全国妇女联合会	2021年3月
陈向奎	男	全国检察机关扫黑除恶专项斗争优秀个人	湖里区检察院	最高人民检察院	2021年4月
苏静雅	女	2021年全国残疾人就业服务机构工作人员职业指导模范	禾山街道禾盛社区	中国残疾人联合会就业服务指导中心	2021年10月
曾　琛	男	2018—2020年参政议政先进个人	九三学社湖里基层委	九三学社中央	2021年11月
聂保太	男	全省优秀党务工作者	金山街道办事处	中共福建省委	2021年6月
陈国汉	男	全省优秀党务工作者	欣贺股份有限公司	中共福建省委	2021年6月
刘　洲	男	全省扫黑除恶专项斗争嘉奖	湖里区法院	中共福建省委组织部 福建省扫黑除恶专项斗争指导小组	2021年5月
顾建英	女	2019—2020年度福建省卫生健康突出贡献中青年专家	复旦大学附属中山医院厦门医院	中共福建省委组织部 福建省卫生健康委员会	2021年7月
尹震宇	男	2019—2020年度福建省卫生健康突出贡献中青年专家	厦门市中医院	中共福建省委组织部 福建省卫生健康委员会	2021年7月
张博恒	男	福建省卫生健康系统先进工作者	复旦大学附属中山医院厦门医院	福建省人力资源和社会保障厅 福建省卫生健康委员会	2021年6月

续表 15

姓名	性别	荣誉名称	所在单位	授予单位	授予时间
柯志福	男	福建省卫生健康系统先进工作者	厦门市中医院	福建省人力资源和社会保障厅 福建省卫生健康委员会	2021 年 6 月
艾　浩	男	十佳接谈员	湖里区信访服务中心	福建省信访工作联席办 福建省信访局	2021 年 4 月
林军民	男	涉疫信访事项办理工作成绩突出个人	湖里区文化和旅游局	福建省信访工作联席办	2021 年 10 月
王守波	男	全省人力资源和社会保障系统先进工作者	湖里区就业中心	福建省人力资源和社会保障厅	2021 年 11 月
廖玉立	女	福建省五一劳动奖章	厦门市金尚中学	福建省总工会	2021 年 4 月
曾延华	男	福建省五一劳动奖章	厦门三优光电股份有限公司	福建省总工会	2021 年 4 月
陈　茉	女	2020 年福建省优秀共青团干部	湖里区法院	共青团福建省委	2021 年 4 月
武伟鹏	男	2020 年度福建省优秀共青团员	复旦大学附属中山医院厦门医院	共青团福建省委	2021 年 4 月
陈惠旋	女	福建省工信系统先进工作者	湖里区工业和信息化局	福建省工信系统先进集体和先进工作者评选表彰工作小组办公室	2021 年 8 月
蒋艺超	男	福建省人民检察院系统打击洗钱犯罪有功个人	湖里区检察院	福建省人民检察院	2021 年 4 月
张燕君	女	全省检察机关先进个人	湖里区检察院	福建省人力资源和社会保障厅 福建省人民检察院	2021 年 6 月
洪祖仁	男	全省检察机关扫黑除恶专项斗争优秀个人	湖里区检察院	福建省人民检察院	2021 年 8 月
王更儒	男	第一届全省检察机关民事检察业务竞赛“优秀办案人”	湖里区检察院	福建省人民检察院政治部	2021 年 10 月
陈巧玲	女	福建省人民法院系统打击洗钱犯罪有功个人	湖里区法院	福建省高级人民法院 中国人民银行福州中心支行	2021 年 4 月
曹燕霞	女	扫黑除恶专项工作表现突出个人	湖里区法院	福建省高级人民法院	2021 年 10 月
陈惠清	女	扫黑除恶专项工作表现突出个人	湖里区法院	福建省高级人民法院	2021 年 10 月
纵冰清	男	第 33 届中国电影金鸡奖颁奖盛典系列活动筹办工作中表现突出的先进个人	复旦大学附属中山医院厦门医院	中共厦门市委 厦门市人民政府	2021 年 1 月
常雅娇	女	第 33 届中国电影金鸡奖颁奖盛典系列活动筹办工作中表现突出的先进个人	厦门大学附属心血管病医院	中共厦门市委 厦门市人民政府	2021 年 1 月
宣小平	男	2018—2020 年度厦门市精神文明建设先进工作者	厦门市中医院	中共厦门市委 厦门市人民政府	2021 年 3 月
黄炳丽	女	厦门市 2018—2020 年度文明市民标兵	湖里区湖里街道东荣社区	中共厦门市委 厦门市人民政府	2021 年 3 月
王园好	女	厦门市 2018—2020 年度文明市民标兵	湖里区湖里街道新港社区	中共厦门市委 厦门市人民政府	2021 年 3 月
陈亚伟	女	厦门市 2018—2020 年度文明市民标兵	湖里区湖里街道湖里社区	中共厦门市委 厦门市人民政府	2021 年 3 月
黄婉红	女	厦门市 2018—2020 年度文明市民标兵	湖里区湖里街道南山社区	中共厦门市委 厦门市人民政府	2021 年 3 月
陈庆佳	男	厦门市 2018—2020 年度文明市民标兵	湖里区殿前街道高殿社区	中共厦门市委 厦门市人民政府	2021 年 3 月

续表 15

姓名	性别	荣誉名称	所在单位	授予单位	授予时间
钟景忠	男	厦门市 2018—2020 年度文明市民标兵	湖里区殿前街道北站社区	中共厦门市委 厦门市人民政府	2021 年 3 月
陈锦羡	女	厦门市 2018—2020 年度文明市民标兵	湖里区殿前街道兴园社区	中共厦门市委 厦门市人民政府	2021 年 3 月
林雅蔚	女	厦门市 2018—2020 年度文明市民标兵	湖里区殿前街道嘉福社区	中共厦门市委 厦门市人民政府	2021 年 3 月
黄秀叹	女	厦门市 2018—2020 年度文明市民标兵	湖里区殿前街道马垅社区	中共厦门市委 厦门市人民政府	2021 年 3 月
王　漪	女	厦门市 2018—2020 年度文明市民标兵	湖里区殿前街道兴隆社区	中共厦门市委 厦门市人民政府	2021 年 3 月
陈惠萍	女	厦门市 2018—2020 年度文明市民标兵	湖里区金山街道金海社区	中共厦门市委 厦门市人民政府	2021 年 3 月
陈志斌	男	厦门市 2018—2020 年度文明市民标兵	湖里区金山街道后坑社区	中共厦门市委 厦门市人民政府	2021 年 3 月
林艳雯	女	厦门市 2018—2020 年度文明市民标兵	湖里区金山街道高林社区	中共厦门市委 厦门市人民政府	2021 年 3 月
姚　君	男	厦门市 2018—2020 年度文明市民标兵	湖里区金山街道金海社区	中共厦门市委 厦门市人民政府	2021 年 3 月
张冬梅	女	厦门市 2018—2020 年度文明市民标兵	湖里区金山街道金山社区	中共厦门市委 厦门市人民政府	2021 年 3 月
王勇强	男	厦门市 2018—2020 年度文明市民标兵	湖里区金山街道五通社区	中共厦门市委 厦门市人民政府	2021 年 3 月
陈水德	男	厦门市精神文明建设先进工作者	湖里区湖里街道	中共厦门市委 厦门市人民政府	2021 年 3 月
陈鉴武	男	厦门市精神文明建设先进工作者	湖里区殿前街道	中共厦门市委 厦门市人民政府	2021 年 3 月
李秋平	男	厦门市优秀党务工作者	复旦大学附属中山医院厦门医院	中共厦门市卫生健康委员会直属委员会	2021 年 6 月
刘岳金	男	厦门市优秀党务工作者	复旦大学附属中山医院厦门医院	中共厦门市卫生健康委员会直属委员会	2021 年 6 月
贾　丽	女	厦门市优秀党务工作者	湖里区禾山街道禾山社区	中共厦门市委	2021 年 6 月
汪红星	男	厦门市优秀党务工作者	湖里区殿前街道	中共厦门市委	2021 年 6 月
叶　鑫	女	厦门市优秀党务工作者	湖里区金山街道	中共厦门市委	2021 年 6 月
薛顺亮	女	厦门市优秀党务工作者	湖里区禾山街道	中共厦门市委	2021 年 6 月
陈思潮	男	厦门市优秀共产党员	湖里区禾山街道岭下社区居委会	中共厦门市委	2021 年 6 月
陈惠萍	女	厦门市优秀共产党员	湖里区金山街道金安社区	中共厦门市委	2021 年 6 月
洪海阳	男	厦门市优秀共产党员	湖里区湖里街道	中共厦门市委	2021 年 6 月
郑灵巧	女	厦门市优秀共产党员	湖里区殿前街道兴隆社区	中共厦门市委	2021 年 6 月
姚鹏翔	男	厦门市优秀共产党员	复旦大学附属中山医院厦门医院	中共厦门市卫生健康委员会直属委员会	2021 年 6 月

续表 15

姓名	性别	荣誉名称	所在单位	授予单位	授予时间
许建芳	女	厦门市优秀共产党员	复旦大学附属中山医院厦门医院	中共厦门市卫生健康委员会直属委员会	2021 年 6 月
高露娟	女	厦门市优秀共产党员	复旦大学附属中山医院厦门医院	中共厦门市卫生健康委员会直属委员会	2021 年 6 月
冯　激	男	厦门市优秀共产党员	复旦大学附属中山医院厦门医院	中共厦门市卫生健康委员会直属委员会	2021 年 6 月
陈国汉	男	厦门市第十一批拔尖人才	欣贺股份有限公司	中共厦门市委 厦门市人民政府	2021 年 8 月
尹胜虎	男	厦门市支援临夏州工作队等援临干部集体二等功	湖里区法院	中共厦门市委 厦门市人民政府	2021 年 11 月
傅晓云	女	2020 年度厦门政法工作先进个人	湖里区检察院	中共厦门市委 厦门市人民政府	2021 年 12 月
姚　亮	男	2020 年度厦门政法工作先进个人	湖里区法院	中共厦门市委 厦门市人民政府	2021 年 12 月
吕　勤	男	2020 年度厦门政法工作先进个人	湖里区法院	中共厦门市委 厦门市人民政府	2021 年 12 月
吕豪强	男	厦门市人大工作先进个人	湖里区人大常委会	中共厦门市委 厦门市人民政府	2021 年 12 月
周志雄	男	2018—2020 年度市级精神文明建设先进工作者	湖里区金山街道	中共厦门市委 厦门市人民政府	2021 年 4 月
张丽华	女	厦门经济特区建设 40 周年先进模范人物	湖里区殿前街道兴隆社区居委会	中共厦门市委 厦门市人民政府	2021 年 12 月
陈仁忠	男	厦门经济特区建设 40 周年先进模范人物	湖里区殿前街道高殿社区	中共厦门市委 厦门市人民政府	2021 年 12 月
孙瑞鸿	男	厦门经济特区建设 40 周年先进模范人物	欣贺股份有限公司	中共厦门市委 厦门市人民政府	2021 年 12 月
张博恒	男	厦门经济特区建设 40 周年创新创业人物	复旦大学附属中山医院厦门医院	中共厦门市委 厦门市人民政府	2021 年 12 月
张水波	男	厦门市精神文明宣传工作先进个人	湖里区殿前街道神山社区	中共厦门市委办公厅 厦门市人民政府办公厅	2021 年 1 月
朱陈玲	女	2020 年度“厦门党建 e 家”优秀管理员	湖里区殿前街道翔鹭社区	中共厦门市委组织部	2021 年 4 月
王小兵	男	2021 年厦门市岗位学雷锋标兵	禾山街道五缘湾北社区	中共厦门市委宣传部	2021 年 4 月
李晨洁	女	2021 年度厦门市理论宣讲轻骑兵“优秀宣讲员”、全市基层理论宣讲“先进个人”	湖里区湖里街道湖里社区	中共厦门市委宣传部 中共厦门市委讲师团	2021 年 12 月
杜淑惠	女	第八届厦门市孝老爱亲道德模范	湖里区殿前街道高殿社区	中共厦门市委文明办	2021 年 1 月
黄雅滨	女	厦门市先进教师	厦门市第三中学	厦门市教育局	2021 年 9 月
叶海涛	男	厦门市先进教师	厦门市龙湫亭实验学校	厦门市教育局	2021 年 9 月
蔡婷婷	女	厦门市先进教师	厦门市湖里中学	厦门市教育局	2021 年 9 月
曾双锦	女	厦门市先进教师	厦门市翔鹭小学	厦门市教育局	2021 年 9 月
吴丽萍	女	厦门市先进教师	厦门市康乐第二小学	厦门市教育局	2021 年 9 月

续表 15

姓名	性别	荣誉名称	所在单位	授予单位	授予时间
钟雅花	女	厦门市先进教师	厦门市安兜小学	厦门市教育局	2021 年 9 月
罗旭丽	女	厦门市先进教师	厦门市火炬学校	厦门市教育局	2021 年 9 月
谢璐瑛	女	厦门市先进教师	厦门五缘第二实验学校	厦门市教育局	2021 年 9 月
姚小琴	女	厦门市先进教师	厦门五缘实验学校	厦门市教育局	2021 年 9 月
吴　蕾	女	厦门市先进教师	厦门市音乐学校	厦门市教育局	2021 年 9 月
徐　音	女	厦门市先进教师	中央音乐学院鼓浪屿钢琴学校	厦门市教育局	2021 年 9 月
陈　凌	女	厦门市先进教师	厦门市心欣幼儿园	厦门市教育局	2021 年 9 月
叶泽军	男	厦门市教育工作先进个人	厦门市金林湾实验学校	厦门市教育局	2021 年 9 月
陈　飞	男	厦门市教育工作先进个人	厦门信息学校	厦门市教育局	2021 年 9 月
范　虹	男	厦门市第十一批拔尖人才	复旦大学附属中山医院厦门医院	中共厦门市委组织部	2021 年 8 月
邵长周	男	厦门市第十一批拔尖人才	复旦大学附属中山医院厦门医院	中共厦门市委组织部	2021 年 8 月
田志华	男	2020 年度综合业务专项工作突出个人	湖里区劳动保障监察大队	厦门市人力资源和社会保障局	2021 年 6 月
赵恒宇	男	厦门市高层次卫生人才　学科骨干人才	厦门大学附属心血管病医院	中共厦门市卫生健康委员会	2021 年 12 月
伍鹏龙	男	厦门市高层次卫生人才　学科后备人才	厦门大学附属心血管病医院	中共厦门市卫生健康委员会	2021 年 12 月
苏　欣	男	厦门市高层次卫生人才　学科后备人才	厦门大学附属心血管病医院	中共厦门市卫生健康委员会	2021 年 12 月
张博恒	男	厦门市医学学科领军人才	复旦大学附属中山医院厦门医院	中共厦门市卫生健康委员会	2021 年 12 月
姚礼庆	男	厦门市医学学科领军人才	复旦大学附属中山医院厦门医院	中共厦门市卫生健康委员会	2021 年 12 月
高露娟	女	厦门市医学学科骨干人才	复旦大学附属中山医院厦门医院	中共厦门市卫生健康委员会	2021 年 12 月
邵叶波	男	厦门市医学学科后备人才	复旦大学附属中山医院厦门医院	中共厦门市卫生健康委员会	2021 年 12 月
傅建成	男	厦门市 2021 年度“十佳”城市美容师	湖里区金山街道	厦门市市政园林局	2021 年 10 月
刘琼玲	女	厦门市 2021 年度“十佳”城市美容师	湖里环卫中心	厦门市市政园林局	2021 年 10 月
彭丹宁	男	环卫管理先进工作者	湖里环卫中心	厦门市市政园林局	2021 年 10 月
邱期东	男	优秀环卫职工	湖里环卫中心	厦门市市政园林局	2021 年 10 月
叶泽华	男	优秀环卫职工	湖里环卫中心	厦门市市政园林局	2021 年 10 月
吴鹭冰	女	优秀环卫职工	湖里环卫中心	厦门市市政园林局	2021 年 10 月
蔡小涵	女	2020 年度厦门市优秀共青团干部	湖里区人民检察院	共青团厦门市委	2021 年 4 月
吴　贤	女	2020 年度厦门市优秀共青团干部	江头街道吕厝社区	共青团厦门市委	2021 年 4 月
曾莉娜	女	2020 年度厦门市优秀共青团干部	湖里区教育局	共青团厦门市委	2021 年 4 月
吴晓莹	女	2020 年度厦门市优秀共青团员	湖里区人民法院	共青团厦门市委	2021 年 4 月
郭贤斌	女	2020 年度厦门市优秀共青团员	湖里区金山街道综合服务中心	共青团厦门市委	2021 年 4 月
王智伟	男	2021 年度优秀残疾人联络员	湖里区金山街道	厦门市残联	2021 年 12 月

续表 15

姓名	性别	荣誉名称	所在单位	授予单位	授予时间
黄雅月	女	2021 年度优秀残疾人联络员	湖里区金山街道金山社区	厦门市残联	2021 年 12 月
林琦欣	女	2021 年度优秀残疾人联络员	湖里区湖里街道湖里社区	厦门市残联	2021 年 12 月
黄霓裳	女	2020 年度全市侨联系统先进个人	湖里区侨联	厦门市侨联	2021 年 5 月
曹燕霞	女	全市法院系统 2019—2020 年度优秀法官	湖里区法院	厦门市中级人民法院	2021 年 2 月
李福清	男	全市法院系统 2019—2020 年度优秀法官	湖里区法院	厦门市中级人民法院	2021 年 2 月
张占甫	男	全市法院系统 2019—2020 年度优秀法官	湖里区法院	厦门市中级人民法院	2021 年 2 月
陈惠清	女	全市法院系统 2019—2020 年度优秀法官	湖里区法院	厦门市中级人民法院	2021 年 2 月
吴晓莹	女	全市法院系统 2019—2020 年度优秀干警	湖里区法院	厦门市中级人民法院	2021 年 2 月
曾靖贻	女	全市法院系统 2019—2020 年度优秀干警	湖里区法院	厦门市中级人民法院	2021 年 2 月
翁丽华	女	全市法院系统 2019—2020 年度优秀干警	湖里区法院	厦门市中级人民法院	2021 年 2 月
黄华杰	男	全市法院系统 2019—2020 年度优秀干警	湖里区法院	厦门市中级人民法院	2021 年 2 月
朱燕萍	女	全市法院系统 2019—2020 年度优秀干警	湖里区法院	厦门市中级人民法院	2021 年 2 月
柯佳鑫	男	全市法院系统 2019—2020 年度优秀干警	湖里区法院	厦门市中级人民法院	2021 年 2 月
柯彬红	女	全市法院系统 2019—2020 年度优秀辅助人员	湖里区法院	厦门市中级人民法院	2021 年 2 月
陈凌野	女	全市法院系统 2019—2020 年度优秀辅助人员	湖里区法院	厦门市中级人民法院	2021 年 2 月
卓世贤	男	全市法院系统 2019—2020 年度优秀辅助人员	湖里区法院	厦门市中级人民法院	2021 年 2 月
庄丽玲	女	全市法院系统 2019—2020 年度优秀辅助人员	湖里区法院	厦门市中级人民法院	2021 年 2 月
叶鑫生	男	全市法院系统 2019—2020 年度优秀辅助人员	湖里区法院	厦门市中级人民法院	2021 年 2 月
黄珠珠	女	全市法院系统 2019—2020 年度优秀辅助人员	湖里区法院	厦门市中级人民法院	2021 年 2 月
陈瑜玲	女	全市法院系统 2019—2020 年度优秀辅助人员	湖里区法院	厦门市中级人民法院	2021 年 2 月
陈钦红	女	全市法院系统 2019—2020 年度优秀辅助人员	湖里区法院	厦门市中级人民法院	2021 年 2 月
林昕颖	女	全市法院系统 2019—2020 年度优秀辅助人员	湖里区法院	厦门市中级人民法院	2021 年 2 月
洪艺薇	女	全市法院系统 2019—2020 年度优秀调解员	湖里区法院	厦门市中级人民法院	2021 年 2 月
雷　筠	女	厦门市税务系统优秀共产党员	湖里区税务局	中共厦门市税务局委员会	2021 年 6 月
黄橙凝	女	厦门市税务系统优秀共产党员	湖里区税务局	中共厦门市税务局委员会	2021 年 6 月
李　淞	女	厦门市税务系统优秀共产党员	湖里区税务局	中共厦门市税务局委员会	2021 年 6 月
林　雄	男	厦门市税务系统优秀共产党员	湖里区税务局	中共厦门市税务局委员会	2021 年 6 月
徐燕妮	女	厦门市税务系统优秀共产党员	湖里区税务局	中共厦门市税务局委员会	2021 年 6 月
郑泽鹏	男	厦门市税务系统优秀共产党员	湖里区税务局	中共厦门市税务局委员会	2021 年 6 月
陈　慧	女	厦门市税务系统优秀党务工作者	湖里区税务局	中共厦门市税务局委员会	2021 年 6 月
陈慧萍	女	厦门市税务系统优秀党务工作者	湖里区税务局	中共厦门市税务局委员会	2021 年 6 月
李蕴娴	女	厦门市税务系统优秀党务工作者	湖里区税务局	中共厦门市税务局委员会	2021 年 6 月
郑潜潜	男	2020 年度“创特色·增活力”先进个人	复旦大学附属中山医院厦门医院	中国民主同盟厦门市委员会	2021 年 3 月

2021年湖里区获市级以上表彰先进集体一览表

表16

单位名称	荣誉称号	授予单位	授予时间
湖里区司法局殿前司法所	全国模范司法所	司法部	2021年10月
湖里区工信局	节约型机关	国家机关事务管理局、中共中央直属机关事务管理局、国家发改委、财政部	2021年8月
湖里区退役军人事务局	节约型机关	国家机关事务管理局、中共中央直属机关事务管理局、国家发改委、财政部	2021年8月
湖里区人民法院	节约型机关	国家机关事务管理局、中共中央直属机关事务管理局、国家发改委、财政部	2021年8月
湖里区人民检察院	节约型机关	国家机关事务管理局、中共中央直属机关事务管理局、国家发改委、财政部	2021年8月
湖里区发改局	节约型机关	国家机关事务管理局、中共中央直属机关事务管理局、国家发改委、财政部	2021年8月
湖里区人民政府	信访工作“三无”区	国家信访局	2021年4月
湖里区税务局第一税务所	第20届全国青年文明号	共青团中央、国家税务总局	2021年8月
湖里区禾山人民法庭	全国维护妇女儿童权益先进集体	中华全国妇女联合会	2021年12月
湖里区人民法院	2021年度司法宣传和通联工作先进单位	最高人民法院新闻传媒总社	2021年12月
湖里区殿前街道北站社区	全国科技活动周优秀单位	全国科技活动周组委会办公室、科技部科技人才与科学普及司	2021年11月
湖里区湖里街道村里社区	全国红十字模范单位	中国红十字会总会	2021年1月
湖里区工商联（商会）	2021年全国工商联民营企业调查点工作基层先进单位	中华全国工商业联合会	2021年12月
湖里区工商联（商会）	2020—2021年全国“五好”县级工商联	中华全国工商业联合会	2021年12月
湖里区湖里街道康乐社区	2018—2020年全国侨联系统优秀“侨胞之家”	中华全国归国华侨联合会	2021年1月
湖里区妇幼保健院	流产后关爱（PAC）优质服务医院	中国妇女发展基金会	2021年5月
厦门市湖里区	福建省2018—2020年度文明示范城区	中共福建省委、福建省政府	2021年4月
湖里区殿前街道	福建省2018—2020年度文明单位	中共福建省委、福建省政府	2021年4月
湖里区委宣传部	福建省2018—2020年度文明单位	中共福建省委、福建省政府	2021年4月
湖里区人民政府办公室	福建省2018—2020年度文明单位	中共福建省委、福建省政府	2021年4月
湖里区禾山街道	福建省2018—2020年度文明单位	中共福建省委、福建省政府	2021年4月
厦门市中医院	福建省2018—2020年度文明单位	中共福建省委、福建省政府	2021年4月
湖里区禾山街道禾欣社区	福建省2018—2020年度文明社区	中共福建省委、福建省政府	2021年4月
湖里区禾山街道禾山社区	福建省2018—2020年度文明社区	中共福建省委、福建省政府	2021年4月
湖里区湖里街道康乐社区	福建省2018—2020年度文明社区	中共福建省委、福建省政府	2021年4月

续表 16

单位名称	荣誉称号	授予单位	授予时间
湖里区金山街道金安社区	福建省 2018—2020 年度文明社区	中共福建省委、福建省政府	2021 年 4 月
湖里区湖里街道东荣社区	福建省 2018—2020 年度文明社区	中共福建省委、福建省政府	2021 年 4 月
湖里区殿前街道兴隆社区	福建省 2018—2020 年度文明社区	中共福建省委、福建省政府	2021 年 4 月
湖里区文化和旅游局机关党支部	福建省先进基层党组织	中共福建省委	2021 年 6 月
湖里区殿前街道党工委	福建省先进基层党组织	中共福建省委	2021 年 6 月
湖里区禾山街道禾盛社区委员会	福建省先进基层党组织	中共福建省委	2021 年 6 月
湖里区土地房屋征收事务中心党支部	福建省先进基层党组织	中共福建省委	2021 年 6 月
欣贺股份有限公司党委	福建省民营企业党建工作先进单位	中共福建省委	2021 年 6 月
湖里区工商业联合会	2021 年福建省“千企帮千村”精准扶贫行动先进集体	中共福建省委统战部、福建省工商业联合会、福建省乡村振兴局	2021 年 8 月
复旦大学附属中山医院厦门医院	2016—2020 年福建省普法工作先进单位	中共福建省委宣传部、福建省司法厅	2021 年 10 月
湖里区殿前街道高殿社区	2021 年度最美志愿服务社区	中共福建省委文明办	2021 年 12 月
厦门市湖里区	2021 年度福建省城市发展“十优”区	福建省政府发展研究中心	2021 年 10 月
湖里交警大队殿前中队	全省优秀公安基层单位	福建省人社厅、福建省公安厅	2021 年 12 月
湖里安局分局刑侦大队技术科	全省优秀公安基层单位	福建省人社厅、福建省公安厅	2021 年 12 月
湖里公安分局	全省优秀公安局	福建省人社厅、福建省公安厅	2021 年 12 月
湖里区禾山街道信访评理室	福建省“十佳”信访评理室	福建省信访工作联席办、福建省信访局	2021 年 5 月
湖里区禾山街道退役军人服务站	退役军人服务保障体系建设“‘五有’先进单位”	福建省退役军人事务工作办公室	2021 年 5 月
湖里街道办事处	中国共产党成立 100 周年庆祝活动福建省信访安全保障工作成绩突出集体	福建省信访工作联席办、福建省信访局	2021 年 7 月
湖里区法院立案庭	福建省工人五一先锋号	福建省总工会	2021 年 5 月
湖里公安分局金山派出所便民服务大厅	福建省工人五一先锋号	福建省总工会	2021 年 5 月
湖里区殿前街道兴园社区团支部	福建省五四红旗团支部	共青团福建省委	2021 年 5 月
福建省水产研究所现代渔业科技青年创新团队	福建青年五四奖章集体	共青团福建省委	2021 年 5 月
湖里区侨联	省级“五好”侨胞之家	福建省侨联	2021 年 12 月
湖里区侨联	2020 年度全省侨联系统信息传播工作先进集体	福建省侨联	2021 年 2 月
湖里区湖里街道东荣社区	福建省卫生社区	福建省爱国卫生运动委员会	2021 年 12 月
湖里区殿前街道长乐社区	福建省卫生社区	福建省爱国运动卫生委员会	2021 年 12 月
湖里区殿前街道兴隆社区	福建省卫生社区	福建省爱国运动卫生委员会	2021 年 12 月
湖里区殿前街道翔鹭社区	福建省卫生社区	福建省爱国运动卫生委员会	2021 年 12 月
湖里区湖里街道新港社区	福建省卫生社区	福建省爱国运动卫生委员会	2021 年 12 月

续表 16

单位名称	荣誉称号	授予单位	授予时间
湖里公安分局	集体二等功	福建省公安厅	2021 年 6 月
湖里区驻东乡县帮扶工作队	甘肃省脱贫攻坚先进集体	中共甘肃省委、甘肃省人民政府	2021 年 5 月
湖里区人民政府	甘肃省脱贫攻坚先进集体	中共甘肃省委、甘肃省人民政府	2021 年 5 月
湖里区法院刑事审判庭	福建省人民法院系统打击洗钱犯罪有功集体	福建省高级人民法院	2021 年 4 月
湖里区法院刑事审判庭	全省法院扫黑除恶专项工作表现突出集体	福建省高级人民法院	2021 年 10 月
湖里区消防救援大队党委	先进基层党组织	福建消防救援总队党委	2021 年 7 月
湖里区委宣传部	2021 年度厦门市精神文明和宣传文化工作先进集体	中共厦门市委、厦门市政府	2022 年 1 月
湖里区文化和旅游局	厦门市创建全国文明城市工作突出贡献单位	中共厦门市委、厦门市政府	2021 年 3 月
湖里区湖里街道办事处	厦门市创建全国文明城市工作突出贡献单位	中共厦门市委、厦门市政府	2021 年 3 月
湖里区工业园区管理委员会	2018—2020 年度厦门市文明单位	中共厦门市委、厦门市政府	2021 年 4 月
复旦大学附属中山厦门医院	2018—2020 年度厦门市文明单位	中共厦门市委、厦门市政府	2021 年 4 月
湖里区金山街道办事处	2018—2020 年度厦门市文明单位	中共厦门市委、厦门市政府	2021 年 4 月
湖里区湖里街道康泰社区	2018—2020 年度厦门市文明社区	中共厦门市委、厦门市政府	2021 年 4 月
湖里区湖里街道南山社区	2018—2020 年度厦门市文明社区	中共厦门市委、厦门市政府	2021 年 4 月
湖里区湖里街道兴华社区	2018—2020 年度厦门市文明社区	中共厦门市委、厦门市政府	2021 年 4 月
湖里区湖里街道康晖社区	2018—2020 年度厦门市文明社区	中共厦门市委、厦门市政府	2021 年 4 月
湖里区湖里街道东渡社区	2018—2020 年度厦门市文明社区	中共厦门市委、厦门市政府	2021 年 4 月
湖里区殿前街道兴园社区	2018—2020 年度厦门市文明社区	中共厦门市委、厦门市政府	2021 年 4 月
湖里区殿前街道高殿社区	2018—2020 年度厦门市文明社区	中共厦门市委、厦门市政府	2021 年 4 月
湖里区殿前街道神山社区	2018—2020 年度厦门市文明社区	中共厦门市委、厦门市政府	2021 年 4 月
湖里区殿前街道长乐社区	2018—2020 年度厦门市文明社区	中共厦门市委、厦门市政府	2021 年 4 月
湖里区金山街道金海社区	2018—2020 年度厦门市文明社区	中共厦门市委、厦门市政府	2021 年 4 月
湖里区金山街道高林社区	2018—2020 年度厦门市文明社区	中共厦门市委、厦门市政府	2021 年 4 月
湖里区金山街道五通社区	2018—2020 年度厦门市文明社区	中共厦门市委、厦门市政府	2021 年 4 月
湖里区金山街道金林社区	2018—2020 年度厦门市文明社区	中共厦门市委、厦门市政府	2021 年 4 月
湖里区禾山街道五缘湾北社区	厦门市先进基层党组织	中共厦门市委	2021 年 6 月
湖里区禾山街道禾缘社区	厦门市先进基层党组织	中共厦门市委	2021 年 6 月
华荣消防救援站党支部	厦门市先进基层党组织	中共厦门市委	2021 年 6 月
湖里区金山街道金海社区	厦门市先进基层党组织	中共厦门市委	2021 年 6 月
湖里区金山街道机关第二支部委员会	厦门市先进基层党组织	中共厦门市委	2021 年 6 月
湖里区金山街道金山社区	厦门市先进基层党组织	中共厦门市委	2021 年 6 月

续表 16

单位名称	荣誉称号	授予单位	授予时间
湖里区湖里街道东渡社区	厦门市先进基层党组织	中共厦门市委	2021 年 6 月
湖里区湖里街道东渡社区	厦门市先进基层党组织	中共厦门市委	2021 年 6 月
中共厦门市万科企业有限公司总支部委员会	厦门市先进基层党组织	中共厦门市委	2021 年 6 月
湖里区殿前街道长乐社区	厦门市先进基层党组织	中共厦门市委	2021 年 6 月
湖里区殿前街道北站社区	厦门市先进基层党组织	中共厦门市委	2021 年 6 月
湖里区殿前街道嘉福社区	厦门市先进基层党组织	中共厦门市委	2021 年 6 月
湖里区司法局	2020 年度厦门市政法工作先进集体	中共厦门市委办公厅	2021 年 12 月
复旦中山厦门医院外科第一党支部	市直机关先进基层党组织	中共厦门市委市直机关工作委员会	2021 年 6 月
复旦中山厦门医院护理第二党支部	先进基层党组织	中共厦门市卫生健康委员会直属委员会	2021 年 6 月
厦门市第三中学	厦门市教育工作先进集体	厦门市教育局	2021 年 9 月
厦门市湖里实验小学	厦门市教育工作先进集体	厦门市教育局	2021 年 9 月
厦门市湖里第二实验小学	厦门市教育工作先进集体	厦门市教育局	2021 年 9 月
厦门市秀德幼儿园	厦门市教育工作先进集体	厦门市教育局	2021 年 9 月
湖里区湖里街道南山社区	厦门市“五星职工之家”	厦门市总工会	2021 年 8 月
湖里区殿前街道北站社区	厦门市“五星职工之家”	厦门市总工会	2021 年 8 月
湖里区殿前街道翔鹭社区	厦门市“四星职工之家”	厦门市总工会	2021 年 8 月
湖里区湖里街道工会委员会	厦门市“五一先锋号”集体	厦门市总工会	2021 年 12 月
湖里区殿前街道城管办环卫所	厦门市“五一先锋号”集体	厦门市总工会	2021 年 12 月
湖里区殿前街道嘉福社区	厦门市“五一先锋号”集体	厦门市总工会	2021 年 12 月
厦门汉航集团有限责任公司	厦门市“五一先锋号”集体	厦门市总工会	2021 年 12 月
厦门大顺集团股份有限公司	厦门市“五一先锋号”集体	厦门市总工会	2021 年 12 月
厦门升明电子有限公司	厦门市“五一先锋号”集体	厦门市总工会	2021 年 12 月
厦门湖里国宇门诊部有限公司	厦门市“五一先锋号”集体	厦门市总工会	2021 年 12 月
简极科技有限公司	厦门市“五一先锋号”集体	厦门市总工会	2021 年 12 月
亨国（厦门）精机工业有限公司	厦门市“五一先锋号”集体	厦门市总工会	2021 年 12 月
湖里区湖里街道徐厝社区居委会	厦门市“五一先锋号”集体	厦门市总工会	2021 年 12 月
湖里区湖里街道工会委员会	厦门市“五一先锋号”集体	厦门市总工会	2021 年 12 月
厦门市天地和诚物业有限公司教育服务项目部	厦门市“五一先锋号”集体	厦门市总工会	2021 年 12 月
湖里区教师进修学校附属小学教导处	厦门市“五一先锋号”集体	厦门市总工会	2021 年 12 月
厦门市湖里中学化学组	厦门市“五一先锋号”集体	厦门市总工会	2021 年 12 月
鼎丰集团（中国）有限公司	厦门市“五一先锋号”集体	厦门市总工会	2021 年 12 月
厦门亿联网络技术股份有限公司北美渠道销售组	厦门市“五一先锋号”集体	厦门市总工会	2021 年 12 月

续表 16

单位名称	荣誉称号	授予单位	授予时间
厦门市湖里区徐厝社区居委会	厦门市“五一先锋号”集体	厦门市总工会	2021 年 12 月
厦门黑谷网络科技股份有限公司	厦门市“五一先锋号”集体	厦门市总工会	2021 年 12 月
福建省燕城建设工程有限公司行政组	厦门市“五一先锋号”集体	厦门市总工会	2021 年 12 月
湖里区禾山街道枋湖社区综合服务窗口	厦门市“五一先锋号”集体	厦门市总工会	2021 年 12 月
厦门柏恩氏电子有限公司	厦门市“五一先锋号”集体	厦门市总工会	2021 年 12 月
亨国（厦门）精机工业有限公司总务组	厦门市“五一先锋号”集体	厦门市总工会	2021 年 12 月
湖里区国投集团有限公司投资事业部	厦门市“五一先锋号”集体	厦门市总工会	2021 年 12 月
厦门乔丹科技有限公司质燥团队	厦门市“五一先锋号”集体	厦门市总工会	2021 年 12 月
简极科技有限公司信息部	厦门市“五一先锋号”集体	厦门市总工会	2021 年 12 月
厦门联融电控有限公司开关制造部	厦门市“五一先锋号”集体	厦门市总工会	2021 年 12 月
湖里区湖里街道工会委员会职工服务站	厦门市“五一先锋号”集体	厦门市总工会	2021 年 12 月
厦门富士电气化学有限公司电池包组立生产改善小组	厦门市“五一先锋号”集体	厦门市总工会	2021 年 12 月
陶朗分选技术（厦门）有限公司售后服务部现场服务团队	厦门市“五一先锋号”集体	厦门市总工会	2021 年 12 月
厦门市金林湾实验学校数学教研组	厦门市“五一先锋号”集体	厦门市总工会	2021 年 12 月
富盾（厦门）保安服务公司 SM 城市广场中队	厦门市“五一先锋号”集体	厦门市总工会	2021 年 12 月
厦门市龙湫亭实验学校办公室	厦门市“五一先锋号”集体	厦门市总工会	2021 年 12 月
福建省物资厦门储运贸易有限公司机械班班组	厦门市“五一先锋号”集体	厦门市总工会	2021 年 12 月
厦门汉航集团有限责任公司集团行政总部	厦门市“五一先锋号”集体	厦门市总工会	2021 年 12 月
厦门汇合装饰设计有限公司项目抢修部	厦门市“五一先锋号”集体	厦门市总工会	2021 年 12 月
厦门鼎芯科技有限公司电连接生产车间	厦门市“五一先锋号”集体	厦门市总工会	2021 年 12 月
厦门大顺集团股份有限公司业务运营部	厦门市“五一先锋号”集体	厦门市总工会	2021 年 12 月
厦门江铃全顺汽车销售有限公司综合管理部	厦门市“五一先锋号”集体	厦门市总工会	2021 年 12 月
康佑（厦门）教育服务集团有限公司总经办	厦门市“五一先锋号”集体	厦门市总工会	2021 年 12 月
福建艺景生态建设集团有限公司设计院	厦门市“五一先锋号”集体	厦门市总工会	2021 年 12 月
厦门升明电子有限公司管理部	厦门市“五一先锋号”集体	厦门市总工会	2021 年 12 月
厦门湖里国宇门诊部有限公司放射科	厦门市“五一先锋号”集体	厦门市总工会	2021 年 12 月
科技谷（厦门）信息技术有限公司动技术中心技术支持部可视化组	厦门市“五一先锋号”集体	厦门市总工会	2021 年 12 月
厦门市中医院医学影像科	厦门市“五一先锋号”集体	厦门市总工会	2021 年 12 月
厦门泰华工贸有限公司泰华生产部一组	厦门市“五一先锋号”集体	厦门市总工会	2021 年 12 月
湖里区围里社区居委会围里社区综合服务窗口	厦门市“五一先锋号”集体	厦门市总工会	2021 年 12 月
厦门市乐群物业管理有限公司秩序部	厦门市“五一先锋号”集体	厦门市总工会	2021 年 12 月

续表 16

单位名称	荣誉称号	授予单位	授予时间
厦门达超工贸有限公司市场部	厦门市“五一先锋号”集体	厦门市总工会	2021 年 12 月
厦门新景风华物业有限公司新景世纪城服务处	厦门市“五一先锋号”集体	厦门市总工会	2021 年 12 月
湖里国投物业服务有限公司商务中心物业服务处	厦门市“五一先锋号”集体	厦门市总工会	2021 年 12 月
厦门太古飞机工程有限公司机身服务—发动机孔探 / 无人机班组	厦门市“五一先锋号”集体	厦门市总工会	2021 年 12 月
贝莱胜电子（厦门）有限公司采购部	厦门市“五一先锋号”集体	厦门市总工会	2021 年 12 月
沃尔玛（厦门）商业零售有限公司厦门自贸试验区山姆会员分店夜班理货团队	厦门市“五一先锋号”集体	厦门市总工会	2021 年 12 月
厦门象屿物业服务有限公司工会委员会安全管理部	厦门市“五一先锋号”集体	厦门市总工会	2021 年 12 月
厦门珉挚集装箱服务有限公司象屿场装部	厦门市“五一先锋号”集体	厦门市总工会	2021 年 12 月
厦门象屿工程咨询管理有限公司第二十一项目监理部	厦门市“五一先锋号”集体	厦门市总工会	2021 年 12 月
厦门美诚石材有限公司工会委员会外贸部	厦门市“五一先锋号”集体	厦门市总工会	2021 年 12 月
厦门现代码头有限公司工程部机修班	厦门市“五一先锋号”集体	厦门市总工会	2021 年 12 月
安保（厦门）塑胶工业有限公司仓库物流部	厦门市“五一先锋号”集体	厦门市总工会	2021 年 12 月
厦门集装箱码头集团有限公司海天分公司安保部	厦门市“五一先锋号”集体	厦门市总工会	2021 年 12 月
厦门百琪投资有限公司万怡酒店分公司房务部	厦门市“五一先锋号”集体	厦门市总工会	2021 年 12 月
厦门象屿速传供应链发展股份有限公司中越项目部	厦门市“五一先锋号”集体	厦门市总工会	2021 年 12 月
厦门蝌蚪生态环保科技有限公司工会委员会蝌蚪生态空间	厦门市“五一先锋号”集体	厦门市总工会	2021 年 12 月
厦门太古起落架维修有限公司喷漆班组	厦门市“五一先锋号”集体	厦门市总工会	2021 年 12 月
厦门大学附属心血管病医院心外科	厦门市“五一先锋号”集体	厦门市总工会	2021 年 12 月
厦门象屿保税区税务局税源管理四科	厦门市“五一先锋号”集体	厦门市总工会	2021 年 12 月
厦门机场海关查验一科	厦门市“五一先锋号”集体	厦门市总工会	2021 年 12 月
厦门市湖里区税务局江头税务所	厦门市“五一先锋号”集体	厦门市总工会	2021 年 12 月
元翔（厦门）国际航空港股份有限公司美人鱼班组	厦门市“五一先锋号”集体	厦门市总工会	2021 年 12 月
厦门航空有限公司地面服务保障部乘机处	厦门市“五一先锋号”集体	厦门市总工会	2021 年 12 月
厦门航空有限公司后勤保障部不动产管理处	厦门市“五一先锋号”集体	厦门市总工会	2021 年 12 月
厦门弘爱康复医院神经康复科	厦门市“五一先锋号”集体	厦门市总工会	2021 年 12 月
易联众信息技术股份有限公司医保创新业务部	厦门市“五一先锋号”集体	厦门市总工会	2021 年 12 月
厦门火炬集团融资担保有限公司担保一部	厦门市“五一先锋号”集体	厦门市总工会	2021 年 12 月

续表 16

单位名称	荣誉称号	授予单位	授予时间
厦门市保安有限公司女子安检队	厦门市“五一先锋号”集体	厦门市总工会	2021 年 12 月
厦门弘爱医院医疗物业团队	厦门市“五一先锋号”集体	厦门市总工会	2021 年 12 月
厦门信息集团有限公司未来酒店房务部	厦门市“五一先锋号”集体	厦门市总工会	2021 年 12 月
中国联通有限公司厦门市分公司产互支撑部	厦门市“五一先锋号”集体	厦门市总工会	2021 年 12 月
厦门国贸泰达物流有限公司运输部	厦门市“五一先锋号”集体	厦门市总工会	2021 年 12 月
戴尔（中国）有限公司	厦门市“五一先锋号”集体	厦门市总工会	2021 年 12 月
太古可口可乐饮料有限公司行政部	厦门市“五一先锋号”集体	厦门市总工会	2021 年 12 月
玉晶光电（厦门）有限公司 PDI 洗净资源课	厦门市“五一先锋号”集体	厦门市总工会	2021 年 12 月
厦门鲁班源房屋营造有限公司卢清南机电安装组	厦门市“五一先锋号”集体	厦门市总工会	2021 年 12 月
厦门五缘第二实验学校	厦门市“五一先锋号”集体	厦门市总工会	2021 年 12 月
厦门信息学校教务科	厦门市“五一先锋号”集体	厦门市总工会	2021 年 12 月
中华联合财产保险股份有限公司湖里支公司综合部	厦门市“五一先锋号”集体	厦门市总工会	2021 年 12 月
渤海银行股份有限公司厦门自由贸易试验区分行高殿支行	厦门市“五一先锋号”集体	厦门市总工会	2021 年 12 月
厦门市房地产股份有限公司五通金浦花园安置房代建项目部	厦门市“五一先锋号”集体	厦门市总工会	2021 年 12 月
复旦大学附属中山医院厦门医院胸外科	厦门市“五一先锋号”集体	厦门市总工会	2021 年 12 月
复旦大学附属中山医院厦门医院门诊护理组	厦门市“五一先锋号”集体	厦门市总工会	2021 年 12 月
复旦大学附属中山医院厦门医院健康管理部	厦门市“五一先锋号”集体	厦门市总工会	2021 年 12 月
复旦大学附属中山医院厦门医院放射诊断科	厦门市“五一先锋号”集体	厦门市总工会	2021 年 12 月
国家税务总局厦门市湖里区税务局江头税务所	厦门市“五一先锋号”优胜集体	厦门市总工会	2021 年 12 月
厦门信和达电子有限公司仓储部	厦门市“五一先锋号”优胜集体	厦门市总工会	2021 年 12 月
厦门优佳丽服饰有限公司	厦门市“五一先锋号”优胜集体	厦门市总工会	2021 年 12 月
厦门慈铭健康管理有限公司湖里门诊部	厦门市“五一先锋号”优胜集体	厦门市总工会	2021 年 12 月
厦门集装箱码头有限公司海天分公司工程部桥吊维修班组	厦门市“五一先锋号”优胜集体	厦门市总工会	2021 年 12 月
厦门三五互联科技股份有限公司	厦门市“五一先锋号”优胜集体	厦门市总工会	2021 年 12 月
湖里区禾山街道禾山社区团支部	2020 年度厦门市五四红旗团支部	厦门市团市委	2021 年 4 月
康乐第二小学团支部	2020 年度厦门市五四红旗团支部	厦门市团市委	2021 年 4 月
湖里区湖里街道团工委	2020 年度厦门市五四红旗团委	厦门市团市委	2021 年 4 月
湖里区侨联	2020 年度全市侨联系统信息工作先进集体	厦门市侨联	2021 年 5 月
湖里区法院殿前人民法庭	全市法院系统 2019—2020 年度先进集体	厦门市中级人民法院	2021 年 2 月
厦门市湖里区税务局机关第十三支部委员会	厦门市税务系统先进基层党组织	中共厦门市税务局委员会	2021 年 6 月

组织机构及干部名录

中共湖里区委员会

书　记　龚建阳（至 8 月）　吴新奎（8 月任）
副书记　林重阳（至 8 月）　黄　颖（8 月任）
　　　　丁红斌（至 9 月）　陈晓东（9 月任）
常　委　胡鹏程（至 9 月）　吴旗荣（至 9 月）
　　　　黄绿青（至 9 月）　林天德
　　　　戴乐生　刘云标　潘敏毅（9 月任）
　　　　沈　萍（9 月任）　叶荣昌（9 月任）
　　　　王　达（9 月任）

区委工作部门

区委办公室

主　任　朱绍峰
副主任　卢景锋　林长发（至 12 月）

区委组织部

部　长　胡鹏程（至 9 月）　潘敏毅（9 月任）
副部长　林秀瑜　林　佳（至 11 月）
　　　　李臻卓（12 月任）

区委宣传部

部　长　陈晓东（至 10 月）　沈　萍（10 月任）
副部长　周福民（至 11 月）　施芗萍（11 月任）

区委统战部

部　长　刘云标
副部长　吴丽英（至 6 月）　叶毓青（至 11 月）
　　　　方均纪（6 月任）　蔡碧月（12 月任）

区委政法委

书　记　林天德
副书记　肖德良　陈健成

区委机构编制委员会办公室

主　任　陈志勇

区委区直机关工作委员会

书　记　戴乐生（至 10 月）　陈晓东（10 月任）
副书记　许艺艺

区委精神文明建设办公室

主　任　傅芳槐（至 4 月）　刘新生（4 月任）

区委老干局

局　长　林秀瑜

区委党校

校　长　胡鹏程（至 10 月）　潘敏毅（10 月任）
副校长　谢笑英　袁乃凤（11 月任）

湖里区人民代表大会

主　任　黄　炜（至 12 月）　吕参军（12 月任）
副主任　林充贺　黄向阳（12 月任）

陈雄辉（12月任） 曾文生
陈 滨（12月任） 戴宗垒（至12月）
曾国建（至12月） 梁国富（至12月）

人大常委会办公室及工作委员会

办公室
主 任 唐 娟（至12月）

法制内司工作委员会
主 任 林 颖

财经工作委员会
主 任 吴智明

城市建设环境资源工作委员会
主 任 林志荣

科教文卫侨工作委员会
主 任 黄年生

社会建设委员会
主任委员 向延琼（至12月） 阙占彪（12月任）

湖里区人民政府

区 长 林重阳（至8月） 黄 颖（8月任）
副区长 吴旗荣（至9月） 洪耀同（至9月）
陈仲谋（至9月） 王 达（12月任）
戚乐健 陈 滨（至12月） 蒋晓民
周小刚（12月任） 柯友升（12月任）
朱碧蓉（12月任） 邓小达（9月任）

区政府工作部门

区人民政府办公室
主 任 曹荣宝
副主任 洪奕文 胡振强

区发展和改革局
局 长 黄 涛
副局长 高 翔 孙 琦

区教育局
局 长 吴雪慧
副局长 李可可 王 玮

区工业和信息化局
局 长 王小帅（至11月）
副局长 陈惠旋

区民政局
局 长 彭芳兰
副局长 林德才

区司法局
局 长 庄 伟
副局长 余孙升 林俊芳

区财政局
局 长 方文江
副局长 林 进 曾晓雯

区人力资源和社会保障局
局 长 杨 盛（至12月）
副局长 翁国华

区建设局
局 长 郭晓平（至9月）
副局长 姜海军 许铭松

区商务局
局 长 林 文
副局长 方 圆（至11月） 苏吉斌（11月任）

区文化和出版旅游局
局 长 朱 觉
副局长 赵 斌

区卫生健康局
局 长 白贤龙
副局长 王建平（至11月） 林国平
陈梅兰（11月任）

区退役军人事务局
局 长 郑朝东

区应急管理局
局 长 黄木清
副局长 许剑南 张志远

区审计局
局　长　辜琦皇
副局长　陈正清

区统计局
局　长　柯友升

区市政园林局
局　长　周泽勇
副局长　王军情　邱凌蓝

区城市管理局
局　长　傅芳槐（5月任）
副局长　商建坤　陈玉艺

区行政审批管理局
局　长　张慧勤

区信访局
局　长　刘梓良

政协湖里区委员会

主　席　林　凡（至12月）　王秀珠（12月任）
副主席　黄向阳（至12月）　陈雄辉（至12月）
　　　　谢国勇　黄格成（12月任）　张金坪
　　　　洪志彬（12月任）
秘书长　阙占彪（至12月）　魏　炜（12月任）

工作部门

办公室
主　任　阙占彪（至12月）　魏　炜（12月任）

提案委员会办公室
主　任　杨东捷（12月任）

专门委员会办公室
主　任　王萍萍（至12月）　叶毓青（12月任）

研究室
主　任　魏　炜（至12月）　戴春梅（12月任）

区纪律检查委员会、监察委员会

区纪律检查委员会
书　记　黄绿青（至9月）　叶荣昌（9月任）
副书记　高志伟　曾　斌
常　委　李文龙　许付志　洪建利　陈仕荣

区监察委员会
主　任　黄绿青（至9月）　叶荣昌（9月任）
副主任　高志伟　曾　斌
委　员　李文龙　许付志　洪建利　徐祥敏

法检机关

区人民法院
院长、党组书记　高碧青（至6月）
　　　　　　　　李　桦（11月任）
副院长　蔡守业　陈朝阳　刘凯娟
　　　　李　桦（9月任至11月）
纪检组组长　蔡志红（至5月）　吴永超（12月任）
政治部主任　郭顺强
执行局局长　宋晋勇

区人民检察院
检察长、党组书记　吴华峰（至9月）
　　　　　　　　　李才利（12月任）
副检察长　叶　斌（至9月）　林雪峰
　　　　　郑新宇　李才利（9月至12月）
纪检组组长　郑　沁
政治部主任　苏水明（至7月）

群众团体

总工会
主　席　丁红斌（至10月）　陈晓东（10月任）
常务副主席　黄双凤（至7月）　林　文（8月任）

团区委
书　记　秦　璐

妇女联合会
主　席　洪珠琴

归国华侨联合会
主　席　严志和（至12月）　胡金藤（12月任）

工商联（商会）
常务副会长　胡金滕（至12月）蔡碧月（12月任）

海外联谊会
荣誉会长　丁红斌（至10月）陈晓东（10月任）
会　长　刘云标

科学技术协会
主　席　吴淑真

残疾人联合会
理事长　郑高良

计划生育协会
会　长　丁红斌（至10月）沈　萍（10月任）
常务副会长　陈春吉

红十字会
会　长　洪耀同（至10月）沈　萍（10月任）
常务副会长　蔡卫国

文学艺术界联合会
主　席　郭漳楚

社会科学界联合会
主　席　李玉荣

街　道

湖里街道
党工委书记　陈　枫（至7月）林剑锋（11月任）
党工委副书记　林剑锋（至11月）林　虹（至11月）
彭芳兰（11月任）李剑军（12月任）
党工委委员　马竞生　邓美雄　宋　伟　丁学洲
陈美珍　陈永东　沈墩彪（11月任）
张聪颖（11月任）覃　勇（11月任）
程　标（11月任）
人大工委主任　马竞生
办事处主任　林剑锋（至11月）彭芳兰（11月任）
办事处副主任　邓美雄（至11月）宋　伟
覃　勇（11月任）

殿前街道
党工委书记　颜莉莉（至9月）唐达达（11月任）
党工委副书记　李建军　林　佳（11月任）
陈剑鸣（11月任）
人大工委主任　苏春生
党工委委员　苏春生　徐山泉　欧阳平　刘　兆
黄保洲　陈思成　曾冠芸（11月任）
张　易　陈仁忠
办事处主任　李建军（至8月）
唐达达（8月任至11月）
林　佳（11月任）
办事处副主任　刘　兆　曾冠芸（11月任）

江头街道
党工委书记　洪志彬（至11月）曾以勤（11月任）
党工委副书记　曾以勤（至11月）王小帅（11月任）
陈怡光（11月任）周天明（至11月）
党工委委员　陈天友　周天明　徐保之　辛向东
汪益华　黄诗和　魏学寨
汪朝阳（11月任）蔡继东
办事处主任　曾以勤（至11月）王小帅（11月任）
办事处副主任　辛向东　汪益华　魏学寨

禾山街道
党工委书记　魏　峰
党工委副书记　张国平（至5月）李　斌（2月任）
邱舒艺（至2月）方　圆（11月任）
党工委委员　文晓鸣　吴首钢　吴志杰　王　瑛
刘毅鹏　陈梅兰（至11月）
庄木坤（至12月）叶恩毅（11月任）
陈则勇
人大工委主任　文晓鸣
办事处主任　张国平（至5月）李　斌（5月任）
办事处副主任　刘毅鹏　叶恩毅（11月任）
陈梅兰（至11月）

金山街道
党工委书记　朱碧蓉（至11月）张国平（11月任）
党工委副书记　张国平（5月任至11月）
李　斌（至2月）
邱舒艺（2月任至11月）
杨　盛（11月任）吴圣彬（11月任）
党工委委员　聂保太　张聪敏（至9月）周富强
顾关贤　施育德　陈秀忠
赖伟金（11月任）陈晗霖（11月任）
梁秀芳
人大工委主任　聂保太
办事处主任　张国平（5月任至11月）

　　　　杨　盛（11月任）
办事处副主任　吴圣彬（至11月）　陈秀忠
　　　　　　　赖伟金（11月任）　陈晗霖（11月任）

工业园区管委会

主　任　黄　伟（至7月）　陈　枫（7月任）
副主任　杨东捷（至11月）

区属国有企业

厦门天地开发建设集团有限公司

董事长　蔡寿飞
副董事长　王韶锋　杨队赴
监事会主席　陈新生
总经理　王韶锋
副总经理　陈安东　林智鹍　王占忠

湖里区国有资产投资集团

董事长　张卫兵
副董事长　陈佳庆
监事会主席　封光裕
总经理　陈佳庆
副总经理　许毅军　廖德康　李淑敏

文献辑存

第九次党代会工作报告（节选）

——2021年10月13日在中国共产党厦门市湖里区第九次代表大会上

吴新奎

八届区委的工作回顾

区第八次党代会以来的五年，是湖里发展历程中极不平凡的五年。在省委、市委的坚强领导下，区委坚持以习近平新时代中国特色社会主义思想为指导，全面贯彻党的十九大和十九届二中、三中、四中、五中全会精神，深入贯彻落实习近平总书记对福建、厦门工作的重要讲话重要指示批示和省委、市委各项决策部署，抢抓机遇、拼搏进取、攻坚克难，扎实推进经济、政治、文化、社会、生态文明建设和党的建设，胜利完成了区第八次党代会确定的主要任务。

（一）坚持以习近平新时代中国特色社会主义思想举旗引路，党的政治建设得到新加强。持续兴起习近平新时代中国特色社会主义思想“大学习”热潮，认真学习习近平总书记系列重要讲话重要指示批示精神，深入开展“两学一做”学习教育、“不忘初心、牢记使命”主题教育、党史学习教育和“再学习、再调研、再落实”活动。认真落实省委“三四八”机制，制定学习贯彻习近平总书记在福建考察时重要讲话精神的决定、全方位推进高质量发展超越“1+9”行动方案和行动计划、面向2035年“两高两化”发展规划、推进岛内大提升三年行动方案。

（二）坚持迎难而上，大战大考取得新胜利。奋力夺取防抗“莫兰蒂”台风及灾后重建重大胜利，全力服务保障金砖会晤重大任务，从快从严从细从实开展新冠肺炎疫情防控工作。特别是面对今年9月的突发疫情，全区上下同心协力、众志成城、奋力攻坚，组织670支党员突击队、1.3万人次医务人员、4.4万人次社区工作者、1.8万人次机关事业单位干部、2.4万人次教师、8000多人次国企职工、19.4万人次党员志愿者和32万人次群众志愿者，精准流调密接、次密接3765人，组织开展6轮近600万人次的全员核酸筛查，实施5个小区封闭管理、99个重点防范区挂牌管理，27家隔离酒店（公寓）最高峰时隔离密接、次密接近万人。全面推进512个“无疫小区”创建，200名干部职工星夜驰援同安区。同时，承担我市境外疫情输入防控最重任务，1500多人次干部驻点机场、入境人员定点酒店、进口冷链食品监管仓等防控一线，为“外防输入、内防反弹”打下了扎实基础。

（三）坚持新发展理念，经济实力跃上新台阶。

2016至2020年辖区GDP年均增长8.1%、总量跻身全省县区第四，财政总收入年均增长10.9%，财政管理工作获国务院办公厅通报表扬，获评国家进口贸易促进创新示范区、中国工业百强区。累计引进内资7974亿元、实际利用外资111亿元，完成固定资产投资1974亿元，欣贺研发设计中心等169个重点项目竣工，全省“五个一批”综合考评多次进入前十，在全市招商引资和重点项目考评中连续多次位居第一。攻坚推进东部旧村整村改造，征拆房屋总量超900万平方米，可腾挪发展空间6.7平方千米。大力实施创新驱动发展战略和“智汇湖里”人才强区战略，深化“放管服”改革，新增商事主体13万户。

（四）坚持“绣花”理念，城区环境焕发新面貌。积极构建“大城管”体系，打造“数字湖里”公共管理集成平台和“城管指挥中心”，连续10个季度在全市城市综合管理考评中位居第一，连续三年在全市“两违”综合治理考评中名列首位，垃圾分类、老旧小区改造、城管执法等成为全国现场会观摩典型。全力开展文明创建，发动志愿者50多万人次，获评全省首批省级“文明示范城区”，为全市荣膺全国文明城市“六连冠”作出有力贡献。积极推动山海健康步道、公园等公共休闲场所建设，路网体系持续完善。

（五）坚持绿水青山就是金山银山理念，生态文明建设取得新成效。全力打好污染防治攻坚战，坚决落实中央生态环保督察反馈问题整改，系统治理污水管网和入海排污口，持续做好溯源排查和雨污分流工作，落实河湖长制，开展领导干部自然资源资产离任审计，辖区水环境功能区水质达标率、近岸海域水质优良率、空气质量优良率均为100%，五缘湾片区生态修复与综合开发入选自然资源部首批生态产品价值实现典型案例，获评第五批国家生态文明建设示范区、国家级“公共机构能效领跑者”。

（六）坚持以人民为中心的发展思想，民生幸福绘就新画卷。召开建区以来首次全区教育大会，实施“十大重点项目工程”，新改扩建公办校（园）22所、新增学位16235个，中考学业评估连续五年居全市各区第一。国家区域医疗中心、国家心血管病区域医疗中心、国家儿童区域医疗中心落户，平均每千名老人养老床位达到85张、居全市第一。打造“悦游湖里”文旅活动品牌，借势金鸡电影节大力发展影视文化产业。深入开展“我为群众办实事”实践活动，建成投用区文旅中心、社会福利服务中心、老年活动中心和国防动员民兵训练中心，扎实推进“爱心厦门”建设，首创“共享职工之家”并在全省推广，助力深度贫困的甘肃东乡县和省级扶贫开发重点县浦城县开展脱贫攻坚战。出台实施“惠台25条”，兴隆社区“对台服务工作法”入选全国100个优秀社区工作法。深入开展扫黑除恶专项斗争和政法队伍教育整顿，刑事警情年均下降20.5%，在市对区综治信访考评中荣获“七连冠”。全面推进依法治区，“全在线”诉讼平台入选最高人民法院司法改革案例，小区调解、公证处改革、智慧仲裁等工作经验被省司法厅、省人社厅发文推广。抓细抓实安全生产、消防安全、食品安全等工作。先后获评全国健康促进区、全国信访工作“三无”区、全省首批教育强区、省级和谐劳动关系示范区、全省平安先进区、全省双拥模范区等一系列荣誉称号。

（七）坚持党总揽全局，民主政治得到新发展。支持人大、政协依法依章程履职，区人大常委会推进生态文明建设的做法在全国人大常委会调研座谈会上作经验介绍，区政协“双向三评两公开”模式在全国政协学习交流会上作经验交流，大统战工作格局巩固拓展，群团组织作用进一步发挥，安定团结、生动活泼的政治局面更加巩固，涌现全国五一劳动奖章获得者林碧玲、全国道德模范提名奖获得者游文晃、全国最美志愿者赵亚娟、全国自强模范谢启明、全国最美志愿服务社区金尚社区、全国学雷锋活动示范点金安社区、全国红十字模范单位村里社区、全国侨联系统优秀“侨胞之家”康乐社区、全国“五好”县级工商联区工商联、全国关心下一代工作先进集体区关工委等一大批先进典型，营造了奋斗新时代的浓厚氛围。

（八）坚持全面从严治党，党的建设开创新局面。全面贯彻新时代党的建设总要求，压紧压实全面从严治党主体责任，率先全市实施监察体制改革、区委巡察工作领导体制改革、区纪委综合派驻改革，坚决落实中央和省委巡视反馈问题整改，完成区委巡察和审计全覆盖。严格落实意识形态工作责任制，建成全省首个接入省级融媒体中心平台的县区级融媒体中心，近五年市对区意识形态工作责任制考核我区均为优秀。深入践行新时代党的组织路线，顺利完成区街机构改革，我区在中组部激励干部新担当新作为座谈会和全省城市基层党建工作推进会上作典型发言，机关党建创新案例获中央国家机关党建创新成果展示十佳案例铜奖。创新推行党建引领小区治理，获评全国创新社会治理典型案例、全国城市基层党建创新优秀案例、全国“十大社区发展治理创新案例”，涌现全国“人民满意的公务员”、全国优秀党务工作者、全国“人社服务标兵”等一大批优秀党员。严格落实党管武装各项制度，国防动员和后备力量建设卓有成效。驰而不息贯彻落实中央八项规定及其实施细则精神，扎实推进基层减负，创新构建综合效能考评体系，近年我区在市对区绩效考评中均居前列。保持反腐败高压态势，持续优化净化政治生态，立案290件301人，党纪政务处分286人。

今后五年的目标任务

“十四五”时期，我国进入新发展阶段，湖里发展也站在了新的历史起点上。全区上下要增强全局眼光和战略思维，在危机中育先机、于变局中开新局。

今后五年，我们要牢记嘱托、感恩奋进，把习近平总书记和党中央的关怀厚爱转化为奋发有为、干事创业的生动实践。习近平总书记和党中央一直对福建、厦门发展高度关心、高度重视、寄予厚望。今年3月，习近平总书记在福建考察时明确提出“一个篇章”总目标、“四个更大”重要要求和当前四项重点任务。省委要求厦门在全方位推进高质量发展超越中当龙头、作示范，当好“四个排头兵”。市委提出岛内要立足“扇头”做强城市主核，要求湖里强化“提升本岛”责任担当，在高质量发展上跑出新速度。我们要全面对标、狠抓落实，奋勇干出新业绩，不辜负总书记和党中央的厚望嘱托，不辜负省委和市委的信任期盼。

今后五年，我们要抓住机遇、发挥优势，在更高起点上推动特区发祥地再出发。站在厦门经济特区建设40周年的新起点上，湖里作为特区发祥地，将承载新使命、迎来新机遇。当前，湖里“多区叠加”优势愈发凸显，金砖创新基地、进口贸易促进创新示范区等重大战略平台有力引领支撑，连接岛内外、辐射闽西南、融通海峡两岸、畅达国内国际的门户枢纽功能更加突出；东部旧村改造、新城成片开发、重大片区建设、新兴产业加速集聚、营商环境不断优化，为湖里今后的发展提供了空间、载体和支撑。我们要把优势转化为胜势，把潜力转化为实力，在新征程中勇立潮头。

今后五年，我们要保持清醒、蹄疾步稳，奋力谱写新时代湖里更加绚丽的新篇章。放眼世界，新冠肺炎疫情给世界百年未有之大变局按下了“快进键”，国际形势不稳定性不确定性明显增强。纵观国内，区域竞争日趋激烈，深圳南山等发达城区领先优势不断扩大，省内外众多新秀城区加快崛起，本市各区都在铆足干劲、紧追猛赶。立足湖里，经济总量偏小，产业结构还不够优，发展不平衡不充分问题仍然突出，东部新城建设、老工业区改造等任务艰巨繁重，教育、医疗、文体、基础设施等领域供给不足、质量不高、布局不优、机制不活等问题亟待破解，城市管理不够精细，生态环保存在短板，社会稳定风险隐患依然点多面广等。面对严峻复杂的形势和挑战，我们要保持清醒头脑，发扬斗争精神，持续保持“战而胜之”的决心信心。

今后五年工作的指导思想是，高举中国特色社会主义伟大旗帜，以马克思列宁主义、毛泽东思想、邓小平理论、“三个代表”重要思想、科学发展观、习近平新时代中国特色社会主义思想为指导，深入学习贯彻党的十九大和十九届二中、三中、四中、五中全会精神，全面贯彻落实习近平总书记在庆祝中国共产党成立100周年大会上的重要讲话和在福建考察时的重要讲话精神，紧紧围绕统筹推进“五位一体”总体布局和协调推进“四个全面”战略布局，坚持党的全面领导，立足新发展阶段，完整、准确、全面贯彻新发展理念，积极服务和深度融入新发展格局，大力弘扬特区精神，坚持抓经济促全局，落实“七以七为”，统筹发展和安全，推进治理体系和治理能力现代化，打造更加美丽、更加富裕、更加繁荣、更加平安的湖里，全方位推进高质量发展超越，更高水平建设高素质高颜值现代化国际化中心城区，为谱写全面建设社会主义现代化国家福建篇章贡献湖里力量。

今后五年的目标是：

——经济实力持续跃升。经济总量进一步扩大，产业结构更加优化，战略性新兴产业的主体引领作用显著增强，全区地区生产总值力争达到2200亿元，三次产业结构比例调整为0∶38∶62，现代化经济体系建设取得重大进展。

——创新能力显著增强。科技创新引领带动作用更加凸显，人才优势和创新动力显著增强，创新能级和科技竞争力跻身区域前列，全社会研发投入占地区生产总值比重达到3.5%，国家级高新技术企业达到550家。

——城区品质更优更高。城市更新成效明显，建成产城人融合的岛内东部新城。深化生态文明建设示范引领，生态环境持续改善，主要污染物排放总量持续减少，绿色发展和绿色生活方式基本形成，碳达峰、碳中和工作取得重要成效。

——民生保障更加有力。人民生活水平普遍提高，城镇居民人均可支配收入超过8.2万元，优质均衡的公共服务体系基本形成，多层次社会保障体系更加健全，推动共同富裕取得更为明显的实质性进展。

——基层治理持续提升。城市治理的科学化、精细化、智能化水平大幅提升，形成市场化、法治化、国际化水平更高的营商环境，基层治理体系和治理能力现代化建设走在全省、全市前列，建成最具安全感中心城区。

——开放发展更富成效。积极融入自贸试验区建设发展，进口贸易促进创新示范区建设取得显著成效，“引进来”“走出去”并行扩大，成为国内大循环的重要节点和国内国际双循环的重要通道，建成两岸融合发展先行示范城区，更高水平开放型经济新体制基本形成。

为了实现新的目标，必须紧紧围绕高质量发展，在以下八个方面发力：

（一）深入实施创新驱动发展战略

坚持创新在现代化建设全局中的核心地位，加大力度实施创新驱动发展战略，大力推动科教兴区和人才强区建设。

一是打造一批重大科技创新平台。牢牢抓住金砖创新基地建设机遇，以国家自主创新示范区为战略依托，深化与火炬高新区、自贸试验区创新联动，积极引进知名高校、科研院所在辖区设立研发机构或技术转移中心，落实“揭榜挂帅”等制度，实施一批重大科技专项，布局一批重大创新应用场景，推进产学研用一体化发展。

二是培育一批科技创新型企业。加大科技创新扶持力度，构建多元化支持民营企业技术创新资金体系，促进各类创新要素向企业集聚。健全“科技型中小企业—市级高新技术企业—国家级高新技术企业—科技小巨人领军企业”梯次培育体系，引导中小企业走“专精特新”发展之路，力争每年新增国家级高新技术企业45家以上。

三是引育一批高层次领军人才。深入实施“智汇湖里”人才强区战略，拓宽人才选聘渠道，深化靶向式、清单式引才，力争每年引进100名市级以上高层次人才。加强创新型、应用型、技能型人才培养，壮大高水平工程师和高技能人才队伍。深化人才发展体制机制改革，打造“一站式”人才综合服务平台，在引才、留才上取得更大成效。

（二）着力提升产业能级

以实体经济为支撑，培育壮大战略性新兴产业，大力推进产业基础高级化、产业链现代化。

一是全力打造“5+1”重点产业链群。做优先进制造业，延伸计算机与通讯设备制造、平板显示、智能硬件制造、航空维修等优势产业上下游，重点布局高性能计算机、智能化终端、新型触控显示、航空零部件等制造领域，打造全国先进制造业基地。加快打造新一代信息技术产业集群，积极推进数字产业化、产业数字化，巩固提升数字内容产业，加快布局下一代信息网络设备产业，大力发展5G、人工智能、大数据、云计算、集成电路设计等新兴产业。全面提升商贸物流业发展水平，以进口贸易促进创新示范区建设为契机，加快打造大宗商品交易中心，大力发展高端商贸，积极发展口岸物流、高端创新物流等。稳步扩大新兴金融业规模，依托两岸金融中心，重点发力财富管理和金融科技方向，大力发展股权投资基金、供应链金融、离岸金融等特色金融。加快旅游文化和健康产业发展，构建全域旅游格局，加快打造区域文化创新中心和国家级影视产业基地，积极发展高端医疗和智慧医疗、医美美妆、体育医疗等泛医疗产业，将五缘湾打造成为国家级旅游度假区、文化艺术中心和大健康产业集聚区。加快发展建筑业，打造以大型建安企业总部为核心的建安特色产业链，建设建安科技产业集聚区。同时，继续大力发展壮大总部经济、平台经济、海洋经济、绿色经济，争创国家新经济发展示范区。

二是优化提升产业发展平台。依托自贸试验区、火炬高新区、两岸金融中心等国家级重大平台，加快建设东部系列科创园区，大力发展五通金融商务区和古地石基金小镇，优化提升湖里创新园，积极建设国家“芯火”双创基地核心区，加快湖里老工业区改造提升，建设智慧交通产业园、平台经济产业园等特色产业园，提升“特区·1980”湖里创意产业园。

三是促进产业要素便利流动。以“链长制”为抓手，构建更具针对性的惠企政策体系。加强土地供应前期工作，提升土地要素保障水平。拓宽企业融资渠道，做大做强区级产业引导基金，大力扶持企业上市。优化劳动力结构，强化企业用工服务。完善企业大数据服务平台，实现数据共建共享。

（三）提振消费扩大投资

以项目为载体，持续推动大循环、大消费、大投资取得新成效。

一是着力畅通内外循环。完善扩大内需政策支撑体系，更加主动融入厦漳泉都市圈、闽西南协同发展区建设。大力开拓国际市场，促进内需和外需、进口和出口、引进外资和对外投资协调发展。着力打造高端要素集聚地，实施建设高标准市场体系行动，推动一批优质企业来湖里设立企业总部、研发中心、采购中心，形成吸引高端要素资源的强大引力场。

二是全面促进消费扩容。着力提升传统消费，加快推动“海上世界”、SM三期四期和闽南古镇万达广场建设，打造横贯东中西的商业廊道。结合轨道站点建设推进商业开发，升级湖里魅力购活动，持续激发消费潜力。着力培育新型消费，打造“一街一品”夜间经济聚集区，发展跨境电商、直播电商、服务消费等消费业态，加快购物消费中心数字化创新、错位化发展。着力打造区域消费中心，鼓励全球性、国际化高端知名商业品牌入驻，提升湖里消费市场高端供给能力。

三是努力扩大投资。统筹抓好项目全链条服务保障，谋划推进一批强基础、增功能、利长远的重大项目建设，扩大新型基础设施、产业升级、城市更新、民生补短板等投资，扎实推进岛内大提升项目，加力推进亿联网络总部大楼、阳光龙净“一带一路”国际总部、希平双语学校等一批重大重点项目，力争“十四五”期间完成固定资产投资 2500 亿元。

（四）全面拓展发展空间

持续推进“东进、西改、中优、北拓、环湾、向海”的空间发展战略。

一是提升综合承载能力。统筹空间、规模、产业三大结构。在东部五通、湖边水库、忠仑等片区规划建设以大数据、云服务、人工智能、智慧城市、金融科技为核心的国内一流科创园区；在中部依托现有火炬高新园，整合提升龙头山等片区，积极承接火炬片区发展溢出和产业转移；在西部湖里老工业区合理保留高端制造功能，建设智能制造工业创新基地，强化产城人的融合。根据全市的统一部署，继续优化北部机场片区的规划和功能研究。

二是倾力打造东部新城。统筹规划、建设、管理三大环节，加快将东部新城打造成产城人融合、宜居宜业新城区。强化规划引领，融入智慧城市、未来社区的理念，一次性规划建设基础设施和公共服务配套，加快推进保障性租赁住房建设，高水平规划建设重要节点标志性建筑群。注重规模开发，大力实施高林—金林、五缘湾营运中心 TOD 等项目成片综合开发，强化金融、总部、科创等产业导入，统筹推进环五缘湾等生态景观体系建设，全面提升湖里城区功能品质和发展能级。打造未来立体新城，建设地下城，推动地上地下信息化、智慧化、品质化等服务设施融合建设，形成立体网络。

三是推进岛湾一体发展。贯彻“提升本岛、跨岛发展”的战略部署，立足“扇头”提升主体功能，深入实施城市更新、城区品质提升等岛内大提升行动。增强“湾”的意识，积极融入湾区建设，打造一批重大合作平台，不断增强湖里在湾区的链接功能，推动湖里在岛内外经济融合互补中实现更大发展。

（五）坚持深化改革扩大开放

充分发挥经济特区、自贸试验区、国家自主创新示范区、两岸综改试验区等多区叠加优势，深化改革、扩大开放，增创特区发祥地发展新优势。

一是深化改革，加强营商环境建设。持续深化“放管服”改革，推进审批服务“一网办、一窗办、一次办、全区通办”，优化商事主体审批服务，提升政务信息化统筹实施水平，打造一站式企业服务平台，探索推行政策兑现“免申即享”。加大市场化改革力度，探索各领域发展的市场化机制。

二是扩大开放，集聚发展资源。主动融入金砖创新基地建设，加强工业创新、数字经济、科技创新、贸易投资等领域交流合作，打造面向金砖及“金砖 +”国家市场的合作窗口。加强与自贸试验区联动发展，用好制度创新优势，做大做强航空维修、融资租赁、跨境电商、黄金交易等重点平台。实施进口贸易促进创新示范区三年发展行动计划，推进货物监管制度创新和贸易便利化改革，打造国家级特色服务出口基地。积极服务我市海上合作战略支点城市建设。

三是拓展领域，加强两岸合作。依托两岸金融中心、海峡旅游服务中心等载体，主动对接台湾电子信息、金融服务、文化创意等优势产业。提升厦金航线服务保障能力，打通厦金人员货物进出便捷通道。落细落实各级惠台政策，支持台青就业创业实习，用心用情服务台商，建立台胞参与社区治理长效机制。扩大福德文化节影响力，推动成立五缘文化交流协会，让亲情乡情在两岸扎根延续。

（六）建管并重打造高颜值

对标上海、新加坡等先进地区，坚持内外兼修，打造高颜值厦门的核心区、标杆区。

一是巩固深化“大城管”格局。完善“大城管”指挥体系，进一步完善市场化管养、第三方信息采集和监督评价机制，建设“城市大脑”，推动设立“数字湖里”事务中心，让城市管理更加精细、高效和智慧。打造垃圾分类升级版，大力推进生活垃圾直运，积极创建一批示范小区、示范社区。常态化开展“两违”等专项整治，推行“引摊入市”，持续优化城区环境秩序。

二是持续提升城乡建设品质。大力完善辖区路网规划建设与交通基础设施，配合推进第二东通道等重大交通项目，加快打通一批“断头路”，新增一批停车位，积极发展智慧交通。加快安置房建设和社区发展中心项目建设，全面推行安置型商品房模式。统筹推进老旧小区改造，加快农贸市场改造提升，加快厦门北站—厦门铁路沿线景观综合整治和海堤路沿线建筑立面改造提升。大力推进绿化、花化、彩化、香化，打造一批口袋公园、花漾街区、主题公园、特色园林风情道路。

三是全面加强生态环境保护。牢固树立绿水青山就是金山银山理念，全面落实“六个坚定不移”，加快生态文明体制改革，巩固提升国家生态文明建设示范区创建成果。深入打好污染防治攻坚战，抓好中央生态环保督察整改并形成长效监管机制，扎实推进“蓝天、碧水、碧海、净土”工程，不断改善辖区生态环境质量。扎实推进碳达峰、碳中和工作，倡导绿色低碳生活。

（七）持续提升群众生活品质

坚持以人民为中心的发展思想，打造新时代民生幸福标杆。

一是切实兜住“底线民生”。大力实施“四大群体”增收计划，突出抓好高校毕业生、进城务工人员、退役军人、下岗人员等重点群体就业。构建多层次社会保障体系，深入实施全民参保计划，更好发挥社会救助的兜底作用。接好闽宁协作接力棒，努力打造全国东西协作乡村振兴示范点。助力浦城县推进乡村振兴，续写新时代“山海情”。

二是着力扩大“基本民生”。大力推进“家门口的优质学校”等十大重点项目工程，五年内建成公办幼儿园 17 所、新增学位 6840 个，建成九年一贯制公办学校 11 所、新增学位 2.3 万个。推动“双减”工作落地见效，打造一批示范性一级民办学校，新组建一批教育集团。加快推进国家区域医疗中心、国家儿童区域医疗中心、国家心血管病区域医疗中心建设，完善基层卫生服务体系，持续提升居民健康素养。鼓励通过市场化方式，采取公办民营、民办公助等多种形式打造托育托老机构示范点。落实三孩生育政策及配套措施。

三是积极提升“品质民生”。加快建设特区图书馆，持续提升“悦游湖里”品牌，精心办好城市诵读节、元宵民俗文化节等活动。推动湖里体育中心和南北向健康步道建设，打造“15 分钟慢行系统”，建设一批魅力休闲空间，办好中国俱乐部杯帆船挑战赛等体育赛事。加快推动 5G、人工智能等设施建设和场景应用，大力建设智慧教育、智慧医疗、智慧养老、智慧政务、智慧民生，打造智慧社区云平台。

（八）加大力度推进基层社会治理现代化

坚持党建引领，重心下移、服务下沉，自治、法治、德治相结合，加快推进基层治理体系和治理能力现代化。

一是做足和谐湖里特色。全面推进近邻党建引领基层社会治理，持续巩固拓展党建引领小区治理成果，推进小区党支部实体化、规范化建设，深化“精准双报到”制度，积极打造“红色业委会”“红色物业”，深化社区管理体制改革，落实“社区吹哨、部门报到”机制，推动社会治理重心向基层下移，打造涵盖养老、医疗、扶幼、济困、助残、育德、文化等服务的“15 分钟近邻生活服务圈”。

二是擦亮文明湖里底色。持续推进新时代精神文明建设，大力培育和践行社会主义核心价值观，建好用好新时代文明实践中心等阵地。深入实施时代新人培育工程，积极选树一批道德模范、最美人物、身边好人、最美家庭，营造见贤思齐、向上向善的浓厚氛围。深入推进“爱心厦门”建设，不断增强城市爱心底蕴。纵深推进文明创建，完善常态长效创建机制，持续开展市民文明素养提升行动，深化提升志愿服务等文明实践品牌，在更高起点打造省级文明示范城区，全力争创全国文明典范城市。

三是彰显法治湖里本色。一体推进法治湖里、法治政府、法治社会建设，落实行政复议体制改革，完善重大行政决策程序制度，全面实施行政执法三项制度，全面推进依法治区。深化司法体制综合配套改革，巩固深化政法队伍教育整顿成果，全面落实司法责任制，严格落实防止干预司法“三个规定”，努力让人民群众在每一个司法案件中感受到公平正义。扎实推动民法典贯彻实施，完善公共法律服务体系，深入开展“法律六进”等普法活动，提高全民法治素养。

四是提升平安湖里成色。坚持总体国家安全观，严密防范和化解各种风险挑战。发展新时代“枫桥经验”，深化多元化纠纷解决机制，坚持把非诉讼纠纷解决机制挺在前面，扎实推进“治重化积”“四门四访”等工作，常态化开展扫黑除恶斗争，深化“五安”工程，打击整治电信网络诈骗等突出违法犯罪，依法管理民族宗教事务，建设更高水平的平安湖里。压紧压实安全生产责任制，完善应急管理能力体系，深入开展安全生产专项整治，坚决防范遏制重特大事故发生。深化“餐桌污染”治理，建设“食品放心工程”。

五是慎终如始抓好疫情防控工作。认真落实“外防输入、内防反弹”各项措施，建立系统高效的常态化疫情防控和应急处置体制机制。推进“多格合一”，整合优化社区网格管理，提升网格平战结合、迅速响应、协同作战的能力，全面提升常态化疫情防控和社会治理能力。

加强党的全面领导和党的建设

实现新的奋斗目标，关键在党，关键在人。全区各级党组织要全面贯彻新时代党的建设总要求和新时代党的组织路线，不断提高把方向、谋大局、定政策、促改革的能力，以高质量党建引领保障高质量发展。

一要对标对表把牢政治方向。要旗帜鲜明讲政治，坚持把党的政治建设摆在首位、作为统领、贯穿始终，不断提高政治判断力、政治领悟力、政治执行力，严守政治纪律和政治规矩，以实际行动增强“四个意识”、坚定“四个自信”、做到“两个维护”。要坚持不懈用习近平新时代中国特色社会主义思想举旗引路、武装头脑，持续深入开展党史学习教育，建立“不忘初心、牢记使命”长效机制，大力弘扬伟大建党精神，让理想信念的明灯永远在心中闪亮。要不折不扣、创造性贯彻落实习近平总书记重要讲话重要指示批示精神和党中央以及省委、市委决策部署，确保政令畅通、落地见效。

二要守土尽责落实管党治党。要扛稳压实落细主体责任、第一责任和“一岗双责”，推动全面从严治党不断向纵深发展、向基层延伸。要严格落实意识形态工作责任制，深入推进理论宣传教育、媒体融合发展、思想舆论引导和网络综合治理，不断坚定主心骨、唱响主旋律、汇聚正能量。要完善上下贯通、执行有力的组织体系，坚持大抓基层、大抓支部，全面推进机关、国企、学校、非公等各领域党建，建立“我为群众办实事”长效机制，持续提升基层党组织组织力，将每个基层党组织都打造成为坚强战斗堡垒。

三要导向鲜明激发担当作为。不断解放思想，永葆“闯”的精神、“创”的劲头、“干”的作风，锚定目标、坚持对标，盯住关键、盯在日常，猛追猛冲、奋发有为，马上就办、雷厉风行。要提升能力本领，做到胸中有全局、眼中有问题、脑中有思路、手脚有行动，确保在关键时刻和重大关头豁得出来、冲得上去、干得下来。要鲜明树立重实干重实绩的用人导向，真正把“想干事、能干事、干成事”的好干部选出来、用起来，努力锻造一支能担重任的干部队伍。

四要持之以恒深化正风反腐。要锲而不舍落实中央八项规定及其实施细则精神，坚决整治形式主义、官僚主义，深化拓展基层减负工作，加强机关效能建设，推动党风政风持续优化好转。要深化运用监督执纪“四种形态”，推进纪律监督、监察监督、派驻监督、巡察监督、审计监督统筹衔接、贯通融合，加强对“一把手”和领导班子监督，强化廉政警示教育和廉政风险防控。要始终保持反腐败高压态势，紧盯群众身边腐败和不正之风，严肃查处各种不收敛不收手的违纪违法问题，不断提高不敢腐、不能腐、不想腐的综合功效。

五要有力有效凝聚共识力量。要积极发展社会主义民主政治，充分发挥人大、政协职能作用，增强监督、协商、建言实效，更好统一思想、凝聚共识。要充分发挥统一战线广大成员的积极作用，紧紧围绕经济社会发展中的重大问题和服务国家战略开展调查研究、献计出力、主动作为。要持续深入抓好党管武装制度落实，推动国防教育进机关、进社区、进学校。要深化军民融合和双拥共建，努力争创新一轮双拥模范城区。要用心用情做好老干部工作，发挥老干部优势作用。要充分发挥工青妇等群团组织的桥梁纽带作用，团结引导广大群众为湖里发展鼓与呼、起而行，营造携手奋进新征程、齐心谱写新篇章的生动局面。

政府工作报告（节选）

——2021 年 12 月 26 日在湖里区第九届人民代表大会第一次会议上

湖里区人民政府代理区长　黄　颖

2021 年，我们坚持以习近平新时代中国特色社会主义思想为指导，深入学习贯彻中共十九大和十九届历次全会精神，全面贯彻习近平总书记重要讲话重要指示批示精神，牢牢把握全方位推进高质量发展超越主题主线，坚决落实市委、市政府和区委决策部署，统筹推进常态化疫情防控和经济社会发展，统筹发展和安全，较好完成年度目标任务。

预计全年实现地区生产总值 1550 亿元、比上年增长 8.5%，财政总收入 278.8 亿元、增长 7.5%，其中区级财政收入 59.4 亿元、增长 16.3%，服务业增加值增长 8.5%，限上批零业销售额增长 35%，固定资产投资增长 12%，城镇居民人均可支配收入增长 10%。获得国家生态文明建设示范区、中国创新城市治理新典范、中国市容环境高品质城市、全省城市发展“十优”区等称号；通过国家慢性病综合防控示范区复审；财政管理工作获国务院办公厅通报表扬。

一年来主要工作和成效：

（一）疫情防控扎实有效

常态防控落实落细。扎紧外防输入关口，承担全市主要口岸分流任务，截至12月20日（下同），分流6006个航班33.4万人次、核查进出港船舶5.5万艘次9.4万人次、检测消毒进口冷链食品8384批次4.6万吨；“点对点”转运7.9万人次，“全闭环”服务管控11.1万人次隔离对象。坚决落实内防反弹举措规程，核实国内重点地区入厦人员信息31.8万条，累计登记管理5万人。严格落实常态化核酸检测，完成重点人群及食品外环境样本核酸采样182.4万份。推进疫苗接种，累计接种新冠疫苗200万剂次，3岁以上人群全程接种覆盖率92%。

应急处置从快从严。在9月突发新冠疫情中，迅速响应市指挥部部署，激活启动区应急指挥体系，统筹调度各方力量，12小时内完成初步流行病学调查报告，紧急征调启用15家隔离场所，坚持“五防”并举，快速实现辖区密接、次密接应转尽转、应隔尽隔。服从全市调度，完成2364人次兄弟区转运来我区的密接、次密接人员集中隔离管理。精准划定5个封控区、5个管控区、94个重点防范区，严格落实封控管控工作，阻断传播链条。科学设置141个集中采样点，有序开展6轮全员核酸检测，创造最高每小时超过10万人次检测采样的“湖里速度”。

联防机制更顺更活。不断总结完善常态化科学精准防控机制，坚持每日例会调度全区疫情防控工作。组建20支流调队伍，培训储备核酸采样信息录入人员6810人，开展各类场景应急演练14场次。划分设立710个网格，建立三级管理网格体系。充分发挥党支部“主心骨”作用，统筹“近邻”资源和力量，积极创建“无疫小区”，辖区512个小区全部实现闭环管理。

（二）经济发展稳中有进

产业转型加快推进。坚持“优二进三”“二三产融合发展”战略，五大重点产业发展活力显现。计算机制造业、电气机械和器材制造业产值分别增长20%、30%。软件信息业营收增长30%。入选国家“专精特新”小巨人企业10家、省级科技小巨人企业17家。新落地高能级金融业项目21个、总部项目8个，新增境内外上市企业4家。

项目建设全面提速。构建“提前介入、主动服务，全程跟踪、联合监管”工作机制和“1+5+5”项目推动机制，新增103个储备项目，56个重点项目有序建设，16个项目如期开工，8个项目全面竣工，累计完成投资206亿元，完成年度计划194.5%。省市重点项目完成情况综合排名位居全市各区首位。

营商环境不断优化。出台系列惠企政策措施，兑现各类奖励政策9.4亿元。在全市首推区级“掌上办”“秒批秒办”审批服务事项。“一趟不用跑”“最多跑一趟”事项占比分别达99.5%、99.8%。在近三年市对区营商环境考核中蝉联第一。实际利用外资21.8亿元、增长6%，实际到位内资354.7亿元、增长3.4%。引进各类人才148名。鼓励台青在我区创业就业，成立首个海峡两岸“设计研学中心”。

（三）城区面貌日新月异

城市更新东西并进。推进东部旧村整村改造扫尾攻坚，完成签约96.3万平方米，拆除191.1万平方米，其中7个自然社完成整村签约，5个自然社实现整村拆除，102.20万平方米用地顺利提交。3个安置房项目如期完工，15个安置房项目和2个社区发展中心项目加快建设。完成3305人安置返迁。加快西部城区改造，完成东渡社区老城更新样板项目，建成湖里花漾街区；试点完成围里社、湖里社空中线缆改造。完成21个老旧小区改造提升，惠及6890户。

城区治理内外兼修。推动“大文明+大城管”机制创新，拆除“两违”6192万平方米，完成年度任务480%，名列全市第一；西潘地块扬尘防治、双十中学地铁口整治经验在全市推广。全面推进“摊规点”建设，建成12处273个摊位。完成6个农贸市场改造提升。新增公共停车泊位465个。打通断头路14条。打造江头祥店全省精细化管理样板街区。垃圾分类持续走在全市各区前列。3次市对区城市综合管理考评中2次位居第一。

环境提升表里同步。加快推进健康步道湖里段、海堤路沿线立面整治和铁路沿线景观综合整治工程。建成30个口袋公园，在园山南路等16条道路打造约1.3万平方米的“红色文化”园林景观。开展排水管理进小区试点工作，完成雨污分流改造101千米，加快推进辖区44.4平方千米正本清源。首次实现空气质量优良率、近岸海域水质优良率、地表水功能区达标率“三个100%”。

（四）民生福祉持续提升

社会事业更加繁荣。新增金安教育集团；率先实施“多校划片”；新开办5所校园，新增学位3660个；完成“优质放心午餐工程”“校园清凉工程”“课后延时服务”全覆盖。探索建立“医院—社区—政府部门”三位一体的体医融合模式。完成马垅社区、海天社区、后浦社区基层综合文化服务中心提升改造；广泛开展社区文化艺术节、城市诵读节等群众文化品牌活动；

对王清祥宅等60处文物启动修缮或迁移保护。

社会保障更加有力。实施各类社会救助2.5万人次，发放救助金1307.8万元，养老、失业、工伤保险参保覆盖率稳步提升。升级近邻敬老服务圈，投入居家养老服务经费1375万元，完成金尚、兴园、金山三个全国老年人心理关爱项目试点社区建设；新建2个街道居家社区养老服务照料中心；坂尚等15个社区居家养老服务站完成适老化改造升级。建成1个省级、3个市级婴幼儿照护服务中心。落实“四不摘”政策，助力闽宁镇、浦城县等对口帮扶地区加快乡村振兴。

社会治理更加有效。顺利完成社区组织换届选举，选齐配强充实社区工作力量。金安、嘉福等8个社区入选省级近邻服务试点社区。成立湖里区台胞志愿服务联盟。成立全市首家区级人民调解员协会，深化访调对接、诉非联动机制，探索警民联调模式，升级交调委“一条龙”服务平台，成功调处各类矛盾纠纷6051件。“最多投一次”的1122件信访件100%及时受理、按时办结。常态化开展扫黑除恶斗争，查办恶势力集团4个。在全省首创“避灾点数字地图”。火灾事故起数下降1.9%，生产安全事故起数、死亡人数分别下降60.9%、70%。粮食安全、食品安全持续巩固。

同时，妇女儿童、民族宗教、外事侨务、人事、统计、方志、档案等工作再上新台阶，国防动员、双拥优抚、老龄老干、残疾人、红十字、慈善等各项事业取得新成效，社会保持安定和谐有序。

（五）自身建设不断加强

旗帜鲜明讲政治。持续加强政府系统党的建设，深入开展党史学习教育和“再学习、再调研、再落实”活动，完成“我为群众办实事”项目844个，石头皮山“两违”整治获评全市首批“十佳优秀案例”。高质量办理人大代表议案1件、建议69件和政协提案69件，满意（含基本满意）率均为100%。不折不扣抓好省委巡视、市委巡察和各级审计发现问题整改。

依法依规履职能。统筹推进法治政府、法治社会、法治湖里建设，广泛开展普法宣传，持续提升全民法治素养；严格落实行政执法三项制度和重大行政决策程序制度，梳理完善行政负责人出庭应诉机制，完成行政复议体制改革。主动公开政府信息约660条。“劳动关系调节数字云”系统获评全国政法智能化建设智慧司法创新案例。

持之以恒强作风。带头“过紧日子”，压减一般性支出1.5亿元，“三公”经费同比下降10%。切实发挥审计监督作用，促进增收节支7563.5万元。完善政府投资项目管理、建设工程项目招投标管理、储备用地临时利用管理等制度机制，加强公共工程建设、公共资源交易、国资国企等重点领域监管。从严整肃庸政懒政怠政，给予效能问责35人次，机关效能进一步提升。

回望过去五年，我们在党中央和省、市、区委的坚强领导下，凝聚全区人民的智慧和力量，坚持以新思想指导新实践、以新理念推动新发展，顺利完成区八届人大一次会议确定的主要任务目标。引领的红、创新的蓝、怡人的绿，描绘出一幅幅生机勃勃、美丽幸福的画卷，展示了特区湖里人开拓创新、拼搏进取的“精气神”，展现了先锋湖里的新成就、新气象。

五年来，我们抢抓机遇，全面深化改革开放，经济实力明显跃升。地区生产总值、财政总收入、固定资产投资等主要指标保持年均8%以上增速，经济总量跻身全省县区第四，以占全市4.2%的土地面积贡献全市22%的地区生产总值、22.8%的工业增加值，进口量全省占比年均超过25%，入选中国工业百强区、国家进口贸易促进创新示范区。

五年来，我们凝心聚力，加快转换新旧动能，产业结构明显优化。全区规上工业总产值年均增长8.5%，高技术产业增加值占全区规上工业增加值比重达77.9%。计算机和通信设备制造业产值实现千亿元规模。第三产业增加值占地区生产总值比重达60%。建成国家级众创空间9家、科技企业孵化器4家，累计新增国家级高新技术企业339家，现有“三高”企业484家，获评全省知识产权强区，达到国内创新型城市水平。

五年来，我们开拓创新，深入推进精细管理，城区环境明显改善。建成“大城管”体系，在全市城市综合管理和“两违”综合治理考评中长期领跑。圆满完成“金砖”厦门会晤服务保障。新增公共停车位1万多个，新建40个公园、6座人行天桥，提升133条市政道路。68个排海口基本实现晴天污水“零排放”。五缘湾片区生态修复与综合开发入选自然资源部首批生态产品价值实现典型案例。获评首批省级文明示范城区。

五年来，我们牢记宗旨，扎实办好为民实事，民生保障明显增强。新改扩建公办校（园）26所，新增学位15875个，连续五年中考学业评估全市居首。社区养老服务实现全覆盖。新增7家三级综合（专科）医院，累计床位数达5159张。新增就业10.7万人，城镇居民人均可支配收入年均增长7.3%，社会保险实现“应保尽保”。社会救助超6.7万人次，特困人员基本生活供养金、低保金人均分别增长48.9%、39.3%。完成65个老旧小区改造。新建安置房1.3万套。助力浦城县、东乡县等省内外对口协作兄弟县区如期脱贫摘帽。获评国家级健康促进区、全国中小学校责任督学挂牌督导创新区、全省首批教育强区等荣誉称号。

五年来，我们攻坚克难，着力提升治理能力，社会事业明显进步。全面开展社区综合管理体制改革，社区事务有效精简，小区治理经验获评“首届全国十大社区发展治理创新案例”“全国创新社会治理优秀案例”，兴隆社区“台胞融合工作法”入选全国优秀社区工作法。扫黑除恶专项斗争和政法队伍教育整顿取得明显成效，群众安全感率连续五年超过98%。区—街—社区三级公共法律服务实体平台全面覆盖，“七五普法”工作成效显著。获全国社会治理创新优秀城区、全国信访工作三无县（区）等荣誉称号。

各位代表！过去五年，我们有力有效应对风险挑战，攻坚克难推动各项事业发展，实现了湖里的新跨越，根本在于习近平新时代中国特色社会主义思想的科学指引，关键在于市委、市政府和区委的坚强领导，得益于历届区委、区人大、区政府、区政协打下的坚实基础，归功于全区人民的拼搏奋斗、埋头苦干和社会各界的关心支持、携手共进。特别是去年年初以来，新冠疫情汹涌而来，全区上下大力弘扬伟大抗疫精神，同舟共济、共护家园，全体公职人员闻令而动，医务人员向险而行，公安民警连续作战，社区工作者坚守一线，志愿者无私奉献，企业家慷慨解囊，居民群众守望相助，以生命赴使命、以大爱护众生，推动疫情防控取得来之不易的胜利。在这场大战大考中，全区人民充分展现了“我们就是厦门、厦门就是我们”的情怀担当，再次彰显了湖里区的敢闯底色、大爱品格和坚强力量。在此，我谨代表湖里区人民政府，向全区人民，向区人大代表、政协委员，向各民主党派、工商联、人民团体、离退休老同志，向辖区省部属、市属单位以及部队和武警官兵，向关心支持湖里发展的社会各界人士，表示衷心的感谢和崇高的敬意！

在成绩面前，我们也清醒认识到，湖里经济社会发展还面临诸多挑战，存在许多不足和短板。一是对照高素质要求，发展质效尚需提升，经济体量偏小；传统产业转型升级步伐总体偏慢，尚在培育积蓄新动能；新兴产业实力还不强大、贡献还不明显；研发与创新载体数量偏少、规模偏小，国家高新技术企业仅占全市17%。二是对照高颜值要求，区域发展不够均衡，城区管理“绣花功夫”还有很大潜力有待挖掘，道路、消防、排水、供气等基础设施仍存在短板。三是对照现代化要求，综合配套与中心城区相比还有一定差距，公共服务质量有待提高。教育学位尚未完全满足实际需求，在全市叫得响、有影响力的品牌学校不多；高端文化产品和高水平竞技体育赛事不多；公共安全体系还不够健全，预警预防应急反应系统还有较大提升空间。四是对照国际化要求，“多区叠加”优势发挥不够充分，开放发展尚需深化，国际知名度、美誉度不够突出，对人才的吸引力、凝聚力还不够强。同时，新发展阶段中，干部的格局视野还需更加宽广、担当作为还需更加主动、统筹协调还需更加有力、精品意识还需更加强烈。

湖里区应对新冠肺炎疫情影响
助力企业纾困减负若干措施

为全面落实省、市关于统筹推进疫情防控和经济社会发展的工作要求，积极帮助企业应对疫情影响，助力企业纾困减负，在全面落实市政府《积极应对新冠肺炎疫情影响助力企业纾困减负若干措施（厦府规〔2021〕7号）》的基础上，结合我区实际，针对辖区企业应对疫情带来的生产经营困难，特制定以下措施。

一、加大金融支持力度

1．给予企业贷款贴息。申请主体为受疫情影响重点行业的小微企业，自2021年9月至12月期间，由本市经金融监管部门认可的辖内商业银行、证券机构、非银行金融机构、小额贷款公司和典当行新发放（含展期）的流动资金类贷款，按年化利率（以2021年9月LPR3.85%为准）的50%给予贴息，贴息期限6个月；贷款存续期不足6个月的，以实际贷款时间进行贴息。随借随还类贷款按日均贷款金额进行计算。单个企业贴息金额不超过50万元。（责任单位：区金融办，各街道办）

2．加大融资担保扶持。中小微企业自2021年9

月至12月新发生的经营性贷款担保，湖里辖区内融资担保公司按不高于1.5%的优惠率对企业收取担保费的，区财政按2.5%与融资担保公司对企业收取的保费利率之间的差额且不高于1.5%对各融资担保机构予以保费补贴，补贴期限不超过6个月，单家企业补贴金额不超过50万元。（责任单位：区金融办，各街道办）

二、降低企业经营成本

3．房租减免。对承租区国有企业和机关事业单位权属的经营性房产以及保障房配套商业用房用于生产经营，且最终承租人为非国有企业和非机关事业单位的给予租金减免，其中：对受疫情影响的重点行业企业免收2021年9月和10月租金，其他行业减半收取。鼓励辖区内街道、村（居）属企业权属的经营性房产参照执行。（责任单位：区财政局，各街道办）

4．减租补助。2021年9月和10月，村（居）属企业对承租人减免房租的，对所减免房租部分产生的房产税给予全额补助。（责任单位：区财政局，各街道办）

三、支持企业用工

5．招工扶持政策。湖里区人力资源服务、劳务派遣机构，在2021年10月至12月期间为湖里区规上企业代理招聘或劳务派遣初次来厦就业人员，办理就业登记、缴交社保并在同一企业连续工作6个月及以上的，分别按500元/人、300元/人给予机构一次性招工奖励。同一机构最高奖励分别为25万元、20万元。代招达到300人或者派遣达到500人的，额外给予表扬和分别一次性奖励2万元、1万元。（责任单位：区人社局、区财政局、区工信局、区商务局、区文旅局、区发改局、区建设局）

6．支持员工稳定就业。提高疫情期间外来务工人员生活补助标准和本区就业困难对象正规就业工资性补贴标准。符合厦湖府〔2018〕148号享受外来务工人员生活补助或本区就业困难对象正规就业工资性补贴条件的人员，2021年10月至2022年3月，补助标准为500元/月，以提高务工人员收入水平，降低疫情对民众生活的影响。（责任单位：区人社局、区财政局）

7．给予企业员工稳岗补贴。对生产基地在受疫情影响重点区域的规模以上工业企业，该生产基地的务工人员每人发放500元一次性稳岗补贴。受补助的员工原则上应是疫情期间在湖里区有就业登记、社保缴交记录的务工人员。（责任单位：区工信局、区人社局）

四、促进受影响行业加快恢复

8．给予运营补助。对受疫情影响重点行业企业，营收达到一定条件的，按营收1%予以奖励，每家企业累计奖励资金不超过200万元。其中：对2021年10月至12月营收合计达50万元的，可按该阶段营收先行予以奖励；对2021年10月至2022年2月营收合计达100万元的，按该阶段营收总额应兑现的奖励予以补足。（责任单位：区工信局、区商务局、区文旅局、区财政局、区发改局，区文发办，各街道办）

9．支持工业企业增产增效。

（1）鼓励龙头工业企业补强供应链。对2021年产值3亿元（含）以上10亿元以下，且比增超过20%的规模以上工业企业，一次性给予物流补助15万元；对2021年产值10亿元（含）以上20亿元以下，且比增超过8%的规模以上工业企业，一次性给予物流补助30万元；对2021年产值20亿元（含）以上，且同比实现正增长的规模以上工业企业，一次性给予物流补助50万元。（责任单位：区工信局）

（2）鼓励工业企业有序用电、错峰用电。对2021年10月至12月规模以上工业企业利用低谷时段（每日24:00至次日8:00）进行生产用电，且四季度产值环比三季度增长10%（含）以上的，按0.15元/千瓦时进行补助，单家企业补助不超过20万元。（责任单位：区工信局，各街道办）

10．给予商贸企业增量补助。对于限上百货超市、餐饮企业2021年10月至12月营收同比2020年10月至12月增长不低于15%的，分别按增量的6‰、2%给予奖励；对于限上汽车销售企业2021年10月至12月营收同比2020年10月至12月增长不低于20%的，按增量6‰给予奖励。单家企业奖励封顶100万元。（责任单位：区商务局）

11．助力展览展销。对2021年10月至2022年3月31日在湖里区举办的会展项目，按《湖里区进一步促进会议展览业发展扶持意见》现行标准上浮10%给予奖补。（责任单位：区文旅局）

五、强化要素保障

12．建立复工绿色通道。辖区项目经建设（代建）、施工、监理单位自查合格即可组织复工，并将复工自查情况报湖里区质安站备案。参照《湖里区促进建筑业发展实施办法》，充分运用奖励激励机制，对积极推动建设项目复工复产的企业予以表扬奖励。（责任单位：区建设局）

六、附　则

1. 享受本措施支持的企业工商注册和税收关系应均在湖里区。受疫情影响的重点行业企业，指受疫情影响较重的住餐业、零售业、交通运输业、文体娱乐业、旅游会展业、商务居民服务业，以及因封控管控关闭和根据政府疫情防控工作通告要求停止经营的企业（含个体工商户）。

2. 企业同时符合市、区出台的同类扶持政策时，按就高不重复原则享受。

3. 相关政策条款由行业主管部门负责解释，责任单位同步细化制定受理办法及细则。

4. 本措施自发布之日起执行。

厦门市湖里区国家生态文明建设示范区规划（2021—2025）（节选）

第三章　规划任务与措施

（一）完善生态制度

1. 落实目标考核，健全政府组织监管制度

健全领导责任体系，以坚持党的集中统一领导为统领。区委区政府对辖区环境治理负总体责任，组织落实目标任务、政策措施，加大资金投入。督促落实企业环境污染治理的主体责任和省、市下达生态环境保护责任清单，相关部门严格落实“党政同责、一岗双责”，统筹做好监管执法、市场规范、资金安排、宣传教育等工作。

落实中央生态环境保护督察制度。全力做好中央、省级生态环境保护督察、《八闽快讯》通报及各类突出生态环境问题整改落实。以解决突出生态环境问题，改善生态环境质量推动经济高质量发展。聚焦重点区域、重点行业的突出问题，建立问题台账，夯实地方党委、政府和有关部门生态环境保护政治责任，推动生态环境保护领域重点任务落实。

完善目标责任考核制度。成立区委书记任组长、区长任常务副组长的生态文明建设领导小组，全力推进国家生态文明试验区建设，为“生态省”建设当好尖兵。完善《湖里区生态文明建设目标评价考核办法》，将生态文明建设和环境保护纳入各街道、部门党政领导班子综合考核评价指标体系，强化“绿色考核”指挥棒作用。全面推行生态文明建设“一票否决”，考核结果纳入各单位党政领导班子和领导干部的政绩和绩效考核范围，增强各街道、各部门落实生态文明建设和环境保护工作要求的积极性和自觉性。严明生态环境保护责任，将考核结果作为评价领导干部政绩、年度考核和选拔任用的重要依据，形成落实生态优先、绿色发展的政绩导向。

2. 强化机制创新，完善生态环境保护制度

健全生态保护机制。落实十九届五中全会精神，全面加强党对生态环境保护的领导，以体制机制改革为突破，实行最严格的生态环境保护制度，健全源头预防、过程控制、损害赔偿、责任追究的生态环境保护体系，健全市场化、多元化的生态保护补偿机制，全面落实生态环境损害赔偿制度。加快构建“党委领导、政府主导、企业主体、社会组织和公众参与”的现代环境治理体系，加快推进生态环境治理体系和治理能力现代化，完成生态环境监管能力建设三年行动方案年度任务。

落实责任追究制度。以深化国家生态文明试验区建设为契机，大力推进体制机制改革，落实生态文明建设差异化绩效评价考核，开展领导干部自然资源资产离任审计，推进生态环保监管执法体制改革，不断健全生态环境损害责任终身追究制。

推动企业履行环境污染责任。建立覆盖所有固定污染源的企业排污许可制度，强化以企业为单元的总量控制。大力推行环境污染第三方治理，完善排污者负责、第三方治理、政府监管、社会监督的污染治理运行机制。贯彻落实环境污染强制责任保险制度。强力推进新时代生态文明制度建设，积极落实最严格的减排约束制度，健全以排污许可为核心的固定污染源监管制度和主要污染物减排约束制度体系，构建减排制度保障体系。

强化生态环境保护监管执法机制。强化能源、水资源、建设用地等总量和强度双控制度，不断倡导绿色

低碳生活，建设资源节约型社会。加快落实最严格的生态环境保护监管执法机制，加快理清各部门生态环保监管职责，加大力度推进网格化、河湖长制等综合监管机制融合优势，扎实推进联防联控，加快形成海陆一体化监督体系，为生态文明建设构筑最严密保障。

3. 资源有偿使用，完善自然资源管理制度

建立资源管理制度，推进资源高效利用。树立节约集约循环利用的资源观，紧紧抓住促进资源利用更加高效这个目标，推进自然资源统一确权登记法治化、规范化、标准化、信息化，健全自然资源产权制度，明确各类自然资源产权主体权利。按序推进自然资源资产负债表编制工作，摸清全区主要自然资源资产“家底”，健全和完善自然资源统计调查制度。落实资源有偿使用制度，全面建立覆盖各类全民所有自然资源的有偿出让制度，严禁无偿或低价出让。实行资源总量管理和全面节约制度，完善最严格的土地节约集约利用制度和水资源管理制度，建立能源消费总量管理和节约制度，健全海洋资源开发保护制度。

开展“能耗双控”行动。强化约束性指标管理，强化能源、水资源、建设用地等总量和强度双控行动，建立目标责任制，合理分解落实。研究建立双控的市场化机制，建立预算管理制度、有偿使用和交易制度，更多用市场手段实现双控目标。按照污染者使用者付费、保护者节约者受益的原则，加快建立健全充分反映市场供求和资源稀缺程度、体现生态价值和环境损害成本的资源环境价格机制，促进资源节约和生态环境保护。

分级建立企业环境信息评价体系，约束企业主动落实环保责任。完善环境污染责任保险制度，落实辖区上市公司强制性环境信息披露制，在环境高风险领域建立环境污染强制责任保险制度，推动企业履行环境污染治理和损害修复主体责任。加强政策协同，以打通企业环境数据信息为抓手，打通各类信息和数据。强化企业环境监管、环境信用评价和管理、绿色信贷、环境污染责任保险等各项制度间的无缝衔接，形成企业监管制度链条。完善排污者负责、第三方治理、政府监管、社会监督的污染治理运行机制。

全面实行排污许可制度。加强对企业排污行为的监督检查，按照新老有别、平稳过渡原则，妥善处理排污许可与环评制度的关系，构建以排污许可制为核心的污染源监管制度体系。加强企业环境治理责任制度建设，督促企业严格执行法律法规。对固定污染源实施全过程管理和多污染物协同控制，实现“一证式”管理，对企业在生产生活中造成的水、大气、土壤污染等进行经济法律追责问责，大幅提高环境损害成本。

构建市场导向的绿色技术创新体系。按照提升发展质量和效益、降低资源消耗、减少环境污染的部署，开展能源节约、资源循环利用、新能源开发、污染治理、生态修复等领域关键技术攻关。强化企业技术创新主体地位，充分发挥市场对绿色产业发展方向和技术路线选择的决定性作用。建立绿色循环低碳发展的产业结构和经济体系，采用先进实用节能低碳环保技术改造提升传统产业，大力发展节能环保产业。

完善资源循环利用制度。实行生产者责任延伸制度，推动生产者落实废弃产品回收处理等责任。完善再生资源回收体系，实行垃圾分类回收，加快建立有利于垃圾分类和减量化、资源化、无害化处理的激励约束机制。推进产业循环式组合，促进生产系统和生活系统的循环链接，构建覆盖全社会的资源循环利用体系。加大绿色金融支持，落实好促进节能减排相关税收优惠政策，加快推进用能权、排污权和碳排放权交易制度。

4. 加大生态保护修复，提升生态系统功能

提升生态保护红线生态功能。在完成生态红线评估调整、勘界定标工作基础上，进一步实施生态保护红线生态保护修复工程，严格保护优良生态系统，优先开展水源涵养、生物多样性保护功能、生态保护红线受损生态系统修复，持续提升生态保护红线生态功能。严守海洋生态保护红线，严格落实海洋生态保护红线管控要求和措施，优先支持发展海洋战略性新兴产业、绿色环保产业、循环经济产业和海洋特色产业。

系统实施生态保护修复。以解决生态环境问题，提升生态系统功能为导向，开展山水林田湖草生态保护修复项目，对山上山下、地上地下以及陆地海洋进行整体保护、系统修复。以水生态环境质量改善为核心，污染减排与生态扩容两手发力，统筹水资源利用、水生态保护和水环境治理。构建优美河湖生态系统，点亮幸福河湖底色，守护居民生命之源。坚持陆海统筹、以海定陆，着力抓好近岸海域水质污染治理和海洋生态保护与修复，健全陆海统筹海洋生态保护机制，推进沿海生态环境保护，打造美丽海湾、美丽海岸带。按照“保护优先、节约利用、科学整治、绿色共享”原则，严格实施海岸线分类管控要求，坚守自然岸线保有率目标，重点加强环湾岸线整治提升。拓展公众亲海空间，优化海岸线保护与利用格局。

（二）守护生态安全

1. 推进流域综合整治，深化水污染防治

着力打好“碧水保卫战”。持续保持地表水环境质量稳中向好。强化截污控源，严格重点污染监管。加强水资源保护和污染严重河湖的综合治理，采取截污导流、生态清淤、生态修复等措施，减少污染物进入水体。持续保持地表水功能区达标率达到100%。强化新丰湖、埭辽湖和湖边水库的巡查管控，定期委托水质检测，及时掌握水质情况。保障湖边水库水质达Ⅲ类，埭辽湖、新丰湖水质达Ⅴ类。建立地表水长效监管机制，实行地表水“管家”制度，完善网格平台和在线管理平台，加强监管，力争水质达标且逐年改善。强化应急水源湖边水库监管，结合周边旧村搬迁项目，加强湖库带生态建设，建设植被缓冲带和隔离带。

落实落细河（湖）长制，抓好中央生态环保督察问题整改。贯彻落实《湖里区全面推行河（湖）长制实施方案》，严格执行区级河长“一月一巡查”、街道河长“一周一巡查”的巡查制度，及时协调解决涉水有关问题。加强水资源保护、水环境治理、水生态修复。完善湖边水库、五缘湾内湾等水域联合管控机制。推动市、区、街道及社区各级各部门形成治水工作合力，提高治理成效。

持续推进污水处理“提质增效”。完成溯源排查和正本清源年度任务，加快推动小型污水处理站改造建设。深化船舶和港口污染防治与监管，重点推进沿海400总吨及以上船舶水污染物的接收、转运及处置工作。持续强化对“散乱污”企业的摸排和清理，建立“散乱污”企业管理长效监管机制，依托中央生态环保督察契机，结合东部旧村整村改造，加快“散乱污”企业整改、关停、搬迁。

落实污水设施建设和入海排放口整治。推动实施《湖里区污水工程建设规划（2019—2035年）》，制定“一口一案”整改方案。全面提高城镇污水处理程度和水平、严格实行工业废水达标排放。扎实抓好中央生态环保督察反馈问题整改，全力推进辖区污水管网和入海排放口整治，协助早日实现生活污水全收集全处理。不断夯实污水处理能力基础建设，协助2021年高崎污水处理厂通水试运行。开展全区污水溯源排查及正本清源，打通一批“断头管”，持续推动雨污分流，实现辖区排海口晴天污水“零排放”。

2. 巩固大气治理成果，保障全区空气质量

实施“蓝天工程”。保持空气质量优良率领先优势，紧盯PM2.5浓度超越目标，分阶段缩小差距。持续推进机动车污染减排，深入实施高排放机动车限行政策，加强移动源和非道路移动机械污染防治。强化重点行业污染治理升级改造，加强工业企业无组织排放管控。加大挥发性有机物整治力度，加大工地扬尘、汽车尾气、餐饮油烟等防控力度，推动绿色海港、绿色空港建设，保持高品质空气质量。提高岸电、桥电使用率，提升区域联防联控水平，实现空气质量从气候控制型向排放控制型转变。加强轻微污染空气应急响应调度，全力保障辖区空气质量稳定向好。做好湖里中学、蔡塘社区、高林社区站点运维管控工作，确保3个监测点位平均综合指数优于往年、年空气质量优良率不低于近三年平均值、6项污染物指标达到二级标准。

持续改善空气质量。编制实施“十四五”空气质量持续改善计划。根据省、市工作部署，加大VOCs整治力度，鼓励开展源头治理，建设源头治理示范企业，督导企业执行有关VOCs含量限值标准，加强无组织排放管控，提升末端治理水平；完成全辖区港口和码头有机物料储罐等VOCs治理年度任务。强化机动车和非道路移动机械排气监管，抓好油品质量监管，完成年销售量大于5000吨加油站油气回收在线监控安装联网。强化建筑和道路施工工地扬尘管控。配合开展降尘监测试点深化“长空亮剑”强化监督帮扶整治，提升污染天气应对和区域联防联控水平。持续加强挥发性有机物污染治理。加强重点行业企业无组织排放管控，完成工业企业污染物减排任务。

减少机动车尾气排放。加强城市交通管理，配合优化城市功能和布局规划，推广城市智能交通管理，缓解城市交通拥堵；实施公交优先战略，提高公共交通出行比例，加强步行、自行车交通系统建设；严格执行国家阶段性机动车污染物排放标准，新增、更新的公交车应达到国Ⅳ排放标准，气体燃料公交车应达到国Ⅴ排放标准。推广新能源汽车以及环保汽车，积极探索实施“绿色税制”，适用对象包括纯电动汽车、混合动力车、天然气车以及获得认定的低排放且燃油消耗量低的车辆。

多措并举，全面加强扬尘管控。强化房屋建筑与市政工程施工现场环境监管，严禁敞开式作业，积极推进绿色施工。全面落实《厦门市人民政府办公厅关于印发厦门市工地扬尘污染防治工作方案的通知》。加大在建工地扬尘管控力度，成立区级扬尘污染整治考评小组，每月查问题，抓整改，促提升。对辖区所有在建工地全覆盖监管，督促辖区建设工地责任主体落实扬尘防治措施。逐步引导提升各施工项目责任主体施工扬尘防治日常管理水平，鼓励探索创新，最终实现绿色型、节约型、少污染的施工现场环境，提升环境及空气质量。

3. 推进土壤污染防治，落实固废污染控制

深入实施“土十条”。编制“十四五”土壤污染防治规划。持续推进危险废物规范化管理工作，全面规范处置医疗废物。推进重点行业企业用地土壤污染状况调查，建立污染地块清单和优先管控名录；健全污染地块联动监管机制，加强对用途变更为住宅、公共管理和公共服务的建设用地排查力度，督促土地使用权人依法开展风险评估、管控和修复。推进建设用地总量控制，在施工许可阶段进行严格把关，审核建设工程规划许可证等前置手续。提升医疗废物、工业固废处置能力。落实地下水污染防治年度任务，加强地下水质量监测，地下水环境质量保持稳定，V类水比例不增加，确保省控地下水太古飞机工程有限公司监测点位水质达标。

加强重点行业监管。根据《湖里区土壤污染防治行动计划实施方案》，开展涉镉等重金属重点行业企业排查整治。强化辖区土壤环境重点监管企业和重点行业企业监管力度，推动重点企业风险源隐患排查及土壤自行监测。更新完善土壤污染重点行业企业名单，推动重点企业风险源隐患排查及土壤自行监测，开展土壤风险评估。落实固废危废全链条规范化管理，对产废单位进行危险废物规范化管理考核和整改回头看工作；重点加强疫情期间医疗废物处置与监管，医疗机构实现100%全覆盖排查，医废应处尽处，杜绝二次污染。

巩固提升工业固废综合利用率。配合推进“无废城市”创建，狠抓工业固体废物排查，开展专项整治行动，深入推进工业固体废物减量化、资源化、无害化处置。建立一般工业固废收运、处理管理体系，完善建筑装修垃圾收运、处理体系，推行建筑装修垃圾预约上门收集模式，加强对建筑装修垃圾闭环管理，禁止一般工业固废和建筑装修垃圾混入生活垃圾。直运企业建立并完善低值可回收物收运体系，完善基础台账。建立完善全区垃圾收集和资源化，理顺收运体系。

4. 强化海域污染防控，打好升级版蓝海保卫战

开展“海域保卫战”。落实《厦门市近岸海域污染防治专项整改工作方案》，坚持开发和保护并重、污染防治和生态修复并举，加强海陆统筹，完善源头管控，持续改善近岸海域的生态环境质量，打赢污染防治攻坚战。建立生态保护红线制度，加强重要生态功能区保护，加强生物多样性保护。以改善海域环境质量为抓手，聚焦近岸海域水质优良（一、二类）比例超越目标，全力推进海洋生态保卫战。加强陆源入海污染源管控，严防海域退养返潮，不断提升海洋生态环境治理水平。推进近岸海域生态综合治理，严格海岸带空间管控，实施蓝色海湾工程建设，大力推进海域清淤等系列工程。按照“河湖长制”，探索建立“湾（滩）长制”，常态化，网格化治理海洋生态环境突出问题。

加快推进美丽海湾建设。建立权责清晰、管控到位、管理规范的入海排放口监管体系，以及“岸上管、海域拦、海面清”的海漂垃圾综合治理机制。加强海漂垃圾收集处置，将海漂垃圾综合整治纳入党政领导生态环保目标责任书考核和网格化监管中。加强海洋保护海岸线巡查，加强同“海上环卫”沟通联系，进一步加大监管力度，落实沿岸岸线、沙滩以及辖区内海漂垃圾的收集处置及海漂垃圾网格监管工作，持续开展对海岸线海漂垃圾日常巡查，减少重点敏感区域海漂垃圾。建立海域水产养殖回潮监管长效机制。构建完善生态监测网络，重点提升辖区海域水质、沉积物、有机污染物、海洋生物数量和质量等生态环境的动态监测能力；开展立体观测、监测网格建设，依托智慧环保平台，构建海洋生态环境管理系统，提升海洋生态保护监管能力。

加强重点直排海污染源监管。加强陆海统筹，强化直排海重点污染源管控，加快推进入海排放口溯源整治、正本清源。建立完善重点直排海污染源信息台账，纳入生态云平台调度管理，同时强化在线监控和执法监管，每季度至少开展一次监测，掌握污染源主体的变化趋势。推动入海排洪泄洪沟渠规范管理，加强巡查管理和截污治理，从源头减少周边生产生活污水进入排洪泄洪沟渠。加强沿海开发区（工业园区）的污染治理和尾水排放控制，提升沿海区域工业污水处理能力与水平。加强沿海开发区（工业园区）工业污水集中处理设施运行情况的执法监管，严力打击偷排、漏排、超标排放等环境违法行为。持续推动雨污分流，实现辖区排海口晴天污水“零排放”。

5. 加强生态保护修复，切实维护生态安全

强化生态保护修复。严守生态保护红线，加强自然保护区、饮用水源保护区、滨海湿地等重要生态功能区保护。开展国土绿化行动，加强山海廊道管控修复、生态敏感区整体修复、环湾岸线整治修复。健全生态保护红线和生态控制线监管体系，持续开展“绿盾”“昆仑”等监督检查专项行动。按照《厦门市海绵城市建设工作方案》要求，强化海绵城市建设全过程管控力度。推广海绵城市建设试点区域经验，进行老城区海绵城市改造。推动雨水利用工程建设，包括旅游景区及公园雨洪入渗补源工程、地下空间滞蓄利用雨洪工程、新建社区雨水综合利用示范工程等。

加强重点生态功能区、生态敏感区和脆弱区保护修复，推进山水林田湖草系统治理。以解决生态环境问题，提升生态系统功能为导向，开展山水林田湖草生态保护修复项目，对山上山下、地上地下以及陆地海洋进行整体保护、系统修复。加强在用水库水资源保护。加强近岸海域生态环境修复，推进“蓝色海湾”

综合整治工程。提升重要自然生态系统面积和质量，由侧重增加生态系统“面积”向“面积与质量并重”转变。继续实施天然林保护、国土绿化工程，提升森林质量。将重要湿地纳入自然保护地体系，实行湿地资源总量管理，继续推进湿地名录编制和发布。

统筹山水林田湖草一体化保护和修复。持续加强仙岳山生态控制线内违建巡查管控工作，加大违建查处力度，发现一处，查处一处，拆除一处。强化山水林田湖系统治理，加强水源涵养林和湿地公园建设，加强水土流失预防监督和综合治理。加强未利用地环境管理，重点保护未污染土壤。对划入生态保护红线区内的未利用地，要严格按照法律法规和相关规划，实行强制性保护，严守生态安全底线。依法严查向滩涂、湿地、沼泽地等非法排污、倾倒有毒有害物质的环境违法犯罪行为。

6. 健全风险防控体系，强化环境风险防范

强化环境风险防控。推进环境健康风险管理试点，建立环境体检、责任保险、专业服务、风险防范、损害理赔为一体的绿色金融环境风险防范体系，加强生态环境健康风险信息透明度机制和能力建设。以工业园区为重点，加强环境风险评估和高风险化学物质环境风险管控，全面排查环境风险隐患，风险评估和管控。加强危险化学品管理力度，提升完善重金属企业及国省市控重点企业环保智能化监控平台，充分运用物联网技术实现对重金属企业生产运行及排污的实时监控实现更加严格的全过程监管，提升环境风险智能指挥调度能力和水平。实施环境风险“一家一策”，优化调整产业园区布局及园区内不同行业的布局，提出准入产业类型和环保标准，落实环境风险防控措施。针对性根据各企业环境风险特点，完善企业风险应急响应机制，从事故警报到应急指挥部以及现场处理和评估，形成上下贯通的环境管理机构和网络，对环境风险做出及时的反映、反馈、报告和处理。加强新一代信息技术和智能技术在城市生态建设中的运用，提高空气质量预警预报、水环境监测预警、生态遥感监测、生态环境舆情分析等能力。

加强重点区域化学品环境风险评估和高风险化学物质环境风险管控。开展工业园区突发环境事件风险评估，编制园区层级突发环境事件应急预案，开展工业园区环境风险预警体系建设试点，落实有效的环境风险防控设施。加强垃圾焚烧、环境治理等行业环境风险防控，排除废弃危险化学品储存、运输及处置全过程风险隐患。落实国家严格限制高风险化学品生产、使用、进出口相关要求，并逐步淘汰、替代。开展危险化学品专项调查与登记，推进危险化学品环境管理登记，在国家、省、市开展新化学物质申报登记的基础上，分类实施化学品环境管理，对化学品开展环境风险程度评估，确定并动态更新重点环境管理危险化学品清单，落实分级分类动态管理制度。健全企业、园区和重要环境敏感点的三级防控体系。推进建立环境风险源、环境敏感区、应急物资储备等基本信息数据库，加强各类环境基础信息集成共享，加强风险源可视化、信息化，对高环境风险物资的存储、运输、使用实施全过程监管。完善政府部门、工业园区、工业企业等环境敏感区环境突发事件应急预案，建立预防、应急响应机制和后评估机制，组建应急救援队伍和专家咨询团队，落实应急措施和物资，有效防范和遏制突发环境污染事件。加强重点污染企业内部环境风险应急预案管理。加强环境应急管理队伍建设，完善环境应急管理人员编制及结构配置，建立快速响应的应急管理体系。

提升核与辐射安全监管能力。按照辐射环境质量继续保持环境正常水平的要求，推动核与辐射安全监管高质量发展与精细化创新管理，进一步完善核与辐射环境安全监管系统建设与应用。结合核与辐射应急演习，进一步提出辖区辐射环境风险防控思路、应急能力建设措施建议，确保核与辐射安全。

（三）优化生态空间

1. 严格生态保护红线，筑牢生态安全格局

严格划定生态保护红线，保障城市基本生态安全。以不同隔离形式（步道、桩界）确定生态控制边界，避免周边的居民区、公共建筑、旧村蚕食生态资源，影响生态控制线的保护与利用，从而形成全区共同监督管理的局面。生态保护红线布局进一步优化，有效实施生态保护红线制度，提升生态功能，完善生态安全格局。落实生态保护红线制度。在生态控制线划定基础上，将自然保护区的核心保护区、饮用水水源保护区等具有生态保护价值、有利于维护生态系统完整性的区域边界划为生态保护红线，确保保护性质不转换，生态功能不降低，空间面积不减少。加强生态整体保护、系统修复、综合治理，维护生态系统平衡和生物多样性。提升生态保护红线生态功能，在完成生态红线评估调整、勘界定标工作基础上，进一步实施生态保护红线生态保护修复工程，严格保护优良生态系统，优先开展水源涵养、生物多样性保护功能、生态保护红线受损生态系统修复，持续提升生态保护红线生态功能。

严格保护区域重要生态系统。在生态红线范围内，加强现有自然生态系统修复，开展天然林保护和生态公益林建设，有效保护原生生态系统、保护动植物物种及其生境。加强对以仙岳山为重点的山地森林系统保育，合理开发生态旅游，维持森林生态系统完整性和连通性。优先维持保留地生态系统自然演替进程，需要人工促进植被恢复时，优先选用本地地带性物种。增加山地森林生态系统的层次和种类以形成复杂的系统结构，并加强山地森林和城市其他公园、绿地斑块之间的连通性。加强五缘湾、湖边水库和滨海湿地保护。除合理开发生态旅游和进行必要的休闲娱乐设施建设外，禁止任何破坏湿地和向湿地排污的行为。在北部和东部非码头区的滨海区域，进行绿化改造，增加生物多样性，防止海水侵蚀。开展生态廊道建设。依托现有城市主干道，如仙岳路、成功大道、环岛路、长岸路等，两侧加强道路绿化，作为绿核、绿地之间重要的连接通道和辐射通道。

严格开发准入。生态红线范围内用地功能是生态保护和观光旅游，开发建设活动严格限定在必要的市政、交通建设，军事等特殊用途设施；旅游景区内的建筑、设施，以生态保护为目的的建设活动应符合规划功能要求。生态红线内的所有建设必须开展规划环评和项目环评。生态红线内的现有建筑，不符合功能要求的，需限期迁出或拆除，符合功能要求的，可按现状、现用途保留使用，但不得擅自改建和扩建。对已划入厦门市生态红线的仙岳公园、忠仑公园、薛岭山公园、虎头山公园等公园，加强生态保护，防止城市建设无序蔓延，侵占公园绿地。

2. 构建自然保护地体系，加强环境监督考核

加快自然保护地管理体系建设。坚持山水林田湖草是生命共同体，强化自然保护地规范化建设，切实做好生物多样性保护，加强山体林相改造和生态修复，进一步增强生态稳定性，优化提升生态安全屏障水平，筑牢宏观生态安全格局。构建自然保护地体系。做好自然保护区范围及功能区优化调整，科学界定自然保护区范围，做到应保尽保，应划尽划。优化功能分区，细化管控措施，加强和改进自然保护区管理，确保重要生态系统、自然遗迹、自然景观和生物多样性得到有效保护，筑牢国家生态安全屏障。加强自然保护地生态环境监督考核，依托“生态云”平台等信息化手段，加强自然保护地监测数据集成分析和综合应用，及时评估和预警生态风险，并定期发布生态环境状况监测评估报告。落实自然保护地生态环境监督办法，在自然保护地范围内实行生态环境保护综合执法。强化监督检查，定期开展“绿盾”自然保护地监督检查专项行动，及时发现涉及自然保护地的违法违规问题。将重要湿地纳入自然保护地体系，实行湿地资源总量管理。

3. 坚守自然岸线，推动岸线景观提升

珍惜岸线资源，实施海域岸线保护和生态综合整治。对岸线生态系统进行空间识别，提出分阶段、差异化的保护与修复措施。按照“保护优先、节约利用、科学整治、绿色共享”原则，严格实施海岸线分类管控要求，坚守自然岸线保有率目标，重点加强环湾岸线整治提升。拓展公众亲海空间，优化海岸线保护与利用格局。采取保护岸线资源、提高岸线利用率、严格岸线管理等多种措施，以围填海项目为重点加强对海岸线资源管理，优化围填海方案，集约节约海岸线。推动提升海岸线项目落地，配合市级部门做好高崎渔港片区的详细规划设计工作，推动重要节点的项目开展。

实施海岸线景观提升。提高岸线舒适性，保护岸线生态与景观资源，建立科学的滨海岸线保护体系，明确相应管理措施，促进岸线可持续利用。对辖区范围内东起五通码头、西至东渡邮轮码头环岛北部海岸线（不含象屿码头段），以及五缘湾区、长尾礁海岸线沙滩，实施综合景观整治提升，推进沙滩修复、海岸线垃圾清理、沿线绿化景观提升、特色滨海景观打造等工程，维护岸线系统的多样性，促进沙滩保护力度，建立常态化沙滩保洁及海漂垃圾清理的工作机制。提升近岸海域使用功能，致力打造风景优美、干净整洁的滨海浪漫景观，有力助推地区滨海旅游发展。

（四）发展生态经济

1. 发展生态产业，凸显生态旅游品牌

开展绿色技术创新企业创建行动。培育一批绿色技术创新企业、绿色企业技术中心，创建一批绿色技术创新示范企业。加快推进生态产业化，培育“两山”转化新业态，打造生态产品价值转化“中国样板”，树立全国创新典范。发展“生态 +”“互联网 +”产业，做精旅游、健康等深绿产业。拓展生态经济化路径，深化生态产品价值实现机制，推动生态效益更好转化为经济效益、社会效益。创新给予生态产品附加值的自然资源有偿使用制度、“环境修复 + 开发建设”市场模式、自然资源资产资本化、各类横向生态补偿机制等路径，打造生态与经济融合发展典范。深入推进生态价值转化。创建生态产品价值转化样本，推动生态产品产业化。依托湖里湿地资源，打造生态文旅精品，推动区域生态旅游高质量发展。

大力发展绿色循环低碳经济。重点发展平板显示、计算机与通信设备等电子信息产业。提升优化现代服务业，重点发展总部经济、文旅产业、商贸物流、专业服务业等。扩大发展新兴金融、软件信息、生命健康等新兴产业。创建绿色发展试点示范区，推行绿色生产行业标准。加快推进产业绿色升级，鼓励企业以数字化、网络化、智能化为主线实施重大技术改造，大幅提升产业清洁化水平。强化包装印刷和工业涂装等行业加强结构调整、工艺改造和原料替代等，减少挥发性有机物排放。

五缘湾西侧环湾片区提升规划。以五缘湾片区陆海环境综合整治和生态修复保护为重点，以土地储备为抓手，推进公共设施建设和片区综合开发，依托良好生态发展生态居住、休闲旅游、医疗健康、商业旅游、商务办公等现代服务产业，增加片区内生态产品，提升生态价值，促进土地资源升值溢价。按照“商业+娱乐+文化+度假+生态”功能定位，打造高品质商业业态载体。

打造厦门西北门户片区渔港休闲旅游服务新名片。借助高崎闽台渔港改造提升行动，主动介入，推动高崎渔人码头滨海美食休闲旅游区建设，完善渔家文化休闲旅游元素，丰富旅游业态，满足旅客的休闲、娱乐、餐饮、住宿、中转、海上观光、购物和体会渔村生活等文化休闲需要，创造和展示闽南渔业文化。同时，作为未来厦门环岛游的一部分，丰富厦门旅游项目。

2. 调整产业结构，打造产业升级格局

深化创新驱动，以更高质量促进产业升级。坚持创新驱动，全力推进全国进口贸易促进创新示范区建设，主动对接金砖国家新工业革命伙伴关系创新基地建设，大抓招商引资、大抓项目建设、大抓产业发展，奋力夺取经济社会发展胜利。扶持创新创业。鼓励企业加大研发投入，支持企业设立研发机构、建设重点实验室、共建行业技术创新中心。设立“三高”企业后备发展库，健全“三高”企业培育服务机制，分层分类“精准滴灌”。抢抓5G网络等新基建机遇，加快数字技术、数字应用与传统行业深度融合，打造一批工业互联网、健康医疗大数据等平台经济示范引领项目。深入实施“智汇湖里”人才强区战略，汇聚各类人才在湖里就业创业兴业。

深入调整产业结构。充分把握高崎机场搬迁后本岛北部的新发展机遇，高标准实施高崎机场片区城市方案设计和规划编制，用好、用实可直接开发利用的5.8平方公里增量空间，充分利用20幅总面积0.47平方公里机场北片区已出让地块，建设“两高两化”的示范之城。一是开展二、三产业升级增产增效行动。结合省、市工作安排，开展湖里区二、三产业升级增产增效行动，按照“一产业一方案”“一产业一挂钩对接”，以项目化运作方式挂图作战、压茬推进，全力推动一批优势特色产业持续增产增效，积极培育新一批企业不断滚动接续。进一步明确产业发展方向，做大做强总部经济，做精做优先进制造业，培育科创企业发展的增长极，逐步提升现代服务业对GDP的贡献。二是构筑各具特色的产业园区发展高地。充分发挥湖里区空间优势，抓住东部旧村整村改造机遇，提升湖里创新园、湖里老工业区、两岸金融中心等存量产业园区，谋划忠仑、湖边水库、马厝莲山头科创产业园等新增产业园区，在首批支撑项目的基础上，进一步加快项目滚动，谋划更多支撑项目，努力扩大项目蓄水池。

打造产业升级、拓展产业空间。持续提升绿色生产效率。对标国际先进水平推进绿色生产，建设绿色发展样板城市，巩固提升GDP能耗超越水平，通过落实能效管理评价标准体系，实施资源消耗、主要污染物排放总量控制，鼓励、引导企业瞄准国际标准提高产品技术、工艺装备、能效环保水平。建立“产学研金介”深度融合的绿色技术创新联合体，针对绿色生产、生态环保等重点领域关键技术，推动技术共建与科研成果转化，加快形成绿色技术引擎。

强化旅游产业牵引。打造厦门西北门户片区渔港休闲旅游服务新名片，建设“特区·1980”湖里创意产业园文化产业示范区，发展壮大五通佰翔会展中心、翔鹭酒店会展产业。办好知名品牌赛事。积极推动湖里体育中心建设，办好F1摩托艇世界锦标赛、中国国际帆船大奖赛等品牌赛事。

3. 调整能源结构，探索节能新机制

强化能源总量控制。建立清洁、低碳、安全和高效的能源体系，继续实施能源消耗总量和强度双控行动，重点控制煤炭消费总量和石油消费增量，实施传统能源清洁高效利用和新型能源深度开发利用“双轮驱动”，降低煤炭消费比重，大幅提高新能源和可再生能源比重。控制工业领域排放，坚决淘汰落后产能。开展重点行业无组织排放排查治理工作，进行厂区整体治理和清洁燃料替代。控制燃煤消耗，积极推进集中供热，优先发展热电联产。严格落实高污染燃料禁燃区管理规定。

大力发展清洁能源，拓宽清洁能源消纳渠道。推动清洁低碳能源优先上网，大力推进清洁能源替代，提高清洁能源比重。推进天然气稳定发展，加快天然气基础设施建设，在工业燃料、交通和民用领域进一步扩展天然气产业链，使天然气在一次能源消费结构中的比例得到进一步提高。推进工业、建筑、交通等重点行业能源智慧化管理，进一步健全能源计量体系。推进节能改造、节能技术装备产业化，大力推广高效节能低碳技术和产品，实施合同能源管理。因地制宜提高建筑节能标准，加大绿色建筑推行力度，强化绿色建筑的后期维护。

强化公共机构节能监管。推行节能产品政府采购制度，优先采购《厦门市节能技术和产品推荐目录》推荐的技术和产品，财政或国有资本投资建设的照明工程强制采用节能产品。建立政府机构能耗统计监管体系，实施大型公共建筑能耗（电耗）限额管理，对超限额用能（用电）的，实行惩罚性价格。公共机构的公务车辆应严格按编制管理，优先采购低能耗、低污染、新能源车辆，并严格执行车辆报废制度。政府机构新建及扩改建建筑在执行建筑节能设计标准的基础上，应达到绿色建筑标准。宾馆、商厦、写字楼、机场、车站等要严格执行夏季空调温度设置标准。

促进商业节能。在零售业等商贸服务和旅游业开展节能行动，加快设施节能改造，严格用能管理，引导消费行为。积极推行《绿色旅游饭店》标准，加大绿色旅游饭店评定力度。推进民用节能。合理利用好国家、厦门市补贴政策，推进节能惠民工程，积极引导本市企业参与节能产品惠民工程，提高高效节能产品市场占有率，在居民中推广使用高效节能家电、照明产品，鼓励购买节能环保型汽车，支持乘用公共交通，提倡绿色出行。

加强节能监督管理。区节能主管机构根据市级下达的年度节能目标及时掌握节能动态，未达进度要求的及时提出改进措施及建议。配合做好节能监察工作，督促用能单位贯彻落实节能法律法规和标准规范，督促重点用能单位落实市级能耗月报制度，依法严肃查处违法用能行为。

4. 应对气候变化，促进绿色循环低碳发展

推进应对气候变化工作，开展碳达峰工作。坚决贯彻习近平总书记关于碳达峰目标与碳中和愿景重大宣示，贯彻落实生态环境部《关于统筹和加强应对气候变化与生态环境保护相关工作的指导意见》和《碳排放权交易管理办法（试行）》，积极应对气候变化，加快推进应对气候变化与生态环境保护相关职能协同、工作协同和机制协同，加强源头治理、系统治理、整体治理，以更大力度推进应对气候变化工作，实现减污降碳协同效应，为厦门市率先实现碳达峰目标与碳中和愿景提供支撑保障。抓紧制定2030年前二氧化碳排放达峰行动方案，综合运用相关政策工具和手段措施，持续推动实施。面对新的目标任务，在产业结构变革、能源结构变革、精准高效减排和经济政策引导等四大方面发力。进一步加快可再生能源和清洁能源替代，达峰之后要保证碳排放总量不再增长，新增用能需求通过非化石能源和从存量用能需求中压减空间的方式来满足。

构建清洁低碳的能源体系。重点推进产业低碳发展，着力完善绿色低碳综合交通体系建设，大力发展绿色建筑，倡导绿色低碳生活方式。采用环评、达标排放以及监督性监测和行政执法等手段区域、行业和企业落实煤炭消费削减替代、温室气体排放控制等政策要求，控制温室气体系统谋划，着力解决与新形势新任务新要求不相适应的问题。以编制碳达峰行动方案为契机，强化宣贯培训，加强人才队伍建设，加大资金支持力度，夯实研究基础。大力发展绿色低碳经济，统筹和加强应对气候变化与生态环境保护，为高质量发展添能蓄力。

推进绿色海港建设。提高绿色水运基础设施建设水平，实施码头岸电设施、散货堆场防风抑尘设施建设，推动老旧工程机械、港作机械能源清洁化改造，加快淘汰高污染、高耗能的客船和老旧运输船舶。推进全港运输船舶转用低硫燃油。持续推进港口油气回收系统，督促船舶改造加装尾气污染治理装备。深入开展港区集装箱轮胎式龙门起重机（RTG）“油改电”技术升级和船舶靠港岸电系统建设。

5. 推动技术创新，加快行业清洁化生产

加快推进清洁生产审核，强化企业内部清洁生产管理。制定重点行业清洁生产推行计划，加快推进重点企业清洁生产审核。加大对龙头企业绿色技术创新支持力度，鼓励企业聚焦清洁生产、清洁能源等领域，与高校、科研院合作，通过技术创新或应用智能化手段，实现一批原创性、引领性绿色技术，实施一批绿色技术创新研发项目。组织开展创建清洁生产先进企业，积极推广先进企业的典型经验，力争做到重点行业、重点企业清洁生产全覆盖。推动企业管理者转变观念，鼓励企业积极开展ISO 14000环境管理体系、环境标志产品以及其他绿色认证，引导企业加强清洁生产管理。鼓励企业开展清洁生产，在稳定达标排放的基础上进行深度治理，促进绿色工厂建设，加强绿色生态工业园区建设，统筹园区规划，构建园区内循环经济发展体系。按时完成省厅下达的需开展强制性清洁生产企业审核。严格按照《清洁生产审核办法》对实施强制性清洁生产审核的企业进行清洁生产审核，积极推进重点区域循环式发展、重点行业和企业循环式生产，打通工业固体废物资源化利用通道，通过市场化运作提升一般工业固体废物综合利用率。针对节能减排关键领域和薄弱环节，采用先进适用的技术、工艺和装备，实施清洁生产技术改造，鼓励发展节能、降耗、减排的清洁生产项目。

6. 推动产业集聚，园区循环化改造提升

鼓励现有工业企业按行业向专业化园区集聚发展，实施循环化改造，推进能源梯级利用、水资源循环利用、废物交换利用、土地节约集约利用，促进企业循环式生产、园区循环式发展、产业循环式组合，构建循环型工业体系。强化工业园区和产业基地规范管理，严格环保准入制度。推行园区基础设施绿色化。对园区内供水、供电、供热、道路、通信等公共基础设施实施绿色化改造，促进共建共享、集成优化。加快园区污染物集中治理设施建设及升级改造，鼓励园区创新环境服务模式，积极推进污水、垃圾处理设施建设和运行专业化、社会化。在火炬高新技术园区实施湖里高新技术园区循环化改造工程。

积极对接厦门市循环经济布局，促进重点行业循环化。推动电子及通信设备、平板显示、现代照明和太阳能光伏、输配电及控制设备、食品加工、纺织服装等重点产业的循环化发展。以龙头产品为核心，优化配置原材料、能源、水等各种资源，最大限度地提高资源的循环利用率和生产率，发展技术含量高、附加值高、物耗低、污染少的产品，构建上中下游紧密相连的产业生态链。以废物回收和再生利用为重点，拓展资源的循环利用渠道，降低污染排放，构建跨行业的产业生态链。

持续推进循环经济，全面实施园区循环化改造提升工程，2025 年实现所有工业园区完成循环化改造。实施“一园一策”“一行一策”，推动一批行业清洁化发展达到世界先进水平。制定综合整治方案，全面提升工业园区和企业集群发展质量和环保治理水平。推动绿色园区建设，指导园区积极创建国家级、省级绿色园区。

（五）践行生态生活

1. 城乡环境一体化建设，改善人居环境

强化空间管控，构建“一核四圈四区”产城融合空间结构。牢牢把握生态环境优先、开发强度合理等关键环节，努力实现生产空间集约高效、生活空间宜居适度、生态空间山清水秀。以推动“岛内大提升”为契机，加速建设高素质高颜值现代化国际化中心城区。全面深化“多规合一”改革与成果应用，完善全要素、陆海统筹规划“一张图”。规划提升“山、海、城”相融的城区格局，实现“一张蓝图干到底”。加快国土空间总体规划编制，强化用途管控，推动“三线一单”落地应用，严把建设用地环境准入和建设项目准入。合理统筹布局产业发展和公共服务空间，重点做好大厦之门、凤头浦口等环岛路外侧的区域规划梳理，打造东部标志性建筑群，推动“高颜值”城区大提升的点睛项目落地实施。

城区管理精细化。持续优化“数字湖里”公共管理集成平台和“数字湖里事务中心”，实现对城区的全面感知（智能化）、态势监测（可视化）、时间预警（可控化），“一张图”实时掌控城市运行态势。巩固深化“大城管委 + 城建集团”的决策、执行体制，完善《湖里区城市管理系列标准》，在绿化花化彩化、街面景观、夜景工程、坡屋顶改造、市政设施、老旧小区改造、治理“两违”、海绵城市等方面采取有效措施，推动湖里城区面貌实现质的飞跃。通过重点整治街道店面修车、洗车、乱停车，提高“门前三包”水平。巩固深化“大城管”机制。高效运作“数字湖里”公共管理集成平台，优化升级“城管指挥中心”，构建全方位、全覆盖、无缝隙管理体系。深入开展“美化家园”行动。实施轨道和海岸沿线综合整治，加强山体林相改造和生态修复，优化道路交通，不断深化新时代文明城区建设。实施湖里大道综合整治提升工程，切实打造成道路畅通、景观优美、环境整洁、秩序正规，贯穿湖里区东西走向、独具湖里区品牌特色的城市道路“大动脉”，持续增强辖区内居民群众的获得感幸福感。

全面推进城市更新，加快推进老旧危房改造。对“城中村”按整村拆迁和保留提升分区分类推进，在湖里东部全面实施总拆迁量 1000 多万平方米、总投资约 2220 亿元的旧村整村拆迁改造，在湖里西部稳步推进总建筑面积 1000 多万平方米、涉改房屋 1.2 万栋的旧村整村更新提升。持续梳理盘活旧厂房和零星分布的空间资源，加大“工改工”类城市更新。

加快疏解岛内非核心功能。推动湖里区二手车市场、汽车 4S 店、长途汽车站、各类大型批发市场、工业片区、建材市场、渣土场、混凝土搅拌站等向岛外转移，缓解岛内资源、环境、交通及公共服务等压力。

统筹管控西部工业仓储用地。对工业控制线外符合岛内产业功能的项目及时纳入片区发展规划，用地予以保留；对闲置和低效工业用地，加强科学规划和统筹管控，加大用地收储力度，确保为未来储备充足的发展空间。

推进城市基础设施及公共服务配套完善。加快城区公共停车设施项目建设，加大市政基础设施改造力度，推动空中线网的落地或归整，做好垃圾分类收集和设置规范摊位点，加强村庄内部管理，提升旧村居住环境品质。

推进城市生态景观建设。在城市建成区内，选择合适的开敞空间建设无边界社区公园，调节城市微气候，优化社区生活环境。在现有城市绿化的基础上，构建区域间绿道网络系统，营建具有多树种、多层次、多色彩的生态景观林带，整体提升城市生态系统的功能效应，优化城市内部的人居环境。打造薛岭山“最美云

梯”、AI网红公园，开展湖边公园环湖6公里步游道绿化提升，开展信息化道路市政绿化管养管控的体系。

推进“无废城市”建设。推进统筹固体废物管理制度改革，加强源头减量，提高厨余垃圾、建筑垃圾、农业垃圾资源化利用水平，最大限度减少填埋量。全面禁止进口固体废物，保持打击洋垃圾走私高压态势不放松。健全强制报废制度和废旧家电、消费电子等耐用消费品回收处理体系。建立医疗废物回收计量统计制度，提高医院可回收物资源回收率。

2. 构建生态绿地系统，提升城市品质

构建城市生态用地和生态网格体系。合理布局绿心、绿楔、绿环、绿廊等结构性绿地，建设开敞的城市自然空间。编制《东部新城绿地建设导则》。推进“城市双修”，建设城市森林、城市绿地、城市绿道、亲水空间等。一体贯通辖区生态廊道、健康步道、慢行系统，推动建设环岛观光轻轨和环岛慢行系统。配合推进南北向健康步道（五缘湾—湖边水库—东坪山）项目建设。创建五缘湾国家级旅游度假区，打造“第五立面”和“花园街巷”，在公园绿地设置便民休闲娱乐设施，实现绿地不侵占人行道、自行车道，让群众享有更好生态更美家园。及时完成市级交办的任务，按时完成义务植树工作，开展古树名木保护工作。加快建设高林公园，恢复提升湖里公园。编制《湖里区古树木保护利用规划》，挖掘古树名木文化和生态功能，结合“一树一景”“一树一园”，打造一批“口袋公园”。完善绿地建设，充分发挥绿地在保持水土、涵养水源、降温增湿、减霾滞尘、引风供氧等方面的生态作用。增加城市生活栖息地规模，加强栖息地恢复及廊道建设，提升城市生物多样性的管护能力。适度开发公众休闲、旅游观光、生态康养服务和产品。

加快城乡绿道，拓展绿色宜人的生态空间。推进道路市政绿化管控体系信息化建设，分类分级管养，打造一批市政道路养护精细化示范路段，提升道路景观品质。提升湖里大道、吕岭路、火炬路、钟宅路等一批道路两侧绿地及公共绿地，实现绿地建设的可持续发展，打造“山水交汇的东部生态客厅”。

五缘湾景观核。五缘湾景观核是厦门岛内唯一集水景、温泉、植被、湿地、海湾等多种自然资源要素于一体的生态空间，被誉为“厦门城市客厅”。绿地建设应坚持生态修复与综合开发并重，依托片区良好的自然条件，将五缘湾环湾公园（广场）、五缘湾湿地公园等绿地景观整合，串联环湾各主要景观节点，形成内容丰富、特色突出的综合性市民公园和旅游景区；重点推进湖里体育公园的建设；增强片区的凝聚力和吸引力。五缘湾片区是以总部办公、游艇经济、医疗健康、文化旅游、高端体验为主导，配套完善居住功能的综合型城市新区。

湖边水库—五通片区。湖边水库—五通片区是集生态水源、生活、商务、休闲娱乐为一体的重要中心城区，是国内首个两岸金融中心的核心区，五通—高林一带建设的“大厦之门”将成为岛内东北部新地标。绿地建设应结合“大厦之门”、湖边水库外围绿地和旧村拆迁，注重生态资源的保护，加大两岸闽台文化的营造，加强社区公园、街头游园建设力度，提升本岛东部新城的景观品质。

寨上—高崎机场片区。寨上—高崎机场片区是厦门岛陆、海、空立体交通重地和进出岛咽喉要道，素有鹭岛门户之称。片区内的高崎机场及其附属设施约10平方公里将整体搬迁，划入厦门自贸区；寨上和殿前的旧村整村改造也势在必行，鹭岛北部将迎来华丽变身。应结合机场搬迁后留下的绿地，规划建设大型、现代的中央公园，展现自然和谐之美，带动片区绿地景观发展。

3. 倡导绿色消费，构建绿色生活方式

绿色生活融入社会发展各领域。发挥政府引领示范作用，扩大政府绿色采购范围。推动企业实施绿色采购，推进生产服务绿色化，积极践行绿色生产方式。大力开展技术创新，构建企业间绿色供应链体系，扩大资源节约、环境友好的产品和服务。将珍惜生态、节约资源、爱护环境等内容纳入群众性精神文明创建活动。促进公众以实际行动参与生态环境保护，逐步转变落后的生活风俗习惯，践行绿色生活方式，加快形成崇尚绿色生活的社会氛围。建设资源节约型社会，倡导公民生态环境行为规范，提倡绿色居住，节水节电，推动形成节约适度、绿色低碳、文明健康的生活方式和消费模式，形成全社会共同参与的良好风尚。制定全民绿色消费行动计划，建立统一绿色生活和服务信息平台，积极培育绿色消费市场，引导绿色消费，在财税、金融、价格等领域建立绿色消费激励机制。持续推进生活垃圾分类工作，打造湖里垃圾分类工作2.0版。不断巩固垃圾分类减量化、资源化、无害化成效，推动生活垃圾分类持续走在全市前列。加强“限塑”管理。加大“限塑令”的执行力度，加强对农副产品市场、零售业等重点场所和行业的监督检查，推广使用菜篮子、布袋子，逐步控制、减少塑料袋的销售、使用。建立健全塑料制品长效管理机制，将塑料污染治理作为打好污染防治攻坚战、绿色生活创建行动重要内容。

加快绿色交通网络建设，引导居民绿色出行。增加绿色生活实施服务供给，倡导绿色出行，在城市推行绿色交通和慢行系统建设，全面推广使用电动汽车，电动公交车，出租车全面实行电动化升级，提高重点城市电动车比例。推进交通基础设施建设，完善充电桩等新能源汽车配套，完成新能源汽车推广应用年度任务。加大城市公共交通服务体系建设力度，加快优化公交线网布局，推进城市公交综合指挥系统示范工程，实现公交、慢性等多种交通方式无缝衔接，打造绿色低碳与智慧便捷兼具的公共交通出行系统。推动形成绿色发展方式。推进公交首末站等场站建设，并在具备条件的新、改建道路同步建设港湾式公交停靠站。完善“大公交”运作机制，提升智慧交通在解决道路拥堵、停车难等方面的软实力，进一步便民利民。提高汽车燃油、涂料等环境污染潜在风险较大产品的市场准入门槛。

推行政府绿色采购。探索制定有利于绿色采购的规章制度，增加对绿色采购的财政支持，科学制定绿色消费产品采购指南，定期公布包括能效标识产品、节能节水认证产品、环境标志产品和无公害标志食品等绿色标识产品目录，对政府采购人员实施绿色采购教育培训。认真落实《关于建立政府强制采购节能产品制度的通知》《节能产品政府采购实施意见》《环境标志产品政府采购实施意见》，提升绿色采购在政府采购中的比重，按照上级部门要求，监督政府节能和环保产品采购工作，将落实情况作为各单位年度考核内容。

持续开展“洁净家园”行动。加强志愿服务，大力倡导“垃圾不落地、烟头不落地”，在公交站点、红绿灯路口、人员密集场所等合理设置垃圾分类投放设施和灭烟设施，定期清洁户外设施，实施市民素质提升计划，提升城区的洁净度。

（六）弘扬生态文化

1. 普及生态文化，提升生态文明意识

加强生态环境保护宣传教育，提高公民环保素养，引导全社会提高生态文明意识和生态文明素养，自觉履行生态环境保护责任。把环境保护纳入国民教育体系和党政干部培训体系，推进环境保护宣传教育进学校、进社区、进企业。工会、共青团、妇联等群团组织要积极动员广大职工、青年、妇女参与环境治理。发挥行业协会、商会等桥梁纽带作用，促进行业自律。完善环保社会组织培育引导机制，加强对社会组织的管理和指导，支持环保社会组织健康有序发展，积极推进能力建设，大力发挥环保志愿者作用，提升公益和志愿服务水平。加大环保公益广告宣传力度，研发推广环境文化产品，大力培育普及生态文化。形成人人参与生态环境保护和生态文明建设的良好氛围。通过设置宣传展板、发放知识手册、耐心接受咨询、讲解法律法规，向广大居民大力宣传生态文化，倡导勤俭节约、绿色低碳、文明健康的生活方式和消费模式，进一步提高全社会生态文明意识。正确处理好经济发展同生态环境保护的关系，牢固树立保护生态环境就是保护生产力、改善生态环境就是发展生产力的理念，更加自觉地推动绿色发展、循环发展、低碳发展，不断增强人民群众对生态环境的获得感。依托五缘湾湿地公园、五通灯塔公园、仙岳山土地庙、惠和石文化园、特区纪念馆等载体，大力弘扬人与自然和谐的“天人合一”生态思想、“仁民爱物”的生态情怀、“道法自然”“自然无为”的生态系统观、“众生平等”“慈悲情怀”的人文精神和生态智慧，树立起爱护自然、保护自然的生态道德观念。

2. 弘扬生态文明，开展生态宣传教育

积极运用网站及微信等新兴媒体，开展系列主题宣传。大力宣传普及生态文明、绿色低碳、节能降耗理念和知识，加快形成绿色生产生活方式。开展“云”上节能周线上低碳日宣传活动。积极开展生物多样性宣传。通过制作系列专题宣传册、组织政协委员视察活动、开展栗喉蜂虎保护区专题参观、面对面宣传等方式，依托栗喉蜂虎保护主题宣传活动，推进生物多样性宣传和保护。通过召开低碳专题讲座、布设低碳宣传展板、张贴低碳宣传海报、发放低碳宣传材料及环保购物袋等形式向全区规模以上企业普及绿色低碳理念、普及节能知识和提高节能意识。倡导公众选择简约适度、绿色低碳的生活方式，宣传低碳发展理念，普及应对气候变化知识，引导全民参与节能降耗、共享蓝天白云，让绿色节能成为一种生活时尚。发起“绿色出行 . 健康骑行”活动倡议，鼓励鼓励个人通过骑行方式减少碳排放量，培养市民低碳、环保、绿色、健康的生活理念。持续推进“烟头不落地，厦门更美丽”活动，通过拍摄播放公益宣传片，引导居民群众共同维护公共场所卫生。

3. 推动信息公开，生态文明共建共享

大力提升环境信息公开水平，完善生态环境信息公开制度，强化生态保护宣传教育，畅通公众监督渠道，引导群众参与保护生态环境；坚持开门搞改革，让更多人民群众参与本地区、所关注的生态环境问题的整改过程，构建群策群治、共建共享的整改体系，促进污染防治责任落实，不断增强人民群众生态环境获得感、幸福感、安全感。加强对公众关注、关心的环保热点、难点问题的讨论和报道，继续通过湖里区人民政府网、湖里区微博、湖里头条等平台和地方媒体，及时、准确公布湖里区环境与发展综合决策信息。探索应用“互联网 +”“大数据”“物联网”等新兴智能

技术，进一步提升环境信息公开水平，增强信息公开的广度和深度。继续推进环保志愿服务队伍建设，积极支持环保志愿服务队伍开展多形式、多层次、全方位的环保宣传活动。探究通俗易懂的公开形式。进一步完善环境信息公开绩效考核机制。积极鼓励企业环境信息公开。改革完善环境信访工作机制。建立健全环保工作的社会监督体系，多形式、多层次组织社会公众参与环保工作。充分发挥 12369 环保举报热线作用，拓宽和畅通群众举报投诉渠道。遵守信访工作法定办理期限，积极回应社会关切，加强对重点问题的跟踪督办，及时化解纠纷矛盾，妥善处理难点热点。加强网络舆情民意研判，真正实现群众“问事于政府”与政府“问计于人民”的有机统一。引导社会公众最广泛参与生态环境保护，形成政府、企业、公众群策群力、共建共享绿色生态湖里的良好局面。

4. 强化生态文明，建设绿色细胞工程

开展党政机关生态文明教育。结合生态文明建设和环境保护目标责任考核要求，将生态文明教育纳入行政学校教学计划和党政干部培训体系中，加大相关内容课程融入，公务员任职培训中安排生态文明理念、知识、环保法律法规等方面的教育内容，强调生态环境损害责任追究制，学习《厦门市党政领导干部自然资源资产离任审计实施方案（试行）》《党政领导干部生态环境损害责任追究办法（试行）》等规定。全区干部在生态文明和环境保护方面的教育培训实现全覆盖。

开展企业生态文明教育。定期组织对企业高层管理者进行生态文明教育培训，包括生态环境法律、清洁生产、循环经济知识培训。定期开展优秀环保企业、环境友好型企业评选和表彰，并给予纳税、信贷等优惠。引导企业内部建立生态文化教育培训制度，提高员工生态意识、规范员工生态行为。

开展绿色校园行动。迎接市垃圾分类示范校园考评，评选垃圾分类优秀学生，继续推进垃圾分类课堂教学和学科融合工作，广泛开展垃圾分类校园文化和社会实践活动，确保学校垃圾分类投放准确率达到 90% 以上，学生垃圾分类知晓率达 100%。在中小学组织“节能宣传周”“地球日”等相关节点主题宣传活动，举办“三节”（节粮、节水、节电）主题班队会，通过“大手拉小手”等形式，开展保护野生动物宣传，增强学生生态文明意识，培养绿色文明习惯。

开展绿色家庭行动。努力提升家庭成员生态文明意识，学习资源环境方面的基本国情、科普知识和法规政策。优先购买使用节能电器、节水器具等绿色产品，减少家庭能源资源消耗。主动践行绿色生活方式，节约用电用水，不浪费粮食，减少使用一次性塑料制品，尽量采用公共交通方式出行，实行生活垃圾减量分类。积极参与野生动植物保护、义务植树、环境监督、环保宣传等绿色公益活动。

开展绿色社区行动。大力提升生活垃圾“三化”水平，创建生活垃圾分类示范片区，提高源头投放分类准确率，鼓励厨余垃圾就地就近处理，保持原生生活垃圾“零填埋”。加强生态文明教育，积极倡导绿色文明。

第四章 重点工程

围绕湖里区生态文明建设目标，规划相应的建设工程，突出重点领域和主要任务，协调社会经济发展和资源、环境的关系，谋求可持续发展。立足长远规划和现实需要，加快生成一批、建设一批、提升一批生态文明项目，从生态空间体系、生态经济体系、生态环境体系、生态人居体系、生态文化体系、生态制度体系等 6 大规划任务出发，提出湖里区国家生态文明示范区创建规划的 43 项重点工程，总投资 278.3 亿元。有序扎实推进各项生态文明建设工程，发挥重点工程的支撑作用，促成生态文明建设各项工作的落实，以确保规划期末全面实现生态文明示范区创建的总体目标。规划期内重点项目清单详见附件。

（一）生态制度体系建设

该领域重点建设项目 4 项。主要包括：生态环境损害责任追究制度；建立健全生态文明考核评价制度；三线一单；自然资源资产负债表编制。

（二）生态安全体系建设

该领域重点建设项目 9 项，总投资概算为 7.8 亿元。主要包括：南山路、兴湖路应急处理站流域混接排查改造；湖边水库流域混接排查及前社、后社、蔡塘村截污；空气监设备更新提标工程；智慧环保；入海排口管家等。

（三）生态空间体系建设

该领域重点建设项目 1 项。主要包括：高崎机场北片区发展规划。

（四）生态经济体系建设

该领域重点建设项目 6 项，总投资概算为 25.9 亿元。主要包括：钻石大厦、博宏科技大楼、欣贺研发设计中心、亿联网络总部大楼、明发海湾度假村、凯悦温泉旅游配套项目。

（五）生态生活体系建设

该领域重点建设项目 21 项，总投资概算为 82.7 亿元。主要包括：轨道交通 3 号线沿线市政改造（岛内段）工程—湖里段、湖里区道路工程包、神山公寓老旧小区改造提升工程、科技村老旧小区改造提升工程、长乐一期老旧小区改造提升工程、悦馨庄园一期老旧小区改造提升工程等。

(六)生态文化体系建设

该领域重点建设项目2项,总投资概算为161.9亿元。主要包括:厦门“海上世界”、特区1980·西泠印象。

第五章 保障措施

(一)组织保障

加强组织领导,成立湖里区创建国家生态文明建设示范区工作领导小组,由区委书记、区长为组长,统筹全区国家生态文明建设示范区创建工作。下设创建国家生态文明建设示范区工作领导小组办公室,主要负责生态文明建设示范区的计划、组织、协调和实施工作。相关职能部门和街道办积极配合,完成职责范围内的主责工作和配合工作。压实有关党政部门生态环境保护责任,进一步夯实生态文明建设“党政同责、一岗双责”。持续发挥生态文明建设“三合一”考核作用,强化考核结果应用,督促各项工作落到实处。

(二)机制保障

将生态文明建设任务纳入经济社会发展规划和年度计划,与国土空间规划、城市总体规划等有机衔接,并体现到产业政策、产业结构调整导向和全区开发要求中,积极在各领域开展制度创新,积累先行先试的经验,形成推进生态文明建设的配套制度体系。在规划确定的约束性指标及重点工程、重点项目,要明确责任主体、实施进度要求,确保如期完成,对纳入规划的重点工程项目,要简化审批核准程序,优先保障规划选址、土地供应和融资安排。

(三)资金保障

积极争取上级补助资金,加大生态环境保护和监管投入保障,包括黄标车淘汰、危险废物处理处置、环境监管能力建设等环保重点和难点问题资金投入,完善市场化投融资机制,建立“政府引导、企业为主、社会参与”的多元化筹资机制等。研究出台行业发展规划、扶持政策,谋划空间载体,为重点招商项目开辟“绿色通道”,提前介入、并联审批,提供项目审批、落地、运营等各环节要素保障。

(四)科技保障

以生态文明建设工作的开展为契机,加强高层次科技创新人才团队培育与引进,加强与厦门大学、华侨大学、集美大学、厦门理工、中科院城环所等高校、科研院所的合作,建立以企业为主体、市场为导向、产学研相结合的技术创新体系。创新人才激励机制,建立人才津贴,对业绩突出,并创造重大经济社会效益的有功人才给予重奖。实施生态文明科技示范工程,加强与主导行业有关的技术创新和重大社会公益性技术研究。

(五)公众参与

加大生态文明建设的宣传力度,引导民众积极培养良好的生活和消费习惯,营造全社会共建生态文明的良好氛围。充分利用文化、广播电视、教育等媒介,组织有关生态文明的系列报道、举办各类生态文明建设主题活动的摄影图片展览等,对政府机关、企事业单位、中小学校等进行宣传教育,将生态文明建设观念根植于人们心底。充分调动人民群众参与生态文明建设的积极性,对在生态文明建设中做出突出贡献的单位和个人给予表彰、奖励,使公众自觉融入生态文明建设的氛围中。同时,建立畅通的信息反馈机制,使广大公民的意见和愿望能够迅速及时地反馈到相关部门,并将结果迅速地传达到公民,实现信息的双向交流。

统计资料

湖里区 2021 年国民经济和社会发展统计公报

2021 年，我们坚持以习近平新时代中国特色社会主义思想为指导，深入学习贯彻党的十九大和十九届历次全会精神，全面贯彻习近平总书记重要讲话重要指示批示精神，牢牢把握全方位推进高质量发展超越主题主线，坚决落实市委、市政府和区委决策部署，统筹推进常态化疫情防控和经济社会发展，统筹发展和安全，较好完成年度目标任务。

一、综　合

初步核算，2021 年全年地区生产总值（GDP）1539.41 亿元，按可比价计算，比上年增长 7.2%。三次产业比重为 0：40.3：59.7，其中第二、第三产业增加值分别为 621.14 亿元、918.27 亿元，增长 4.1% 和 9.4%，拉动 GDP 增长 1.7 个和 5.5 个百分点，对经济增长的贡献率依次为 23.2% 和 76.8%。其中增长较快的行业是批发和零售业，交通运输、仓储及邮政业，其他服务业，比上年分别增长 16.3%、10.2%、7.5%。按常住人口计算，人均 GDP 达 149168 元，比上年增长 10.3%。

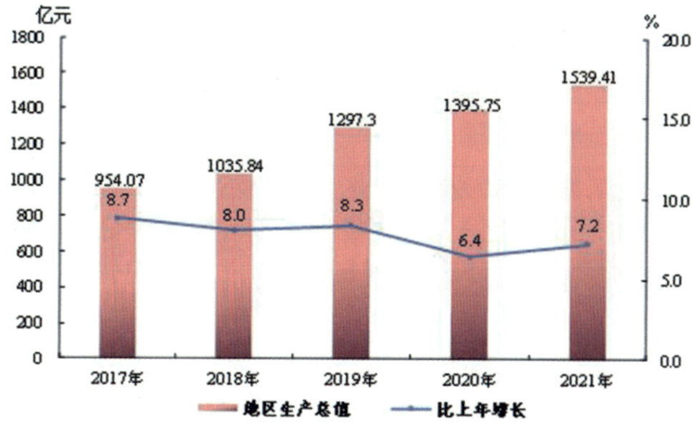

图 1　2017—2021 年地区生产总值（GDP）及其增长速度

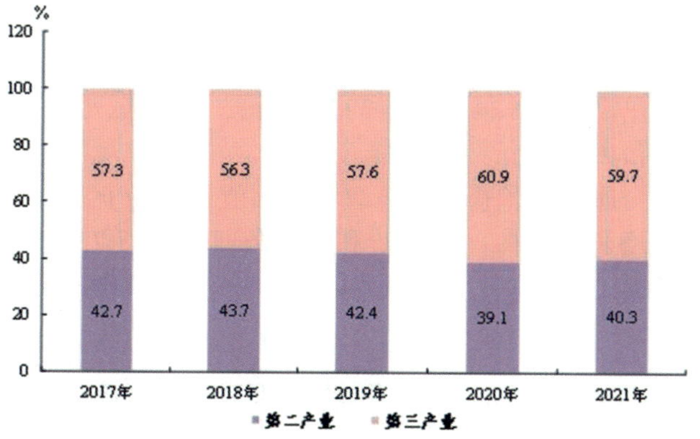

图 2　2017—2021 年二、三产业增加值占地区生产总值比重

二、工业和建筑业

2021 年末，全区规模以上工业企业 230 家，全年实现增加值 443.62 亿元，扣除价格因素后比上年增长 6.1%，与 2019 年相比，两年平均增长 3.7%。完成现价工业总产值 1910.02 亿元，比上年增长 9.3%，与 2019 年相比，两年平均增长 2.3%。亿元以上企业 83 家，完成工业总产值 1850.26 亿元，比上年增长 10.5%。其中 10 亿元以上企业 20 家，完成产值 1659.08 亿元，比上年增长 10.0%，占全区规模以上工业比重达 86.9%。前三大行业：计算机、通信和其他电子设备制造业完成产值 1493.61 亿元，比上年增长 11.6%；电气机械和器材制造业完成产值 120.98 亿元，比上年增长 25.1%；航空航天器修理业完成产值 58.65 亿元，比上年下降 30.9%。

全区规模以上工业企业完成销售产值 1787.55 亿元，比上年增长 10.4%，产销率 93.6%。出口交货值 934.38 亿元，比上年增长 3.7%，出口交货值率 52.3%。

全区高技术产业实现增加值 342.47 亿元，扣除价格因素后比上年增长 8.1%。

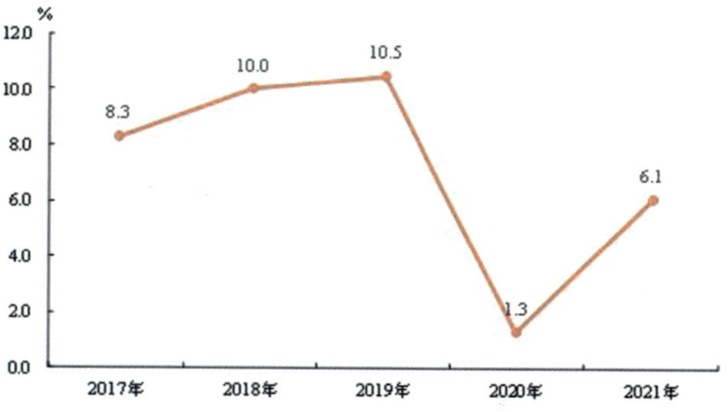

图 3　2017—2021 年规上工业增加值增长速度

建筑业增加值 206.11 亿元，比上年增长 4.6%。2021 年全区具有资质等级的 307 家建筑业企业完成建筑业总产值 865.28 亿元，增长 8.6%。其中，建筑工程产值 808.68 亿元，比上年增长 10.2%；安装工程产值 53.28 亿元，比上年下降 8.9%。全年房屋建筑施工面积 3826.28 万平方米，比上年增长 11.6%。建筑企业当年新签合同价款 794.55 亿元，比上年下降 18.6%。

图 4　2017—2021 年建筑业发展情况

三、固定资产投资

全区固定资产投资（不含农户）比上年增长 13.7%，其中房地产投资比上年下降 4.3%，城镇固定资产投资比上年增长 47.4%。分产业看，第二产业投资下降 14.5%，第三产业投资增长 65.6%。分行业看：交通运输、仓储和邮政业比上年增长 16.2%，水利、环境和公共设施管理业比上年增长 293.8%，教育行业比上年增长 402.6%，住宿和餐饮业比上年增长 596.0%；制造业投资比上年下降 5.4%，电力、热力、燃气及水的生产和供应业投资比上年下降 30.8%。

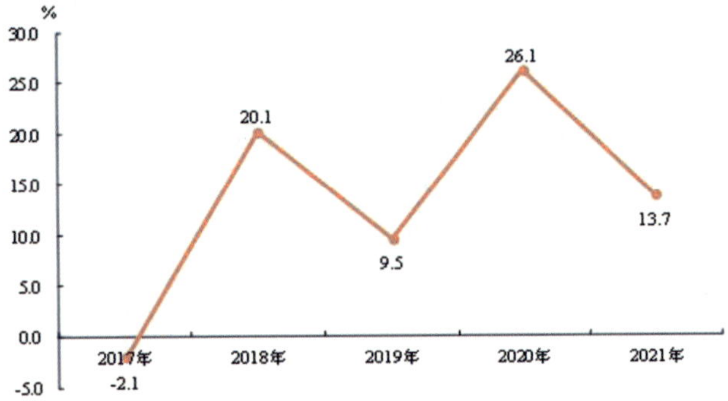

图 5　2017—2021 年固定资产投资增长速度

四、国内贸易

全年实现社会消费品零售总额 526.35 亿元，比上年增长 11.3%。限额以上企业零售额 310.51 亿元，比上年增长 8.7%，占全区社会消费品零售总额的 59.0%；限额以下单位实现零售额 215.84 亿元，比上年增长 15.3%。全年零售额超亿元的批发零售贸易企业 54 家，合计零售额 249.17 亿元，增加 17.17 亿元，比上年增长 7.4%；零售额超千万元的住宿餐饮企业 38 家，合计零售额 12.75 亿元，比上年增长 24.9%。

在限额以上企业商品零售额中，汽车类零售额 98.48 亿元，比上年下降 2.8%；日用品类零售额 41.87 亿元，比上年增长 15.8%；服装鞋帽针纺织品类零售额 25.78 亿元，增长 6.7%；金银珠宝类零售额 23.91 亿元，增长 10.9%；粮油食品类零售额 23.66 亿元，下降 5.2%；文化办公用品类零售额 19.61 亿元，下降 1.3%；石油及制品类零售额 10.88 亿元，增长 65.1%。

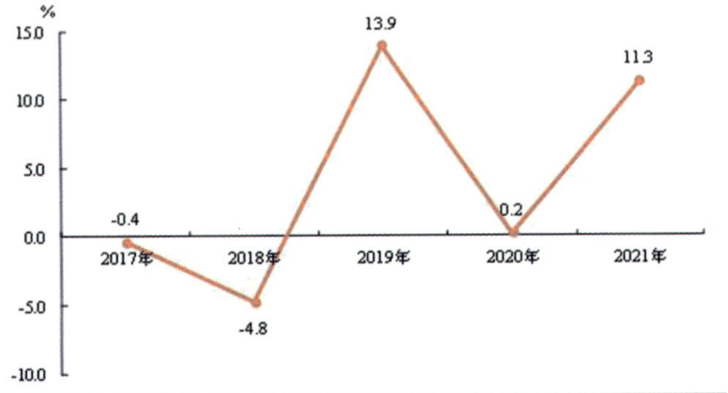

图 6　2017—2021 年社会消费品零售总额增长速度

五、服务业

全区重点服务业企业 333 家共实现营业收入 882.93 亿元，比上年增长 38.6%。其中，亿元以上企业 109 家，比上年同期增加 35 家，实现营业收入 793.50 亿元。辖内企业分布在 9 个行业，其中，交通运输、仓储和邮政业企业 193 家，2021 年实现营业收入 631.44 亿元，占服务业总营业收入 71.5%。其他营利性服务业分布在 5 个行业，有 94 家，分别是租赁和商务服务业 31 家，信息传输、软件和信息技术服务业 32 家，科学研究和技术服务业 17 家，居民服务、修理和其他服务业 7 家，文化体育和娱乐业 7 家，分别实现营业收入 154.34 亿元、32.73 亿元、12.62 亿元、2.27 亿元和 2.29 亿元。

交通运输、仓储和邮政业增加值 186.20 亿元，比上年增长 10.2%；其他营利性服务业增加值 73.85 亿元，增长 1.9%。

六、对外经济

全年新增外资项目 239 个，增资项目 50 个，减资项目9个。合同利用外资60.90亿元；实际利用外资21.96亿元，比上年下降2.6%。

七、财政和金融

全区实现区一般公共预算总收入260.08亿元，区级一般公共预算收入55.56亿元。区级一般公共预算收入中，税收收入45.03亿元，其中，个人所得税9.72亿元、企业所得税9.24亿元。

全年区级一般公共预算支出81.28亿元，其中，教育支出16.10亿元，城乡社区事务支出12.96亿元，社会保障和就业支出8.15亿元，医疗卫生支出7.70亿元。

金融保险业实现增加值127.84亿元，比上年增长7.0%。

八、教育和科学技术

教育

2021年，湖里区拥有各级学校219所，其中公办中小学32所，民办中小学18所，公办（含集体办）幼儿园46所，民办幼儿园121所；学年初招生27021人，在校学生108760人。其中，完全中学1所，学年初招生1290人，在校学生3731人；普通初中5所，学年初招生3683人，在校学生11104人；九年一贯制学校13所，学年初招生4644人，在校学生16093人；小学34所，学年初招生6414人，在校学生41394人；幼儿园167所，学年初招生10966人，在园36353人；特殊教育学校1所，学年初招生24人，在校学生85人。公办中小学幼儿园专任教师4148人，其中研究生216人、本科学历3031人、专科学历881人、高中阶段及以下学历20人；民办中小学幼儿园教师2703人，其中研究生学历21人、本科人数856人、大专学历1617人、高中及以下209人。

科学技术

2021年，全区累计专利授权量6083件，其中发明542件、实用新型3888件、外观设计1653件，有效发明专利拥有3114件。国家级高新技术企业494家，规模以上工业高技术产业实现增加值342.47亿元，比上年增长8.1%，占规模以上工业增加值比重为77.2%。

九、文化、体育和卫生

文化

辖区有文化馆1个、图书馆1个、街道文化站5个、社区综合文化服务中心55个、24小时街道自助机50台。湖里区图书馆全年无休免费开放，周开放时长72小时，开展书刊借阅、数字图书馆阅读、公益性培训、讲座展览、亲子阅读活动等服务，馆藏文献资源总量67万册，全年借阅图书64万册次，接待读者39万人次，开展各类读者活动130场，参加读者6万人次。

全年开展全区性文化活动466场，全区基层文体活动297场次。

体育

全区体育场地面积132.50万平方米。体育场地1631个，其中室外运动场地977个、室内运动场地654个，包含足球场地61个、篮球场地267个、射击馆2个、射箭馆2个。对外开放学校15所。

持续培育“中国俱乐部杯”帆船挑战赛、“禾山杯”社区足球赛、“胜元杯”篮球赛、名校大学生篮球邀请赛、时尚篮球赛等品牌赛事，引进华东南射箭邀请赛暨APCC射箭俱乐部联赛、自创“闪耀天命杯”篮球邀请赛等品牌活动。全年举办61场体育赛事活动，参与人数1.2万人次。

卫生

2021年，全区各类医疗卫生机构434家，其中医院26家（含市属市管医院16家、区属市管医院1家、区属区管医院9家）、疾病预防控制中心1家、社区卫生服务中心5家、分中心3家、服务站8家、门诊部117家、诊所181家、其他93家（含医务室、卫生站、护理站、村卫生所等）。专卫生技术人员10091人，其中执业医师（含执业助理医师）4022人、注册护士4606人。医疗机构开放床位5497张。

十、人民生活和社会保障

人口

全区常住人口102.5万人，人口出生率8.85‰，人口死亡率2.89‰，人口自然增长率5.96‰。全区户籍人口392089人，其中，男性人口和女性人口分别为193610人和198479人。

民生

城镇居民人均可支配收入66226元，比上年增长9.9%。城镇居民人均消费性支出40821元，比上年增长13.3%。

就业

全年促进失业人员再就业22109人，促进就业困难对象再就业2633人。开展劳动力职业技能培训2658人，其中本地失业人员培训1385人、就业困难人员1267人、退役军人6人。基本养老、失业和工伤保险参保人数分别为69.99万人、71.5万人和71.67万人。

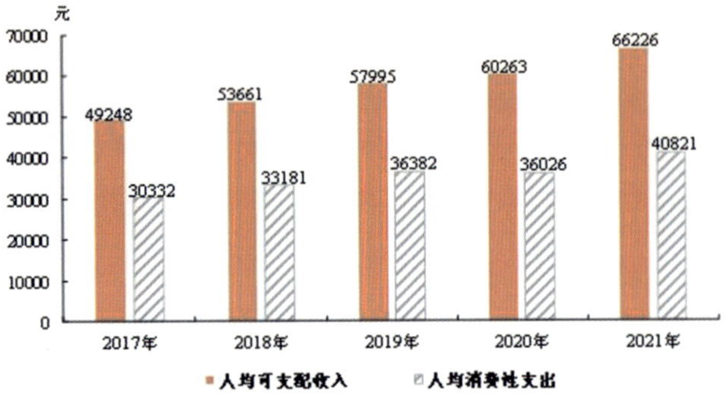

图 7　2017—2021 年城镇居民人均可支配收入支出

社会保障

2021 年末全区有城镇低保家庭 683 户，全年累计为 11372 人次发放低保金 1028.85 万元。累计实施特困人员救助供养 1315 人次，发放供养金 254.44 万元。发放残疾人补贴 347.30 万元，护理补贴 1208.60 万元。2021 年区慈善、老年福利协会接收捐赠款 1159.48 万元，为辖区累计 2.3 万人次计各类困难群众发放救助金 1614 万元。

工会

2021 年，全区有 58332 人次参加职工医疗互助保障，参保金额为 349.99 万元，由区总工会经费支出补助参保金额 226.33 万元，普惠 37721 人。全年有 1482 名患病参保职工申请职工医疗互助保障保助救济，金额 386.73 万元。

十一、环境保护和安全生产

环境保护

2021 年，生态环境质量实现突破，首次实现空气质量优良率、地表水环境功能区达标率和近岸海域水质优良率“三个 100%”。空气环境质量持续向好：空气质量综合指数 2.38，比上年下降 1.2%；优良天数比例连续两年保持 100%；六项主要污染物指标均达到国家二级标准。水环境质量提升明显：湖边水库水质达到水环境功能区Ⅲ类流域地表水要求，埭辽湖水质达到Ⅳ类水标准；上半年，近岸海域水质实现历史性突破，排名全省县区第四。土壤环境质量总体较好：太古飞机工程有限公司及三航宿舍地下水环境质量考核点位Ⅴ类比例提升 50%。

安全生产

2021 年，全区发生生产安全事故 10 起，死亡 4 人，比上年减少 17 起、7 人，分别下降 63.0%、63.6%，未发生较大及以上事故，安全生产形势总体稳定。

十二、各街道经济

工业

2021 年，各街道规模以上工业总产值分别为：湖里街道 75.95 亿元，现价比上年增长 0.1%；殿前街道 341.34 亿元，增长 0.5%；江头街道 9.62 亿元，增长 1.9%；禾山街道 1426.20 亿元，增长 11.4%；金山街道 47.08 亿元，增长 27.8%。

社会消费品零售总额

2021 年，各街道社会消费品零售总额分别为：湖里街道 60.04 亿元，比上年增长 3.8%；殿前街道 228.43 亿元，增长 12.6%；江头街道 55.99 亿元，增长 10.9%；禾山街道 43.41 亿元，下降 6.0%；金山街道 138.48 亿元，增长 20.0%。

财政总收入

2021 年，各街道实现财政总收入分别为：湖里街道 26.63 亿元，殿前街道 70.37 亿元，江头街道 21.61 亿元，禾山街道 27.84 亿元，金山街道 38.18 亿元。

2021年湖里区重点项目一览表

表17　　　　单位：万元

项目名称	项目总投资	年度计划投资	年度完成投资
2021年区重点项目56个	10888774	1060249	2209586
（一）产业类项目15个	3013257	262200	325542
亿联网络总部大楼	65300	8000	17609
英蓝国际金融中心	600000	35000	47045
厦航总部大厦	265470	8000	18763
住宅集团大厦	34066	1000	3276
西海湾邮轮城	1300000	120000	132161
厦门太古可口可乐饮料有限公司增资扩产项目	16000	10000	10000
SM商业城三、四期	200000	22000	24775
后埔社区发展中心（二期）	21300	1000	1300
江村社区发展中心（二期）	17000	1200	2168
厦门泉州（安溪）经济合作区（湖里园）	200000	10000	10000
闽昱置业酒店（2019P06地块）	32000	3000	4040
昌富源公司酒店	52000	7500	7500
高林－金林社区发展中心	82121	16000	27395
赣州银行厦门金融大厦	74000	12000	12010
厦门国际艺术品交易中心	54000	7500	7500
（二）基础设施类项目33个	7531237	636782	1704148
轨道平衡寨上用地（2幅）	400000	14000	14013
钟宅南苑安置房	114300	20000	45840
仓后花园安置房	42544	7500	9555
下忠安置房	91500	12000	19000
金林湾花园B区1-07地块安置房	110744	20000	26450
轨道交通2号线高林停车场上盖还建高林公园工程	2385	2000	2000
蔡塘片区旧改项目	1000000	120000	530000
湖边水库东片区市政道路工程一期工程包	38268	20000	79068
湖里公交生产生活基地	30200	5000	5000
马垅阳光公寓	8500	3900	4000
港中路（三航预制场—海天码头）段道路建设工程（一期工程）	5000	2000	2550
钟宅北苑安置房一期工程	75000	3000	7600

续表 17

项目名称	项目总投资	年度计划投资	年度完成投资
厦门高集海堤开口改造滨海路跨管线桥及延伸段工程	16000	2470	2470
枋湖安置房	64000	300	300
乌石浦花园一期	50400	20000	21548
美仑花园一期安置房	82800	14000	14800
金林湾花园三期安置房	94700	12000	16750
金林湾花园安置房四期工程	137354	3000	4000
下湖安置房一期工程	59966	2000	3078
下湖安置房二期工程	195477	8000	10120
高林安置房一期工程	81991	10000	22848
高林安置房二期工程	59175	4000	5200
坂美花园安置房	41074	600	4700
老旧小区改造	5000	3000	4500
污水收集处理能力提升项目工程包	173060	41612	41612
湖边水库东片区旧改项目	800000	75000	132166
湖里体育公园片区旧改造项目	1250000	30000	76051
五通金融商务区片区旧改项目	1350000	120000	478168
五缘湾北片区旧改项目	1100000	50000	109251
枋湖片区纵六路北段	1000	600	710
钟智西三路	1800	200	200
轨道 1 号线火炬园站配套工程	32000	5600	5600
轨道 1 号线塘边站配套工程	53000	5000	5000
（三）社会事业类项目 8 个	344280	161267	179896
厦门市华东师范大学希平双语学校	200000	122077	130062
新港社区服务中心和幼儿园	6300	600	761
南山学校	25218	10000	11953
金尚学校	34825	7590	13970
禾山中学改扩建项目	22963	8000	9050
湖里实验学校	15620	8000	8100
中共湖里区委党校	30739	3500	4500
东部文物保护工程	8615	1500	1500

2021年湖里区限额以上批发零售法人企业经营情况表

表18

指标名称	法人企业个数（个）	从业人员期末人数（人）	商品购进额（万元）	商品销售额（万元）	期末商品库存额（万元）	年末零售营业面积（平方米）
总　计	711	26584	108591876.3	110906279.3	4273885.5	545942
一、批发业	558	16070	106211122.6	108244891	4019989.5	36871
（一）按行业中类分						
农、林、牧、渔产品批发	—	488	3807167.8	3860665.2	433045.7	—
食品、饮料及烟草制品批发	—	2667	2141814	2211920.2	438221.3	14036
纺织、服装及家庭用品批发	—	4523	3870955.6	4132663.1	146114.6	8760
文化、体育用品及器材批发	—	752	1550850.5	1595433.1	12868.2	—
医药及医疗器材批发	—	568	434439.5	455881.8	47651.7	204
矿产品、建材及化工产品批发	—	4911	82274569.5	83611008.2	2516756.7	2136
机械设备、五金产品及电子产品批发	—	1629	1876216.9	1949221.5	73395.8	11185
其他批发业	—	532	10255108.8	10428097.9	351935.5	550
（二）按登记注册类型分						
内资企业	—	13304	102927611.1	104741362.6	3841384.3	22946
港、澳、台商投资企业	—	2170	2673942.5	2851874.2	138293	5825
外商投资企业	—	596	609569	651654.2	40312.2	8100
（三）按经营形式分						
独立门店	—	2559	3511991.3	3586899.9	144267.1	20423
其他	—	13511	102699131.3	104657991.1	3875722.4	16448
二、零售业	153	10514	2380753.7	2661388.3	253896	509071
（一）按零售行业中类分						
综合零售	—	2046	303857	303857	29016.9	106539
食品、饮料及烟草制品专门零售	—	495	54315.3	54315.3	7925.2	66122
纺织、服装及日用品专门零售	—	436	43796.5	43796.5	13178.5	31105
文化、体育用品及器材专门零售	—	53	953.5	953.5	4222.8	3745
医药及医疗器材专门零售	—	1241	83476.9	83476.9	12691.9	37250
汽车、摩托车、零配件和燃料及其他动力销售	—	3538	1189904.8	1189904.8	94574.2	223582
家用电器及电子产品专门零售	—	556	143077.2	143077.2	2400.4	35859
五金、家具及室内装饰材料专门零售	—	28	6107.1	6107.1	7378	3107
货摊、无店铺及其他零售业	—	2121	835900	835900	82508.1	1762

续表 18

指标名称	法人企业个数（个）	从业人员期末人数（人）	商品购进额（万元）	商品销售额（万元）	期末商品库存额（万元）	年末零售营业面积（平方米）
（二）按登记注册类型分						
内资企业	—	8083	1983421.9	1983421.9	208985.6	335738
港、澳、台商投资企业	—	966	425725.8	425725.8	24646.2	50664
外商投资企业	—	1465	252240.6	252240.6	20264.2	122669
（三）按经营形式分						
独立门店	—	4527	1296746	1296746	115412.6	195012
连锁总店（总部）	—	2785	307837.2	307837.2	29016.8	168515
连锁直营店	—	92	16917.3	16917.3	405.7	30655
连锁加盟店	—	78	27260.8	27260.8	1688.9	7989
其他	—	3032	1012627	1012627	107372	106900

2021 年湖里区限额以上住宿餐饮业法人单位经营情况表

表 19

指标名称	法人企业数（个）	从业人员期末人数（人）	营业额（万元）	客房数（间）	床位数（个）	餐位数（位）	年末餐饮营业面积（平方米）
总　计	116	9875	275174.5	13011	19737	145068	331208
一、住宿业	49	5050	138700.5	13011	19737	12299	151317
按住宿行业中类分							
旅游饭店	—	4181	120868.9	10925	16727	10251	126640
一般旅馆	—	670	12787.5	1870	2696	1048	20108
其他住宿业	—	199	5044.1	216	314	1000	4569
按登记注册类型分	—						
内资企业	—	3149	83788.5	8006	12341	7116	82726
港、澳、台商投资企业	—	864	19655.6	1035	1438	1792	26292
外商投资企业	—	1037	35256.4	3970	5958	3391	42299
按经营形式分							
独立门店	—	2964	83070.4	8022	11757	7365	82155
连锁加盟店	—	200	5888	833	1242	139	5598
其他	—	1886	49742.1	4156	6738	4795	63564

续表 19

指标名称	法人企业数（个）	从业人员期末人数（人）	营业额（万元）	客房数（间）	床位数（个）	餐位数（位）	年末餐饮营业面积（平方米）
按星级分							
五星	—	1454	39054.5	1759	2487	2960	31770
四星	—	610	14753	1615	2617	1915	27279
三星	—	113	3236.9	357	578	131	1120
一星	—	303	9098.6	400	580	582	6006
其他	—	2570	72557.5	8880	13475	6711	85142
二、餐饮业	67	4825	136474	—	—	132769	179891
按餐饮业行业中类分							
正餐服务	—	3267	91126.7	—	—	106706	144555
快餐服务	—	894	20981.2	—	—	8832	11036
饮料及冷饮服务	—	36	676.0	—	—	190	530
餐饮配送及外卖送餐服务	—	291	8180.7	—	—	9861	9770
其他餐饮业	—	337	15509.4	—	—	7180	14000
按登记注册类型分							
内资企业	—	4612	130724.7	—	—	131487	175494
港、澳、台商投资企业	—	142	4093.4	—	—	500	2423
外商投资企业	—	71	1655.9	—	—	782	1974
按经营形式分							
独立门店	—	1795	43683.9	—	—	20664	79574
连锁总店（总部）	—	137	2477.8	—	—	871	3294
连锁直营店	—	218	4919.7	—	—	1284	4091
其他	—	2675	85392.6	—	—	109950	92932

新闻媒体报道题录

2021年国内各大新闻媒体有关湖里区新闻报道一览表

表20

日期	文章标题	媒体
1月4日	厦门湖里区提升城市治理水平共同发力　大家满意	《人民日报》
1月4日	人民日报点赞厦门湖里区城管新机制：共同发力　大家满意	《人民日报》客户端
1月4日	厦门湖里区提升城市治理水平共同发力　大家满意	人民网
1月6日	厦门湖里：创新智慧化管理为城区公共安全保驾护航	中国经济网
1月7日	是金山，更是绿水青山！金山街道推动生态环境持续提升，奏响绿色发展协奏曲	新福建
1月7日	缴毒230公斤！厦门警方破获特大运输毒品案	新华网
1月8日	近邻党建，敲开邻里幸福门	《中国组织人事报》
1月11日	让爱催生“链式反应”	《中国改革报》
1月11日	厦门湖里：敬老帮困济弱扶幼　爱心工程传递温暖力量	中国文明网
1月12日	厦门八旬老党员捐出特殊党费	《福建日报》
1月15日	CCTV-13新闻频道［新闻直播间］福建厦门　230公斤毒品伪装洗发水　运输中被查获	中央电视台
1月18日	厦门湖里：升级“大城管”体制机制，提升城区管理水平	中国经济网
1月20日	厦门湖里：药品监管开“良方”　对症寻因服“良药”	中国经济网
1月23日	CCTV-1综合频道《焦点访谈》人不负青山　青山定不负人	中央电视台
1月24日	CCTV-1综合频道《新闻联播》坚定政治方向　保持政治定力　确保“十四五”目标任务落到实处——习近平总书记在十九届中央纪委五次全会上的重要讲话引起热烈反响	中央电视台
1月25日	厦门湖里：打造示范区　内外兼修促发展	中国经济网
2月1日	福建省厦门市湖里区：党建领航，全力推进“岛内大提升”	《中国城市报》
2月4日	CCTV-2财经频道《经济半小时》这个春节　一起留“厦”（内容含湖里区环卫工人响应号召留厦过年，报道了厦门各部门拿出真金白银鼓励留厦过年政策）	中央电视台
2月3日	CCTV-13新闻频道《新闻直播间》厦门厦心医院、弘爱医院：孕妇命悬一线　近20名医生10小时接力抢救	中央电视台
2月4日	厦门湖里：力推26项举措营造浓厚年味　让群众安心留厦	中国经济网
2月5日	厦门湖里区力推26项举措　让群众安心留厦	人民网
2月8日	台胞“家书”丨惟见君行久，新年胜旧年	新华社客户端
2月8日	厦门湖里：他乡年味暖亦浓　市场监管守护特别“年夜饭”	中国经济网
2月10日	厦门湖里奏响迎春序曲	人民网
2月10日	厦门市湖里区“留才”就地过年有实招	人民网
2月10日	许多台胞选择在大陆过春节：这里的年味和人情味更浓	《人民日报（海外版）》
2月12日	文化进万家丨第十六届厦门元宵民俗文化节线上活动之《团圆饭》	学习强国
2月13日	我们的节日・春节丨致敬留厦城市建设者	学习强国

续表 20

日　期	文章标题	媒体
2 月 18 日	厦门湖里繁荣春节假日经济　带动辖区酒店商圈共享商机	中国经济网
2 月 19 日	文化进万家丨第十六届厦门元宵民俗文化节线上活动之《过年新创意》	学习强国
2 月 19 日	厦门湖里区繁荣春节假日经济　带动辖区酒店商圈共享商机	人民网
2 月 22 日	CCTV-13 新闻频道 《新闻直播间》湖里区金尚中学：开学在即　做好防疫措施迎接返校学生	中央电视台
2 月 22 日	东南卫视《福建卫视新闻》报道厦门东渡港区：港口生产连续八个月单月超百万标箱	东南卫视
2 月 23 日	厦门湖里区在更高起点谱写党建新篇章	人民网
2 月 24 日	党建动态丨厦门湖里 2020 年基层党建亮点频出　在更高起点谱写党建新篇章	学习强国
2 月 25 日	爱心图书馆	《福建日报》
2 月 27 日	炫丨厦门元宵民俗文化节：16 届文化盛典，打造民俗文化盛宴	学习强国
3 月 1 日	湖里区拼搏一线奏响新春奋进曲	新华社客户端
3 月 4 日	厦门湖里：党员变身“红色主播”掀起党史学习热潮	新华社客户端
3 月 4 日	党建动态丨厦门湖里：党员变身“红色主播”掀起党史学习热潮	学习强国
3 月 5 日	厦门市湖里区：党员变身“主播”掀起党史学习热潮	人民网
3 月 5 日	厦门市湖里区推动志愿服务精细化、专业化	人民网
3 月 5 日	厦门湖里举办专题研讨班　借力“再学习、再调研、再落实”活动推进全年十大重点工作	新华社客户端
3 月 5 日	厦门湖里区：聚沙成塔　凡人善举爱满城	新华社客户端
3 月 6 日	巾帼风采丨赵亚娟当选全国巾帼志愿服务“十大感动人物”	学习强国
3 月 8 日	湖里区召开全区党史学习教育动员大会　大力弘扬特区发祥地精神	新华社客户端
3 月 8 日	湖里区妇联组织一系列活动　庆祝“三八”妇女节	新华社客户端
3 月 8 日	厦门市湖里区妇联系列活动庆祝节日　传递新时代女性正能量	人民网
3 月 8 日	厦门市湖里区召开全区党史学习教育动员大会	人民网
3 月 8 日	厦门：湖里区妇联组织一系列活动　庆祝“三八”妇女节	中国经济网
3 月 11 日	谋定快动　厦门湖里区总结并部署全区组织、宣传、统战工作	人民网
3 月 11 日	湖里区召开区委工作会议　总结并部署全区组织、宣传、统战工作	新华社客户端
3 月 12 日	厦门湖里区基本实现排海口晴天污水“零排放”　努力建设高颜值厦门核心区标杆区	新华社客户端
3 月 12 日	厦门湖里区组织义务植树活动　扮靓公园引鸟来	新华社客户端
3 月 12 日	厦门湖里：深化全域治理　守护清水绿岸	中国经济网
3 月 12 日	厦门湖里区深化全域治理　守护清水绿岸	人民网
3 月 15 日	湖里区扎实开展“再学习、再调研、再落实”活动　全速推进东部旧村整村改造	新华社客户端
3 月 17 日	市民“足不出城”上海名医“上门”，厦门为什么行	《新华每日电讯》
3 月 18 日	厦门湖里区：勇立潮头闯新路　披荆斩棘勇克难	新华社客户端
3 月 19 日	厦门湖里区党员干部走访红色教育基地参观学习	新华社客户端

续表 20

日　期	文章标题	媒体
3 月 19 日	学习部署丨厦门湖里区深入开展党史学习教育，党员干部走访红色教育基地参观学习	学习强国
3 月 19 日	厦门湖里：勇立潮头闯新路，披荆斩棘勇克难	中国经济网
3 月 22 日	厦门湖里区掀起党史学习教育热潮　特区精神已成湖里人精神之魂	新华社客户端
3 月 22 日	厦门湖里区科学治水　高颜值城区入画来	新华社客户端
3 月 22 日	厦门湖里：掀起党史教育学习热潮　特区精神已成湖里人精神之魂	中国经济网
3 月 23 日	厦门湖里区科学治水　深入推行河湖长制	人民网
3 月 23 日	厦门湖里区掀起党史学习教育热潮　从峥嵘岁月中汲取前行力量	人民网
3 月 23 日	厦门湖里区加速推进东部旧改	人民网
3 月 23 日	厦门湖里区：东部旧改　以“移山填海”之势推进	新华社客户端
3 月 23 日	半月谈丨厦门：敞开“三扇门”	新华社《半月谈》
3 月 24 日	厦门湖里区打开特区发祥地全方位发展之门　在精神传承中续写时代华章	新华社客户端
3 月 24 日	爱心湖里　以“团结奉献”之态建设	新华社客户端
3 月 24 日	厦门：湖里打开特区发祥地全方位发展之门　在精神传承中续写时代华章	中国经济网
3 月 25 日	湖里警方推出“湖警党史朗读者”专栏	《福建日报》
3 月 25 日	湖里人通过“爱心厦门”建设汇聚爱心	人民网
3 月 25 日	厦门湖里区打开特区发祥地全方位发展之门　在精神传承中续写时代华章	人民网
3 月 26 日	厦门湖里区禾山街道岭下社区用活阵地资源　破解安置小区管理服务难题	新华社客户端
3 月 26 日	厦门湖里区：城市发展　以“科学创新”之势引领	新华社客户端
3 月 26 日	厦门湖里区：城区未来　以“自强不息”之态奋进	新华社客户端
3 月 26 日	厦门湖里持续走“科学创新”之路　迸发活力	人民网
3 月 27 日	厦门湖里：打造岛内新增长极　建成高质量发展引领示范城区	人民网
3 月 27 日	厦门湖里岭下社区用活阵地资源　　破解安置小区管理服务难题	人民网
3 月 29 日	厦门湖里区：乘势而上开新局　不畏艰险只争先	新华社客户端
3 月 29 日	厦门湖里区在创新发展中勾勒宏伟蓝图	新华社客户端
3 月 29 日	厦门湖里区启动学校党史学习教育计划　教育系统党史宣讲团将进学校、进社区、进家庭	新华社客户端
3 月 30 日	厦门湖里：在创新发展中勾勒宏伟蓝图	人民网
4 月 1 日	基层往来丨海峡两岸设计研学中心成立	学习强国
4 月 2 日	厦门湖里：多措并举构建立体式全覆盖理论宣讲格局　推动党史学习教育持续走深走实	新华社客户端
4 月 2 日	党史宣讲丨厦门市湖里区启动理论宣讲轻骑兵进基层活动	学习强国
4 月 2 日	厦门市湖里区构建立体式全覆盖理论宣讲格局：专业队伍进基层　特色宣讲聚人心	学习强国
4 月 2 日	学习部署丨厦门市湖里区构建立体式全覆盖理论宣讲格局：专业队伍进基层　特色宣讲聚人心	学习强国
4 月 2 日	厦门湖里区多措并举构建立体式全覆盖理论宣讲格局	人民网

续表 20

日　期	文章标题	媒体
4 月 3 日	厦门薛岭山烈士陵园"守墓人"叶子华：12 年如一日守护 344 名烈士	人民网
4 月 3 日	湖里区薛岭山烈士陵园"守墓人"叶子华：12 年如一日守护 344 名烈士	新华社客户端
4 月 3 日	厦门湖里：植树环保祭清明	新华社客户端
4 月 6 日	厦门湖里：小学开设闽南青草药文化课　开启劳动教育体验之旅	中国经济网
4 月 6 日	厦门湖里区打造两岸设计人才交流合作平台	新华社客户端
4 月 7 日	福建厦门市有支"久久爱心"志愿服务队——传递爱心　温暖你我	《人民日报》
4 月 7 日	福建厦门市有支"久久爱心"志愿服务队——传递爱心　温暖你我	人民网
4 月 7 日	人民日报点赞福建厦门"久久爱心"志愿服务队——传递爱心　温暖你我	《人民日报》客户端
4 月 7 日	福建厦门市有支"久久爱心"志愿服务队——传递爱心　温暖你我	新华社客户端
4 月 7 日	人民日报点赞福建厦门"久久爱心"志愿服务队——　传递爱心　温暖你我	观八闽公众号
4 月 7 日	厦门湖里：集智引才　奋力推进"二次创业"	新华社客户端
4 月 8 日	解放厦门岛，这里插上了第一面五星红旗（神山，不倒的红旗）	《福建日报》
4 月 8 日	解放厦门岛，这里插上了第一面五星红旗	新福建
4 月 8 日	厦大百年校庆校友金融招商大会在湖里区举行	新华社客户端
4 月 8 日	党史学习教育市委宣讲团湖里区专场报告会昨举行	新华社客户端
4 月 8 日	厦门湖里区打造两岸设计人才交流合作平台	人民网
4 月 8 日	党史学习教育厦门市委宣讲团湖里区专场报告会举行	人民网
4 月 8 日	厦大百年校庆校友金融招商大会举行	人民网
4 月 8 日	【动画视频】湖里神山——第一面五星红旗插上厦门岛的地方	新华社客户端
4 月 8 日	【动画视频】坚强的革命据点：中共（闽中）厦门工委高崎地下交通站	新华社客户端
4 月 8 日	【动画视频】后莲坪解放战场的故事	新华社客户端
4 月 8 日	招商引资丨厦大百年校庆校友金融招商大会在湖里区举行	学习强国
4 月 12 日	厦门湖里区发布 2021 年"悦游・湖里"系列文化旅游活动实施方案	中国经济网
4 月 12 日	厦门湖里区发布 2021 年"悦游・湖里"系列文化旅游活动实施方案　25 项文体活动营造全年精彩	新华社客户端
4 月 13 日	厦门湖里区将举行 2021 年"悦游・湖里"系列文化旅游活动	人民网
4 月 14 日	厦门市湖里区开展 2021 年道德模范免费体检活动　让德者有得　让城市有爱	《福建日报》
4 月 14 日	唱响主旋律　文旅盛宴精彩同享	中国经济网
4 月 16 日	城中村变身现代化社区	《经济日报》
4 月 16 日	城中村变身现代化社区	《经济日报》新闻客户端
4 月 18 日	宣传片丨党旗飘扬　保密护航	学习强国
4 月 19 日	党旗飘扬　保密护航	新华社客户端
4 月 20 日	厦门湖里区委宣讲团集中宣讲启幕	新华社客户端

续表 20

日 期	文章标题	媒体
4 月 20 日	厦门湖里区委宣讲团集中宣讲活动启幕	人民网
4 月 20 日	【动画视频】军民团结大榕树	新华社客户端
4 月 21 日	湖里区委宣讲团集中宣讲启幕	中国经济网
4 月 23 日	党史学习教育央媒厦门行集中采访活动走进湖里区	新华社客户端
4 月 23 日	上高山进社区　“党史学习教育央媒厦门行”聚焦同安区湖里区	人民网
4 月 23 日	第八届厦门文化产业年度风云榜颁奖	人民网
4 月 25 日	厦门湖里：城中村变身新社区　江头街道薛岭新村安置房启动交房	新华社客户端
4 月 25 日	第十三届厦门（湖里）城市诵读节暨湖里红色文化巡礼启动仪式举行　掀起党史学习教育新高潮	新华社客户端
4 月 25 日	厦门湖里迎城市诵读节　全民阅读活动形式多样	人民网
4 月 25 日	厦门湖里区江头街道薛岭新村安置房启动交房	人民网
4 月 26 日	厦门湖里：“沉浸式”党史教育　感受“殿小二”暖心服务	中国经济网
4 月 28 日	湖里区解难题、办实事，打造宜居宜业新城区——特区发祥地的幸福图景	新福建
4 月 28 日	湖里区解难题、办实事，打造宜居宜业新城区——特区发祥地的幸福图景	《福建日报》
4 月 28 日	厦门湖里智慧养老　科技助力更显温情	中国新闻网
4 月 29 日	厦门湖里区：永葆特区发祥地精神　奋力谱写新时代“春天的故事”	新华社客户端
4 月 29 日	厦门湖里区：永葆特区发祥地精神　奋力谱写新时代“春天的故事”	人民网
4 月 30 日	厦门湖里：永葆特区发祥地精神，奋力谱写新时代“春天的故事”	新福建
4 月 30 日	聚焦民生　打通服务堵点断点　湖里区一批打通“断头路”和“口袋公园”建设项目昨开工	中国经济网
4 月 30 日	永葆特区发祥地精神　奋力谱写新时代“春天的故事”	《中国商报》
5 月 1 日	文化新闻丨厦门湖里第 13 届社区文化艺术节开幕　文化大舞台亮点纷呈	学习强国
5 月 3 日	2020 年湖里区公园健身体育设施项目	中国经济网
5 月 6 日	绝密使命丨厦门湖里：传承红色基因　多形式发力讲好党史故事	学习强国
5 月 6 日	厦门湖里区殿前街道开展“打卡红色地标，筑梦红色青春“主题活动	新华社客户端
5 月 7 日	厦门推动党史学习教育走深走实	《经济日报》
5 月 7 日	“爱心厦门　悦游湖里”系列文旅业界献爱心、促旅游主题宣传活动举行	新华社客户端
5 月 8 日	“爱心厦门　悦游湖里”系列文旅业界献爱心、促旅游主题宣传活动举行	人民网
5 月 10 日	“2021 悦动五四·湖里有 YOUNG 挑战赛”精彩举行　点燃特区发祥地青年干事创业热情	新华社客户端
5 月 10 日	我为群众办实事丨“断头路”“口袋公园”“安置房“…湖里区全力以赴解决好您的“身边事”	新华社客户端
5 月 10 日	厦门湖里区推进 23 条“断头路”建设　建成 21 个“口袋公园”	人民网
5 月 10 日	“2021 悦动五四·湖里有 YOUNG 挑战赛”举行	人民网
5 月 12 日	厦门台青打造“移动花园”	《人民日报（海外版）》
5 月 12 日	厦门湖里区打出拆违组合拳　品质生活看得见	人民网

续表 20

日　期	文章标题	媒体
5 月 12 日	打出拆违组合拳　品质生活看得见	中国经济网
5 月 12 日	厦门湖里区结合党史学习教育“我为群众办实事”实践活动　推进石头皮山等“两违”整治	新华社客户端
5 月 17 日	厦门市湖里区 2020 年财政管理工作获国务院办公厅通报表扬　助力特区发祥地发展行稳致远	新华社客户端
5 月 17 日	厦门市湖里区荣膺首批“省级文明示范城区”称号　切实提升广大群众幸福感、获得感	新华社客户端
5 月 17 日	厦门湖里区 2020 年财政管理工作获国务院办公厅通报表扬	人民网
5 月 17 日	厦门湖里区荣膺首批“省级文明示范城区”称号　切实提升广大群众幸福感、获得感	人民网
5 月 18 日	科学聚财　规范管财　精细理财	中国经济网
5 月 19 日	厦门湖里区组织党员干部参观学习　为特区发祥地“二次创业”赋能前行	新华社客户端
5 月 19 日	厦门湖里区加压加力推进政法队伍教育整顿工作　为加快建设“两高两化”中心城区保驾护航	新华社客户端
5 月 20 日	活用财政“小杠杆”撬动发展“大效应”　厦门市湖里区财政管理工作获国务院办公厅通报表扬激励	《福建日报》
5 月 20 日	活用财政“小杠杆”撬动发展“大效应”　厦门市湖里区财政管理工作获国务院办公厅通报表扬激励	新福建
5 月 20 日	活用财政“小杠杆”撬动发展“大效应”厦门湖里区财政管理工作获国务院办公厅通报表扬激励	新华社客户端
5 月 20 日	厦门湖里区组织党员干部深入开展党史学习教育	人民网
5 月 21 日	厦门市湖里区活用财政“小杠杆”撬动发展“大效应”	人民网
5 月 21 日	活用财政“小杠杆”撬动发展“大效应”	中国经济网
5 月 24 日	厦门湖里区石头皮山片区提前完成搬离　全力拆违改绿	人民网
5 月 24 日	厦门湖里：提前完成搬离全力拆违改绿　石头皮山“两违”整治取得阶段性成效	新华社客户端
5 月 25 日	厦门湖里举行全区精神文明建设工作表扬暨新一轮全国文明城市创建动员大会	新华社客户端
5 月 25 日	厦门湖里区：扛起使命担当　吹响文明号角	人民网
5 月 25 日	集中整治出重拳　长效管理为民生	中国经济网
6 月 2 日	厦门湖里：每件事都值得我们“小”题“大”做!	中国经济网
6 月 2 日	厦门湖里区今年推进实施 30 个老旧小区改造	人民网
6 月 3 日	厦门市湖里区：学史力行实干为民　349 个“我为群众办实事”项目扎实推进	《福建日报》
6 月 3 日	厦门市湖里区：学史力行实干为民　349 个“我为群众办实事”项目扎实推进	新福建
6 月 3 日	我为群众办实事丨厦门市湖里区：学史力行　实干为民	学习强国
6 月 3 日	厦门：湖里区晒出“我为群众办实事”项目进度　113 个项目已完成	中国经济网
6 月 3 日	办好民生实事　113 个项目已完成	中国经济网
6 月 3 日	厦门市湖里区：学史力行实干为民　349 个“我为群众办实事”项目扎实推进	新华社客户端
6 月 3 日	厦门湖里：晒出“我为群众办实事”项目进度　以点带面推动解民忧破难题	新华社客户端
6 月 3 日	厦门湖里区晒出“我为群众办实事”项目进度　113 个项目已完成	人民网
6 月 4 日	厦门市湖里区殿前街道推出“鹭岛红哨”党史学习教育课堂	新华社客户端
6 月 5 日	厦门市湖里区殿前街道推出“鹭岛红哨”党史学习教育课堂	人民网

续表 20

日 期	文章标题	媒体
6 月 7 日	【地方信息】厦门湖里区：“我为群众办实事”见成效	新华网
6 月 7 日	厦门湖里：扎实推进“我为群众办实事”实践活动	改革网
6 月 8 日	创新财政“五五经验”护航高质量发展	《中国改革报》
6 月 8 日	机制活丨厦门市湖里区：创新财政“五五经验”护航高质量发展	学习强国
6 月 9 日	厦门湖里：老旧小区焕新生　让居民享受“稳稳的幸福”	人民网
6 月 9 日	厦门湖里区扎实推进党建引领小区治理	人民网
6 月 11 日	厦门湖里：“颂歌献给党”禾山街道小区红歌合唱赛高燃开唱　推动党史学习教育“声”入人心	新华社客户端
6 月 15 日	厦门湖里区 81 岁老党员叶福伟交 2 万元特殊党费　设立 40 万元爱心基金	新华社客户端
6 月 16 日	厦门湖里区 81 岁老党员设立“爱心基金”　助学奖学及帮助特殊困难老人	人民网
6 月 18 日	厦门湖里区“江头爱心公园”启用	人民网
6 月 18 日	厦门湖里：“厦门之心”献血屋正式启用	中国经济网
6 月 21 日	厦门湖里区全面开展瓶装燃气安全大排查大整治	人民网
6 月 21 日	【地方信息】厦门湖里区：81 岁老党员交 2 万元特殊党费设 40 万元爱心基金	新华网
6 月 21 日	【地方信息】厦门湖里：从“熟悉的村庄”走向“幸福的家园”	新华网
6 月 21 日	厦门湖里区江头爱心公园正式启用　倾心为民办实事	新华社客户端
6 月 21 日	厦门湖里区开展红色文化友谊挑战赛　寓教于乐效果好	新华社客户端
6 月 21 日	厦门人才服务月湖里分会场启动仪式暨大学生职前锻炼系列活动举行	新华社客户端
6 月 21 日	厦门湖里：全方位排查整治　筑牢燃气安全防线	新华社客户端
6 月 21 日	抛出橄榄枝　引来金凤凰	中国经济网
6 月 22 日	无偿献血主题公园启用	《福建日报》
6 月 24 日	无毒青春，从我做起　禾山街道举办青少年毒品预防教育宣传进校园活动	《福建日报》
6 月 28 日	近邻党建解难题　幸福链接千万家	中国经济网
6 月 30 日	从安居到宜居　筑就百姓“幸福巢”	中国经济网
6 月 30 日	厦门湖里区创新突破　凝聚初心破解群众“急难愁盼”	人民网
6 月 30 日	厦门湖里区“军地共建共学神山教育基地”揭牌	人民网
6 月 30 日	紧盯“急难愁盼”事践行初心解民忧　厦门市湖里区安置型商品房项目、“断头路”、“口袋公园”景观提升建设工程等一批“我为群众办实事”项目举行集中开工仪式	《福建日报》
6 月 30 日	厦门湖里安置型商品房项目、打通“断头路”、“口袋公园”景观提升建设工程等项目集中开工	新华社客户端
6 月 30 日	厦门湖里区“军地共建共学神山教育基地”揭牌，以优秀主题活动传承“红色文化基因”	新华社客户端
6 月 30 日	“再唱山歌给党听”主题快闪放歌湖里	新华社客户端
7 月 1 日	湖里：特区发祥地　启航新征程（打造党建引领基层治理“湖里模式”、扬帆“十四五”>> 在更高起点上建设“两高两化”中心城区）	《福建日报》
7 月 5 日	冲冲冲！厦门湖里区湖里街道这场主题党日活动够红、够燃、够震撼！	新华社客户端

续表 20

日　期	文章标题	媒体
7 月 5 日	厦门湖里区组织全市首辆“疫苗接种车”开进重点项目工地　践行“我为群众办实事”实践活动	新华社客户端
7 月 5 日	厦门湖里区“奋斗幸福里”揭牌　党史学习教育再添阵地	新华社客户端
7 月 5 日	厦门湖里区“疫苗接种车”开进重点项目工地	人民网
7 月 6 日	厦门湖里区“奋斗幸福里”揭牌　党史学习教育再添阵地	人民网
7 月 8 日	厦门市湖里区湖里街道让“小事”积成“大幸福”	人民网
7 月 8 日	厦门湖里区湖里街道开展红色定向赛活动	人民网
7 月 12 日	闻“汛”而动　练指挥练协同练保障	中国经济网
7 月 12 日	厦门湖里区组织防洪防台风桌面推演，厘清职责提升各成员单位应急能力	新华社客户端
7 月 12 日	湖里区召开石头皮山“两违”专项整治暨石头皮山公园建设为民办实事项目推进现场会	新华社客户端
7 月 12 日	厦门市湖里区召开现场会推进石头皮山公园建设	人民网
7 月 13 日	厦门湖里区湖里街道学党史办实事　推出“社区课堂”回应群众需求	人民网
7 月 13 日	厦门湖里区湖里街道探索夜间经济发展新模式	人民网
7 月 19 日	厦门湖里：吹响文明创建新号角　再攀精神文明新高峰	人民网
7 月 19 日	厦门市湖里区湖里街道学习贯彻“七一”重要讲话精神	人民网
7 月 21 日	【地方信息】厦门市湖里区部署文明城区创建	新华网
7 月 23 日	厦门市湖里区湖里街道近邻党建提升居民幸福感	人民网
7 月 23 日	厦门市湖里区：新冠病毒疫苗接种“加速度”	人民网
7 月 27 日	第四届胶片电影露天放映大会开幕，光影再次点亮鹭岛	《人民日报》客户端（中国文艺家杂志社人民号）
7 月 28 日	厦门湖里区举办全区文明城市创建工作业务骨干培训班　吹响新一轮文明创建工作号角	新华社客户端
7 月 29 日	厦门湖里区举办文明城市创建工作业务骨干培训班	人民网
7 月 29 日	做好禁毒宣传守护“绿色青春”　厦门市湖里区殿前街道积极开展防范新型毒品对青少年危害系列宣传活动	《福建日报》
8 月 3 日	在厦台胞成立志愿服务联盟　协助社区防疫	中国新闻网
8 月 4 日	【地方信息】厦门湖里区培训文明城市创建工作业务骨干	新华网
8 月 9 日	厦门市湖里区湖里街道发挥“近邻”作用　构建基层治理新格局	人民网
8 月 11 日	厦门市湖里区构建“小区妇女娘家人”服务新模式	人民网
8 月 17 日	厦门市湖里区提升城区精细管理	人民网
8 月 18 日	厦门市湖里区湖里街道探索“把服务沉在家门口”治理路径	人民网
8 月 18 日	厦门市湖里区湖里街道探索“近邻”治理新模式	人民网
8 月 19 日	吃货请注意！厦门开海第一船渔获到港	新华社客户端
8 月 20 日	社区“邻”聚力　爱心零距离　厦门市湖里区江头街道扎实打造近邻爱心社区	《福建日报》
8 月 23 日	厦门湖里：狠抓经济固底盘　猛追猛冲当先锋	新华社客户端

续表 20

日 期	文章标题	媒体
8 月 23 日	厦门湖里区：上半年 GDP720.7 亿元比增 15.0%	中国商报网
8 月 24 日	创新“五度”工作法推进东部旧村改造提速增效——湖里蔡塘社区再迎蝶变	《福建日报》
8 月 26 日	文明新风尚　飞入百姓家——厦门金尚社区创新打造“五尚”全国文明社区	《福建日报》
8 月 26 日	厦门市湖里区：提升改造小区环境　增强居民幸福感与获得感	人民网
8 月 27 日	湖里区后埔社区创新“三邻模式”助力旧村改造　汇聚“邻”力量共建美家园	《福建日报》
8 月 27 日	湖里区后埔社区创新“三邻模式”助力旧村改造　汇聚“邻”力量共建美家园	新福建
8 月 29 日	厦门湖里区创新宣讲形式　以党史之光照亮前行之路	新华社客户端
8 月 30 日	厦门湖里区创新宣讲形式　以党史之光照亮前行之路	人民网
8 月 31 日	党史宣讲丨厦门湖里：创新宣讲形式　以党史之光照亮前行之路	学习强国
9 月 6 日	守好“钱袋子”致富奔小康　厦门市湖里区江头街道创新“四化”举措，引导拆迁户求发展	《福建日报》
9 月 6 日	守好“钱袋子”致富奔小康　厦门市湖里区江头街道创新“四化”举措，引导拆迁户求发展	新福建
9 月 7 日	传承厦门特区发祥地精神　湖里区践行新发展理念	《中国商报》
9 月 7 日	传承厦门特区发祥地精神　湖里区践行新发展理念	中国商报网
9 月 7 日	传承厦门特区发祥地精神　湖里区践行新发展理念	人民网
9 月 7 日	传承厦门特区发祥地精神　湖里区践行新发展理念	新华社客户端
9 月 7 日	厦门湖里江头街道吕岭社区：依托“党建 +”，让文明实践“不打烊”	《福建日报》
9 月 9 日	第二十一届投洽会丨湖里区 2021 投洽会招商成果丰硕	中国经济网
9 月 9 日	第二十一届投洽会丨厦门湖里区 2021 投洽会招商成果丰硕	新华社客户端
9 月 9 日	厦门湖里区举办“印象湖里·人才新章”人才宣传片首映式暨产业人才研修院揭牌仪式	新华社客户端
9 月 10 日	厦门湖里：构建发展生态圈　走活人才强区“一盘棋”	人民网
9 月 13 日	【地方信息】厦门湖里：传承厦门特区发祥地精神　践行新发展理念	新华网
9 月 15 日	【地方信息】厦门市湖里区向全区发出倡议：众志成城　共抗疫情	新华网
9 月 15 日	厦门湖里区向全区干部职工发出抗疫倡议书	人民网
9 月 17 日	福建厦门市湖里区：所有小区、城中村实行更严格的出入闭环管控	央视新闻客户端
9 月 17 日	线上教学、线下抗疫——直击疫情下的厦门教师志愿者	新华社客户端
9 月 17 日	新华全媒 + 丨看，防疫一线这些“最可爱的人”!	新华社客户端
9 月 20 日	厦门市湖里区、思明区今天启动第三轮全员新冠病毒核酸检测	央视新闻客户端
9 月 20 日	厦门湖里区第一时间响应市“四条通告”，立足实际开展全链条防疫，推动各项措施落实落细	新华社客户端
9 月 21 日	厦门湖里区立足实际开展全链条防疫　推动各项措施落实落细	人民网
9 月 21 日	厦门湖里区已管控密接者、次密接者共 4118 人	人民网
9 月 21 日	厦门市湖里区新增一处封闭管理区、一处封控管理区	央视新闻客户端
9 月 21 日	厦门湖里区、海沧区、思明区、同安区 22 日开展第四轮核酸检测	央视新闻客户端

续表 20

日　期	文章标题	媒体
9 月 22 日	厦门湖里部分区域实行封控管控	人民网
9 月 23 日	厦门湖里区公布阳性感染者涉及的区域和场所	人民网
9 月 23 日	厦门湖里发布第一批重点防范区名单	人民网
9 月 23 日	厦门湖里区累计确诊病例 7 例　划定第一批 81 个重点防范区	人民网
9 月 23 日	厦门湖里区发布疫情防控第 11 号、第 12 号通告！	新华社客户端
9 月 23 日	非必要不进入不外出！厦门湖里区划重点防范区域→	央视新闻客户端
9 月 23 日	守护共同家园　厦门台胞活跃在抗疫一线	新华社客户端
9 月 23 日	新华全媒 + | 守护家园　留厦台胞在“疫”线	新华社客户端
9 月 25 日	【湖里区抗疫第一线】9 月 15 日湖里区启动第一轮全员新冠病毒核酸检测	学习强国
9 月 25 日	【湖里区抗疫第一线】更高效！更有序！湖里区开展第二轮全员核酸检测	学习强国
9 月 25 日	【湖里区抗疫第一线】9 月 20 日湖里区开展第三轮全员新冠病毒核酸检测现场情况	学习强国
9 月 25 日	【湖里区抗疫第一线】9 月 22 日湖里区第四轮核酸检测	学习强国
9 月 25 日	【湖里区抗疫第一线】感谢您，一起守护我们的湖里	学习强国
9 月 26 日	【湖里区防疫第一线】协力筑防线　隔墙不隔爱	学习强国
9 月 26 日	【湖里区防疫第一线】让脚步“暂停”　将防控“提速”	学习强国
9 月 26 日	【湖里区防疫第一线】湖里区发放图文介绍核酸检测全过程	学习强国
9 月 26 日	【湖里区抗疫第一线】党旗领航　“税务蓝”冲锋在前	学习强国
9 月 26 日	【湖里区抗疫第一线】“疫”线过中秋　护一方平安	学习强国
9 月 26 日	从“滞留者”到志愿者	新福建
9 月 27 日	厦门市湖里区发布第二批重点防范区名单	人民网
9 月 27 日	厦门湖里再发通告　公布第二批重点防范区	央视新闻客户端
9 月 27 日	厦门湖里：创建“无疫小区”，近邻守护家园	中国经济网
9 月 27 日	厦门市湖里区公布第二批重点防范区	新华社客户端
9 月 28 日	厦门：湖里有邻　共创“无疫小区”	人民网
9 月 28 日	厦门湖里区师生“艺”起抗疫	新华社客户端
9 月 28 日	厦门：滞留小伙“不见外”　人人夸他“金喇叭”	福建新闻频道
9 月 28 日	疫情防控法律责任风险告知书	学习强国
9 月 28 日	第五轮核酸检测，湖里师生齐上阵 | 见证这些瞬间，铭记这些经历	学习强国
9 月 28 日	从“滞留者”到志愿者	学习强国
9 月 29 日	党旗飘扬凝心聚力　扎根一线精准施策	学习强国
9 月 29 日	湖里力量 | 党员当先锋，法院吹响战疫“集结号”	学习强国
9 月 29 日	厦门湖里区深入开展近邻党建引领“无疫小区”创建　坚决打赢疫情防控歼灭战	新华社客户端

续表 20

日 期	文章标题	媒体
9 月 30 日	抗疫一线筑牢“红色堡垒”	《福建日报》
9 月 30 日	厦门湖里：党员当先锋，法院吹响战“疫”“集结号”	人民网
9 月 30 日	厦门湖里：抗疫一线筑牢“红色堡垒”	新华社客户端
10 月 1 日	献礼国庆！厉害了，我们的湖里萌娃	学习强国
10 月 1 日	献礼国庆！厉害了，我们的湖里萌娃为国庆节制作绘本	学习强国
10 月 1 日	庆国庆！厦门市华昌小学为国庆献礼——《中国话》	学习强国
10 月 1 日	巾帼心向党，献礼新中国	学习强国
10 月 2 日	厦门湖里区：盛装喜迎国庆　凝聚同心抗疫	学习强国
10 月 2 日	厦门湖里区：盛装喜迎国庆　凝聚同心抗疫	新华社客户端
10 月 2 日	厦门市湖里区检察院干警投身疫情防控一线	新华社客户端
10 月 2 日	福建厦门湖里区金尚小区解封	央视新闻客户端
10 月 3 日	再唱山歌给党听	学习强国
10 月 3 日	鹭岛战“疫”，全力构筑湖里区防疫屏障	学习强国
10 月 3 日	结束封管　重回正轨	学习强国
10 月 3 日	挂上国旗　庆祝“重启”	学习强国
10 月 3 日	20 年坚持在国庆日升国旗的学校，校长说：不为分数，赢得分数	学习强国
10 月 4 日	厦门湖里区：“盛装”迎国庆　凝心同抗疫	人民网
10 月 4 日	厦门湖里：三级信访部门爱心接力　化解燃眉之急	人民网
10 月 4 日	厦门市湖里区江头街道疫情防控工作扎实有效	人民网
10 月 6 日	厦门湖里：创“无忧驿站”　提供“无忧服务”	人民网
10 月 6 日	以艺战疫 / 仁师志士，“疫”不容辞	学习强国
10 月 6 日	“疫”情之厦	学习强国
10 月 7 日	为了重现“彩虹”	学习强国
10 月 8 日	抗击疫情　厦门市秀德幼儿园《我的妈妈叫志工》	学习强国
10 月 9 日	坚守，他们是湖税“战疫”人	学习强国
10 月 9 日	湖里区出台助力企业纾困减负增产 12 条措施	中国经济网
10 月 9 日	我为群众办实事丨厦门市公安局殿前派出所：聚力解民忧　点滴暖民心	学习强国
10 月 10 日	厦门市湖里区疫情防控工作扎实有效	学习强国
10 月 11 日	湖里区出台助力企业纾困减负增产 12 条措施	学习强国
10 月 12 日	学党史悟思想　扎实推动“我为群众办实事”	学习强国
10 月 12 日	厦门湖里区用好红色资源传承“三种精神”　深入开展党史学习教育	人民网
10 月 12 日	厦门湖里区用好红色资源传承“三种精神”　深入开展党史学习教育	新华社客户端

续表 20

日　期	文章标题	媒体
10 月 13 日	奋斗百年路　特区新征程——厦门湖里区开展理论宣讲轻骑兵宣讲选拔赛	新华社客户端
10 月 13 日	厦门市湖里区开展理论宣讲轻骑兵宣讲选拔赛活动	人民网
10 月 13 日	奋斗百年路　奋斗新征程——厦门湖里区开展理论宣讲轻骑兵选拔赛	学习强国
10 月 14 日	厦门湖里区用好红色资源传承“三种精神”深入开展党史学习教育	中国商报网
10 月 14 日	中国共产党厦门市湖里区第九次代表大会召开	中国经济网
10 月 14 日	学党史　悟思想　扎实推动“我为群众办实事”	中国经济网
10 月 14 日	厦门湖里区第九次党代会开幕　绘就未来五年特区发祥地新发展画卷	人民网
10 月 15 日	厦门湖里：砥砺奋进高质量发展新征程	中国商报网
10 月 15 日	【地方信息】厦门湖里区：用好红色资源　传承“三种精神”	新华网
10 月 21 日	厦门湖里区理论宣讲轻骑兵巡回宣讲走进湖里街道	新华社客户端
10 月 21 日	厦门湖里区理论宣讲轻骑兵巡回宣讲走进湖里街道	人民网
10 月 26 日	厦门市湖里区委台港澳办表彰台胞志愿者	人民网
10 月 29 日	厦门湖里：出台 12 条措施为企业纾困减负	中国经济网
11 月 2 日	厦门——邻里守望　互助情浓（建设更高水平文明城市）	《人民日报》
11 月 3 日	城市发展为人民——宁波、厦门建设更高水平文明城市侧记	新华社客户端
11 月 3 日	防范新型毒品　共享美好青春　厦门市湖里区金山街道积极开展禁毒宣传教育活动	《福建日报》
11 月 4 日	湖里区江头街道：链接资源助力企业招才引智	《福建日报》
11 月 4 日	[新闻联播] 建设更高水平文明城市　厦门：创建人民满意的文明城市	中央电视台
11 月 4 日	厦门湖里区积极开展“扫黄打非”行动　为青少年营造清朗成长环境	新华社客户端
11 月 5 日	厦门湖里：着力推进“数字湖里”体系建设　夯实公共安全管理基础	央广网
11 月 5 日	厦门湖里：着力推进“数字湖里”体系建设　夯实公共安全管理基础	中国经济网
11 月 6 日	闽宁一家亲，携手共抗疫！厦门援助 60 多万元防疫物资运抵闽宁镇	新华社客户端
11 月 6 日	厦门湖里区理论宣讲轻骑兵巡回宣讲圆满收官	新华社客户端
11 月 7 日	薪火相传，湖里区理论宣讲轻骑兵面向教育系统开讲！	学习强国
11 月 8 日	“智慧大脑”守护公共安全　厦门市湖里区积极打造公共管理集成平台提升社会治理现代化水平	《福建日报》
11 月 8 日	基层宣讲丨厦门市湖里区理论宣讲轻骑兵巡回宣讲圆满收官，创新推动理论宣讲“飞入寻常百姓家”	学习强国
11 月 8 日	厦门湖里区理论宣讲轻骑兵巡回宣讲收官　创新推动理论宣讲“飞入寻常百姓家”	人民网
11 月 9 日	【地方信息】厦门市湖里区创新推动理论宣讲“飞入寻常百姓家”	新华网
11 月 9 日	拆违复绿　“顽石”蜕变园景新生	中国经济网
11 月 15 日	厦门湖里区推出 12 条措施倾力助企纾困解忧增产　坚定不移抓经济促全局	新华社客户端
11 月 16 日	精致街区“绣”出来　厦门市湖里区积极打造祥店片区精细化管理样板街区	《福建日报》
11 月 17 日	厦门湖里：以“练”筑“防”　毫不放松抓好疫情防控	新华社客户端

续表 20

日　期	文章标题	媒体
11 月 17 日	以史为鉴，开创未来！湖里区掀起学习贯彻党的十九届六中全会精神热潮以史为鉴，开创未来！湖里区掀起学习贯彻党的十九届六中全会精神热潮	新华社客户端
11 月 18 日	监管有网格　环境更美丽　厦门市湖里区禾山街道做强网格化监管，筑牢环境生态保护网	《福建日报》
11 月 18 日	厦门市人大常委会机关与金尚社区开展社区共建　携手共育文明之花	《福建日报》
11 月 18 日	在湖海之间　见证先锋的厦门湖里	人民网
11 月 18 日	厦门湖里：在湖海之间，见证先锋的你	新华社客户端
11 月 19 日	奋进新征程加倍努力　特区发祥地勇立潮头	中国经济网
11 月 19 日	高质量发展丨奋进新征程加倍努力　特区发祥地勇立潮头——访湖里区委书记吴新奎	学习强国
11 月 19 日	十九届六中全会丨厦门湖里宣传系统举办培训会　学习贯彻十九届六中全会精神	学习强国
11 月 19 日	厦门湖里区举办学习贯彻十九届六中全会和市、区党代会精神集中培训	新华社客户端
11 月 21 日	湖里区举办学习贯彻十九届六中全会和市、区党代会精神集中培训	学习强国
11 月 25 日	抢抓“黄金期”，建好安置房	《福建日报》
11 月 25 日	吴丽敏：为居民多办些实事好事	《福建日报》
11 月 25 日	吴丽敏：为居民多办些实事好事	人民网
11 月 25 日	厦门打出政策“组合拳”解决企业多方面诉求——多元主体共助企业稳岗	《经济日报》
11 月 25 日	厦门打出政策“组合拳”解决企业多方面诉求——多元主体共助企业稳岗	《经济日报》新闻客户端
11 月 25 日	吴丽敏：为居民多办些实事好事	新福建
11 月 25 日	巾帼风采丨吴丽敏：为居民多办些实事好事	学习强国
11 月 25 日	厦门湖里殿前街道开展燃气泄漏演练	人民网
11 月 26 日	厦门湖里：理论宣讲进校园　精神教育促成长	人民网
11 月 30 日	高质量推进新一轮文明创建	《经济日报》
11 月 30 日	【新征程新气象新作为】高质量推进新一轮文明创建	《经济日报》客户端
11 月 30 日	厦门市湖里区行政中心实现碳中和　属全省首个	新华社客户端
11 月 30 日	厦门湖里：高质量推进新一轮文明创建	新华社客户端
12 月 1 日	厦门市湖里区行政中心获碳中和认证	人民网
12 月 1 日	厦门湖里街道：多管齐下，毒品预防显成效	《福建日报》
12 月 1 日	厦门市湖里区行政中心实现碳中和　属全省首个	中国经济网
12 月 2 日	湖里江头街道：用心助力戒毒康复人员回归社会	《福建日报》
12 月 3 日	厦门湖里：引经据典，深入浅出！党的十九届六中全会精神“讲给汝知”	新华社客户端
12 月 3 日	学习贯彻党的十九届六中全会精神市委宣讲团走进厦门湖里区	新华社客户端
12 月 6 日	湖里区持续深化推进环保网格化监管——打通环保监管“最后一公里”	《福建日报》
12 月 8 日	厦门：“走进特区发祥地　汲取力量再出发”寻味湖里红色印记采风活动举行	新华社客户端
12 月 11 日	厦门经济特区建设 40 周年大型采访活动走进湖里区	新华社客户端

续表 20

日　期	文章标题	媒体
12 月 13 日	全省首个　厦门市湖里区行政中心实现碳中和	中国经济网
12 月 14 日	厦门湖里区开展根治欠薪宣传	新华社客户端
12 月 15 日	厦门市湖里区积极发展普惠托育，补齐民生短板——幼有所育　提升百姓幸福感	《福建日报》
12 月 17 日	学习贯彻省市党代会精神　厦门市委宣讲团湖里区专场报告会举行	人民网
12 月 17 日	厦门湖里区常态化开展扫黑除恶斗争　提升群众幸福感获得感安全感	人民网
12 月 17 日	厦门市委宣讲团湖里区专场宣讲举行	新华网
12 月 17 日	厦门湖里区常态化开展扫黑除恶斗争，提升群众幸福感获得感安全感	新华社客户端
12 月 17 日	学习贯彻省市党代会精神厦门市委宣讲团湖里区专场报告会举行	新华社客户端
12 月 18 日	厦门湖里：用心倾听台胞心声　用情关切台胞民生	新华社客户端
12 月 20 日	深化“放管服”改革　打造优质政务服务品牌　福建厦门市湖里区立足政府职能转变，加强体制机制创新，全力打造湖里区优质政务服务品牌，助力营商环境再优化、高质量发展再提升	《中国改革报》
12 月 21 日	厦门湖里：敢拼会赢　特区发祥地再攀新高峰	新华社客户端
12 月 23 日	厦门：“海上花园”擦亮生态“高颜值”	新华社客户端
12 月 23 日	2021 年第五届厦门国际影视产业论坛在湖里举办	新华社客户端
12 月 24 日	行业精英齐聚　共论“短剧”发展　第五届厦门国际影视产业论坛 23 日举办	新福建
12 月 24 日	2021 年第五届厦门国际影视产业论坛在厦门湖里举办	人民网
12 月 24 日	2021 年第五届厦门国际影视论坛在湖里举办	中国经济网
12 月 24 日	湖里红色报告文学集《不能忘却的纪念》首发	新华社客户端
12 月 24 日	【地方信息】第五届厦门国际影视产业论坛举办	新华网
12 月 25 日	影视精英齐聚厦门湖里　共谈“短剧”行业发展方向	改革网
12 月 26 日	厦门湖里区政协九届一次会议开幕　解读湖里区政协工作亮点	新华社客户端
12 月 27 日	厦门湖里区第九届人民代表大会第一次会议开幕　解读湖里区政府工作报告	新华社客户端
12 月 27 日	厦门国际影视产业论坛举办	《福建日报》
12 月 27 日	特区发祥地开启壮阔新征程	中国经济网
12 月 28 日	湖里红色报告文学集《不能忘却的纪念》首发	新华网
12 月 28 日	厦门湖里区依托“空间 + 平台 + 项目 + 资本”　构筑影视产业发展重点产业链	人民网
12 月 28 日	厦门湖里：以商引商　影视文化产业持续“圈粉”	新华社客户端
12 月 29 日	2021 华语国际编剧主题论坛在厦门举办　聚焦中国故事创作、编剧产业化发展	人民网
12 月 29 日	厦门湖里：强化储备土地监管　防止国有资产流失	人民网
12 月 29 日	厦门市湖里区金鼎社区：用心盘活机制为文明创建加力	人民网
12 月 29 日	厦门湖里区人大政府政协选出新领导班子	新华社客户端
12 月 29 日	厦门市湖里区人大政府政协选出新领导班子	中国经济网
12 月 30 日	第 34 届中国电影金鸡奖丨电影艺术家下基层，走进厦门市委党校、金安社区	学习强国

说　明

1. 本索引为主题分析索引。按汉语拼音音序排列，汉字打头的条目按首字母音序排列，首字相同时，则以第二字排序，依次类推；以阿拉伯数字打头的主题词，排在最前面；以英文字母打头的主题词，列于其后。

2. 索引词条后的阿拉伯数字表示内容所在的页码，数字后的英文字母（a、b、c）表示正文中的栏（按从左至右对应 1、2、3 栏）。

3. 同一主题的内容在正文中多次出现的，在索引中按页码顺序依次列出。

4. 本卷中的“专记”“大事记”“人物”“附录”栏目内容不在索引范围内。

数字和英文

A

B

C

D

E

F

G

H

J

K

M

N

P

Q

R

S

T

W

X

Y

Z